승자와 패자의 갈림길 (11)

제 11대 총선이야기

(1981. 3. 25)

장 맹 수 편저

선 암 각

| 승자와 패자의 갈림길(11) |

제 11대 총선이야기

(1981. 3. 25)

초판인쇄 : 2020년 4월 10일

편저자 : 장맹수

발행처 : 선암각

등록번호 : 제 25100-2010-000037호

주소 : 서울특별시 노원구 마들로 31

전화번호 : (02) 949 -8153

값 20000원

승자와 패자의 갈림길 (11)

제 11대 총선이야기

(1981. 3. 25)

장 맹 수 편저

선 암 각

목 차

책을 펴내며　　8

{제1부} 박정희 18년 영남군부정권의 붕괴　　11

제1장 박정희 영남군부정권의 균열　　12

1. 제 9대 대통령에 취임한 박정희　　13

2. 군부정권 붕괴의 빌미가 된 백두진 의장 파동　　18

3. 유신체제가 확립되자 남북대화를 중단　　24

4. 김대중의 도움으로 총재직에 복귀한 김영삼　　30

제2장 체제도전으로 축출된 김영삼 신민당 총재　　38

1. 민주회복이란 명분으로 체제에 도전한 김영삼　　39

2. 무장경찰이 신민당사에 난입하여 무차별 폭력을　　46

3. 신민당 총재단 직무집행정지 가처분 결정　　56

4. 제명처분으로 김영삼 총재를 의사당에서 축출　　67

제3장 박정희 대통령 시해로 18년 독재정권 붕괴　　78

1. 김영삼 총재 축출에 부산·마산 시민들 봉기　　79
2. 차지철·김재규 갈등이 유신체제 심장을　　86
3. 패륜적인 시해냐? 민주화를 위한 거사냐?　　92

{제2부} 전두환 신군부세력의 권력찬탈　　104

제1장 권력찬탈의 보호막이 된 비상계엄　　105

1. 권력의 중심으로 떠오른 최규하 권한대행　　106
2. 김종필 공화당총재의 부상과 정풍운동　　115
3. 계엄령하의 실권자 파악을 위한 YWCA 결혼식　　128
4. 차기 수권정당인양 정국을 주도한 김영삼　　132

제2장 헌법개정 주도권 쟁탈전을 벌인 국회와 정부　　139

1. 긴급조치 9호 해제로 국민들의 환호성을   140

2. 김대중 복권조치로 야권의 갈등조장   143

3. 국회의 헌특위 출범과 정부의 개헌심의회 구성   150

4. 극렬해진 학원소요와 노사분규   163

제3장 비상계엄령의 엄호속에 권력찬탈 음모   171

1. 권력찬탈의 걸림돌인 정승화 계엄사령관 제거   172

2. 중앙정보부장 겸임으로 국가정보를 독점   177

3. 비상계엄을 활용하여 5·17 신군부 쿠데타 강행 180

4. 최대통령은 안개정국으로 신군부세력을 비호   191

제4장 5·16 군부 쿠데타를 답습한 신군부의 권력찬탈   199

1. 권력찬탈의 디딤돌로 활용한 광주항쟁   200

2. 부정축재혐의로 김종필 공화당 총재 연행   210

3. 정부 전복, 선동혐의로 김대중 사형 선고   213

4. 신군부의 최대업적인 공무원 숙정과 삼청교육   218

5. 모든 권력이 집중화된 국보위 상임위원장　　224

6. 전두환 위원장의 대통령 취임으로 권력찬탈 완성　　230

{제3부} 제한경쟁의 전형(典型)인 제11대 총선　　237

제1장 정의사회구현을 기치로 내건 제5공화국　　238

1. 신군부 세력의 구미(口味)에 맞춰 헌법개정　　239

2. 정치쇄신위원회에서 모든 정치인 적격심사　　242

3. 선거인단 선거로 제12대 대통령 선출　　247

4. 정권안보차원에서 사회정화운동 지속　　251

제2장 신군부의 구상하에 우후죽순 정당 출범　　255

1. 공화당의 선례에 따라 사전조직한 민주정의당　　256

2. 신군부세력의 묵인하에 창당된 민주한국당　　264

3. 공화당·유정회 의원들의 모임체인 한국국민당　　271

4. 다당제 정책에 부응하여 12개정당 창당　　276

제3장 제도권 정당후보들의 제한경쟁인 제11대 총선　286

1. 15개 선거구를 증설하여 92개 선거구로　287

2. 12개 정당 634명의 후보들이 경쟁　290

3. 민정당이 여촌야도를 넘어 전국을 석권　297

{제4부} 지역구별 불꽃 튀는 격전의 현장들　314

제1장 균형추 역할이 돋보인 수도권　315

1. 집권여당인 민정당 후보들의 전원당선　316

2. 수도권 26개 지역구 불꽃 튀는 격전의 현장으로　318

제2장 영원한 권력의 젖줄인 영남권　386

1. 민정당 후보 29명 빠짐없이 모두 당선　387

2. 영남권 29개 지역구 불꽃 튀는 격전의 현장으로　390

제3장 권력의 외곽만을 맴도는 비영남권　467

1. 민정당 후보들이 상대적으로 고전한 비영남권   468

2. 비영남권 37개 지역구 불꽃 튀는 격전의 현장으로 471

제4장 지도부 입맛에 맞춰 전국구 후보선정   574

1. 전국구의 3분의 2를 민정당이 차지   575

2. 정당별 전국구 당선자와 후보자 현황   580

_책을 펴내며

지난해 12월에 제13대 (1988. 4. 26) 와 제14대 (1992. 2. 24) 총선이야기 4권이 속간됨에 따라 이제 가까스로 5부 능선(稜線)을 넘어섰다.

우리나라의 고질적인 지역감정과 지역갈등을 영원히 종식(終熄)시키기 위해서는 지방행정구역을 과감하게 재편(再編)해야 한다는 지론(持論)을 펼치기 위해 승자와 패자의 갈림길, 제18대 총선 이야기를 구상(構想)한 것이 지난 2008년이었다.

그동안 제13대 (1988년), 제14대 (1992년)는 물론 제15대 (1996년), 제16대 (2000년), 제17대 (2004년), 제18대 (2008년), 제19대 (2012년), 제20대 (2016년) 총선이야기와 제헌의원에서 제20대 국회의원 선거이야기를 요약한 역대 총선이야기까지 18권을 엮어냈다.

1만여 페이지에 달하는 방대한 자료를 정리하다 보니, 일부는 전재(轉載)하거나 오자(誤字)가 듬성듬성하는 부끄러움도 있으나 잊혀 지기 쉬운 역사적 사건과 선거에 관한 진면목(眞面目)을 나름대로 집대성했다고 자부한다.

이번엔 여야 동반(同伴)당선의 기록을 가진 제9대 (1973년), 제10대 (1978년), 제11대 (1981년), 제12대 (1985년) 총선이야기 4권을 상·하권이 아닌 단권(單卷)으로 함께 출간했다.

제9대와 제10대 국회는 유신독재체제에서 국회의원 정수의 3분의 1을 대통령이 임명하여 국회의 안정을 확보할 수 있었고, 신군부세력이 정권을 탈취한 제5공화국 치하의 제11대와 제12대 국회는 제1당인 민주정의당(민정당)에게 전국구(全國區)의 3분의 2를 특별 배려하여 야당의 숨통을 조일 수 있었다.

제11대 총선이야기 제1부에서는 박정희 대통령의 18년 장기집권의 붕괴에 대해 유정회 백두진 국회의장 파동이 김영삼 신민당 총재 복귀의 빌미가 되었고, 민주회복이란 명분으로 체제에 도전한 김영삼 총재의 총재직 직무정지와 의정단상에서의 축출은 김 총재의 정치적 고향인 부산- 마산 시민들의 봉기를 가져왔고, 시위진압에 대한 강온 대립은 차지철·김재규의 갈등을 유발시켜 유신정권의 심장을 쏴 18년 장기집권의 종말을 가져온 전말을 정리했다.

제2부에서는 일반인에게는 거의 알려지지 않은 전두환 보안사령관이 10·26사건의 수사와 함께 혜성처럼 등장하여 비상계엄이란 보호막 아래에서 권력탈취의 걸림돌인 정승화 계엄사령관을 제거하고 중앙정보부장을 겸임하여 국가정보를 독점하여 5·17 신군부 쿠데타를 일으켜 김종필 공화당 총재를 부정축재 혐의로 구속하고, 김대중 신민당 대선후보를 정부전복 선동혐의로 사형에 처하고 광주항쟁의 피를 디딤돌 삼아 듣지도 보지도 못한 국가보위비상대책위원회를 설립하여 권력을 집중시켜 권력찬탈을 완성하는 과정을 적나라하게 기술했다.

제3부에서는 신군부의 구미(口味)에 맞춘 헌법개정으로 정의사

회구현을 기치로 내건 제5공화국을 수립하고서 정치쇄신 위원회에서 모든 정치인에 대한 적격심사를 거쳐 정치인을 선별하여 민정당, 민한당, 국민당에 배분하여 제한된 경쟁을 통해 국회를 구성하여 정부의 장식물 역할을 하도록 했다.

제4부에서는 유신체제에서의 동반당선제도를 답습하되 선거구를 92개로 늘려 선거를 치른 지역구별 상황과 후보자의 면모, 승패의 갈림길을 나름대로 분석했다.

아무쪼록 영·호남의 지역갈등이라는 업보가 우리의 후손들에게 유산으로 남겨지지 않도록 과감하고 전면적인 지방행정구역 개편의 계기가 마련되기를 간절하게 기원하면서, 정치인은 어떠한 어려운 상황에서도 가벼운 언행을 경계해야 한다는 교훈을 새겨주고 싶을 뿐이다.

2020년 4월

장맹수

{제1부}

박정희 18년

영남군부정권의 붕괴

제1장 박정희 영남 군부정권의 분열

1. 제9대 대통령에 취임한 박정희
2. 군부정권 붕괴의 빌미가 된 백두진의장 파동
3. 유신체제가 확립되자 남북대화를 중단
4. 김대중의 도움으로 총재직에 복귀한 김영삼

1. 제9대 대통령에 취임한 박정희

(1) 1984년까지 24년간 집권토대를 마련한 박정희

1978년 5월 19일 실시된 제2기 통일주체국민회의 대의원들이 소집된 개회사에서 박정희 대통령은 국론이 분열되고 내일의 진로도 정립하지 못한 채 목전의 이익에만 급급한 풍조가 만연한 시기에 우리가 안고 있는 문제들을 우리 스스로의 힘으로 해결해 나가고자 우리는 일대개혁을 단행한 것이 10월 유신이라고 찬양하고, 80년대 영광된 조국의 건설을 위해 피와 땀이 필요하고, 총화와 단결이 필요하고, 중단없는 전진이 필요하다고 역설했다.

통일주체국민회의는 1978년 7월 6일 장충체육관에서 2대 대의원 집회를 갖고 1984년 12월 26일까지 재임할 임기 6년의 제9대 대통령에 박정희 대통령을 다시 선출했다.

재적대의원 2천5백83명 중 2천5백78명이 참석하여 99.96%의 찬성인 2천5백77표를 득표하여 당선됐다.

박정희 대통령은 "고도산업국가와 복지사회를 건설하고 민족문화의 찬란한 꽃을 피우며 조국의 평화통일에 박차를 가할 80년대를 내다볼때 무거운 책무를 느끼게 된다"면서 통일주체국민회의의 결정을 흔쾌히 받아들였다.

공화당 박철 대변인은 "위대한 민족의 영도자 박정희 대통령이 제9대 대통령으로 당선된데 대해 5천만 국민과 함께 경하해 마지 않는다. 통일주체국민회의 대의원들의 역사적 선택에 대해 깊은 경의를 표한다"고 고마워했다.

유정회 이종식 대변인은 "박정희 대통령의 9대 대통령 당선을 축하하며 신의 가호와 영광이 새 대통령에게 내려질 것을 기원한다. 박 대통령의 당선은 민족중흥의 이상, 전쟁의 회피, 민주우위의 통일기반 조성이 박 대통령의 영도력에 의해서만 가능하다는 국민적 확신이 있기 때문이다"라고 용비어천가를 읊어댔다.

그러나 신민당 한영수 대변인은 "이번 선거는 정당의 참여가 봉쇄되는 등 자유로운 경쟁 조건이 결여된 상황에서 이루어진 것이므로 신민당은 제도 개혁을 위해 투쟁할 것을 다짐한다"고 비판적인 성명을 냈다.

결과가 99.96%로 드러난 유신체제에서 야당 대통령 후보 등록을 주장하여 이철승 지도체제를 뒤흔들었던 김영삼 전 총재는 "내가 주장한 대통령선거는 국민의 직접선거에 의해 정정당당히 심판을 받자는 것이었다"며 발뺌함으로써 대통령 후보를 내지 아니한 신민당 지도부를 규탄한 것은 당권 경쟁용이었음을 드러냈다.

(2) 제9대 대통령 취임에 맞춰 김대중 석방

박정희 대통령은 1978년 12월 27일 임기 6년의 제9대 대통령에 취임하여 유신 제2기를 출범시켰다.

박 대통령은 취임사에서 "우리가 도전하는 80년대는 자신과 긍지에 가득한 웅비의 시대가 될 것"이라고 전제하고 "80년대야 말로 자신과 긍지에 가득한 고도산업국가를 이룩하여 당당한 선진국 대열에 참여하고 인정과 의리가 넘치는 복지사회를 이룩해야 할 시기"라고 다짐했다.

이어 박 대통령은 "우리의 숙원인 조국의 평화적 통일에 획기적인 진전을 성취함으로써 민족사의 정통성을 드높이고 번영을 향한 인류역사의 전진에 함께 기여해야 한다"고 말했다.

박 대통령은 조국근대화(5대), 민족중흥(6대), 중화학공업시대 개막(7대), 유신이념, 새마을운동, 총화전진(8대), 민족웅비시대, 국산장거리유도탄시대(9대) 등 17년 동안 새로운 정치적 용어들을 창출해 냈다.

최규하 국무총리는 "대통령 각하께서 국민과 고난을 같이 하시며 이 나라를 이끌어오신 지난 10여년간 우리는 온갖 내외의 도전과 시련을 극복하면서 역사상 유례없는 국가발전을 이룩했다"고 찬양했다.

박 대통령은 취임식에 즈음하여 5천3백78명을 사면하고 김대중 신민당 전 대선후보를 석방했다.

김지하 시인은 무기징역에서 20년으로 감형되고 긴급조치 위반자 1백6명도 형집행정지로 석방됐다.

2년 9개월만에 석방된 김대중은 "3년간을 옥살이했고 이번에 나온 것도 사면이 아닌 형집행정지이기 때문에 공민권을 박탈당했다"면서 "김지하 시인, 윤반웅 목사, 문익환 목사, 이영희 교수 등 모든 정치범들이 함께 나오지 못해 유감스럽다"고 말했다.

그는 정당활동을 하는 것은 유신체제를 인정하는 것이 되므로 현실정치에 관여치 않고 민주회복에 전념하겠다고 선언했다.

(3) 집권 18년을 맞아 영남출신들을 더욱 중용

박정희 대통령은 유신 제2기 대통령 취임에 즈음하여 경제각료에 촛점을 맞춘 11개부처 장관을 경질하는 대폭적인 개각을 단행했다.

유신 2기의 개각은 정치적 현상 유지와 새로운 경제상황에 대처라는 시대적 신물이고 영남인사의 중용으로 영남정권임을 노골적으로 드러냈다.

물가고에 대해 남덕우 경제부총리, 조세저항에 대해서는 김용환 재무부장관, 노풍피해에 대해 장덕진 농수산부 장관이 책임을 지고 물러난 셈이다.

자유당시절 부흥부 장관을 지내고 현재 보사행정을 맡고 있는 신현확 장관을 부총리겸 경제기획장관에 등용했다.

아울러 김정렴 비서실장을 김계원 전 주중대사로 교체했다.

신현확 경제부총리는 경북 구미 – 칠곡 – 선산 – 군위 – 성주의 공화당 지역구 의원이고 박동진 외무부 장관은 경북 대구, 구자춘 내무부 장관과 김치열 법무부 장관은 경북 달성, 심의환 총무처 장관은 경북 청송이고 노재현 국방부 장관은 경남 마산이다.

김계원 대통령비서실장도 경북 봉화이고 정상천 서울시장도 경남 진주 출신이다.

이효상 당의장서리는 "이번 개각에서 영남출신들이 중용됐다. 이는 현정부가 영남정권임을 보여줬다"고 자화자찬했다.

여기에 이효상 공화당의장 서리와 박준규 정책위의장 모두 경북출신이다. 다음해 2월에는 박준규 정책위의장을 당의장에 임명하고 새로운 정책위의장에는 경남 진주출신인 구태회 의원을 임명했다.

이렇듯 박정희 대통령의 주변인물은 영남출신이고 권력을 휘두르는 주요보직은 영남출신들이 거의 독차지하여 영남 출신들이 권력의 친위대 역할을 하고 있는 것은 명백한 사실이다.

박대통령의 종말을 가져온 시해 당시에도 중앙정보부장 김재규는 경북 선산, 대통령 비서실장은 경북 봉화, 정승화 육군참모총장은 경북 김천, 신현확 경제부총리는 경북 칠곡, 김치열 법무부장관은 경북 달성이었다.

2. 군부정권 붕괴의 빌미가 된 백두진 의장 파동

(1) 백두진 의원의 반대는 체제도전의 변형된 형태

박정희 대통령은 10대 국회 개원을 앞두고 국회의장에 유정회 출신인 백두진 의원을 내정했다.

신민당은 백두진 의장선출에 반대키로 결정하고 투표 때 퇴장 방침을 세운데 대해 공화당과 유정회는 이를 유신체제에 대한 도전으로 간주하고, 신민당이 퇴장을 강행할 경우 원 구성을 연기하는 등 강경한 방법으로 대처하겠다는 방침을 세움으로써 개원 벽두부터 파란과 진통을 겪게 됐다.

공화당과 유정회는 신민당이 당론으로 퇴장할 경우 원 구성의 무기연기, 여당만에 의한 원 구성, 여야합의 일정의 백지화, 10대 국회의 해산문제등을 고려하고 있다고 위협했다.

박준규 공화당의장 서리는 "백두진씨 개인이 싫어서 반대하는 것은 있을 수 있으나 유정회 소속이기 때문에 반대한다는 것은 있을 수 없다"면서 "신민당이 주장하는 정치활성화는 헌법과 법률의 테두리안에서 행해져야한다"고 강조했다.

박준규 공화당의장 서리는 "필요할 때만 대화를 하는체 하면서 단 것만 다 빼먹는 그런식으로 도의도 안 지키는 사람들은 국회의원의 자격이 없다"면서 '위선자' '비신사' '국회의원 자격도 없는 놈들' 이라는 원색적 용어를 구사했다.

오유방 공화당 대변인도 "국회의장 선출에 야당의 불참으로 빚어질 수 있는 중대한 사태의 책임은 전적으로 신민당측에 있다"고 으름장을 놓았다.

이철승 대표나 송원영 원내총무등은 퇴장이나 앉아서 반대하는 것이 오십보 백보라면서 전략적 의미에서도 퇴장만을 주장할 것이 아니라고 주장했다.

그러나 김영삼, 유치송, 정대철 의원등은 의원총회에서 이미 퇴장으로 행동을 통일하기로 결정한 만큼 퇴장을 강력하게 주장했다.

이철승 대표는 "대화가 끊겨버리면 정치가 문제가 되므로 높은 차원에서 소신있게 대처하는 것이 최선책"이라고 퇴장 주장에 반대했다.

신민당 천명기 의원은 "우리가 김옥선 파동 때와 똑같이 행동하면 10대 국회는 별 볼 일 없게 된다. 질질 끌려다녀서는 안된다"고 강경입장을 굽히지 않았다.

집권여당의 새삼스러운 분노는 정치활성화가 체제문제 거론의 활성화와 동의로 이해되서는 안되겠다는 뜻을 내포하고 있다.

여당권이 국회의장 선출에서 신민당의 퇴장방침에 민감한 반응을 보인 것은 백두진 의원이 유정회 소속이기 때문에 반대하는 것은 체제 도전의 변형된 형태로 간주하고 있기 때문이다.

신민당이 고분고분할 때에는 '더불어 있는당' 이라면서 어깨를 두드려주던 박준규 공화당의장, 태완선 유정회 의장의 새로운 지도부는 유신체제 도전 움직임에 쐐기를 박고 체제내의 정당으로 길들이기 위해 전가의 보도를 휘두르며 눈을 부릅뜨는 두개의 얼굴을 드러냈다.

(2) 여당이 지시한 방법에 따라 의장선출을 반대한 신민당

태완선 유정회의장은 "지역구 출신은 1등이고 유정회 의원은 2등이라는 차별적 사고방식은 이해할 수 없다"면서 "모두가 퇴장한다는 것은 유신정우회를 부정하는 것"이라고 분개했다.

오유방 공화당 대변인도 "유신헌법 아래 당선된 신민당 의원이 유정회 의원의 의장자격문제를 거론하는 것은 언어도단"이라고 규탄했다.

무소속 권오태 의원은 "신민당이 유정회 출신 국회의장을 반대하지만 그들이 유정회보다 나을게 뭐가 있느냐"고 여당 의원들의 주장에 동조했다.

김영삼 전 총재 등 비주류 의원들은 "신민당은 죽어야 한단 말이냐, 협박에 굴복할 수 없다"면서 강경입장을 고수했다.

퇴장론자였던 이택돈, 이택희, 엄영달 의원 등도 "원 구성은 해야 된다" "빈대 잡기 위해 초가삼간 태울 수 없다" "이 문제로 헌정

파괴나 정치파국이 돼서는 안된다"는 이유를 들어 퇴장 아닌 다른 방안을 강구하자고 나섰다.

신민당 지도부는 "다수 국민의 지지를 받은 야당의사를 무시하는 여당의 불합리한 처사는 용납되지 않을 것"이라며 퇴장으로 반대키로 한 의원총회 결정을 여당의 협박에 굴복하여 사흘만에 뒤집었다.

마침내 국회는 신민당 최고위원과 송원영 원내총무를 제외한 신민당 의원들의 불참 속에 백두진 의장, 민관식과 고흥문 부의장을 선출했다.

신민당 지도부는 여당이 선택한 방법을 통해 여당방침에 반대키로 하는 진기한 기록을 세웠다.

신민당 지도부는 의사표시는 고유권한이라는 일반적 어의(語義)를 스스로 수정함으로써 유정회 출신 의장 반대라는 명분을 스스로 팽개쳐버리고 말았다.

신민당 황낙주 의원은 "신민당은 여당의 시녀, 제2의 유정회로 전락했다"고 개탄했다.

김옥선 파동이 유신1기 야당의 한계를 설정한 것이라면, 백두진 파동은 유신2기의 체제 내 야당의 존재양식을 여당에의 복종으로 바꿔놓은 것이다.

송원영 신민당 원내총무는 "끓어오르는 분노와 모욕감을 억누르며 민주장정에 눈물겨운 결정을 할 수밖에 없었다"고 변명했다.

(3) 결국 백두진 의장 파동이 체제붕괴의 서곡으로

백두진 의장 파동은 여당이 그들의 주관적 해석에 의해 규정되는 경우를 포함하여 체제문제는 국회 운영에서 허가제도라는 원칙을 확인시켜주었다.

박준규, 태완선 체제가 대야설득이 아닌 국회 구성의 거부라는 위협으로 고삐를 끌고 감으로써 단세포적인 체제 알레르기와 함께 스스로 내건 대화정치의 슬로건이 그들만을 위한 허울이었음을 밝혀주었다.

신민당이 반대방침 결정때는 아무 행동이 없다가 어디선가 전화를 받고 나서 마구 날 뛴 것은 대화의 주체로서 의심케 했다.

공화당의 기도가 총선득표에서 1.1% 승리를 거둔 신민당의 기를 꺾기 위한 것이라면 일견 승리감에 젖을 수도 있을 것이다.

"실탄장전" "본때를 보여주겠다"는 등의 엄포에 의원신상이 걸린 중대사태로 받아들여 "역지사지로 우회할 수 있다"는 긴장감과 무력감을 볼 수도 있었다.

여당이 띄운 종이비행기를 신민당은 중폭격기의 공격으로 알고 무조건 백기를 들고 항복한 모습이다.

공화당과 유정회가 야당지도부로 하여금 여당이 제시한 방법에 따르도록 굴복시킨 것은 10대 국회의 정치기상을 알려준다.

결국 10대 국회의 의정은 여당의 손바닥을 벗어날 수도 없었고,

야당이 주장하는 정치활성화도 그들 스스로 그것을 위해 무엇을 할 수 있느냐의 한계를 설정해 주었다.

총선에서의 득표율 승리로 대여 자세의 수위를 높이려는 신민당을 초반부터 체제 내 정당으로, 체제 앞에서 엄숙한 차렷자세를 취하도록 한다는 입장이 담겨 있다.

이번 파동은 승자는 아무도 없고 여야 모두 허탈스러운 패자였을 뿐이다.

여당은 억지논리를 무자비하게 펴고 의정에 대한 자해행위도 서슴지 않은 정당이고, 야당은 방법론이라는 권한마저도 상실한 무기력한 정당의 모습을 보여주었기 때문이다.

백두진 의장의 선출투표에 참석한 신민당 지도부는 당론과 당 통솔력 상실에 대한 책임감마저 팽개친 채 인형극을 연상시키는 행동이었다.

신민당의 이 같은 참담한 모습이 10대 국회에 투영될 때 정치활성화의 기대는 신기루에 불과하리라는 짐작을 누구나 갖게 했다.

이철승 신민당 대표는 "지도부의 살신성인으로 정치발전을 하려는 신민당의 저력을 보여주었다"고 자평했지만, 김영삼 전 총재는 "지도부의 참석은 백기를 든 패전지장의 꼴"이라며 "여당 각본대로 연극을 해도 좀 멋지게 하라"고 야유했다.

이번 백두진 파동은 5월 전당대회를 앞둔 주류와 비주류의 전초전 양상을 보였으며, 중도통합론의 이철승 체제가 붕괴되고 김영삼 전 총재가 복귀하는 촉매제가 됐다.

김영삼 전 총재의 등장은 헌법개정 투쟁과 총재직 권한정지, 제명, 부마사태로 이어져 18년 박정희 정권 붕괴의 빌미가 됐다.

3. 유신체제가 확립되자 남북대화를 중단

(1) 남북대화를 제의했으나 북한은 전민족대회를

박정희 대통령은 "어떠한 시기나 어떠한 장소에서나 또는 어떠한 수준에서든 남북한 당국이 서로 만나서 아무런 전제조건 없이 허심탄회하게 모든 분야의 문제를 직접 논의하기 위해 대화를 가지자"고 북한 측에 제의했다.

또한 박 대통령은 "북한당국이 민족의 염원에 부응하여 나의 이 제의를 수락하기를 기대한다"고 덧붙였다.

아울러 박 대통령은 "3천 7백만 민족의 생존보다 더 우선하는 가치는 없다. 최고의 가치는 우리의 생존" 이라면서 "오늘날 우리처럼 냉혹한 여건과 처지에서 국가안위와 민족의 생존을 위해는 무제한 자유는 절대 허용할 수 없다"고 안보를 위해 유신체제는 정당하다고 강변했다.

남북조절위 서울측 이동복 대변인은 "제4차 본회의를 무조건 개최하여 남북조절위 운영을 정상화하자"며 "이를 협의하기 위해 쌍방 부위원장의 접촉을 갖자"고 제의했다.

1973년 3월 조절위부위원장 회의가 열린 이래 3년 11개월 만에 판문점 자유의집에서 남북대표가 접촉하게 됐다.

남측대표는 민관식 조절위 부위원장, 함병춘 위원, 정홍진 간사, 이동복 대변인 등이다.

북한측에서는 권민준 전 유엔대표, 이창선 정무원 부장, 김석준 조민당 부위원장, 백준혁 조국전선 부국장 등이 참석했다.

이날 회동에서 오는 3월 7일 판문점에서 다시 회동하기로 합의했다.

북한측은 조국통일민주주의전선 중앙위원회란 불투명한 단체의 명의로 남북한은 모든 적대적 군사행동의 정지와 각계각층의 애국적인 인사들로 구성되는 전민족대회 개최를 주장했다.

그러나 이용희 통일원 장관은 이 단체의 주장은 북한당국의 공식적인 입장이 아니라고 반대했다.

김성진 청와대 대변인이 책임 있는 당국끼리 대화하자고 제의하자, 박성철 부주석은 조국통일전선은 김일성의 방침으로 북한 정권대표라고 강변하여 평행선을 달렸다.

우리측은 남북 당국자 간 대화촉구를 위해 미국을 통해 중공을 설득하는 등 다각적인 외교를 전개하자, 북한은 4월에 실무회담을 제의하고 각계각층 인사, 해외동포 등에게 초청장을 발송할 것이라고 밝혔다.

남북대화의 교착은 남북한은 각각 체제안정, 독재체제 유지에 급급했기 때문이었다.

(2) 평행선을 달리던 남북대화는 아무런 기약없이 중단

박정희 대통령은 "우리는 3 · 1 운동에서 과시된 민족적 단합과 자주성을 바탕으로 조국의 통일문제를 반드시 평화적으로 해결해 나가야 한다"면서 "우리는 아무런 전제조건 없이 즉시 남북의 당국자가 만나서 대화부터 재개하고 모든 문제를 허심탄회하게 논의하자는 것"이라고 강조했다.

3월 7일 재개된 실무자 회의에서 권민준 대표는 팀스피리트 한미 합동군사훈련을 집중비난하고 민족통일준비위 구성을 거듭 제의했다.

반면 민관식 부위원장은 "우리가 지향하는 평화적인 남북문제를 발전시켜 나가는 과정에서 이른바 조국전선은 상대하지 않겠다는 것이 우리의 부동의 입장"이라고 강조했다.

민관식 부위원장은 "최근 북한측은 남북대화 재개를 위한 실질적인 성의 표시로 구체화될 것을 기대한다"면서 "남북공동성명의 이념 및 원칙의 재확인과 합의사항의 성실한 이행을 보장함에 있어

가장 효과적이고 정당한 길은 그것을 주관하는 남북조절위원회를 재개하여 운영하는 것"이라고 남북조절위 재개를 촉구했다.

민관식 부위원장은 북한측의 상호비방 중지와 전민족대회 개최 주장은 일방적인 것이며 정치적 선전행위로 그것을 대화 기구 안으로 갖고 들어와 상호 협의하고 합의하여 해결하는 것이 정도라고 말했다.

그러나 권민준 대표는 "남한 측이 주장하는 남북조절위는 남에도 북에도 그 기구가 없다"면서 "남한측 구성원의 불미스러운 일로 일부 구성원이 자격을 상실했고 그외는 직책을 옮겼거나 사망하여 지금은 그 구성원이 한 사람도 없다"고 주장했다.

민관식 부위원장이 "남북간 변칙대좌에 참가한 북한측이 조절위는 없어졌다는 무책임한 발언을 중시하지 않을 수 없다"고 북한측을 비난하자, 권 대표는 "남북조절위 모자를 쓰고 나온 남한측 이야말로 대화의 상대가 될 수 없다"고 반격했다.

박동진 외무부장관은 "남북접촉이 생산적이면 국제여론으로부터 환영받을 것이나 북한측이 이를 선전목적에 이용하면 그들은 국제사회로부터 비판받을 것"이라고 남북대화는 고비에 왔음을 시인했다.

김성진 청와대 대변인은 동훈 통일원 차관등 3명을 남북접촉 실무 대표 명단을 발표하고 판문점에서 비공개리에 당국간 접촉을 갖자고 제의했다.

그리고 판문점 회담장에 우리측 대표단은 나갔으나 북한측 대표단이 나오지 않아 무산됐다.

남북대화는 북한측이 책임 있는 당국간 대화에 두 차례나 응하지 않음으로써 중단상태에 들어갔다.

평양 측은 정당, 사회단체, 당국자간 대표회담을 고집하며 평양축제를 위한 실무회담 개최에도 대표를 파견하지 않았다.

동훈 통일원 차관은 "우리측은 남북 당국간 회담의 개최나 조절위원회의 재개에 의한 대화의 문호를 활짝 열어놓고 있으며 책임 있는 북한 당국자의 긍정적인 반응을 기대한다"는 성명으로 북한과의 대화는 기약없이 중단됐다.

(3) 남북대화를 유신체제 확립에 적극활용

남북한 탁구단일팀 구성을 위한 회의에 채영철 탁구협회장 등 4명을 판문점 회담에 파견했다.

남북한 탁구단일팀 구성을 논의하기 위한 제4차회의가 아무런 합의점을 찾지 못한 채 사실상 회담이 결렬되었다.

이후락 중앙정보부장 북한 비밀방문과 1972년 7·4 공동성명 발표로 남북은 곧 통일이 될 것처럼 환상에 젖었고 수차에 걸친 남북한 적십자회담은 이산가족의 아픔을 덜어줄 것으로 기대했다.

그러나 북한은 김일성 주석의 유일독재 체제를 강화했고 남한은 유신체제를 출범함으로써 남북대화가 뒷전으로 밀려 남북대화는 남북이 체제강화를 위한 수단이었을지도 모른다는 의구심만을 키워왔다.

흐지부지된 남북대화에 대해 남북조절위원회 민관식 서울측 공동위원장 대리는 북한측에 남북조절위를 재개할 것과 서울~평양간 직통전화를 재개할 것을 촉구했다.

1978년 제3차 본회의가 서울에서 열린 후 제4차 본회의는 평양에서 열기로 했는데 북한측은 김대중 납치사건을 빌미로 8·28 성명으로 일방적으로 중단했다.

7·4 공동성명으로 온 국민의 환호속에 박정희 정부는 10·17일 쿠데타를 일으켜 국회를 해산하고 계엄령을 발동하여 유신체제를 확립하여 남북대화를 유신체제 수립에 활용하였을 뿐이다.

북한의 김일성 독재체제와 접촉한 남한은 김일성 체제와 동등한 체제를 수립하기 위해 유신체제를 확립하여 김일성·김정일 체제를 남한도 박정희·박지만 체제 수립을 구상했을 뿐이다.

유신체제가 확립된 이후에 김일성 우상화가 완성되고 유일독재체제를 확립한 북한측에서 남북대화에 무성의하고 냉담하자 남한 측도 불감청고소원 상황이 됐다.

그리하여 남한에서는 잊을 만하면 남북대화를 제의하여 남한은 남북대화를 갈망하고 있으나 북한이 한미합동군사훈련을 비방하고 조국통일전선을 내세워 전민족대회 개최를 주장하고 나오자 그것을 구실로 남북대화의 파탄을 북한측에 넘기는 구실로 삼았고, 북한측은 중앙정보부의 김대중 납치를 구실로 이후락과의 대화 거절로 남북대화 중단의 구실로 내세웠다.

4. 김대중의 도움으로 총재직에 복귀한 김영삼

(1) 정권도전세력과 정권비호세력의 한판승부

신민당은 현행 집단지도체제가 그동안 운영과정에서 당직의 나눠먹기, 책임소재의 불분명, 당 통솔의 비효율성등 결함을 드러냈기 때문에 강력한 대여 투쟁태세를 갖추고 당운영의 효율화를 위해서는 단일 지도체제로 환원해야 한다는 주장을 김영삼 전 총재와 고흥문, 이충환, 유치송 최고위원들이 주장하여 단일지도체제에 합의했다.

이번 전당대회의 당권은 이철승 대표와 김영삼 전 총재의 양대 세력이 각축하는 가운데 신도환, 김재광 후보들이 추격하는 양상을 띠게 될 것으로 전망됐다.

비당권파의 박일, 황낙주, 김옥선, 최형우, 박용만, 이필선, 유한열 등 7인 전권위원회는 김영삼 전 총재를 단일후보로 추대키로 결정했다.

이택돈, 엄영달, 박병효, 이택희, 유한열, 정재원 등 소장의원 그룹인 자민동지회도 김영삼 전 총재를 차기 당수로 지지한다고 선언했다.

박 대통령은 온건노선의 이철승 체제를 비호하면서 김재규 중앙정보부장과 자치철 경호실장을 통해 야권분열과 신민당 전당대회에 대한 정치공작을 전개했다.

선명기치를 내걸고 설욕전에 나선 김영삼 의원은 '민주회복 세력과 친여세력의 대결' '정권 도전세력과 정권 비호세력간의 한판승부' 라면서 선명성을 부각시켰다.

김영삼 의원은 "백두진 파동에서 신민당 지도부 퇴장당론을 번복한 사태는 국민에 대한 배신이며, 당원들은 이 정권이 바라는 대로 행동해서는 안된다"고 주장했다.

조윤형 전 의원도 "권력에 아부하고 그 비호 아래 있는 부패한 지도부는 갈아치워야 한다"고 동조했고, 주류의 이택돈 의원도 "참여하의 개혁이나 중도통합론은 힘의 균형을 바탕으로 하지 않은 상황에서 일방적인 항복이나 호의의 표시밖에 될 수 없다며"며 이철승 대표의 지도노선을 비판했다.

신도환 최고위원도 "제1야당은 비정(秕政)을 따지고 반대하는 것이 사명인데도 이 대표는 엉뚱한 중도통합론을 들고나와 신민당을 욕보였다"고 이 대표의 공격대열에 합류했다.

비주류의 박한상 의원은 "이철승 대표가 자신을 사다트 이집트 대통령에 비유하고 있으나, 사다트 대통령은 협상에서 실지를 회복한 데 비해 이 대표는 '참여하의 개혁'으로 끌려다니기만 하고 실망 밖에 얻는게 없다"고 비판했다.

박일 의원도 "신민당이 이 정권의 연장을 도와주는 들러리 서기를 계속한다면 국민들로부터 더 많은 매를 맞을 것"이라고 주장하며 당권파에서 비당권파로 돌아섰다.

이철승 대표는 "자기와 마음이 안 맞는다고 상대방을 모함함으로써 선명한 체 하는 것은 위장선명"이라면서 "무조건 반대하고 강경한 체 하면 선명이 되는 풍토는 고쳐져야 한다"고 반격했다.

고흥문 국회부의장은 "백두진 파동 때 반대방법을 당권경쟁에 이용하여 선명논쟁을 벌인 처사는 누워서 침 뱉는 격"이라고 오랫동안 정치적 동지였던 김영삼 의원을 비난했다.

1976년 전당대회에서 김영삼 전 총재의 후원을 받아 당선된 김재광, 이충환, 유치송 최고위원들이 이철승 대표를 지지하고 있는 것을 보면 정치는 살아있는 생물임을 실감케 했다.

(2) 전당대회 대의원 378표 대 367표로 김영삼 승리

신민당은 속초, 강릉, 김천 등 3개 사고당부를 제외한 74개 지구당 위원장이 지명한 370명, 전당대회에서 선출한 100명, 중앙상무위원 287명 등 757명의 대의원을 확정하고 단일지도체제 당헌개정안을 확정했다.

이번 전당대회에서 이철승 대표, 김영삼 전 총재, 신도환과 김재광 최고위원, 박영록, 조윤형, 이기택 등 7명의 후보들이 접전을 벌이게 됐다.

김재광, 박영록, 조윤형 후보들이 김영삼 전 총재의 지지를 선언하고 사퇴하여 총재 경선은 이철승, 김영삼, 신도환, 이기택 4파전 양상을 띠게 됐다.

김대중이 김영삼을 지지하고 나서자 이 대표가 조직을 더욱 강화하여 표 이탈 저지에 나서며 적지 않은 대의원들은 어느 때보다 결심하기 어려운 상황으로 치달렸다.

"구세대의 막내, 신세대의 맏형"임을 내세운 이철승 대표와 현실의 패배자일지는 몰라도 원칙의 승리자임을 자랑하는 김영삼 전 총재가 건곤일척 한판 승부를 펼쳤다.

이철승 대표는 "국내 정치 문제는 비판과 견제로 여·야당이 두 수레바퀴로서 균형을 이루어야 한다"고 주장했다.

이 대표는 "사꾸라로 모는 것은 인민재판" "외세를 이용하려는 것은 조강지처를 버리고 이웃집 유부녀를 탐내는 짓"이라고 양김을 "정치이전에 사람이 되어야 한다"고 비난했다.

고흥문 최고위원도 "자기의사에 안 맞는다고 사꾸라로 모는 것은 인민재판"이라고 규정하고 "외부세력이 들어온다고 동요치 말라"고 주의를 환기시켰다.

김영삼 전 총재는 '야당성 회복' '민주회복 선명야당'이란 기치를 내걸고 비주류 규합에 나섰다.

조윤형 전 의원은 "동지적으로 굳게 맹세, 민주회복에 목숨 바쳐 세우겠다는 두 사람의 약속을 믿고 묵묵히 따르겠다"면서 "형무소에 가더라도 싸우는 지도자를 뽑자"고 호소했다.

재야의 김대중이 총재경선에 나선 조윤형, 김재광, 박영록을 불러

경선을 포기하고 김영삼 지지를 선언토록했다.

김대중은 김영삼 세력의 단합대회장인 아서원에 나타나 "이번 전당대회는 친유신파와 반유신파의 대결"이라면서 김영삼 지지를 호소함으로써 김영삼 바람을 일게 했다.

김영삼 의원은 전당대회 전야제에서 김대중과 손을 맞잡고 "우리 두사람이 민주회복의 그날까지 동지로 뭉쳐 싸워 나가겠다"면서 "내일은 위대한 제2의 민권승리를 다짐하자"고 열변을 토했다.

김대중은 "이번 전당대회는 김영삼·이철승씨의 싸움이 아니라 친유신과 반유신, 친민주와 반민주 세력간의 싸움"이라면서 "친유신파가 당선되면 다시는 야당이라는 말이 없어질 것"이라고 주장했다.

그는 "이철승씨의 중도통합론은 공화당의 장기집권을 합리화하기 위한 어용야당 이론"이라고 비판하며 "내가 김영삼을 지지하는 것은 현 정권이 제일 싫어하고 미워하는 사람이기 때문"이라면서 "이번에 당선시키지 못하면 신민당은 민주회복의 그날 국민의 돌팔매를 맞을 것"이라고 주장했다.

그는 "이 정권이 배격하는 사람, 국민이 당선을 바라는 사람이 김영삼"이라면서 "그를 지지하는 것이 나를 지지하는 것으로 믿고 그를 총재에 당선시켜 달라"고 호소했다.

당권경쟁이 본격화되면서 각 계보는 금전살포와 은밀한 선물공세, 마타도어, 흑색전전 등 갖가지 방법들이 동원됐다.

이철승 대표는 "외세가 개입하여 깽판을 논다면 누가 당수가 되던

소용이 없다"고 김대중을 공격했다.

김영삼 전 총재는 "이철승씨의 중도통합론은 공화당의 장기집권을 합리화하기 위한 어용야당이론"이라고 반격했다.

"위장선명 속지말고 진짜 일꾼 밀어주자" "중도통합 몰아내고 정권교체 준비하자"는 구호가 나부끼는 가운데 실시한 1차투표는 이철승 292표, 김영삼 267표, 이기택 92표, 신도환 37표, 김옥선 11표로 과반수인 376표에 미달하여 2차 투표를 실시하게 됐다.

김옥선 후보는 "이번 총재 경선에 나선 후보중 권력이 가장 싫어하는 사람은 김영삼 의원"이라면서 "가장 박해받고 있는 세력과 민주회복 세력이 내세우고 있는 김 의원을 지지한다"며 후보직을 사퇴했다.

2차투표에서 김영삼 전 총재가 378표를 얻어 367표를 획득한 이철승 대표를 누르고 당선됐다. 이기택 후보는 김영삼을, 신도환 후보는 이철승을 지지한다고 선언하고 사퇴했다.

(3) 민주회복은 곧 체제도전으로 시련이 예상된 김영삼

깨질 듯 깨질 듯하면서도 깨지지 않는 야당의 생리가 저력임을 다시 한번 확인한 이번 전당대회에서 이철승 대표가 승복하여 이번 전당대회는 민주주의의 묘미를 맛보인 대회가 됐다.

이철승 대표는 "여러분의 의사에 따라 당수가 된 김 총재에게 축하한다"고 승복을 선언하여 신민당의 저력을 과시했다.

김대중은 "김 총재의 승리는 개인의 영광일 뿐 아니라 현 체제를 거부하는 민의의 승리"라고 평가했다.

김영삼 전 총재는 "지난 총선에서 여당이 1.1%의 득표율로 야당에 뒤진만큼 정권을 내놓아야 한다"고 당선 일성을 내뿜었다.

그가 내세운 투쟁목표가 민주회복이란 체제도전이며 용납할 수 없다는 자세를 보여온 여당과의 강경대치를 예고했다.

집권층이 체제도전을 용납하지 않는다는 원칙에 추호의 양보가 없었던 것은 지난 유신1기 6년에서 시종 확인돼 왔으며 유신 2기로 출범한 이 시점에서는 더욱 그럴 것으로 분석된다.

김 총재는 선명독주로 당을 파국의 지경에까지 이르게 했던 시행착오를 그 때와 그리 크게 달라지지 않은 당내 현실에서 되풀이 할것인가. 두꺼운 당내외의 벽을 어떻게 뚫고 나갈 것인가가 관심을 끌고 있다.

김 총재는 당선소감에서 "오늘은 진실로 위대한 민권승리의 날이며 아무리 험한 길을 가더라도 민주회복을 위해 몸과 마음을 바쳐 싸울 것을 맹세한다"면서 "나의 당권 도전은 이 정권에 굴복할 수 없다는 데서 출발한 것이며 오늘의 결과는 우리가 곧 여당이 될 수 있음을 보여준 것이며 정권인수 준비가 되었음을 증명한 것"이라고 밝혔다.

이날 윤보선·김대중은 비상임고문으로, 유진오·이철승은 고문으로 추대했다.

김영삼 의원의 승리는 백두진 파동에서 보여준 굴욕을 더 이상 국민에게 보여 주어서는 아니되겠다는 대의원들의 민심이 방대한 조직력을 과시한 이철승 대표를 어렵게 넘어설 수 있는 밑거름이 됐다.

김영삼 의원은 "이번 대화가 야당의 사명을 다하지 않고 권력의 그늘에서 안주하는 타락된 행위를 인준해주는 결과를 가져온다면 우리 모두가 역사와 국민으로부터 준엄한 심판을 받게될 것"이라고 출마회견에서 밝혀 선명성 경쟁에서 우위를 차지했다.

단일지도체제의 총재로 선출된 김영삼 총재는 이민우, 박영록, 이기택, 조윤형을 부총재로 지명하고 그동안 이철승 대표 체제에서 제명, 징계된 야당성회복 투쟁동지회의 원외당원들을 전원 복당시켰다.

제2장 체제도전으로 축출된 김영삼 신민당 총재

1. 민주회복이란 명분으로 체제에 도전한 김영삼

2. 무장경찰이 신민당사에 난입하여 무차별 폭력을

3. 신민당 총재단 직무집행정지 가처분결정

4. 제명처분으로 김영삼 총재를 의사당에서 축출

1. 민주회복이란 명분으로 유신체제에 도전한 김영삼

(1) 무소속 의원 7명을 입당시키며 힘차게 새출발

김영삼 총재가 내세운 목표가 민주회복이란 체제도전이며 어떤 경우에도 체제도전은 용납할 수 없다는 자세를 보여온 박정희 정권과의 강경대치를 예고하고 있다.

김영삼 체제의 출현은 당외 재야세력인 김대중의 지원에 크게 힘입었고 그가 상임고문에 추대됨으로써 신민당에 입성한 셈이다.

따라서 김 총재가 김대중의 구상을 반영시켜야하는 선명부담을 지게된 점이다.

집권층이 체제도전을 용납하지 않는다는 원칙에 추호의 양보가 없었던 것은 지난 유신1기 6년에서 시종 유지돼 왔으며 유신2기로 출범한 이 시점에서는 더욱 그럴 것으로 분석된다.

과거 선명독주로 당을 파국의 지경에까지 이르게 했던 시행착오를 그때와 그리 크게 달라지지 않은 당내 현실에서 되풀이할 것인가, 그리고 두꺼운 당내외의 벽을 어떻게 뚫고 나갈 것인가가 관심을 끌고 있다.

김영삼 체제가 이 같은 당내외의 두꺼운 장벽을 넘어 어느정도까지 목표달성을 할 것인지 주목되며, 어떤 방법을 택하느냐에 따라 앞으로의 정국은 크게 달라질 것이다.

김영삼 총재의 야권규합 추진에 부응하여 통일당 양일동 총재는 "양당의 통합문제는 신민당의 태도에 따라 결정할 문제"라고 말하고 "민주회복을 위한 연합전선 형성에는 언제라도 응할 준비가 되어 있다"고 화답했다.

김영삼 총재는 이민우, 박영록, 조윤형, 이기택, 박한상, 송원영을 부총재로 지명했으나 당헌상 부총재는 4명으로 당헌을 고쳐 박한상, 송원영을 지명하겠다고 밝혔다.

신민당은 오세응(성남-이천-여주-광주), 한병채(대구 중-서-북구), 예춘호(중-영도), 변정일(제주), 임호(대전), 김현규(구미-선산-성주-칠곡-군위), 이상민(전주-삼천포-진양-사천), 손주항(남원-임실-순창), 박용기(고창-부안), 박 찬(공주-논산)의원을 일괄 입당키로 합의하고 발표했다.

이들은 "김 총재가 민주회복 투쟁을 위해 모든 재야민주세력의 규합으로 범국민적 야당을 재건하고 정치의 기본을 민의에 두고 국민의 심판을 존중하겠다고 한 민주원칙의 공약을 우리는 믿는다"면서 입당을 선언했다.

다만 박용기 의원이 입당을 보류하고 변정일, 임호의원도 불참하여 7명만이 입당했다.

공화당은 신민당에 입당한 7명을 제외한 민정회소속 15명 전원을 입당시키기로 결정했다.

신민당 입당성명서에 서명한 임호, 변정일 의원들은 "선거구민들이 신민당의 입당을 한사코 반대하고 있다"고 궁색한 변명을 늘어놓았다. 이후락, 권오태, 최치환, 김진만, 홍성우, 윤재명, 박용기, 박정수, 정휘동, 임영득, 한갑수, 김수를 비롯하여 신민당에 입당하겠다고 선언한 임호, 변정일, 무소속으로 남겠다는 함종윤 의원 등이다.

김영삼 총재는 사무총장에 박한상, 원내총무에 황낙주, 정책심의회의장에 이택돈, 훈련원장에 노승환, 당기위원장에 최형우, 인권옹호위원장에 고재청, 대변인에 박권흠을 임명하여 체제를 출범시켰다.

정무위원에는 주류인 박일, 박용만, 이용희, 김동영, 이필선 의원과 비주류인 송원영, 채문식, 김은하 의원들을 새로 임명했다.

(2) 김일성과의 면담제의로 평지풍파를 일으킨 김영삼

북한은 김일 부주석의 명의로 지난 11일 외신클럽에서 김영삼 신민당 총재가 "나라의 통일을 위해 김일성과도 만나고 싶다는 소신을 표명함과 함께 북한의 책임 있는 인사들과 언제 어디서나 만날 용의가 있다는 뜻을 밝혔다"고 지적하고 "이번에 남한의 신민당 총재 김영삼의 소신표명이 북과 남의 정당, 사회단체들 사이에 폭넓은 협상과 접촉을 실현하려는 우리당의 일관된 입장에 부합되는 긍정적인 제의라고 인정하면서 이를 환영한다. 우리 조선노동당과 신민당의 책임 있는 대표들 사이에 접촉을 실현하기 위하여 신민당이 편리하다고 보는 시기에 판문점이나 제3국에서 우선 양당 연락대표들의 예비접촉을 가질 것을 정중히 제의한다"고 말했다.

또한 이 담화는 남한당국의 부당한 태도로 남북회담이 중단되었다고 책임을 전가했다.

이에 김영삼 총재는 남북대화나 통일문제는 어느 집단이나 개인이 독점해서는 안된다는 것이 나의 기본 생각이라며 "북괴의 김일성과 만날 용의가 있다"고 재확인했다.

신민당은 평양측의 반응이 김 총재의 순수한 의도와는 다른 것이며 평양측이 김 총재의 제의를 그들이 종래 주장해온 전민족대회에 부합된다는 전제에서 예비접촉을 제의한 것이라면 그에 응하기 어렵다는데 의견을 집약했다.

신민당은 공화당의 김 총재의 제의를 국론분열 또는 이적행위로 몰아붙이는 것은 남북대화를 주도하는 책임 있는 자세가 아니다라고 주장했다.

대한상이군경회와 반공청년회원으로 자처하는 청년 120명이 정무회의가 열리고 있는 신민당사를 강제점검하여 1시간동안 농성을 벌였다.

'반공법은 없어졌는가' '왜 의법처리 않는가'라는 가슴패와 '반공'이라는 머리띠를 두른 이들은 김영삼 총재와 면담을 요구하며 "김영삼이 나오라" "김영삼은 각성하라"는 구호를 외쳤다.

이들은 "김영삼은 총력안보 저해하는 이적행위 중지하라" "북괴전략 분쇄하자"는 구호를 외치면서 북괴 김일성의 앞잡이 김영삼을 처단하라는 내용의 전단 수천장을 뿌렸다.

이들은 신민당기를 끌어내려 찢어 바닥에 팽개쳤고 신민당원 10여 명이 얼굴과 팔 등을 구타당하기도 했다.

공화당은 "통일 교섭권은 정부만이 수행할 수 있는데도 신민당이 이를 행사할 수 있는가"라고 신민당에 공개질의했다.

유정회 정재호 대변인은 "김일성을 즐겁게 만든 반면 국민을 성나게 한 이번 문제와 관련하여 순수한 동기 운운과 같은 감상논리를 앞세운 것은 통일문제에 대한 국민의 의식수준을 과소평가한 데서 오는 오판"이라고 공격했다.

공화당과 유정회는 합동회의를 열고 "김 총재의 발언은 온 국민에게 심각한 누를 끼쳤고 북괴를 고무시킨 결과를 초래했으므로 발언취소를 요구했다"면서 김 총재는 이를 공식적으로 취소할 것과 신민당이 이를 당론으로 밝힐 것을 요구했다.

이에 신민당은 "오늘의 신민당 당수가 김영삼 총재임을 분명히 알아야 하며 아무리 당사를 점거하고 김 총재의 자택을 포위하고 협박한다 하더라도 김 총재는 한 치의 후퇴도 없음을 분명히 밝혀둔다"고 거부했다.

(3) 헌법개정 특위구성 제의로 국회를 공천시켜

신민당은 이철승 대표시절 긴급조치 문제, 국정감사권 부활 등 국회법 개정 및 선거제도 개선 등을 다루기 위해 헌정기구 심의를 설치하자고 거듭 제의했었다.

신민당 김영삼 총재도 "박정희 대통령은 진실로 이 나라의 장래를 위해 조속한 시일 안에 정권을 평화적으로 이양할 준비를 갖추기 바란다"면서 국회에 헌법개정특별위원회 구성을 제의했다.

이에 박준규 공화당의장은 헌정의 시시비비를 가리는 토론의 광장을 설치할 용의가 있음을 밝히면서 "장기집권 운운하며 정권이양 준비를 말하고 있지만 5천만의 생존과 번영을 위해 그 분의 영도력이 계속 필요하다는 것이 다수 국민의 생각"이라고 주장했다.

민주회복이란 대명제에 밀려 당권에서 소외된 비주류로부터 이철승 체제와 근본적으로 무엇이 다르냐는 공격을 받고 있는 김영삼 총재는 "국회에 헌법개정특별위원회를 구성할 것을 이 기회에 정식으로 제의한다"고 밝혔다.

김 총재는 "지난번 선거에서 국민은 신민당에 1.1%의 승리를 안겨줌으로써 공화당 정권을 불신임했다"면서 "국민들은 선거에서 이긴 정당이 정권을 잡지못한 이유와 자유유보까지 강요하면서 부르짖던 자주국방도 그 구호에 그쳤다는 것을 알고있다"고 말하고 "정부는 이제 안보를 빙자할 명분이 없고 오히려 안보를 위해서 민주회복을 해야할 시점에 섰다"고 주장했다.

김 총재는 "나라의 장래에 불행을 막기 위해 대통령의 용기있는 결단을 촉구한다"면서 그것을 준비하는 과정으로서 대통령선거제도, 언론자유, 인권보장, 사법권의 독립, 공평한 분배등이 보장되도록 헌법문제를 해결할것을 권고했다.

박준규 당의장은 "민주회복이란 것이 옛 체제로의 복귀를 의미하는 것이라면 절대 사절하겠다"면서 "장기집권 운운하며 정권이양 준비를 하라고 말하고 있지만 5천만의 생존과 번영을 위해 그분의 영도력이 계속 필요하다는 것이 다수 국민의 생각"이라고 거듭 주장했다.

유정회 이종률 의원은 "민주주의의 외형만 따라서는 아무 소용이 없다는 깨달음이 바로 4·19 정신"이라고 전제하고 "민주회복을 위해 목숨을 바치겠다, 감옥에 가겠다는 태도는 값싼 영웅주의 소산"이라며 "민주주의는 영웅이 필요없다"고 주장했다.

유정회 박형규의원은 "일부 정치인이 체제도전을 일삼아 동네방네 떠들고 다니는 것은 한국의 호메이니가 돼보겠다는 것일지 모르나 그것은 안된다"면서 "왜냐하면 여기는 한국이지 이란이 아니고 아무도 그를 믿고 따를 사람이 없기 때문"이라고 주장했다.

유정회 이성근 의원은 "긴급조치는 수녀, 신부, 학생들을 선동하는 사람들에게는 불편하겠지만 선량한 애국적 국민들에게는 불편하지 않다"면서 "헌법에 의한 긴급조치가 왜 민주주의가 아니라는 말인가"라고 강변했다.

신민당은 헌법특위결의안을 국회에 제출했으나 국회 사무처에서 접수를 거부하여 실랑이가 벌어졌다.

그러나 접수될 결의안 처리를 싸고 여야간 마찰이 예상됐다.

신민당은 "헌법특위 구성안이 운영위에 상정되어 논의될 때까지 다른 상임위 참석을 거부한다"고 결정하고 공화당에 일방적으로 통보했다.

신형식 공화당 사무총장은 "헌법특위안을 오는 9월 정기국회에서 상정심의하기로 하고 신민당이 상임위에 참석하여 국회운영을 정상화하자"고 제의했으나 김영삼 총재가 거절했다.

서울지검 정경식 부장검사는 김영삼 총재의 국회 본회의 대표연설을 게재한 민주전선을 발간하고 배포한 혐의로 민주전선 주간인 문부식 의원을 구속했다.

여야가 성숙한 동반자가 될 것을 강조하고 여야 대화기구로 중진회담을 열어 헌법개정특위, 문부식 의원 구속문제를 풀어가기로 합의했으나 경찰의 신민당사 난입으로 중진회담이 유산됐다.

신민당 총재단 직무정지가 결정되고 김영삼 총재가 제명되면서 여야 대치국면은 깊어지면서 헌법특위 문제는 지하로 잠복됐다.

2. 무장경찰이 신민당사에 난입하여 무차별 폭력을

(1) 김경숙 양의 죽음은 경찰의 미필적 고의에 의한 살인행위

YH무역회사 여자 종업원들이 신민당사에 찾아들자 신민당 의원들은 "여러분들이 마지막으로 신민당을 찾아준 것을 눈물겹게 생각한다"며 반갑게 맞이했다. 그러나 경찰이 당사에 진입하여 강제해산시킨다는 설이 나돌자 긴장하는 분위기에 휩싸였다.

황낙주 원내총무는 이순구 서울시경국장에게 "경찰을 철수시키지 않으면 참혹한 사태가 일어날 것"이라고 경고하면서 철수를 요청했다.

철제방패와 방망이로 무장한 경찰은 의자, 책상 등으로 바리케이트를 치고 방어하던 신민당 사무처 직원들과 충돌하자 당사안은 아수라장으로 변했다.

경찰은 농성장소와 멀리 떨어진 김영삼 총재실의 문을 부수고 들어와 국회의원들을 마구잡이로 구타했다.

이번 사태는 신민당의 자세를 강경으로 달리게 채찍질한 셈이다.

김경숙 양이 왼쪽 팔목의 동맥을 절단하고 2층에서 뛰어내려 스스로 목숨을 끊었다.

여공 172명과 신민당원 26명을 끌어내 7개 경찰서에 강제로 수용했다.

총재실에 들어온 경찰들은 국회의원은 물론 취재기자, 당원들을

가리지 않고 주먹으로 뒷머리, 얼굴들을 때리거나 발길로 옆구리 등을 찼고 심한 욕설과 까불면 다죽인다는 폭언도 마구했다.

박권흠 대변인은 경찰로부터 머리와 얼굴을 강타당하며 눈과 코가 부어올라 얼굴 형태가 일그러질 정도의 피투성이가 됐고, 황낙주 원내총무도 다리와 어깨부분을 맞았다.

당사안팎에서 서성이던 경찰관 몇 명이 김 총재와 신민당원들에게 폭행을 당하는 것을 보고 흥분한 경찰들이 당사 안으로 진입하여 무자비하게 폭행한 부분도 있었다.

여공들 172명이 전원 경찰에 연행됐고 부상자들은 병원에서 치료를 받았다.

김영삼 총재는 "이번 사태는 명백히 야당총재를 무시하고 정당정치를 부인하는 일종의 쿠데타 행위"라고 주장하고 "이후 발생하는 모든 정치적 사태의 책임은 분명히 현 정권이 져야할 것"이라고 말했다.

김 총재는 "지난 선거에서 국민의 지지를 더 받은 제1야당의 당사에 2천여 명의 경관이 난입하여 여공들을 무조건 구타하고 국민의 지지를 받은 국회의원을 무차별 난타한 것은 역사상 없었던 폭력행위"라고 주장하고 "이 문제는 정권적 차원에서 강력투쟁하겠다"고 밝혔다.

김 총재는 "합법적, 평화적으로 근로투쟁을 해온 YH 근로자들을 강제연행, 구타, 고문한 반인권적 처사는 중대시한다"면서 "이번 사건은 신민당과 YH근로자만의 문제가 아니고 모든 대한민국 국민과 950만 근로자에 대한 폭거라고 규정하고 단호히 투쟁할 것"

이라고 말했다.

김 총재는 "경찰의 폭력행위로 박권흠 대변인은 얼굴 자체를 알아볼 수 없을 정도로 중상을 입은 것을 비롯하여 박한상, 황낙주, 박용만, 김형광 의원들을 포함하여 40여명의 당원들이 중경상을 입고 치료중"이라고 밝히고 "이번 사태는 현체제의 본질을 그대로 드러낸 것"이라고 주장했다.

김 총재는 김 양의 죽음에 대해 "당국이 전근대적이며 사상유례없는 폭력수단을 사용하여 나이 어린 근로여성의 생명을 희생시킨 것은 미필적 고의에 의한 살인행위"라고 주장했다.

(2) 경찰의 해명과 공화당의 신민당에 책임전가

이순구 서울시경국장은 "경찰이 신민당사에서 농성중인 YH무역 여성 근로자들을 해산시킨 것은 신민당에 10여차례 불법농성이니 자진해산할 것을 요청했으나 이에 응하지 않아 경찰관 직무집행법 등에 따라 경찰관에게 폭행을 한 범인색출과 연약한 여성 근로자를 보호하기 위한 부득이한 조치였다"고 해명했다.

이순구 국장은 크리스챤 아카데미 도시산업선교회에서 특수교육을 받은 YH무역 노조지부장 최순영 등 주동자와 불법농성을 배후에서 선동한 사람을 가려내 강력히 의법조치하겠다고 밝혔다.

또한 이순구 국장은 취재중인 동아일보 이종각 기자 등 12명의 기자들이 경찰로부터 무차별 폭행을 당한데 대해 "혼란한 틈에 사람을 가리지 못해 일어난 잘못일 것"이라며 유감의 뜻을 밝혔다.

공화당 오유방 대변인은 "신민당과 야합한 일부 불순세력의 책동을 받은 근로자들의 불법농성을 경찰이 해산시키는 과정에서 본의 아니게 부상자들이 나온 것은 불행한 일로 유감스럽게 생각한다"면서 "신민당의 일부 지도층이 의회정치인의 긍지를 버리고 폭력을 조장하거나 혼란을 선동함으로써 뒷골목 정치인으로 타락했다. 이번 사태는 근로자들을 당사안으로 유도하여 선동한 신민당에 그 책임이 있다"고 주장했다.

유정회 정재호 대변인도 "여야 대화의 분위기가 성숙되고 있는 가운데 신민당이 여공들을 선동하여 경찰과의 극한 대치상태를 조성한 것은 공당의 양심을 의심케 하는 반이성적 행동이다"라고 신민당을 규탄했다.

유정회 정재호 대변인은 "한 악덕기업인이 자기가 빼먹을 것을 다 빼먹고 도망간 사건인데 정치권에서 개입할 경우 분규를 더욱 부채질하는 셈이 된다"고 YH무역 대표를 비난하며 정부가 수습책을 강구할 것을 촉구했다.

공화당 오유방 대변인은 "보수정당이라는 신민당이 몇백명의 근로자를 끌어다가 당의 국장이 할복을 선동하는 등의 작태를 보인 것은 공당으로서 반성해야 할 일"이라고 신민당을 질타했다.

이번 사태는 정부의 수출주도형 고도성장과 이를 위한 기업육성과 보호정책이 아울러 국가안보라는 특수한 상황이 함께 작용하여 나타난 한국적인 노사관계의 불행한 한 단면으로 보는 것이 타당할 것이다.

공화당 김임식 의원은 "신민당이 여공들을 돌려보내지 않고 오히려 부추긴 것은 정치상도로 봐 개탄할 일"이라고 신민당에 책임을 전가했고, 고재필 무임소장관은 "종교의 자유가 만끽되고 있는데도 신민당이 종교의 자유를 내세워 순진한 여공들을 선동하고 있는데 이는 김일성이 박수칠 일"이라고 정부각료임을 망각하고 공화당 의원 본연의 대열에 합류했다.

(3) 신민당의 강경대응과 28일간의 당사농성

경찰이 여공들의 농성을 강제해산시키고 연행할 것이라는 소문을 듣고 여공들은 투신조와 할복조로 나뉘어 일제히 울음을 터뜨리고 창틀에 매달리거나 창밖을 향해 구호를 외치기도 했다.

김영삼 총재는 여공들을 창틀에서 내려오게 한 뒤 "내 이름 석자와 신민당의 이름을 걸고 여러분의 정당한 요구를 관철시키겠다"고 약속했다.

신민당 의원들은 YH사태를 "국기를 뒤흔드는 전대미문의 폭거"로 규정하고 농성에 들어갔다.

김영삼 총재는 "눈물도 피도 흐르지 않는 단말마의 최후의 발악"

이라면서 "이 지구상의 역사상 어느 정권도 하지 않았던 천인공노할 사실"이라고 주장했다.

김 총재는 "구자춘 내무장관을 즉각 파면시켜야 하며 국민앞에 허위사실 발표를 일삼고 있는 이순구 서울시경국장을 구속시켜야 한다"고 주장했다.

한국신문편집인협회 유건호 회장은 취재기자들에게 폭행을 한데 대하 엄중 항의하고 내무부장관의 사과와 재발방지책을 요구했다.

신민당 이철승 의원은 "전당대회가 끝난 지 불과 석달만에 상이군경이 당사를 짓밟고 어린 여공들이 다치고 의원이 얻어맞는 상황을 맞으니 마포시대의 꿈이 사라지고 절망과 좌절감에 빠진 심정이다"라고 지도부를 비난했다.

김 총재는 "신민당은 YH문제를 평화적, 합법적으로 처리하려고 했으나 당국이 폭력으로 처리해 놓고도 책임을 도리어 신민당에 전가시킨 것은 국민을 무시하고 배반하는 파렴치한 조작극"이라고 비난하면서 모든 의원들이 참여하는 농성에 돌입했다.

김영삼 총재는 "이번 사태는 유신체제의 본질을 여과없이 그대로 드러낸 것"이라고 덧붙였다.

공화당 오유방 대변인은 "신민당사 여공불법농성사건의 시원적 책임자가 김영삼 총재라는 것은 삼척동자도 알고있다"면서 "김 총재는 더 이상 손바닥으로 하늘을 가리는 어리석음을 버리고 책임있는 정치지도자로서 국민앞에 정중히 사과해야 할 것"을 요구했다.

김영삼 총재는 "정부·여당 측이 이문영, 문동환, 고은 등이 나에게 농성을 부탁하고 사전모의한 것처럼 발표하는 것은 부도덕하고 파렴치한 행위이며 신민당은 약한자를 보호한다는 인도적인 입장에서 여공들을 받아들인 것"이라고 해명했다.

정재원 신민당 임시대변인은 이문영, 고은 씨 등의 석방을 요구하면서 "한국 지성인의 양심을 대표하여 처참한 YH여공들의 호소를 신민당에 전달해준 이들을 구속하는 처사는 지성을 증오하고 양심을 박해하는 이 정권의 속성을 또 한번 드러낸 것"이라고 비난했다.

미국 국무성은 YH여공 해산과정에 대해 "지나치고 잔인한 폭력을 사용한 것을 개탄한다"면서 "한국당국이 책임있는 사람들에 대해 적절한 문책을 하기 바란다"고 말하자, 박동진 외무부장관은 미국에 내정간섭이라고 항의하는 오만함까지 보였다.

신민당은 고 김경숙 양 추도식을 가진 뒤 18일만에 농성을 해제했다.

해단식에서 "신민당은 8 · 11 폭거의 책임을 끝까지 추궁할 것이며 그 행위가 민족과 역사앞에 단죄되는 날까지 투쟁을 멈추지 않을 것"이라고 다짐했다.

신민당은 당초 요구했던 서울 시경국장 구속등을 이뤄내지 못했지만 과거의 '사꾸라 야당' '준여당' 등의 오명을 씻고 국민들의 엄청난 관심과 지지기반을 확대했고 정부 · 여당의 마음대로 할 수 없는 정당임을 과시했다는 무형적인 성과를 거론하며 자위했다.

(4) 도시산업선교회와 카톨릭 농민회의 대대적 탄압

박정희 대통령은 일부 종교를 빙자한 불순단체와 세력이 산업체와 노동조합에 침투하여 노사분규를 선동하고 사회불안을 조성하고 있는데 대하여 그 실태를 철저히 조사파악하여 보고하라고 김치열 법무부장관에게 지시했다.

박 대통령의 지시가 있는 그날 김영태 섬유노조위원장은 "도시산업선교회의 활동은 순수한 선교활동이 아니며 행동자체는 공산당과 다를 바 없다"며 불순단체를 뿌리뽑아야 한다고 폭로했다.

박정희 대통령은 박준양 대검검사로부터 산업체 등에 대한 외부세력 침투실태조사를 보고 받고서 "종교의 자유는 엄연히 우리 헌법에 보장돼 있지만 종교 활동에 있어서도 헌법과 법의 테두리를 벗어나는 행동은 용납되지 않을 것이다"라고 밝혔다.

박준양 검사는 "도시산업선교활동 중 주목해야 할 것은 이른바 의식화사업 또는 의식화운동이다"라고 지적하고 의식화운동 과정에서 노동법규는 물론 헌정질서까지 파괴하는 교육을 시키고 있는 사실을 확인했다고 밝혔다.

그러나 조승혁 목사는 "산업선교는 근로자의 권익을 찾아주고 산업 사회에 침투할 수 있는 공산주의의 유혹을 가장 적극적으로 저지하는 구체적인 반공운동"이라고 선언했다.

38명의 성직자가 도시산업선교회 명목으로 활동하고 있으며 조지오글 목사도 관계하다 미국으로 추방됐다.

박정희 대통령의 특별지시에 따라 서울 시경은 YH여공 신민당사 농성 사건의 배후 조종자로 도시산업선교회 총무인 안명진 목사, 사회선교협의회 부위원장 문동환 목사와 총무 서경석, 교수 이문영, 시인 고은, 최순영 YH무역 노조지부장 등을 국가보위에 관한 특별조치법 위반으로 긴급 구속했다.

배후 조종자인 인명진 목사등은 YH여공들이 신민당사로 몰려가 불법 농성을 하도록 유도했을뿐 아니라 자살결의문 채택, 자살조 편성, 예행연습 등을 선동했다고 경찰은 밝혔다.

김영삼 총재는 "문동환 목사, 이문영 교수, 고은 시인등이 YH여공들을 신민당사에서 농성하도록 사전 모의한 것처럼 꾸민 경찰의 발표는 조작극일 뿐"이라고 주장했다.

이어 김 총재는 "도시산업 선교회, 카톨릭 농민회, 크리스찬 아카데미 등을 불순세력, 용공분자로 모는 것은 용납할 수 없다"면서 우리 정부는 기독교를 탄압한다는 세계적인 비판을 면키 어려울 것 이라고 경고했다.

이에 공화당 오유방 대변인은 "김일성 면담발언으로 국론분열조장, 해방정당론으로 인한 정통보수야당의 변질의혹 조성, 민주국회로부터의 도피 등 김영삼 총재의 탈선과 오도행각은 열거할 수 없을 만큼 많다"면서 "우리는 이 같은 작태가 철저하게 당권 안보를 위한 술책이란 것을 지적한다"고 비난했다.

도시산업선교회에서는 근로자들이 어려움이 있어서 찾아왔을 때 그들의 정당한 권리를 설명해주고 해결해 주었을 뿐이며 그들이 올바르게 살 수 있도록 교양강좌를 하고 근로의식을 고취시키는 것이 무엇이 잘못이냐고 항변했다.

그러나 기독교계 일부에서는 이들 도산을 용공세력으로 보는 움직임도 있고 기업들은 도산이 침투하면 도산(倒産)한다는 공포감에 쌓여 있는 것도 사실이었다.

급격한 경제성장에 비해 상대적으로 근로자들이 소외돼 온 계층이라는 것, 기대욕구는 커지고 있는데 이들이 손에 쥐는 것은 그에 훨씬 미치지 못한 것들이 노사문제의 핵심인 것이다.

불황을 이유로 저임금 개선을 하지 않은 기업주가 고급승용차, 호화주택을 갖고 호화생활을 할 경우 개명(開明)시대의 근로자들이 심복할 수 있느냐의 지적에, 기업인들을 내가 번 돈 내가 쓰는데 무슨 시비냐는 대응이 노사문제를 더욱 어렵게 하여 왔다.

3. 신민당 총재단 직무집행정지 가처분결정

(1) 윤완중, 유기준, 조일환 위원장들이 가처분신청

중앙선관위는 조가연 신민당 서대문지구당원이 질의한 조윤형, 김한수의 정당원 자격에 대해 "국회의원 선거권이 없는자는 정당의 당원이 될 자격이 없고 선거법으로서 금고이상의 형을 선고받고 6년을 경과치 않은 자는 국회의원 선거권이 없으므로 조윤형, 김한수는 정당원의 자격이 없는 자"라고 유권 해석했다.

이에 신민당 윤완중(공주 – 논산), 유기준(성남 – 여주 – 이천 – 광주), 조일환(대구 중 – 서 – 북구) 원외위원장들이 서울민사지법에 김영삼 총재를 비롯한 총재단 직무집행 가처분신청을 제기했다.

이들은 당원자격이 없는 것으로 중앙선관위 유권해석이 난 조윤형 성북위원장과 그가 임명한 지구당대의원 표는 무효이며, 따라서 지난 전당대회에서 과반수보다 2표가 넘어 당선된 김영삼 총재의 당선은 무효라고 주장했다.

그러나 박한상 사무총장은 무기명 비밀투표로 진행된 전당대회에서 조윤형 부총재등이 반드시 김영삼 후보에게 표를 던졌을 것이라는 법적인 근거를 찾을 수 없으며, 과거 당선무효 판결 등으로 의원직을 상실한 의원들이 재직중에 행사한 표결이 유효하다는 선례등을 들어 문제가 없다고 주장했다.

주류측에서는 김영삼 총재 취임이후 기세를 올리고 있는 선명성 강조와 대여공세에 골치를 앓고 있는 외부작용과 김 총재의 지위 부상에 시샘하는 비주류측과 지구당 당위원장 자리를 내놓아야하는 인사들의 이해관계가 맞아 떨어져 가처분신청이 이루어진 것이라고 분석했다.

가처분 신청이 이유있는 것으로 받아들여질 경우 신민당 고위간부는 정운갑 전당대회의장 밖에 남지 않게 되며 선명내지 사꾸라 논쟁과 김 총재에 대한 공격과 옹호 시비 등으로 걷잡을 수 없는 분쟁에 말려들 것으로 보인다.

신민당은 "정당은 헌법에 의해 국가로부터 보호되고 정당에 관한 사항은 위헌여부와 탄핵에 준하는 헌법사항이기 때문에 일반 민사 또는 소청사항의 대상으로 삼을 수 없는 것이 헌법정신"이라고 주장하면서 "가장 악랄한 야당탄압의 수단으로서 온 국민들은 이 사건의 결과에 비상한 관심을 모으고 예의주시하고 있다"고 정재원 임시대변인이 밝혔다.

정 임시대변인은 3명의 제소자를 배반자라고 규정하면서 "그들에 의해 자행된 반민족, 반당적 음모의 배후가 어떠한 것이든간에 우리당은 그 음모의 획책을 국민과 60만 당원의 이름으로 철저히 응징할 것"이라고 덧붙였다.

신민당 당기위에서는 "비상시기에 처해 있는 당 지도층을 전복시켜 당을 파괴할 목적으로 망당, 해당행위를 했음은 천하공지의 사실"이라며 이들 3명을 제명처분했다.

신민당 이택돈 의원은 "조일환 등 3명이 소를 제기한 것은 본인 의사가 아니며 누구의 조종에 의한 것이었다는 명백한 흔적이 있다"고 주장했다.

(2) 서울민사법원 조언 부장판사가 가처분 인용 결정

신청인측 심훈종 변호사는 김영삼총재가 과반수인 376표보다 2표를 더 얻어 당선됐지만 대의원중 조윤형, 김한수, 조연하 등 25명은 정당원과 대의원 자격이 없는 사람들이므로 김 총재의 당선은 무효라고 주장했다.

이에 박한상, 이택돈 의원등은 조일환 등 신청인 3명은 신민당에서 제명되어 당원이 아니므로 소송당사자 자격이 없고 문제의 25표는 비밀투표의 원칙상 당선에 어느쪽으로 영향을 끼쳤는지는 알 수 없는 것이고 주장했다.

YH사태로 경색된 정국을 푸는 여야 총무회담이 진행되자 가처분신청이 여야협상의 미끼로 사용될 지도 모른다는 분석이 나도는 한편, 가처분신청 연기결정은 김영삼 체제의 강경노선에 제동을 거는 수단이 아니냐는 추측도 나돌았다.

김영삼 총재는 "나의 강력한 민주회복투쟁으로 궁지에 몰린 공화당정권이 소송이라는 방법까지 동원하는 정치조작극을 전개하고 있다"면서 "야당을 말살하려는 이 같은 정치음모를 즉각 중지하라"고 주장했다.

김 총재는 "재판은 명약관화한 일로 상식에 의해 사필귀정으로 결론날 것"이라면서 "다만 이 소송이 모 기관의 각본에 의해 이루어졌다는 사실을 국민앞에 밝혀둔다"고 덧붙였다.

조일환 등 3명은 부총재 직무대행자로 유치송, 한건수, 김은하, 채문식 의원 등을 지명하여 법원에 제출했다.

조윤형 부총재는 "정권과 결탁하여 소를 내게한 사꾸라세력이 당내에 있다"는 발언으로 폭력사태가 야기됐고, 이철승 등 전 최고위원 5명은 "동지를 모함하고 당을 분열시키는 해당행위라고 확신하므로 진상을 규명하라"는 성명을 발표했다.

박철용 중앙상위부의장은 "너의 아버지 밑에서 죽도록 고생한 당 지도인사들을 사꾸라로 볼 수 있느냐"고 조윤형 부총재를 폭행했다.

서울민사지법 조언 부장판사는 "총재선출결의 무효확인 등 본안소송 판결확정시까지 김영삼씨는 신민당 총재의 직무집행을, 이민우, 박영록, 이기택, 조윤형 씨는 부총재의 권한을 행사해서는 안된다. 이 기간 중 정운갑씨를 신민당의 총재직무대행자로 선임한다"는 결정을 내렸다.

재판부의 결정으로 정당의 본질은 사법상의 사단으로 법원의 사법심사 대상이 되고, 무자격 대의원 22명이 유효표로 계산된 총재선출은 그 결의가 무효로 볼 수밖에 없다는 점을 들었다.

정당대표가 법원가처분 결정으로 직무집행이 정지된 것은 한국정당사상 이번이 최초이다.

신민당 대표를 상대로 1972년 10월 김홍일 씨가 유진산씨를 상대로, 1976년 5월 최극씨가 김영삼씨를 상대로, 1978년 4월 복진풍씨 등 12명이 이철승씨를 상대로 제기됐으나 모두 기각됐었다.

(3) 정운갑 전당대회의장 총재권한대행 수락

법원 결정에 의해 신민당 총재권한대행자로 선임된 정운갑 전당대회의장은 "유일한 야당이 표류할수 없기 때문에 당을 수습하는 방안을 제시하겠다"면서 "사실 나도 당권에 도전할 위치에 있었으나 당권에 연연하고 싶지 않아 전당대회 때마다 당수출마 권유를 사양했다"고 수락의 배경을 설명하고, "김영삼 총재가 대행을 인정하지 않는 것은 부당하다"면서 김 총재가 법원결정에 승복해야 한다고 주장했다.

김영삼 총재는 "국민과 당원이 선출한 총재는 준국가적기관으로서 일개 민사지법 판사가 권한이 있느냐 없느냐 판정할수 없다"면서 "국민과 국제 사회가 인정한 총재를 총재가 아니라고 하는 것은 야당말살의 살인적 행위"라며 "이 같은 처사는 국민이 용서치 않을 것이며 하나님과 국민이 내 뒤에 있으니 신명을 다해 정정당당하게 이 정권과 싸울 것"이라고 밝혔다.

정재원 임시대변인은 "법원결정은 야당을 말살하려는 정치조작극에 사법부가 하수인으로 전락하여 이 나라 민주주의와 사법독립의 마지막 조종을 울린 것"이라며 "신민당은 이미 결정된 당론에 따라 정치재판에 결코 승복하지 않을 것"이라고 말했다.

이번 법원결정은 신민당은 법원의 감치하에 둘 소지를 남겼다. 정치적으로는 아무런 하자가 없는 결정이 법원에 의해 치명적인 상해를 입게 됐다는 역설적인 결과를 낳았다.

주류측은 "법원결정으로 김 총재는 오히려 국민적 영웅으로 격상 됐다"고 평가하고, 비주류측도 "사실이 어떻든 이번 결정은 국민과 식자층이 정치재판으로 믿고 있다는데 문제가 있다"고 동조했다.

김 총재와 재야의 공세가 심화되고 여당의 대응이 강경으로 맞설 경우 정국은 파국으로 치닫게 될 전망이다.

이번 사태를 주류는 "민주회복 투쟁을 저지하기 위해 당내의 배신자와 외부 세력이 합작한 야당말살음모"라고 주장하지만, 비주류는 "일련의 불행한 사태는 김 총재의 독선, 독주 때문"이라면서 사태의 책임은 김 총재에 있다는 입장차를 보였다.

김 총재는 "서울 민사지법의 결정은 야당을 말살하여 정권의 영구화를 기하려는 이 정권의 부도덕한 정치음모에 사법부가 하수인 노릇을 하여 이루어진 비극적인 소산으로 규정하고 역사와 국민앞에 고발, 규탄한다"고 주장했다.

김 총재는 "만약 이 같은 정치조작극에 승복하겠다는 사람이 당내에 있다면 이는 우리의 동지가 아니라 민주회복을 저해하는 민중의 공적이 된다는 것을 경고한다"고 말했다.

"종국적으로 당을 수습하는 길은 전당대회를 여는 길 뿐"이라고 거듭 주장하고 있는 정운갑 권한대행은 "내가 대행직을 수행할 수 있도록 협조하는 여건이 갖춰져야 그 직을 수락할 수 있을 것"이라고 유보적인 입장을 취했다.

"김영삼 씨는 패소하자 사법부의 독립성과 존엄성을 모독하고 거짓과 날조로 정부에 대해 부당한 정치적 모함을 기도함은 지극히 부도덕한 처사이다"라고 비난한 김성진 문공부장관은 "정부는 김영삼 의원의 발언을 신민당을 대표하는 것으로 보지 않고 개인의 의사표시로 본다"고 법원결정을 타당성 있는 기정사실이라고 밝혔다.

최형우, 한병채, 김동영 의원들은 "양심 있는 정운갑 의장이 권한을 수락하지 않을 것으로 보며 만약 대행직을 수락할 경우 국민들은 관제대행, 유정회 의원과 마찬가지로 생각할 것"이라고 압박했다.

공화당 오유방 대변인은 당내 민주주의 능력도 없고 수신제가도 못하는 처지에 신민당이 대여투쟁 운운하는 것은 가소로운 일이라며 마냥 즐거워했다.

오탁근 검찰총장은 가처분 결정이 있는 후 사법권의 독립과 존엄성을 부정하거나 모독하는 언동을 엄단하라고 전국 검찰에 긴급 지시했다.

오세응, 한병채, 박찬 의원들이 지구당위원장직 양보를 제의한데 대해 유기준, 조일환, 윤완중은 "김영삼 총재가 대여투쟁이라는 미명 하에 당내 민주주의를 말살하려던 과오를 국민과 당원앞에 솔직히 사과하면 김 총재와 대화를 통해 가처분 신청 취하문제를 논의할 용의가 있다"고 말했으나 구두탄에 불과했다.

유한열 사무차장은 "정치인답게 위원장직을 받아들이고 소를 취하하여 당을 수습하는 참다운 구당정신을 보여야 할 것"이라고 주장했다.

그러나 이들은 "지금 소를 취하하기에는 시기가 늦었으며 위원장직을 우리에게 준다는 것도 믿을 수 없으므로 절대로 취하할 수 없다"고 거부했다.

정운갑 전당대회 의장은 "기약없이 표류하는 신민당의 비참한 모습을 방치할 수 없고 당헌이 명하는데 따라 총재의 직무를 대행하지 않으면 안된다는 책임감을 도저히 회피할 수 없다"는 논리를 내세워 대행직을 수락했다.

정 대행은 주류, 비주류, 중도대표를 동수로 당수습위원회를 설치하고 중진회의를 두겠다고 밝혔다.

(4) 박 정권의 의도대로 양분되어 이전투구를 벌인 신민당

김영삼 총재와 정운갑 대행의 담판은 결렬됐다. 정운갑 대행은 "모든 당직 임명을 백지화하고 당 운영의 독선·독주에 대해 국민에게 사과하라"고 김 총재에게 요구했고, 김영삼 총재는 "총재 취임 후 야당다운 야당을 만들었고 국민과 더불어 잘 싸웠는데 무슨 사과를 하느냐"고 반문했다.

이철승 전 대표는 "정 의장이 대행을 수락한 것은 다행스런 일"이라며 "당수의 과오가 당 전체의 과오가 되어서는 안된다"고 전제하고 분당은 있어서는 안된다고 강조했으나 사실상 신민당의 분당을 자초했다.

국회의원 67명 중 54%인 36명이 참석한 의원총회에서 김영삼 총

재는 "정 의장이 대행직을 수락한 것은 이 땅에 야당을 영원히 말살하자는 의도"라고 비난하고 "당원들이 결정한 총재를 어느 누구도 부인치 못할 것"이라며 자신이 신민당의 법통 총재임을 강조했다.

반면 의원총회 불참자는 정운갑, 이철승, 신도환, 이충환, 유치송, 정해영, 조세형, 천명기, 엄영달, 김원기, 허경만, 고재청, 김동욱, 신상우 등 39%인 26명이고 고흥문, 채문식, 조규창, 이용희, 손주항 의원 등은 해외체류 등으로 참석이 불가능했다.

김 총재와 정 대행의 회담 결렬 직후 김 총재는 정 대행에게 "역사에 남는 사람이 되자. 죄인이 되는 일을 해서는 안된다"고 충고했다.

정 대행은 의원 67명 중 46명이 수락하라고 종용하여 반대 13명보다 많아 대행직을 맡기로 했다고 말했으나 근거를 제시하지 못하여 그것은 허수였음이 백일하에 드러났다.

윤보선, 유진오, 정일형 등 고문은 정 대행의 수락 거부를 충고한 것으로 알려졌다.

이철승, 신도환, 고흥문, 유치송, 한건수 의원 등은 정 대행을 중심으로 당을 수습키로 결의하는 한편 정 대행에게 수습위 구성을 서두르도록 촉구키로 했다.

정운갑 대행이 중앙선관위에 총재직무대행 등록신청서를 제출함으로써 법통시비와 함께 분당의 위기가 고조됐다.

신민당 총재단은 "여당과 합작된 관선대행체제 구축을 단호히 분쇄할 것"이라고 결의하고 "국민의 절대적 지지를 받고 있는 야당을 파괴하고 관제야당을 만들도록 시간을 주고있는 여당의 간책(奸策)은 국민의 지탄을 받아 마땅하다"고 비난했다.

중앙선관위는 정운갑 대행이 신청한 직무대행 등록신청을 접수하여 이를 등재키로 결정했다. 이로써 김영삼 총재와 정운갑 대행이 나란히 신민당 대표자로 등록되어 신민당은 법적으로 이원체제가 병존하는 기형상태를 이룬 가운데 격렬한 정통싸움은 불가피했다.

선관위는 정운갑 대행의 등록신청과 함께 신민당의 당인 및 직인 개인계도 받아들이기로 결정했다.

신민당 의원 67명중 63%인 42명이 김영삼 체제 지지를 결의했다. 이들은 "우리들은 민주야당을 말살하려는 정치재판의 결과에 구애됨이 없이 전 당원이 승복했고 전국민이 절대 환영했던 지난 전당대회의 결과가 우리 야당의 법통임을 다시 확인한다"면서 서명했다.

정 대행은 중진회의 구성원으로 주류의 김영삼, 이민우, 김재광, 이기택, 비주류의 이철승, 고흥문, 이충환, 신도환, 중도의 정운갑, 권중돈, 김의택, 정해영 등을 지명했다.

또한 수습위원으로는 주류의 박한상, 황낙주, 이택돈, 최형우, 비주류의 채문식, 김상진, 김준섭, 신상우, 중도로 한건수, 노승환, 고재청, 박병효 등 12명을 지명했으나 주류측의 불참과 비주류의 이충환, 신상우, 고재청 위원등도 수락 의사를 밝히지 않아 아무런 역할을 수행하지 못했다.

정운갑 대행은 박병효 의원을 대변인으로 지명하고 황낙주, 채문식, 유치송 의원 등에게 원내총무를 종용했으나 모든 의원들이 고사하여 오직 총재 대행 명의만을 가지게 되었다.

조일환 등 가처분신청을 낸 3인은 박정희 대통령이 시해당하고 계엄령이 선포되어 안개정국이 전개되자 슬그머니 소를 취하하여 신민당 총재단은 원상복귀 됐다.

4. 제명처분으로 김영삼 총재를 의사당에서 축출

(1) 뉴욕타임스 스트크스 기자와의 대담이 일파만파를

미국 뉴욕타임즈 스트크스 기자와 대담을 가진 신민당 김영삼 총재는 카터 미 행정부에 대해 박정희 대통령 정부에 대한 지지를 종식할 것을 요구했다.

김 총재는 "미국이 국민들로부터 점점 소외되어가고 있는 박정희 정부와 민주주의를 열망하는 다수의 국민 중 명백한 선택을 해야 할 시기가 왔다"고 말했다.

김 총재는 "미국은 공개적이고 직접적인 압력을 통해서만이 박 대통령을 제어할수 있다고 말할때마다 그들은 국내정치에 간섭할 수 없다고 대답했다" "미국은 우리를 보호하기 위해서 3만명의 지상 군을 파견하고 있는데 그것은 국내문제에 대한 간여가 아니란 말인가"라고 반문했다.

김 총재는 "나는 북한과 대항할 수 있는 최상의 그리고 유일한 방법은 언론과 집회 및 자유선거를 선택할 수 있는 자유를 확보하는 것이라고 아직도 확신한다"고 뉴욕타임즈 헨리 스트크스 기자와의 대담에서 밝혔다.

김 총재는 "카터는 한국에 옴으로써 박 대통령에게 커다란 선물을 안겨 준 셈"이라면서 "카터는 한국에 와서 박 대통령의 위신을 높여줌으로써 박 대통령에게 그 반대세력을 억압할 용기를 주었다" "그의 방한을 생각할 때 나는 분노를 금할 수 없다"고 말했다.

김 총재는 "대사관은 그들의 행동한계와 접촉을 확대할 능력이 없는 것 같다" "이란은 미국의 크나큰 불행이었다" "나는 미국 대사관이 한국에서 이란과 같은 전철을 밟지 않기를 바란다"고 곁들였다.

박준규 공화당의장 서리는 "시국에 대해서 견해차이는 있을 수 있고 정치적인 비판을 할수 있지만 타국에 공공연히 내정간섭을 요청하는 이러한 발언이 조금도 부끄러움 없이 행해지고 있는 정치풍토를 개탄해 마지 않는다"면서 회견내용을 사대주의로 규정하고 진의를 따지는 공개질문과 아울러 이를 정기국회에서 문제삼을 방침을 세웠다.

공화당 문태준 의원은 "김영삼 의원의 망언은 자주와 자립을 지향하는 민족적 의지에 대한 배신이고 호혜평등관계로 재정립되어가는 한미간의 친선과 유대를 파괴하는 행위"라고 비난했다.

정재호 유정회 대변인은 "주한 미국 지상군의 존재를 내정간섭으로 파악한 것은 북괴의 일관된 상투주장과 일치된다"고 화답했다.

정재원 임시대변인은 "신민당은 카터 대통령의 방한후 계속 가중돼 온 정치와 인권의 탄압, 미국의 가속된 수입규제 등의 사태는 한미관계의 불행한 사태를 우려했다"면서 일방적인 왜곡선전으로 국민을 기만하려는 작태를 즉각 중단할 것을 촉구했다.

미국 국무성은 한국정부에 대해 김영삼 신민당 총재를 구속하지 말 것을 촉구하는 동시에 김 총재에 대해서도 충동적인 발언으로 정부를 자극하지 말도록 권했다.

(2) 김영삼 총재 제명에 앞장선 박준규와 태완선

공화당과 유정회 소속의원 160명 명의로 "국회의원 김영삼은 국회법 제26조에 의한 국회의원으로서의 본분을 일탈하여 국헌을 위배하고 국가안위와 국리민복을 현저히 저해하는 허위사실을 유포하는 등 반국가적 언동을 함으로써 스스로 주권을 모독하여 국회의 위신을 실추시키고 국회의원으로서의 품위를 손상시켰으므로 국회법 157조에 의해 징계를 요구한다"는 징계동의안을 제출했다.

신형식 공화당 사무총장은 "김 총재가 외무위 등에서 국민이 납득할 수 있는 충분한 해명과 공개사과를 함으로써 국회내에서 조용히 마무리 짓는 것이 바람직하다"면서 "우물쭈물 그냥 넘길 수는 없으므로 일단 징계안을 내 놓은 것"이라고 다소 완화된 방침을 밝혔다.

신민당 주류는 "정운갑 대행체제에 대한 간접적인 지원사격용 같다"면서 선관위에서 정 대행의 등록신청을 수리하는 타이밍을 겨냥하고 주류측의 구심점을 잃도록 하려는 속셈으로 풀이했다.

신민당 김수한 의원은 "김 총재를 일부러 키워주려고 여당의 어용학자들이 생각해 낸 묘안인 것 같다"고 비꼬았다.

비주류인 고재청 의원도 "김총재 발언에 대한 정치적 시비는 있을 수 있으나 징계는 정국을 파국으로 끌고가려는 처사이며 법적으로도 견강부회(牽强附會)"라고 반격했다.

김영삼 총재는 "지난번 총선에서 1.1% 더 얻은 야당총재를 제명하는 것은 개인의 제명이 아니라 국민을 제명하는 것"이라고 비난했다.

황낙주 원내총무는 김 총재의 징계는 민주투쟁을 벌이는 김 총재에 대한 정치보복이라며 "징계 이후의 사태는 그 책임이 전적으로 무법변란을 자행하는 여당측에 있다는 점을 명백히 밝히고 이를 엄중히 경고한다"고 말했다.

이러한 상황에서 박정희 대통령은 "북한 공산집단의 기습공격의 가능성이 높아지고 있는 현실을 잊어버린 듯 부질없이 낭비적이고도 비생산적인 공리공론으로 민심을 선동하고 사회혼란을 조성하려하고 있으니 그 구태의연한 작태를 개탄하지 않을 수 없다"고

유시했다.

이에 박준규 당의장서리는 "유신체제 유지를 옹호하고 박정희 총재를 잘 받들기 위해서는 소신있게 과감히 나가겠다"면서 유신체제와 관계된 사안에 대해서는 일보의 양보도 없다는 강경노선을 천명했다.

집권여당측은 정운갑 대행체제만을 대화창구로 삼아 그의 법통을 확인시키고 대세를 몰아준다는 전략을 세우고 추진했었다.

그리고 집권여당측은 김영삼 총재 체제를 백안시함으로써 김 총재의 무력화, 고립화를 시도했다.

김영삼 총재 지지 서명의원이 42명에 달하여 대행체제 운영에 어려움을 겪고 있는 정운갑 대행은 시간이 가면 해결될 것이라고 내분 수습에 자신감을 나타내고 있었던 것은 국회가 열리면 김 총재 제명이라는 비장의 카드를 미리 탐지하고서 느긋했지 않느냐는 추론을 가능케 했다.

신민당 김수한 의원은 "김 총재 체제를 주장을 잃은 오합지졸(烏合之卒)로 만들어 놓음으로써 정 대행 체제를 지원하려는 함포사격용이 아니냐"고 분석했다.

제2공화국 민주당 집권시절 집권당인 민주당 의원으로 김영삼 총재와 동료의원으로 있다가 집권여당인 공화당으로 변신한 박준규 당의장서리와 태완선 유정회 의장은 "사법부의 결정과 헌법기관의 결정을 존중하고 따라야 함은 국내 누구를 막론하고 지켜야 할 도리임에도 불구하고 폭력 혁명의 환상에 사로잡혀 있는 김영삼 의원은 국민의 최소한의 기본적 의무마저 저버리고 헌법기관에 대한 공공연한 모독행위만을 저지르고 있다"면서 "법 제정의 소임과 법 준수의 의무를 지고 있는 우리가 사법부와 헌법기관에 도전하는 그를 결코 용서할 수 없다"고 한때는 동료의원이었던 김영삼 총재를 제명하는데 앞장섰다.

(3) 김영삼 총재를 3분만에 별실에서 의원직 제명처분

공화당은 김영삼 총재가 법사위에서 해명과 사과를 하지 않을 경우 제명할 방침을 세우고 있는데 반해, 신민당은 긴급 의원총회를 열어 실력저지 등 강경대응책을 세움으로써 정국은 파국 직전의 중대한 국면에 들어섰다.

이에 김영삼 총재는 "우리들은 오늘 죽고 영원이 사느냐, 오늘 살고 영원히 죽느냐를 선택해야 한다. 나는 비굴하게 살고 싶지 않다. 그들이 나를 제명한다 해도 그리고 나를 구속한다 해도 나의 민주주의에 대한 신념과 철학을 빼앗을 수 없을 것이다. 이 정권은 국민의 마음으로부터 떠났다"고 대응했다.

정재원 임시대변인은 "공화당 정권은 비열하고 불법적인 방법으로 우리 당과 김 총재를 제명하려는 죄악이 어떤 결과를 초래하더라도 이에 대한 민족적, 역사적 책임을 면할 수 없을 것"이라는 성명서를 발표했다.

공화당과 유정회는 "김영삼 의원이 NYT회견 등으로 국헌을 위배하고 국회의원의 직분과 책무를 망각하고 국회 위신을 손상시키는 언동을 감행했으며, 이러한 모든 언동이 국회의원의 지위와 특권을 남용하여 진행된 것으로 헌법 제 81조 규정에 의거 징계할 것을 요구한다"는 징계 동의안을 발표했다.

경호권 발동으로 3백 5십 명의 무술경관이 출동한 가운데 본회의장이 아닌 146호실에 들어가 비공개리에 표결을 강행하여 "159명 중 159표로 가결됐다"고 백두진 국회의장이 김 총재의 제명을 선포했다.

백두진 국회의장은 신민당 의원들이 단상을 점거한 가운데 본회의장 구석에서 상정시켜 변칙 발의하여 법사위에 회부했고, 법사위에서 40초만에 여당 단독으로 제명으로 전격 의결하고 본회의에서 1분만에 확정됐다.

제명이 확정되자 김영삼 총재는 "이 나라 민주주의의 희미한 등불을 꺼지게 하고 민주주의 조종을 울리게 했지만 이 나라 국민의 마음 속에는 민주주의의 불씨가 되살아날 것"이라며 "하늘이 두렵지 않느냐고 묻고 싶다"고 말했다.

황낙주 원내총무는 "여당의원들은 가책이 없느냐" "너희들은 역사의 죄인이다"는 등의 욕설을 퍼부었고, 여당의원들은 아무런 대꾸없이 황급히 모습을 감췄다. 김영삼 총재는 "눈물도 피도 흐르지 않는 단말마의 최후의 발악"이라며 "이 지구위의 역사상 어느 정권도 하지 않았던 천인공노할 사실"이라고 주장했다.

집권여당은 야당지도자를 가차 없이 제명함으로써 체제 수호에 대한 확고한 입장을 보여주었을 뿐 아니라 비판적인 정치인, 종교인 및 학생에게도 예방적 견제효과를 노렸을 것이라고 자찬했다.

30년 의정사상 제명 1호의 주인공이 된 김 총재는 "오늘의 이 고난은 민주투쟁을 위한 순교로 받아들여질 것입니다. 나는 이제부터 더 무거워진 십자가를 지고 나갈 것입니다"라고 변함없는 투쟁 제1성을 발표했다.

윤보선 전 대통령은 "강자로서의 금도를 아쉬워하는 소리가 없지 않아요. 대화로 상대를 설득시키고 상대의 입장을 소화시킬수 있는 자세 가짐이 필요한 것인데 '따라오라'고 강요만 하는 다수의 위압적인 대화 방식은 정국수습의 역진책(逆進策)이라는 것"이라고 질책했다.

(4) 집권여당의 의도가 빗나가 파행으로 치달은 정국

제명이 결정된 후 기자회견을 가진 김영삼 총재는 "나에 대한 제명은 완전한 불법이므로 영원히 승복할 수 없으며 여당이 내세운 징계사유는 한 구절도 인정할 수 없다"고 주장했다.

김 총재는 "공화당 정권은 오늘 국회를 권력의 시녀로 타락시켜 야당 총재를 의회로부터 추방하는 폭력 정치의 하수인으로 만들었다"며 "정권 이양준비를 갖추라고 촉구해 오다가 혁명주의자인양 모함을 받아 이 같은 엄청난 정치보복을 당했다"고 말했다.

"한 번만 죽으면 됐지 두 번 죽을수야 없지 않은가"고 반문한 김 총재는 "그렇지만 우리 국민들이 불쌍하다는 생각이 든다" "민주주의 새벽은 멀지 않았다"고 거듭 힘주어 말했다.

신민당은 무기한 등원거부를 통해 여당 측의 변칙 제명처리를 규탄하는 원외투쟁을 강화할 방침이지만 그동안 소강사태에 들어간 이원체제가 재연될 기미를 보이고 있고, 공화당은 후유증 치유에 노력하는 한편 정운갑 대행 체제가 갖춰지는 대로 대화를 모색하여 신민당 의원들을 원내로 끌어들일 작전을 펴나갈 방침이다.

신민당 의총에서 주류측은 "김 총재의 제명이 곧 야당을 말살하려는 폭거"라고 규정하고 의원직 사퇴를 주장한 반면 이진연, 엄영달, 김준섭 의원들은 개개인의 신상문제라며 사표제출을 반대했다.

다만 "우리는 여당의 다수 폭력으로 강행된 김 총재 제명은 징계 사유도 불법이며 진행과정도 불법, 변칙, 날치기임을 확인한다"고 밝히고 "김 총재의 제명결의는 국회결의라기 보다 공화·유정 합동의총에 지나지 않으므로 불법, 무효이며 영원히 승복할 수 없다"고 선언했다.

두번째 의총에서도 "민주투쟁의 기수가 의원직을 뺏긴 무법적 국회에서는 의원으로서 한계가 있으니 차라리 자폭하자"는 박용만 의원의 총사퇴론과 "장수를 잃었다고 옥쇄(玉碎)하기보다는 후일을 도모하면서 장수의 유지를 받드는게 낫다"는 김윤덕 의원의 신중론이 맞섰다.

그러나 신민당 소속 국회의원 66명과 통일당 의원 3명도 함께 의원직 사퇴서를 국회에 제출했다.

정재원 임시대변인은 "치욕스런 의회를 지키기보다는 영광스러운 광장에서 국민과 함께 떳떳이 서기 위해 의원직 사퇴서를 제출했다"고 발표했다.

이는 의정 30년사에서 한일협정 비준안이 날치기 통과되자 민중당 소속의원 61명이 일괄사퇴한 1965년 8월 한일협정 파동때에 이은 두 번째 기록이다.

집권여당에서는 김영삼 총재를 제명하면 주류측은 반발할 지라도 비주류측은 정운갑 총재 대행으로 신민당 당권을 잡고 주류측을 압박하여 집권여당의 의도대로 따라올 것을 기대했으나 비주류까지 합세하여 전원의 의원직 사퇴서 제출에 당혹스러워했다.

박준규 공화당 의장서리는 "신민당의 총사퇴결의는 상징적 정치공세로 보는 것이 옳을 것"이라고 대응했다.

유정회 신광순 의원은 "20년, 30년 고생해서 금뱃지를 단 사람들이 그렇게 쉽게 의원직을 내 던지겠느냐"고 의원직 사퇴에 대해 회의를 표시했다.

여당권 일부 의원들은 선별 수리를 통해 신민당의 체질을 체제내 적인 것으로 정화시켜야 한다는 주장을 펼쳤으나, 사퇴서를 반려 받은 의원들의 입장을 오히려 거북하게 하는 역효과가 따를지 모른다는 지적으로 일괄반려 쪽으로 기울었다.

여당쪽에서 선별수리론이 우세한 것으로 알려지자 박용만 의원은 "신민당 의원을 여당이 사꾸라와 비사꾸라로 구분하겠다는 거냐"면서 "저질적이고 저차원적인 행위"라고 공격했다. 정운갑 권한대행도 "감정적으로 보기 싫은 사람을 골라 받으려는 모양 같은 그

건 말도 안된다"며 불쾌한 표정을 지었다.

선별수리론은 명목상 신민당 총의의 이름으로 제출된 사퇴서를 분할통치 함으로써 야당의 전열을 교란시키고 그와 함께 기피인물의 제거를 도모하자는 뜻이 담겨 있었다.

공화당 구태회 정책위의장은 "제명까지 할 필요가 있느냐고 생각하는 사람도 있겠지만 우리는 정국의 혼란을 막고 나라가 잘 될 것이란 확신에서 가혹하지만 끊어 냈다"며 "김영삼씨 제명이 민주주의를 꽃피게 하고 빨라지게 할 것"이라고 박 대통령의 몰락을 예견하기도 했다.

신민당 김동영 의원은 "김 총재에 대한 가처분과 제명이 관제야당을 만들겠다는 기도였다면 지금에 와서 곤궁에 처한 여당의 말 상대가 되어주겠다고 나서는 정운갑 대행은 차라리 야당의 탈을 벗고 여당으로 등록하라"고 독설을 퍼부었다.

제3장 박 대통령 시해로 18년 독재정권 붕괴

1. 김영삼 총재 축출에 부산·마산 시민들 봉기
2. 차지철·김재규 갈등이 유신체제 심장을
3. 패륜적인 시해냐? 민주화를 위한 거사냐?

1. 김영삼총재 축출에 부산・마산 시민들 봉기

(1) 부산대생 4천여 명이 시민들과 합세하여 연이틀 소요

1979년 10월 16일 부산대생 4천여 명은 교내시위에 이어 저녁에는 부산시청 앞에 집결하여 시민들과 합세하여 유신철폐, 독재타도, 야당 탄압 중지등을 외치며 경찰과 대치했다.

이날 학생들은 교내에서 민주투쟁선언문을 살포하면서 반유신・반독재 구국투쟁 대열에 참여할 것을 다짐했다.

부산대생들은 서울의 각 대학과 전남대, 경북대 들이 유신체제를 반대하는 시위가 연일 산발적으로 일어나고 있는데도 침묵만 지켜오다가 김영삼 총재에 대한 의원직 제명안이 변칙적으로 통과된 직후부터 심상찮은 움직임을 보이며 시위에 나서기 시작했다.

오후에 부산의 중심지인 남포동과 광복동 일원에 다시 2,000여 명의 학생들이 집결하여 해산을 종용하는 경찰과 대치하던 중 일부 시위대들이 경찰관서에 투석하고 경찰차량을 불태우고 경남도청, 세무서, 방송국, 신문사 등에 침입하여 기물을 부수는 등 난동을 부렸다.

치안본부는 이들의 난동이 우발적 행동이 아닌 조직적인 폭거로써 민심 교란 선동과 사회혼란을 조성하는 폭도로 돌변하여 방화, 폭행, 기물파괴, 투석 등으로 부산 지역의 치안 질서를 극도로 마비시키고 시민들을 불안과 공포속으로 몰아넣었다고 밝혔다.

같은 날 부산시민회관에서는 부산시장을 비롯한 각 기관장, 새마을 지도자 등 2천 5백여 명이 참석한 가운데 10월 유신 7주년 기념식이 열려 참석자들은 "유신으로 총화단결을 더욱 공고히 하자"는 내용의 결의문을 채택했다.

구자춘 내무부장관은 부산시청에서 가진 기자회견에서 "부산대생들의 시위에 대해 정부는 유감스럽게 생각하며 앞으로는 이 같은 지각없는 경솔한 행위에 대해 단호히 대처해 나가겠으며 경찰에 연행된 200여 명은 경중을 가려 법대로 처리하겠다"고 밝혔다.

경찰의 완강한 저지로 부산시청 앞으로 진출이 불가능해지자 시위대는 소규모로 나뉘어 시내 곳곳에 분산하여 이동하는 바람에 경찰은 저지능력을 상실하게 되었다.

밤이 깊어갈수록 더욱 격렬해져 충무동파출소, KBS 부산총국, 서구청, 부산세무서가 파괴되고 MBC의 유리창이 박살났다.

이렇게하여 시작된 17일의 시위는 고등학생들도 상당수 가담하고 시민들까지 가세하여 더욱 격렬해졌다.

영도에서 사하로 출퇴근하고 있었던 본인은 버스운행이 중단되어 최루탄 가스를 마시며 부산시청, 광복동, 서구청사 앞의 밤길을 걸어야만 했지만 부산일원에 비상계엄이 선포될때까지 일체의 보도가 없었던 관계로 일반 국민들은 시위와 관련된 아무런 소식도 접할 수 없는 캄캄한 시대였다.

이들의 조직적인 활동으로 민심이 교란되고 사회혼란이 조성되어 부산 지역의 치안질서가 극도로 마비되어 시민들을 불안과 공포속으로 몰아넣었다.

치안본부는 이번 소요는 단순한 시위가 아닌 폭동에 가까운 소요이며 방화, 파괴등을 자행하고 화염병, 각목, 사제총기를 사용하고 있다고 밝혔다.

학생 282명이 경찰에 연행됐으며 학생 67명이 중경상을 입었다.

학생들과 합세한 시민들은 언론자유 등 구호를 외치며 애국가를 부르면서 시위했다.

치안본부는 이 사건으로 경찰관 56명을 비롯하여 학생, 일반시민 등 수많은 사람이 부상했으며 경찰차량 6대가 전소되고 12대가 파손됐을 뿐 아니라 21개 경찰서와 파출소가 파손 또는 방화되고 이밖의 주요공공건물이 습격되어 파괴되었다고 밝혔다.

(2) 박정희 대통령은 급기야 부산일원에 비상계엄 발령

박정희 대통령은 대학생들의 시위사태가 연이틀 빚어진 부산시 일원에 1979년 10월 18일 0시를 기해 비상계엄을 선포했다.

박 대통령은 계엄사령관에 박찬긍 육군중장을 임명하면서 "오로지 악랄한 선동과 폭력으로 사회질서를 파괴하고 국리민복을 해치며

헌정기본질서를 위태롭게 하는 불순분자들의 일체의 경거망동과 불법행위를 발본색원하자는데 계엄선포의 목적이 있다"는 담화문을 발표했다.

박찬긍 계엄사령관은 일체의 집회, 시위와 유언비어의 날조, 유포를 엄금하고 각 대학은 휴교조치하며 일체의 언론, 출판, 보도, 방송은 사전검열을 받도록 하는 등 8개 항의 포고령을 발표했다.

계엄사령관은 계엄법에 의거 부산 일원의 모든 행정·사법사무를 관장하며 영장 제도, 언론, 출판, 집회, 결사의 자유, 정부나 법원의 권한에 관하여 특별한 조치를 할 수 있다.

계엄군은 일반시민들이 시위군중에 휩쓸려 구경할 경우라도 시위군중으로 판단하고 전원 연행하겠다고 경고했다.

신민당은 "정부는 이번 부산사태에 대한 원인과 근인에 대하여 깊이 반성하고 그 책임을 통감해야 할 것"이라며 "하루빨리 계엄조치가 해제 될수 있기를 바란다"고 계엄해제를 촉구했다.

김영삼 신민당 총재는 "이 나라 민주주의의 희미한 등불을 꺼지게 하고 민주주의 조종(弔鐘)을 울리게 했지만 국민의 마음속에는 민주주의의 불씨가 되살아날 것"이라는 말을 상기시켰다.

반면 박준규 공화당의장 서리는 "우리에게 절실히 요청되는 것은 환상을 쫓는 소영웅주의가 아니라 민족의 오늘과 구원(久遠)한 장래를 투시하는 기품있는 정치이며, 극단적인 감정의 대립이 아니라 자중자애 속에 이성의 조화를 이룩하는 일"이라고 김영삼 총재 비난에 열을 올렸다.

비상계엄이 선포되자 여야는 거의 침묵으로 일관했고 정치는 정적(靜寂) 그 자체였다.

공화당은 정치휴전을 선언하고 정책발표에 주력했고, 신민당은 성명을 자제하고 일부는 귀향활동에만 전념했다.

대야관계에서 강경일변도로 달려 왔던 공화당은 경색정국을 가능한 한 빨리 수습하는 것이 바람직하다는 판단으로 정기국회 단독운영 방침을 바꾸어 이달 말까지 휴회하고 신민당의 의원직 사퇴서도 당초의 선별수리 논의를 후퇴시키고 일괄 반려키로 방침을 세웠다.

여당권은 최근 사태에 대한 책임이 여당 자체에도 있다는 인식 아래 자성하는 몸가짐을 하면서도 사퇴서처리에 관한 대담한 방법제시를 보류하는 엉거주춤한 자세로 일관했다.

여당이 요구한 사퇴서 자진철회는 실현가능성이 전무한 상태이고 또한 사퇴서를 일괄 반려받는다고 해도 김 총재 제명이 취소될리가 없는 마당에 등원이 이루어질 것 같지는 않았다.

공화당의 사퇴서 자진철회토록 종용한데 대해 박영록 부총재는 "사퇴서를 찾아가라는 것은 또 한번 야당을 우롱하는 일로 우선 급한 불이나 끄자는 사술"이라고 반발했고, 이기택 부총재도 "의원직 사퇴서를 낸 상황에 관해서 아무런 언급이 없다"고 지적했다.

(3) 부산 - 마산의 민중항쟁은 10·26 사태를 촉발하는 뇌관

계엄해제를 요구하며 시위를 벌이는 학생과 시민들은 공수단의 무자비한 진압에도 불구하고 시위를 계속하는 가운데 시위는 마산으로 번져갔다.

경남대생 5백여명은 18일 오후 "지금 부산에서는 우리의 학우들이 유신독재에 항거하여 피를 흘리고 있다" "3·15의거의 정신을 되살리자"면서 시위를 벌였고 이중 일부는 마산시내로 진출했다.

시위군중들은 어둠이 짙어 갈수록 더욱 수가 늘고 격렬해져 산호동파출소가 불타고 북마산 파출소, 오동동 파출소도 완전히 파괴됐다.

마산 시민과 학생들의 시위는 수출 자유지역의 노동자와 고등학교 학생들까지 합세하여 19일까지 끊임없이 계속됐다.

부산사태가 마산으로 옮겨붙어 더욱 격렬한 양상으로 치닫자 정부는 마산·창원 일원에 위수령을 발동시켰다.

정부는 마산시와 창원 지역에 대해 야간통행금지시간을 연장하여 저녁 10시부터 새벽 4시까지로 한다고 발표했다.

정부는 조옥식 육군소장 명의로 마산 - 창원 일원에 일부 학생과 불순분자들의 난동소요로 군이 안녕과 질서를 유지하게 위수령을 발동했다고 밝혔다.

위수령이란 당해지역의 행정관서장의 요청에 의해 그 지역의 위수

사령관이 질서유지를 위해 군 병력을 출동시키는 것이다.

위수사령관은 계엄사령관과 달리 행정이나 사법에 관한 권한은 없고 단지 질서유지를 위한 경비와 군기 감시 및 군에 속하는 시설물의 보호만을 목적으로 한다.

부산 – 마산의 민중항쟁은 계엄령과 위수령으로 번져 막을 내렸지만 불씨는 사그라들지 않은채 이화여대, 서울대, 전남대, 계명대 등으로 확산되어 마침내 10·26 사태를 촉발시키는 뇌관이 되었다.

부산, 마산 소요사태에 관련하여 연행된자는 부산이 1,058명, 마산이 505명 등 모두 1,563명으로 검거선풍이 휘몰아쳤으나 이 중 792명은 훈방조치됐고, 651명은 즉결심판에 넘겨졌다.

박정희 대통령의 시해로 중벌에 대한 중압감에서 벗어나 구속·연행된 31명은 일반검찰에 송치됐으나 89명은 군 검찰에 송치되어 부산 – 경남지구 계엄군법회의에서 재판을 받게 되었다.

재판부는 "지난 소요사태가 단순한 시위의 범위를 넘어 사회질서를 극도로 교란시킨 사건이었다는 점에서 관련자들에 대한 중벌을 고려했으나 이 사태가 계엄이전의 사건임을 참작했다"면서 시위를 모의, 주동하거나 시위에 가담해 방화 및 손괴 등의 행위를 한 대학생 4명을 포함한 20명에 대해서는 5년이하의 실형을 선고하고 나머지는 공소를 취하, 석방했다.

2. 차지철 · 김재규 갈등이 유신체제의 심장을

(1) 전두환 합동수사본부장 중간수사 발표

박정희 대통령이 1979년 10월 26일 김재규 중앙정보부장이 쏜 총탄을 맞아 서거했다.

대통령의 궐위에 따라 최규하 국무총리가 대통령 권한대행에 취임했으며 최 권한대행은 전국에 비상계엄을 선포하고 계엄사령관에 육군참모총장 정승화 대장을 임명했다.

김성진 문화공보부 장관은 박 대통령 피격사건에 대해 "박 대통령은 궁정동 소재 중앙정보부 식당에서 김재규 중앙정보부장이 마련한 만찬에 참석하여 김계원 비서실장, 차지철 경호실장, 김재규 중정부장과 만찬 도중에 김 중정부장과 차 경호실장 간에 우발적인 충돌사태가 야기되어 김 중정부장이 발사한 총탄에 맞아 서거했다"고 발표했다.

김성진 장관은 "차 경호실장을 포함한 5명이 사망했으며 김 중정부장은 계엄사에 의해 구속돼 조사를 받고 있다" "정부는 박 대통령 각하의 서거를 애도하는 온 국민의 뜻을 받들어 국장을 지내기로 결정했다"고 덧붙였다.

이날 중앙정보부 식당에서 빚어진 총격에서 박 대통령 이외에 차지철 경호실장, 정인형 경호처장, 안재송 경호부처장, 김용섭 경호관, 김용태 운전기사 등 5명인 것으로 알려졌다.

최규하 권한대행은 "국민 여러분은 정부와 군을 신뢰하고 추호의 동요도 없이 각자의 직분을 다해주기 바란다"면서 "본인은 대외관계에 있어서 미국을 비롯한 우방국가들과의 기존 우호협력 관계에 아무런 변동도 없다는 정부 방침을 천명한다"는 국가비상시국에 관한 특별담화를 발표했다.

정승화 계엄사령관은 일체의 옥내외 집회는 허가를 받아야하고 언론, 출판, 보도는 사전에 검열을 받아야 하며 모든 대학은 휴교조치하고 시위 등 단체활동과 유언비어의 날조, 유포행위 등을 금하는 포고령 1호를 발표했다.

노재현 국방부 장관은 "비상시국을 맞아 우리 국군 전 장병은 최규하 대통령 권한대행을 중심으로 일치단결하여 북괴의 어떠한 도발도 즉각 분쇄할 수 있는 만반의 태세를 갖추고 국가보위의 대임을 완수할 것이다"라는 내용의 결의문을 발표했다.

계엄사령부 합동수사본부장인 전두환 보안사령관은 박 대통령 시해사건의 중간수사 결과를 발표했다.

김재규는 박 대통령, 김계원 비서실장, 차지철 경호실장과 만찬 중 차 실장과 심한 충돌을 한 뒤 밖으로 나와 권총을 찾아들고 들어가면서 밖에 있던 부하들에게 "내가 해치울 테니 총소리가 나면 밖에 있는 경호원들을 해치우라"고 지시한 뒤 들어가 먼저 차 실장을 쏜 뒤 이어 박 대통령을 쏘고 다시 차 실장과 박 대통령을 향해 각각 두 발씩 쏘았으며 이 때 밖에 있던 김재규의 부하들이 경호원들을 사살했다고 발표했다.

전두환 본부장은 김재규는 평소 대통령에게 건의하는 정책에 대해서 불신을 받아왔으며 자신의 모든 보고와 건의가 차 경호실장에 의하여 제동을 당하였을 뿐 아니라 평소의 개인적인 감정으로 차 실장과의 감정대립이 격화돼 있었고, 업무집행상의 무능으로 수차에 걸쳐 대통령으로부터 힐책을 받았으며 이로 인하여 최근 요직개편설에 따라 자신의 인책해임을 우려한 나머지 범행을 저질렀다고 발표했다.

(2) 국민의 애도 속에 역사속으로 사라진 박정희 대통령

박정희 대통령의 뜻밖의 급서(急逝)로 충격을 받은 국민들은 평온과 질서가 유지되고 있는 가운데 '고인에 대한 조의' '사건 진상에 대한 궁금증' '정국장래에 대한 기대'등이 교차하는 표정이다.

정상활동에 임하는 시민들은 차분한 모습으로 비상사태에 당황하지 않고 난국을 헤쳐 나가는 국민적 역량과 슬기를 보여주는 듯 했으며 대학가는 문이 굳게 닫힌 채 학생들의 발걸음이 끊겼으며 통금연장으로 열차 및 고속버스 등 교통편의 시간변경이 있었다.

김수한 추기경은 "오늘의 사태는 국가의 존망이 달린 문제"라고 강조하고 "모든 신도들은 단합과 사랑과 신뢰와 평화를 위해 기도하자"고 호소했다.

국무회의는 고 박정희 대통령의 국장을 9일장(葬)으로 하고 영결식을 11월 3일 10시 중앙청에서 거행키로 의결했다.

청와대 본관 접견실에 빈소를 설치하고서 중앙청 광장에 대형분향소를 설치하고 75개 향로를 갖다놓아 한꺼번에 많은 시민들이 분향할 수 있도록 했으며 전국에 일 천여 개의 분향소를 설치했다.

미국 국무부는 "박 대통령 서거 후 현재까지 한국에 대한 북한의 위협은 나타나지 않았으며 정부기능이 제대로 발휘되는 등 정세가 정상적"이라며 "한국 국내정치의 변화에도 불구하고 안보공약 등 미국의 대한정책에는 아무런 변화도 없다"고 밝혔다.

18년 5개월 동안 이 나라를 통치했던 박 대통령은 모든 사람들이 일손을 놓고 슬픔으로 근조(謹弔)하는 가운데 말 없이 동작동 국립묘지에 묻혀 역사속으로 사라졌다.

청와대 발인제를 거친 국향(菊香)에 뒤덮인 고인의 유해는 정들었던 청와대를 하직했다.

중앙청 광장에서 거행된 영결식에는 유가족과 밴스 미국 국무장관 등 41개국 조문 사절 및 각계인사등 3천여 명이 참석했으며 전 국민은 1분간 묵념으로 마지막 명복을 빌면서 고인을 장송(葬送)했다.

최규하 대통령 권한대행은 "아흐레 전 천지가 진동하여 산천초목이 빛을 잃었고 경악과 비탄으로 온 국민들의 가슴이 메었다"고 너무나 구슬프게 애도했다.

국장 행렬이 지나는 거리는 조기를 드리운 채 대부분 철시했고 소복과 검은 예복 차림의 2백만 조상인파는 이른 새벽부터 연도좌우를 가득 메우고 서서 대통령의 운구행렬을 숙연히 지켜보았다.

(3) 파란만장한 일대기를 남긴 박정희 대통령

이제 고인이 된 박정희 대통령은 1917년 11월 14일 경북 선산군 구미면 상모리에서 박혁거세를 시조로 하는 고령 박씨 29대 손으로 박성빈 씨와 백남의 여사의 7남매 중 막내아들로 태어나 1937년 3월 대구 사범을 졸업한 뒤 경북 문경초등학교에서 교편생활을 했다.

1942년 4월 만주군관학교에 입학하여 1944년 일본 육군사관학교를 거쳐 일본군 육군중위로 해방을 맞았다.

해방 후 박 대통령은 한국 육군사관학교를 2기로 수료하고 1954년 제5사단장, 1960년 육군 군수기지사령관 등을 역임했다.

육군소장으로 5·16 군사쿠데타를 주도하여 최고회의 부의장으로 활동하다가 육군참모총장으로 최고회의 의장인 장도영을 반혁명분자로 처단하고 최고회의 의장이 되어 2년여 동안 군정을 맡은 뒤 육군대장으로 전역하면서 공화당에 입당했다.

이때 전역식에서 박 대통령은 "다시는 이나라에서 나와 같은 불운한 군인이 없도록 합시다"라고 말했다.

1963년 공화당 대통령 후보로 5대 대통령 선거에 출마하여 민정당 윤보선 후보를 15만 6천여표 차로 누르고 제3공화국 초대 대통령이 됐다.

5대 대통령으로 재직하면서 민주당 정부가 초안을 만들었던 경제개발 5개년 계획을 추진했고, 세찬 반대를 무릅쓰고 국군을 월남에 파견했으며 한일협정을 체결하여 비준했다.

1967년 제6대 대통령선거에 출마하여 신민당 윤보선 후보를 1백 16만 2천여 표차로 누르고 대통령에 다시 선출됐다.

1969년 장기집권에 대한 욕망을 억제하지 못하고 무리하게 3선개헌을 추진했으며 1971년 제 7대 대통령 선거에 출마하여 영호남의 지역대결로 선거전을 이끌어 신민당 김대중 후보를 94만여 표차로 누르고 대통령을 계속할 수 있었다.

박 대통령은 남북적 회담으로 이산가족 찾기, 7·4 공동성명으로 남북조절위 설치 등으로 남북이 하나되는 환상으로 국민들의 이목을 돌렸다가 1972년 10월 17일 초헌법적인 비상조치를 단행하여 영구적인 1인 독재체제인 유신체제를 출범시켰다.

국력의 조직화를 기치로 내건 유신체제가 출범하면서 신설된 통일주체국민회의 대의원에 의해 1972년 6년제인 제8대 대통령에 당선됐다.

1974년 광복절 기념식에서 재일교포 문세광이 쏜 총탄을 맞고 영부인 육영수 여사가 별세하는 비운을 당하기도 했다.

1978년 제2기 통일주체국민회의 대의원 선거로 제 9대 대통령에 당선되어 유신체제는 박 대통령의 영구집권체제였음을 만천하에 드러냈다.

박 대통령은 "나는 민족과 국가를 위해 생명을 제단에 바친 사람이다. 나의 행동은 후세의 사가(史家)가 판정해 줄 것"이라며 한일협정비준, 월남 파병, 3선개헌, 유신체제 등을 강행했다.

박 대통령은 <황성옛터> <짝사랑>을 즐겨 불렀으며 <새마을 노래> <나의 조국> 등을 직접 작사, 작곡하고 <국가와 혁명과 나> <지도자의 길> <우리 민족의 나갈길> <민족의 저력> 등을 저술하는 등 다재다능한 것으로 알려졌다.

박 대통령은 딸을 둔 조강지처와 이혼하고 1950년 6·25 동란중 피난지인 대구에서 충북 옥천 출신인 육영수 여사와 재혼하여 1남(지만), 2녀(근혜, 근영)을 두었다.

3. 패륜적인 시해냐? 민주화를 위한 거사냐?

(1) 군부와 외세가 개입되지 않은 김재규 단독범행

김재규는 차지철로부터 대통령께서 궁정동 중앙정보부 식당에서 만찬을 하신다는 연락을 받고 당일 거사일로 결심하고 시해 거사에 끌어들일 목적으로 정승화 육군참모총장과 김정섭 중앙정보부 차장보를 식사하자는 구실로 중앙정보부 별채에 불러놓고 기다리게 했다.

박 대통령을 기다리던 중 정원에서 김계원이 "차 실장은 너무 오만하고 월권을 해서 골치아프다"고 말하자, 김재규는 "그러니까 저 친구때문에 야단이야, 오늘 저녁에 해치워버리겠다"고 말하자, 김계원이 이에 동조하며 고개를 끄덕였다.

식사 중 박 대통령이 김재규에게 "부산사태가 중앙정보부의 정보 부재에 기인한 것이 아니냐"고 힐책조로 말씀하고 차지철이 부산지역 계엄 선포에 관련된 중앙정보부의 무능한 업무처리에 대하여 과격하게 공박하자, 흥분한 김재규는 집무실로 가서 서독제 권총을 가지고 만찬장으로 돌아오면서 중앙정보부 의전과장 박선호, 수행비서 박흥주에게 "오늘 내가 해치우겠으니 방에서 총소리가 나면 너희들은 경호원들을 처치하라"고 지시했다.

김재규는 김계원에게 "각하를 똑바로 모십시오"라고 말하고, 차지철을 보며 "각하, 이 따위 버러지 같은 자식을 데리고 정치를 하니 올바르게 되겠습니까?"라는 고함과 함께 "차지철이 이 놈"하면서 차지철을 향해 권총을 뽑아들었다.

순간 연회장은 수라장으로 돌변했다. 차지철은 권총을 꺼내 채려고 오른팔을 내밀었고 동시에 김재규는 방아쇠를 당겼다. 총탄은 차지철의 오른쪽 팔목을 꿰뚫었다.

"김 부장, 왜 이래, 왜 이래" "이거 무슨 짓들이야" "탕!" 차지철과 박 대통령의 고함소리는 곧 이어 터진 또 한발의 총성에 묻혀 버렸다.

김재규가 자리에 일어서면서 쏜 총탄은 박 대통령의 오른쪽 가슴 윗부분을 뚫고 들어가 등 아래쪽 중앙부위를 관통했다.

차지철은 오른쪽 팔목에 관통상을 입고 화장실로 피신하고 흉부에 관통상을 입은 박 대통령이 옆으로 쓰러지자 가수 심수봉이 손바닥으로 지혈시키면서 "각하, 괜찮으십니까?"라고 묻자, 박 대통령은 "나는 괜찮아"하면서 상반신을 묻혔다.

방안에서의 총성을 신호로 박선호, 박홍주 등은 응접실에 대기중인 경호처장 정인형, 경호부처장 안재송, 경호관 김용태, 경호관 김용섭 등을 사살했다.

권총이 불발되자 밖으로 나온 김재규는 박선호의 권총을 빼앗아 방으로 들어가 경호원을 부르며 나오는 차지철에게 1발, 박 대통령의 머리에 1발을 발사하여 절명케 했다.

김재규는 밖으로 나와 김계원에게 "나는 한다면 합니다. 이젠 다 끝났읍니다"라 하고 별채에 들려 정승화 총장에게 "총장, 큰일났습니다"면서 "빨리 차를 타시오"라고 하자, 정 총장이 "무슨 일입니까"라고 묻자, 김재규는 "차를 타고 가면서 이야기 하자"고 하여 엉겁결에 차를 탈 수밖에 없었다.

차 안에서 김재규가 "각하가 돌아가신 것이 확실하다" "보안유지를 해야 합니다. 적이 알면 큰 일입니다"를 되풀이하자 정승화 총장은 중앙정보부가 아닌 육군본부로 방향을 바꾸도록 하여 육군본부 벙커에 도착했다.

벙커에 도착한 정승화 총장은 1, 3 군에 비상사태를 발령함과 동시에 국방부 장관, 합참의장, 한미연합사 부사령관 등을 벙커로 오도록 하고 참모차장 이하 관계참모들을 소집했다.

박 대통령의 시신을 서울국군병원에 안치한 후 청와대에 도착한 김계원은 국무총리 및 각료들을 청와대에 오도록 하여 사건전모는 은닉한 채 각하께서 유고를 당한 사실만을 보고했다.

육군본부에서 김재규가 김계원에게 "형님, 이리오시오, 다 끝났는데 거기 무엇하러 갑니까. 여기 다 모였으니 총리 모시고 오시오"라고 하자, 김계원은 김재규가 육군참모총장을 인질로 확보하고 있는 것으로 생각하고 총리를 모시고 육본으로 찾아들었다.

김계원은 김재규의 거사가 성공할 수 없음을 알고 망설이다가 육참총장과 국방부장관에게 김재규가 범인이라는 것을 알려주었고 육참총장은 보안사령관과 헌병감에게 김재규 체포를 명령했다.

헌병감은 "육참총장이 육본 벙커에서 만나자고 한다"고 위장구실로 김재규를 유인하여 압송할 수 있었다.

국무총리 등은 김계원의 안내로 대통령의 서거를 확인하고 국무회의를 거쳐 계엄 선포를 발표토록 했다.

김재규는 부마사태를 대통령 제거의 계기로 역이용하여 거사할 경우 중앙정보부장의 막강한 권세와 방대한 조직력을 바탕으로 계엄군을 장악하면 사후수습이 가능할 것이라는 판단 아래 시해계획을 구상했으며 거사 계획이 누설될 것을 우려한 나머지 단독으로 거행하여 군부 또는 여타 조직이 관련되거나 외세의 조종이 개입된 사실이 전연 없었다.

합동수사본부는 전 청와대 비서실장 김계원을 김재규의 범행을 묵인, 동조하고 김재규의 사격을 제지치 않았으며, 김재규의 체포를 지연시키는 등 긴급한 사후수습에 지장을 주었다는 혐의로 구속했다.

(2) 정치관과 시국관의 차이에서 빚어진 숙명적인 결과

육군본부 계엄보통군법회의에서 검찰관은 "김재규 피고인이 권력탈취를 목적으로 다른 피고인들과 공모하여 저지른 내란목적의 살인행위"라고 규정하고 있는 반면, 김재규 피고인은 "정치관과 시국관의 차이에서 빚어진 숙명적인 결과"라고 주장했다.

검찰관은 "김계원 피고인은 적극적으로 가담하지는 않았지만 비서실장이라는 직책에 따른 행동을 취하지 못함으로써 결과적으로 동조한 것이 아니냐"고 몰아붙이고 있으나, 김계원 피고인은 "중앙정보부장인 김재규가 이런 범행을 저지를 줄은 꿈에도 생각지 못했다. 사전이나 사후에 동조한 적이 없을 뿐 아니라 지금도 용납할 수 없다"는 입장임을 밝혔다.

검찰관은 "김재규 피고인은 개인적인 감정과 권력욕에 눈이 어두워 국가원수이자 국군통수권자인 대통령을 살해한 국가와 민족 전체에 대한 배반자요, 범죄자"라고 단정하고, 김계원 피고인에 대해서는 "평소 누적되어 온 차지철 경호실장에 대한 개인적인 감정에서 김재규로부터 차 실장을 제거하겠다는 말을 듣고도 이에 동조하는 한편, 김재규의 과격하고 저돌적인 성격으로 미루어 대통령까지 살해할 것이라는 사실을 예상하고도 그 후 벌어진 일련의 상황전개에 있어서 적극적으로 김재규의 의도에 조응(照應) 함으로써 자신의 직무를 저 버렸다"고 지적했다.

검찰관의 공소장에는 김재규는 박정희 대통령을 살해한 후 정권을 잡을 것을 기도해 박 대통령과 차지철 경호실장을 살해한 뒤 계엄을 선포해 정권을 탈취하려 했고, 김계원은 김재규의 범행을 순조롭게 하기 위해 방에서 빠져나와 만찬장 입구에서 수행경호원들의 처치 등 범행 진행 과정을 예의 감시하고, 그 이후에도 대통령 서거사실을 숨기는 등 범행목적 달성에 시간적 여유를 주어 공모했다고 밝혔다.

박선호와 박흥주 피고인은 사전에 대통령까지 시해한다는 사실을 알고 있었느냐에 관심의 초점이 모아졌는데, 두 피고인은 "대통령도 시해한다는 사실을 알았다. 그러나 설마하는 생각이 들었고 김재규를 믿었으며 그의 명령을 거역할 수 없었다"는 입장을 설명했다.

이기주, 유성옥, 김태원, 유석술 피고인들은 "부하로서 상관의 지시를 따른 것일뿐"이라고 진술했다.

그러나, 검찰관은 "박선호, 박흥주, 이기주, 유성옥, 김태원 등은 김재규와 공모하여 대통령 경호원들을 살해했으며, 유석술은 박 대통령과 차 실장이 살해된 것을 알고도 범행에 사용된 권총과 실탄, 탄피, 슬리퍼 등을 은박지로 포장하여 식당 정원에 매몰함으로써 증거를 은닉했다"고 범죄사실을 밝혔다.

이번 재판의 변호인단은 이돈명, 강신옥, 홍성우, 유택형, 태륜기, 나석호, 이세중, 홍남순, 이병용, 안동일, 신호양 등 기라성 같은 변호사들이 총망라됐다.

김재규 피고인은 최후진술에서 "10 · 26 행동의 동기는 이 나라에 한 번도 순리적으로 정권이 교체된 일이 없었다. 4 · 19와 5 · 16과 같은 악순환을 계속할 수 없다고 판단되어 군의 수뇌들과 손을 잡고 합심해서 순리적으로 정권을 이양할 수 있는 토대를 마련하려고 했다"고 진술했다.

김계원 피고인은 "20세기 광명한 천지에 이번 같은 끔찍한 사건을 누가 상상인들 했겠나. 중세기 암흑 세계에 있었던 궁궐 내의 음모가 대통령 주변에서 일어날 줄을 누가 상상했겠나. 이것이 민주주의의 빠른 길이라면 방법이 바뀌어야 한다"고 최후 진술했다.

박흥주 피고인은 "김재규 부장님이 '나라가 잘못되면 자네나 나나 다 죽네'라는 말과 '민주주의를 위하여'라는 말을 듣고 판단을 제대로 할 수 없었다. 평소 부장의 인격이나 판단을 믿었고 본인이 스스로 갖고 있는 사태의 핵심만을 생각하고 행동했다. 지금은 여러 생각이 나지만 당시는 그것이 적절한 지시인 것으로 알고 순응한 것이다"라고 진술했다.

재판장은 김재규 피고인에게 "대통령을 보좌하는 중앙정보부장으로서 난국의 문제점을 지적하고 수습하여 대통령을 보필할 입장임에도 불구하고, 사태수습의 무능을 은폐하고 책임을 대통령에게 전가하는가 하면 이를 오히려 거사의 기회로 역이용하여 정권탈취를 기도한 것은 가증스럽기만 하다"면서 "자신의 범행을 자유민주주의 회복을 위한 거사라고 미화하는 등 치졸한 작태를 연출하고 있다"고 중형 이유를 밝혔다.

재판장은 김계원 피고인에 대해서는 "대통령의 분신이라 할 수 있는 비서실장이 대통령의 시해 광경을 목도하고도 김재규에 동조하여 대통령을 덮쳐 보호하기는커녕 김재규의 범행을 용이케 한 행위는 용서할 수 없다"면서 "김재규의 범행이 실패하게 되자 뒤늦게야 밀고하는 등 기회주의적인 행동은 동정의 여지가 없다"고 밝혔다.

재판장은 박선호, 박흥주 피고인에 대해 "국군의 최고통수권자인 대통령의 시해계획을 알고도 김재규에 대한 개인적인 의리와 개인의 영달만을 위해 범행을 분담하고 부하를 지휘한 것은 중벌을 면치 못할 것"이라고 판시했다.

나머지 피고인들에 대해서는 "상사의 지시에만 따랐다고 변명하고 있으나 범행의 결과에 대해서 한 점 후회도 하고있지 않는 것으로 보아 정상참작의 여지가 없다"고 판시했다.

육군본부 계엄 보통군법회의 (재판장 김영선 중장) 에서는 박 대통령 시해사건 선고공판에서 김재규, 김계원, 박선호, 박흥주, 이기주, 유성옥, 김태원 피고인 등에게 사형을, 김계원 피고인은 무기징역을, 유석술 피고인에게 징역 3년을 선고했다.

김재규에 대한 민주화를 위한 전사이냐 아니면 용서할 수 없는 패륜아이냐는 논쟁을 뒤로하고 대법원 전원합의에서 10 · 26사건 관련 피고인들에 대한 상고가 기각되어 광주민주화 항쟁이 한참인 1980년 5월 김재규, 박선호, 박흥주, 이기주, 유성옥 피고인들은 형장의 이슬로 사라졌다.

(3) 박 대통령의 시해로 유신독재체제만은 종결

김재규 피고인은 "다른 사람과 협의치 않고 단독으로 민주정부 수립을 구상했으며, 장관, 도지사와 군단장 이상 군 지휘관으로 혁명위원회를 구성하여 혁명재판과 혁명검찰을 두고 혁명기간은 3~5개월로 정했다"고 진술했다.

김재규 피고인은 "시해사실은 중앙정보부 안정국에서 조사중이라는 이유를 붙여 72시간 동안 은폐하려 했다. 김계원 비서실장도 말을 듣지 않으면 시해현장에서 사살했을 것이다, 당초 목표는 박 대통령이었고 차지철 실장은 부수적으로 희생된 것"이라며 우리나라 민주화를 위한 거사였음을 주장했다.

또한 김재규는 야당 등원에 대해 박 대통령과 "알겠습니다, 각하. 그러나 정치는 대국적으로 상대방에게도 구실을 주어 국회로 나오라고 해야지 그렇지 않고서야 나오지 않습니다"라고 논쟁한 일화도 밝혔다.

김계원 피고인도 김재규 피고인과 내란목적 살인의 공동정범으로 기소돼 있었으나 차지철 실장에 대한 단순살인만을 김재규 피고인과 공모한 것으로 바뀌었다.

그리하여 검찰관은 "피고인은 범행 당시 국가의 운명보다 자신의 지위 보전에 급급한 나머지 권력의 향방을 좇다 김재규의 범행이 끝나게 되는 듯하자 이를 매도하는 입장을 취한 기회주의자"라며 15년 징역형을 구형했다.

유신체제 시절 부총리를 역임했던 신현확 국무총리는 김재규가 민주화를 위해 박 대통령을 시해했다는데 대해 "박 대통령과 오랫동안 일심동체의 관계에 있던 인물이 그러한 일을 할 수 있는지, 민주화를 위해 그런 일을 했는지 이해할 수 없다"고 의문을 제기했다.

청와대 경호실에 근무한 적이 있어 박 대통령 일가와 돈독한 관계를 유지했던 전두환 합수부장은 "김재규의 행동은 패륜아로서 그 이상도 그 이하도 아니며, 그는 오직 자신의 욕망을 채우기 위해 아버지와 같은 박 대통령을 시해한 흉악범일 뿐"이라고 몰아붙였다.

박 대통령의 시해는 유신체제를 옹호했고 권력을 향유했던 사람들은 유고(有故)로 보려 하지만, 한국 정치사에 일대 전환점을 찍은 회전축(回轉軸)이라는 의미를 결코 부정할 수는 없다.

'민주화'라는 용어가 국민적인 환호 속에 무대의 전면으로 나왔고, 긴급조치 위반자들이 웃는 얼굴로 옥문을 나섰다.

유신체제가 공고화되고 박 대통령 시해사건 이전에는 상상도 못할 퇴교자의 복교가 이루어지고 퇴직 교수들의 학교를 향한 발걸음이 가벼워졌다.

1971년 제7대 대통령 선거 부산 유세에서 "이번 선거가 여러분에게 투표를 부탁하는 나의 마지막 선거이다"라는 족쇄가 다음 대선에서의 선거가 어렵게 되자 '민주주의 토착화' '국력의 조직화' '조국의 평화통일'이라는 구호를 내걸고 초법적이고 기상천외한 유신헌법을 만들어 독재체제를 구축하고 장기집권의 장애물을 뛰어

넘었다.

일본의 명치유신(明治維新)에서 선례를 찾은 유신체제는 총통보다는 더욱 극심한 일인(一人)에게 권력을 집중시켰고, 체제 반대를 결코 용납하지 아니하여 무수한 양심 세력들을 탄압했다.

박찬종 의원처럼 유신체제만이 살 길이라고 부르짖거나 '중도통합론'이란 듣도 보도 못한 이론을 내세워 유신체제를 정당화하는 이철승 대표와 같은 부류들이 활개를 치고 다닌 세상이었다.

초등학교를 비롯한 모든 학교에서는 학생들에게 체제옹호 교육에 주안점을 뒀고 모든 행정조직을 박정희 대통령의 우상화를 최우선 과제로 설정했다.

박 대통령을 시해하는 사건이 일어나지 아니했더라면 유신체제는 박 대통령이 살아있는 동안에는 바뀔 수 없는 체제였다. 어쩌면 북한처럼 아들, 손자에게까지 세습되는 왕조로 발전할 가능성이 많았으며 북한 체제를 보면서 그럴 가능성은 없었다고 결단코 단언할 수 없다.

우리나라도 북한처럼 세습정치가 지금까지 이어지지 아니했으리라는 보장은 없었다.

그리하여 피고인 김재규가 민주화를 위한 거사였다고 항변을 했고 우리나라에서는 내로라는 기라성 같은 변호사들이 김재규 변호에 나섰는지도 모른다.

김재규의 거사로 인해 조국 근대화의 주도세력임을 부르짖으며 박 대통령의 정치철학을 옹호했던 공화당은 구여당으로 전락했고, 유신체제가 민주주의의 토착화라고 맹신하며 위세를 떨쳤던 유정회는 숨소리를 죽이며 명예로운 퇴진을 구상하게 됐다.

{제2부}

전두환 신군부 세력의 권력찬탈

제1장 비상 계엄 하에서 새로운 권력의 꿈틀거림

1. 권력의 중심으로 떠오른 최규하 국무총리

2. 김종필 공화당 총재의 부상과 정풍운동

3. 안개 속의 실권자 파악을 위한 YWCA 결혼식

4. 김영삼 신민당 총재의 정국 주도권 장악

1. 권력의 중심으로 떠오른 최규하 국무총리

(1) 최규하 권한대행과 정승화 계엄사령관

대통령의 궐위에 따라 박정희 대통령의 뒤를 이어 최규하 국무총리가 대통령 권한대행에 취임했으며 제주도를 제외한 전국에 비상계엄을 선포하고 계엄사령관에 육군참모총장 정승화 대장을 임명했다.

비상계엄이 선포된 이유는 대통령의 유고(有故)로 인해 국가의 안전과 사회질서의 유지를 위해서였다. 그러나 사회는 지극히 평온했고 북한의 특이한 동향은 결코 없었다.

최규하 대행은 박 대통령의 서거에 애도의 뜻을 표하면서 "국민 여러분은 정부와 군을 신뢰하고 추호의 동요도 없이 각자의 직분을 다해 주기 바란다"고 당부했다.

정승화 계엄사령관은 일체의 옥내 외 집회는 허가를 받아야 하고, 언론·출판·보도는 사전에 검열을 받아야 하며, 유언비어의 날조, 유포행위를 금하고 전문대학을 포함한 모든 대학은 휴교 조치한다는 포고령 1호를 발령했다.

아울러 정 계엄사령관은 국민 여러분은 계엄 선포의 취지와 당위성을 십분 이해하시고 우리 군(軍)에 대한 아낌없는 신뢰와 성원으로 각자 맡은 바 직분을 수행함은 물론 국법 질서를 준수함으로써 사회 안녕질서의 확보와 국가보위를 위한 적극적인 참여를 당부했다.

노재현 국방부 장관은 김종환 합참의장, 정승화 육군참모총장, 김종곤 해군참모총장, 윤자중 공군참모총장 등의 공동명의로 "비상시국을 맞아 우리 국군(國軍) 전 장병은 최규하 대통령 권한대행을 중심으로 일치 단결하여 북괴(北傀)의 어떠한 도발도 즉각 분쇄할 수 있는 만반의 태세를 갖추고 국가보위의 대임을 완수할 것이라는 내용의 결의문을 발표했다.

카터 미국 대통령은 "박 대통령 각하의 서거 소식에 본인은 깊은 충격과 슬픔을 금할 수 없다"고 애도하고, "최규하 국무총리가 대통령 권한 대행에 취임함에 있어 미국은 대한민국에 대한 조약상의 공약을 확고히 이행할 것을 보장한다"고 강조했고, 주한미군은 비상경계 태세에 돌입했다.

현행 헌법에 따르면 헌법 제48조에 대통령이 궐위되거나 사고로 인해 직무를 수행할 수 없을 때에는 국무총리, 법률에 정한 국무위원의 순위로 그 권한을 대행한다고 규정되어 최규하 국무총리가 대행에 취임했다.

헌법 제45조의 규정에서 "대통령이 궐위된 때에는 통일주체 국민회의는 3개월 이내에 후임자를 선거한다. 후임자는 전임자의 잔임 기간 중 재임한다"로 규정되어 있어 차기 대통령은 3개월 이내 선거하되 임기는 1984년 12월 26일 까지로 되어있다.

헌법 제44조에서 "대통령 피선거권자는 국회의원의 피선거권이 있고 선거일 현재 계속하여 5년 이상 국내에 거주하고 40세에 달하여야 한다"고 규정되어 있고 대통령 후보자가 되고자 하는 자는 통일주체 국민회의 대의원 200인 이상의 추천을 받아 통일주체 국민회의에 등록하여야 하며 통일주체 국민회의는 등록된 후보자 중에서 토론없이 무기명 투표로 선거하게 되어있다.

최규하 대행은 외교관 출신의 행정가형으로 원만하고 부드러우면서 업무처리와 대인관계에 무리를 않는다는 평을 들어왔다.

최 대행은 경기고의 전신인 제일고보(第一高普)와 동경고사(東京高師)를 졸업하고 만주 국립 대동학원에서 행정학을 전공했다.

1945년에는 서울 사범대 전신인 경성사범(京城師範)에서 교수 생활을 했고, 1946년에는 관계로 진출하여 중앙식량행정처 계획과장과 농림부 양정과장을 수행했다.

1951년 외무부 통상국장으로 전직, 외교관으로 변신하여 주일대표부 총영사, 외무부차관, 주 말레이지아 대사, 외무부 장관을 역임했다.

김종필 국무총리에 이어 국무총리로 발탁되기 전에는 대통령 외교담당 특보와 남북 조절위원으로 활동했다.

영어와 중국어에 능통하고 1m 78cm 훤출한 키와 풍모가 두드러진 최 대행은 공사 생활이 청렴하고 검소하며 업무처리도 빈틈이 없다는 것이 정평으로 나있다.

"돌 다리를 두 세번 두드려보고도 남이 건넌 뒤에야 다리를 건넌다"는 세평이 있을 정도로 세심한 주의성이 있으면서도 한번 결심하면 불도저처럼 밀고 나간다는 성격은 영세민을 위한 취로사업비 책정을 강행시키기도 했다.

취미는 낚시로 알려졌으며 부인 홍기 여사와의 사이에 2남 1녀를 두고 있다.

정승화 계엄사령관은 경북 금릉군 출신으로 전략, 전술 분야에 뛰어난 지장(智將)이라는 중평이 나왔다.

육사 5기 출신으로 6·25 전란 때는 백골부대 대대장을 하면서 여러 차례 전공을 세웠고 1961년 준장으로 승진하여 육군 방첩부대장, 제7사단장, 국방부 인사국장, 제3군단장, 육군사관학교장, 제1군 사령관 등 주요 요직을 섭렵했다.

어려운 문제에 처할수록 이성을 잃지 않은 노력파이기도 하며 소박한 생활태도로 교우관계는 언제나 겸양의 자세를 취한다는 평을 받아왔다.

고금동서 명장들의 전기와 그들의 전략·전술에 관한 서적을 탐독한 정 사령관은 3남1녀의 아버지이기도 하다.

(2) 최규하 정부는 임시 과도정부임을 표명

최규하 권한대행은 김재규 부장의 해임에 따라 공석이 된 중앙정보부장에 육군 참모차장 이희성 육군 중장을 임명했다.

경남 고성 출신인 이희성 부장은 정보참모부 정보처장, 38사단장, 수도사단장, 1군단장등을 역임했다.

미국 국무성 호딩 카터 대변인은 "한국 정세는 급속도로 안정을 되찾았다"면서 "이 같은 안정회복은 박 대통령 서거에 대한 한국 국민의 냉정하고 효율적인 대처와 미국의 즉각적인 반응이 조화를 이룸으로써 가능했다"고 지적했다.

그는 이 같은 미국의 조치가 상례적인 예방책이라면서 "우리는 상대방이 도발적이라고 간주할 조치는 피하길 원한다. 우리는 위기 조성을 원치 않으며 위기 예방을 원하고 있다"고 속내를 드러냈다.

해럴드 브라운 미국 국방장관은 "미국에 대한 안보공약을 과시하고 한국에 대한 외세 개입이나 모험적인 행동을 저지하기 위해 2대의 공중경보 초계기를 급파하고 항공모함 1척을 한국해역으로 근접이동시켰다"며 철통같은 방위태세 확립을 확인했다.

정치인들은 정치논쟁을 지양하고 활동을 자제하고 있으며 시장, 백화점 등의 경제 활동도 평상시와 다름없는 모습을 보여주고 있다.

거리는 정상활동에 임하는 시민들의 차분한 모습으로 평온과 질서를 유지하여 시민들은 비상사태 속에 당황하지 않고 난국을 헤쳐 나가는 국민적 역량과 슬기를 보여줬다.

정승화 계엄사령관은 "지금 이 순간도 틈만 보이면 남침하려는 북한 공산집단의 끊임없는 도전과 위협을 물리치고 나라의 안전과 평화를 수호함으로써 우리 자신의 생존과 번영을 보장하는 것이 우리가 당면한 최대의 과제"라며 "이를 위해 국민의 단결과 국내

안정을 해치는 어떠한 경거망동도 용납해서는 안될 것"이라고 평온한 국민들에게 경고했다.

정 사령관은 모든 불법 시위나 난동을 불허하고 사회 불안과 혼란을 조성하는 무분별한 정치선동은 물론 특히 공산주의자들을 이롭게 하는 일체의 경거망동을 용납하지 않을 것이라고 말했다.

최 권한 대행은 시국에 관한 특별담화에서 "현행헌법의 규정에 따라 내년 1월 25일 이전에 통일주체 국민회의에서 10대 대통령을 뽑고 새 대통령은 헌법에 규정된 잔여 임기를 채우지 않고 빠른 기간 내에 헌법을 개정하고 그 헌법에 따라 선거를 실시하여 선출된 대통령에게 정부를 이양하는 것이 현 정부의 방침"이라고 밝혔다.

따라서 이번에 선출된 대통령은 헌법개정과 선거를 관리할 과도적 성격을 띠게 된다.

김성진 문공부 장관은 최 권한대행이 헌법 개정을 언급했다해서 긴급조치 9호와 상충하는 것이 아니며 긴급조치는 그대로 있다며 이해하기 힘든 발언을 쏟아냈다.

(3) 제10대 대통령에 선출된 최규하 권한대행

통일주체 국민회의 서울, 제주 대의원들은 "현재의 난국을 수습하고 헌정중단없이 국가의 계속적인 안정적 발전을 도모하는 한편 장차의 민주적 정치발전을 위해서는 최 대행이 이번 보선에서 선출되어 10대 대통령으로서의 막중한 책임을 맡아야 되겠다"고 주장했다.

최 대행은 김영삼 신민당 총재와의 요담에서 국회에서 헌법개정 특별위원회가 구성되어 헌법개정 논의를 하는데 이의가 없음을 확인했다.

통일주체 국민회의는 장충체육관에서 제 10대 대통령 보궐 선거를 무기명 비밀 투표로 실시하여 단독 후보로 추천 등록된 최규하 후보를 재적 대의원 2,550명 중 2,549명이 참석하여 2,465표의 압도적 절대 다수표로 선출됐다.

개막의 일시는 분명하지만 폐막의 일시는 정해지지 않은 가운데 출범한 최규하 정부는 개각 등 정권 자체의 체제 정비, 긴급 조치 등 구시대의 얼룩 정리, 헌법 등 새 시대를 여는 제도의 틀 마련, 새 집권자 선거 과정의 공정관리 등의 책무를 원만하게 수행하여야 한다.

신민당은 "과도체제는 유신 철폐라는 민주적 개헌 과업의 추진과 선거의 공정관리를 위해 중립적이며 국민의 지탄을 받지 않은 인사를 기용하고 현 정부에 참여하고 있는 인사는 배제돼야 한다"는 주장을 대변인을 통해 발표했고, 이용희 의원은 "국무총리 또는 내무부 장관을 공화당 인사 중에서 기용한다는 설이 나돌고 있는데 이는 도저히 용납할 수 없다"고 주장했다.

최 대통령은 신현확 부총리를 국무총리로 임명하자 신 국무총리는 공화당 탈당계와 국회의원 사직서를 제출했다.

서기원 공보수석은 "이번 조각에 있어 불편 부당한 인사를 기용하겠다는 점과 매우 어려운 경제문제에 새 총리가 전념하기 위한 것"이라고 설명했으나 박 대통령의 휘하에서 유신이념을 실천하기 위해 동분서주한 국무총리와 공화당 지역구 의원이 대통령과 국무총리에 올라 민주화를 실현한다는 것은 어쩌면 고양이에게 생선을 맡긴 격은 아닌지 아무도 모를 일이다.

(4) 최규하 대통령의 애매모호한 계엄통치

최 대통령은 부총리 겸 경제기획원 장관에 이한빈 아주공대 학장을 기용하고 박두진 외무부 장관과 김원기 재무부 장관만을 유임시키고 새로운 인물들을 기용했다. 또한 김종환 내무부 장관, 주영복 국방부 장관, 김용휴 총무처 장관 등 3명의 군 출신들을 입각시켰다.

이재설 체신부 장관이 농수산부 장관으로, 최종완 과기처 장관이 건설부 장관으로 옮겼으며 문교부 장관은 김옥길 전 이화여대 총장을, 보사부 장관에 진의종 전 신민당 의원을 발탁했다. 그리고 대통령 비서실장은 국무총리실에서 함께 근무했던 최광수를 임명했다.

정부는 대통령 취임을 경축하기 위해 긴급조치 1호 및 9호 위반자

33명을 포함한 1천 646명에게 특별 감형, 가석방 및 가퇴원 조치의 혜택을 주었다.

최규하 대통령은 장충체육관에서 가진 제 10대 대통령 취임식에서 취임사를 통해 '1·10 특별 담화'에서 대통령 잔여 임기를 채우지 않고 가능한 빠른 기간 내에 개헌을 하고 총선을 실시하겠다고 밝힌 자신의 소신에는 현재도 아무런 변화가 없다고 말하고 내년 말까지는 개헌을 끝내고 가급적 빠른 시일안에 총선을 실시하겠다는 정치일정을 제시했다.

이규현 문공부 장관은 "최근 일부 외신이 부정축재를 한 공직자와 기업인의 명단을 정부 관계 기관에서 작성하고 있으며 심지어 소급법을 제정하여 확대 처벌한다는 설이 유포되고 있다고 보도되고 있으나 이는 전혀 근거없는 보도임을 밝혀둔다"고 말했다. 그러나 그것은 거짓말이었다.

최 대통령은 북한이 남북한 총리 회담을 제의해 온데 대해 남북 총리회담을 하겠다는 입장을 북측에 통보하도록 했다.

또한 최 대통령은 "여러분들이 불편하겠지만 계엄령 하에서 보도 검열은 불가피한 것으로 이해해 달라"고 전제했으나, 평온한 상황에서 과도 정부를 이끌어 가는데 계엄과 보도 검열이 왜 불가피했는지에 대한 해명은 없었다.

2. 김종필 공화당 총재의 부상과 정풍운동

(1) 공화당은 제 3대 총재에 김종필 전 국무총리 추대

공화당은 당무회의를 개최하여 정구영, 박정희 총재에 이어 제 3대 총재에 김종필 상임고문을 선출했다.

이어 공화당은 내년 1월 25일 이전 통일주체 국민회의에서 뽑은 대통령 선거에 후보를 내지 않기로 결정했다.

충남 부여출신인 김종필 총재는 공주중과 서울사대 2년을 수료하고 육군사관학교 8기 졸업생이다.

1958년에는 육군정보참모부 기획과장을 지냈으며 1961년에는 5.16혁명 주도 세력으로 부상하여 초대 중앙정보부장으로 활약했다.

공화당 창당준비위원장, 공화당의장을 거쳐 3선 개헌 이후인 1971년에는 공화당 부총재에 임명되어 1971년 대선 승리의 주역이 됐다.

국무총리로 유신체제 출범의 밑거름이 됐으며 6대, 7대, 8대, 9대, 10대 국회의원으로 활약하여 50대에 5선 국회의원으로 등극했다.

김종필 총재는 박준규 당의장, 구범모 당무조정실장, 오유방 대변

인의 사표를 수리하고 새 대변인에 최영철 의원을 임명했다.

김종필 공화당 총재는 유신체제 출범에 대해 "당시 국무총리로 있던 나는 유신체제에 대해 의구심을 가졌지만 박 대통령이 시한성(時限性)을 갖는 체제라고 설명해 체제를 구축하는데 협력했다"고 변명하고, "당시의 상황으로는 난국을 극복하기 위한 불가피한 조치였다"고 강변했다.

그는 10·26사태의 성격에 대해서도 "신민당은 혁명이라고 보고 조급하게 서두르는 것 같은데 혁명이 아니라 유고(有故)이며 유신체제의 시한을 몇 년 앞당긴 것 뿐" 이라고 규정하고, 긴급조치 해제도 10·26 사태 때문에 취해진 조치가 아니라 박 대통령이 10월 초 김치열 법무부 장관에게 해제를 지시했다고 말하고 있으나 어디에서도 그러한 증거를 찾을 수는 없었다.

공화당은 당헌 개정에 따라 신설된 당 부의장에 이병희, 길전식, 중앙위의장에 육인수, 정책위의장에 김창근, 사무총장에 양찬우, 원내총무에 김용호, 중앙훈련원장에 김유탁 의원을 임명하는 등 대폭적인 당직 개편을 단행했다.

김종필 총재는 "공화당이 조국 근대화를 이룩하는데 무엇을 잘못했느냐"고 반문하면서 "민주화 투쟁에 못지 않게 나라의 내실을 기하고 국방을 튼튼히 한 것은 우리 공화당의 공적"이라고 주장했다.

김종필 총재는 "이 나라에서 춘궁기 석자를 없애고 배고프지 않은 나라로 만든 것은 공화당"이라면서 "70년대를 공업국가로 만든 공화당이 80년 대는 자유민주주의가 꽃피는 번영된 국가로 만들자"

고 강조했다.

그러나 김종필 총재는 공화당 공적과 과오를 함께 짊어지고 나아가야하는 부담과 일사분란한 당 체제가 불협화음이 용솟음치는 어쩔 수 없는 상황을 헤쳐나가야 할 과제를 안게 됐다.

(2) 소장파 의원들의 정풍운동으로 뒤뚱거린 공화당

공화당의 정풍운동에 빗대어 "바리세인들이여 누가 이 여인에게 감히 돌을 던질 수 있겠는가"라는 성경 구절이 회자되고 있다.

공화당 소장 의원 17명은 부정 부패자, 권력으로 치부한 자, 도덕적으로 퇴락한 자, 권력만을 추종하는 해바라기성 정치인 등은 출당 또는 당직에서 제외시켜야 한다는 점을 김종필 총재에게 건의함으로써 정풍 풍파가 일기 시작했다.

그러면서 정풍대상인 15인방에 8명의 예비 후보까지 곁들인 23방(幇)이 흘러나오기 시작했고 이러한 파문은 급기야 조기 당직 개편의 결과를 빚게 했다.

공화당의 문화 혁명이라고 비유되기도 한 이 바람은 용기와 정신면에서 가치를 부여하려는 의견도 있으나 그 순수성에 대한 평점이 거센 역풍을 맞고 있다.

정풍파가 주장하는 부패자, 해바라기 정치인을 일소하는 것은 공화당으로서는 당의 토대와 관련되어 있다.

정풍파 17명을 포함하여 현역 의원 중 이 대상자에 포함되지 않은 인사가 과연 있을 수 있느냐는 문제가 제기되고 있기 때문이다.

김종필 총재가 더 이상 활동을 하지 말아줄 것을 당부하여 정풍파 의원들도 정관키로 해 일단 주춤거리고 있으나 정풍대상자로 지목된 중진들의 반란도 대단하여 정풍파동으로 인한 상흔은 쉽사리 아물어지지 않을 전망이다.

정풍파 17인은 박찬종, 오유방, 유경현, 정동성, 이태섭, 윤국노, 홍성우, 김수, 변정일, 남재희, 하대돈, 노인환, 이호종, 설인수, 김상석, 김재홍, 박용기 의원들이 의기투합하여 김종필 총재에게 결의문을 전달하게 된 것이다.

박찬종 의원은 당 내외의 특정세력의 배후 조종설이 나돌고 있는데 대해 "순수한 자연 발생적인 행동임이 시간이 가면 증명이 될 것"이라고 주장하고 있다.

그러나 정풍파의 오유방, 남재희, 정동성, 유경현, 이태섭 등 대부분은 신군부 세력이 주도한 민정당에 참여하여 승승장구한 사실은 정확한 사실이었다.

또한 무소속에서 신민당에 입당키로 결의 해놓고 하룻밤 사이에 태도를 돌변하여 공화당에 입당한 변정일, 박용기 의원 등을 비롯하여 선거 과정의 잡음, 국회 활동 과정의 석연치 못한 행적 등을 이유로 정풍 운동에 의문을 제기하는 중진들도 많았다.

길전식 공화당 부의장은 "정풍 운동을 들고 나온 사람들은 과거에 대해 아무런 책임이 없느냐"면서 "정풍을 계속 고집하고 있는 것은 당을 깨자는 저의로 밖에 볼 수 없다"고 지적했다.

김종필 총재도 "체제 정비는 하루 아침에 되는 것이 아니다"면서 "당 파괴를 수반하는 극단적인 조치는 취하지 않겠다"고 제동을 걸었다.

박찬종, 오유방 의원들은 "자기 양심에 비추어 국민적 지탄을 받고 있다고 생각하는 인사들은 멸사봉공, 백의종군의 애당 정신을 발휘하여 당직 일선에서 물러날 것을 강력히 권고한다"면서 정풍운동의 불씨를 이어가고자 했다.

정풍파의 잔류자는 박찬종, 오유방, 정동성, 윤국노, 박용기, 김 수, 홍성우, 변정일 등 8명으로 줄어들었다.

정풍파에서 탈당을 요구한 김진만 의원은 "내가 공화당에 해롭다면 탈당하겠으며 나라에 도움이 된다면 의원직도 사퇴하겠다"면서도 불명예 제대를 해야 한다는데 대해 서운한 표정을 감출 수 없었다.

김창근 정책위의장은 "한 두 사람이 당에서 물러난다 해서 공화당이 새로운 정당이 되겠느냐"고 반문했다.

이러한 정풍운동의 소용돌이 속에서 이후락 의원의 떡고물 발언 파문이 일파만파의 파장을 불러일으켰다.

(3) 이후락 의원의 떡고물 발언 파문과 제명 조치

이후락 전 중앙정보부장은 "누가 뭐래도 나도 공화당을 위해 힘쓴 한 사람이라고 자부한다. 자기 반성이 앞서야 하는데 자기는 옳고 남은 그르다는 그 자체가 정풍(整風) 대상이라고 생각한다. 정치자금을 만지다보니 이런 말 저런 말을 들었지만 떡고물 안 흘리고 떡을 만들 수 있느냐"고 발언하여 파장을 일으켰다.

이후락 의원은 김 총재가 정풍을 원격 조정한 것으로 알고 있는데다 끝내는 자신의 이름이 거명된 바에는 더 이상 참지 못하겠다는 울분이 터진 소산이었다. 그래서 소장의원들이 김 총재의 홍위병이라는 얘기가 나돌았다.

이 의원은 "박 대통령에 대한 배은망덕한 짓" "조국 근대화 이념을 공고히 계승해 나가야한다는 의지의 부족" "이념적 퇴색"으로 김종필 총재를 공격했다.

이후락 의원은 박정희 대통령의 유지(遺志)를 내세우며 탈당할 의사가 없음을 밝히고, 김 총재에 대해 당헌 규정을 비민주적으로 개정하여 총재에 선출됐고 자신이 정풍대상이라면 김 총재도 총재직을 계속해야할 이유가 없다면서 김종필 총재의 퇴진을 요구했다.

임호 의원도 김종필 총재의 권력형 치부 사실과 정치역정 등을 유인물에 담아 공개적으로 비난했다.

"새 시대를 맞아 구각을 벗어야 하며 국민이 원한다면 발가벗을 용의도 있다"는 김종필 총재는 "양파껍질을 벗기다보면 나중에 먹을 것이 없게된다" "좋은 일도 도가 지나치면 좋지 않은 것" "정치는 동기와 과정도 중요하나 특히 결과가 중요하다"며 박찬종과 오유방 의원들에게 탈당 권유 처분을 내렸다.

또한 박용기, 윤국노, 정동성, 김 수, 변정일, 홍성우 의원 등에 대해서도 경고처분을 내렸다.

최영철 대변인은 "정풍의 순수한 동기는 알면서도 그 결과로 나타난 여러가지 불협화음과 당 위신 실추를 생각하여 읍참마속의 심정에서 결정된 것"이라고 설명했다.

공화당은 이후락 의원의 발언과 임호 의원이 유인물을 통해 김종필 총재의 재산 상태와 과거 행적을 비난하고 총재직에서 물러나라고 주장한 것은 당의 발전에 극히 유해한 행위이므로 제명의 효과가 있는 탈당을 권유했다.

공화당 사상 초유의 표결이 반란표에 의해 당의 치명적인 내홍을 불러일으키거나 당 지도체제의 체면을 손상시킬지도 모르는 위험부담도 없지 않지만 투표의 결과에 따라 김종필 체제의 건강도를 당 내외에 확인시킬 수 있는 기회도 될 수 있어 의총결과는 주목을 받아 왔다.

공화당 의총에서는 이후락, 임 호, 박찬종, 오유방 의원에 대한 탈당 결정 확정표결의 압도적 다수는 김종필 체제의 확고함을 보여줬다.

김종필 총재는 이병희, 길전식, 육인수의 사표를 수리하고 당의장에는 전예용, 당부의장에는 장영순, 중앙상위원장에는 정래혁을 기용하여 과도체제를 출범시켰다.

김종필 총재는 "요즘 툭 하면 민주, 민주라고 떠들고 있는데 우리는 떠들줄 몰라 얘기 안하는 것이 아니다"면서 "어디 잠깐 갇혀 있다 나왔다고 해서 민주적인 생활을 이룩하는데 힘을 보태준 것이 아니며 민주주의 구호 때문에 나라의 힘이 더해진 것도 아니다"라고 주장했다.

김종필 총재는 "어른이 돌아가신 뒤 마음대로 떠들고 있으나 역사는 엄연한 것으로 그 어른의 업적은 청사(靑史)에 정당히 기록될 것"이라고 박정희 예찬론자임을 확인했다.

(4) 끈 떨어진 유정회 진로에 대한 백가쟁명

유정회 의원총회는 태완선 의장의 사표를 수리하고 새 의장에 최영희 원내총무를 선출하고 원내총무에는 이영근 의원을 임명했다.

일본 전수대(專修大)출신인 최 의장은 헌병사령관, 육군참모총장, 계엄사령관, 주 터키 대사, 국방부 장관을 지낸 3선의원이다.

평북 정주 출신인 이영근 총무는 육사 8기 출신으로 공화당 사무차장, 국무총리 비서실장을 지낸 3선 의원이다.

백두진 국회의장이 사퇴서를 제출하여 수리됐고 차기 의장이 선출될 때까지 민관식 부의장이 의장을 대행토록 했다.

백두진 의장은 "정치인과 도의라는 불가분의 차원에서 물러날 뿐"

이라며 "나의 퇴진이 새로운 정치, 문화 형성과 국민적 화해를 약속받을 수 있는 훌륭한 계기가 되기를 염원한다"고 말했다.

유정회는 자진해체론과 명칭 변경, 공화당에의 조기입당, 단일 교섭 단체 구성 등이 거론되는 등 회의 진로 문제를 놓고 고심하고 있다.

신상초 유정회 의원은 "행정부에서도 유신 헌법 개정 논의가 공식화되는 상황에서 유신정우회란 명칭을 사용하는 것은 시대 감각에 맞지 않으며 10월 유신정신을 의회정치를 통해 구현한다는 유정회 규약의 목적조항도 문제가 있다"고 지적하며 회의 명칭을 바꾸거나 규약을 고칠 것을 주장했다.

일부 소장의원들은 "정국 안정과 정치세력 유지를 목적과 기능으로 한 유정회의 헌법상 존립의 의의는 10・26 사태로 유명무실하게 됐다"고 지적하면서 "유정회만이 지탄의 대상이 돼 질질 끌려다니는 것 보다는 차라리 떳떳하게 의원직을 사퇴하고 국회 해산을 통해 정치 발전의 한 계기를 만들자"고 주장했다.

유정회 의원 가운데 총선 출마가 가능한 지역적 연고를 가진 의원은 고재필(담양), 김세배(아산), 김영광(평택), 김영수(청도), 김용호(광산), 김윤환(구미), 김종하(마산), 김주인(거제), 백영훈(김제), 변우량(예천), 신광순(안동), 신범식(청원), 신상철(공주), 신철균(춘천), 오준석(울진), 윤 식(달성), 윤인식(함평), 이경호(광양), 이도환(마산), 이상익(보령), 이성근(청주), 이승윤(인천), 이정식(영광), 이종률(남원), 이종식(고령), 이해원(제천), 전부일(광주), 전정구(장수), 정병학(대덕), 조병규(사천), 조일제(함안), 조홍래(함안), 최영희(평택), 최우근(명주)의원들이 있으며 이들은 이미 지역구에 달력을 돌렸거나 지역구에 상주하다시피 하면서 조직 점검에 나서고 있다.

최영희 유정회 의장은 "항간에 유정회에 대해 여러가지 말이 많으나 우리는 그 위치와 본분을 지켜나갈 것"이라면서 "공화당과 유정회가 합심협력하면 어떤 어려움도 이겨나갈 것이라는 자신을 가지고 있다"고 역설했다.

유정회는 10·26 사태 이후 부모를 잃은 고아 신세가 되어 그동안 해체론, 명칭 변경론, 의원직 사퇴론이 나오는 등 새 시대의 물결에 방향 감각을 잃고 흔들려 왔다.

새 헌법에 의한 선거가 실시되면 사라져야 하는 시한부 인생인 유정회는 엄청난 정치 변화에 적응하는 좌표를 설정하느라 안간힘을 쓰고 있는가 하면 지역 연고를 가진 일부 의원들은 총선거를 통한 회생을 위해 연고지를 왕래하고 있다.

공화당이 내년 선거를 의식해서 유정회와 통일주체 국민회의를 감싸고 있으나 유정회를 충분히 소화할 만한 여백을 마련하지 못하고 있는 형편이다.

유정회와 공화당은 공동 운명체로서 협조관계를 유지할 수밖에 없지만 '모든 영광은 공화당에, 잘못과 책임은 유정회'라는 형식으로 그 여생을 보내야 하는 안타까움도 있다.

한태연, 갈봉근 의원 등은 "지금도 유신 헌법을 만든 소신에는 변함이 없으며 다만 헌법의 이론과 실제가 다르다는 것을 뼈저리게 느꼈다"고 실토함으로써 과오를 인정하고 있고, 유정회가 그 모태(母胎)인 구체제에 대해 유정(有情)한 자세를 갖는 것은 인지상정이지만 여론의 대세로부터 무정(無情)한 대우를 받을 수 있어 실로 착잡하다.

유정회는 통일주체 국민회의를 현행 헌법상의 임기만료일까지 존속하도록 새 헌법의 부칙에 규정하거나 통대의원 존속을 위해 별도의 법안을 의원 입법으로 추진할 방침을 세웠다.

최영희 의장은 "유정회는 통일주체 국민회의 대의원에 의해서 선출된 만큼 대의원들의 진로에 각별히 신경을 써야할 책임이 있다"면서 "대의원들도 국민 직선에 의해 뽑힌만큼 통일문제를 다루는 국민적 기구로서 통일꾼과 같은 성격으로라도 활용해야 한다"고 주장했지만, 정치권과 국민들로부터 철저한 외면을 받았을 뿐이며 바람 앞의 등불 신세를 벗어날 수는 없었다.

(5) 집권여당인 민주공화당 영욕의 18년 약사

1963년 12월 26일 민주공화당은 서울 시민회관에서 1천 3백99명의 대의원이 참석한 가운데 낡은 질서의 잔존세력과 과감한 투쟁을 선언하면서 출범했다.

창당 17돌을 맞은 공화당은 영욕으로 점철된 지난 역정을 되새기며 자립과 재기를 위해 몸부림치고 있다.

창당의 진통, 항명파동, 3선개헌 등 커다란 정치적 각고를 겪은 공화당은 1972년 10월 유신 이래 집권당으로서가 아니라 여당으로서 신탁 통치를 받는데 만족해야만 했다.

김종필, 김동환, 김정열, 조응천, 박현숙, 김원전, 김재순, 서태원, 윤일선, 김성진, 이원순, 윤주영이 발기인 회의를 가진 뒤 발기인 총회를 갖게 됐다.

김종필계 일색에 대한 최고위원들의 거센 반발 그리고 사전 조직과 결부된 증권 파동, 워커힐, 새나라 자동차, 빠찡고(회전당구) 등 이른바 4대 의혹 사건이 가세돼 김종필은 발기위원장을 사퇴하고 자의 반 타의 반 외유길에 올랐다.

호주와 산파가 없는 가운데 쓸쓸하게 개최된 창당대회에서 총재로 정구영을 선출하여 겨우 간판만 유지하는 형세가 됐다.

김재춘 중앙정보부장이 주도하던 범국민 정당과 박정희 의장 쟁탈전에서 가까스로 승리한 공화당은 대통령 선거와 국회의원 선거에서 승리하여 집권당의 위치를 굳혀나갔다.

그러나 잡다한 인맥을 단시일 내에 끌어모은 정치군이었기 때문에 공화당은 이후 수다한 파동을 겪게 됐다.

1965년 이효상 의장 후보에 대한 반발로 나타났던 12·16 항명, 1969년 권오병 문교부 장관의 해임 건의안을 통과한 4·8 항명으로 이어지던 당내의 이상기류는 3선 개헌을 둘러싸고 친김파 의원들이 반발하는 사태로 발전했으나 김종필의 눈물겨운 설득으로 한 고비를 넘겼다.

1972년 오치성 내무부 장관 해임 건의안을 통과시킨 10·2 항명이 터져 김성곤, 길재호를 출당시켜 4인체제가 붕괴됐다.

유신 이전 까지만 해도 그런대로 집권당으로서의 영화를 누렸던 공화당은 박 대통령의 계엄 선포와 정치활동 금지로 72일 간 당 간판을 내려야 하는 운명을 감수해야만 했다.

정치 활동의 재개로 다시 간판을 내건 공화당은 이미 집권당이 아닌 여권의 한 부분으로서 행정부의 확실한 내조라는 역할 밖에 주어지지 않았다.

오랜 집권과 함께 국민적 거부 반응이 요인이 돼 10대 총선에서 득표율 1.1% 패배와 무소속 의원 무분별 입당 조치라는 쓴 맛을 봐야했다.

국민복지회 사건 이후 "목수가 집을 짓는다 해서 반드시 자기가 살기 위해 한 것은 아니다"는 말을 남기고 당을 떠났던 김종필이 낡아빠진 구택 보수에 나섰지만 장기간 1인체제의 경직된 정치구조에만 적응해 온 공화당이 새로운 시대를 맞아 활로에 뛰어들기에는 아직도 자립도의 제고가 필요할 뿐이다.

신질서를 위한 소장의원들의 외침과 구질서 속의 안태를 바라는 중진 쪽 노장들 간의 마찰이 해소되지 않는 한 공화당호가 과연 제대로 순항할 수 있을 지 미지수다.

"솔직히 말해 지금 공화당에 누가 들어오려고 하겠느냐"는 한 중진 의원의 자조섞인 푸념처럼 '고립무원의 정당' '더욱 땅에 떨어지고 짓밟힐 공화당'에 이미지를 쇄신할 만큼의 쓸만한 재목이 과연 얼마나 영입될지는 의문이다.

유정회 의원 77명 중 김종필 총재를 추종하는 그룹이 30명, 무조건 추종이 곤란하다는 회의파가 30명, 정치를 그만두고 싶다는 은

퇴파가 17명선이라는 자체 분석이 등장했다.

남에게 들킬세라 밀어처럼 떠돌고 있는 신당설로 공화당원들에게 영향을 크게 미치고 있다.

공화당의 명맥을 유지하며 차기 집권을 기대했던 공화당은 신군부 세력의 5·17 철퇴를 맞고 김종필, 이후락, 김진만 등이 부정 축재 혐의로 연행되고 재산을 환수 당함으로써 위축되었다가 신군부의 민정당에 잔여 재산 100억원을 인계하고 역사 속으로 사라졌다.

공화당이나 유정회 의원으로 유신체제를 찬양하다가 신군부 세력이 주축을 이룬 민정당에 홍성우, 남재희, 이태섭, 윤국노, 정동성, 이해원, 안갑준, 정석모, 최영철, 유경현, 정래혁, 정휘동, 신상초, 김윤환, 이양우, 고귀남 등이 앞서거니 뒷서거니 참여했다.

3. 계엄하의 실권자 파악을 위한 YWCA 결혼식

(1) 계엄사의 대처를 파악하기 위한 위장 결혼식 파장

계엄사령부는 YWCA 강당에서 결혼식을 가장하여 통일주체 국민

회의 대의원에 의한 대통령 보궐 선거 저지를 위한 국민 대회라는 불법 집회를 주동한 박종태 전 의원, 양순직 전 의원, 김병걸 자유실천문인 협의회장, 함석헌 국민연합 공동의장 등 96명을 불법 집회를 금지한 포고령 1호 위반으로 검거하여 조사중이라고 밝혔다.

이들은 비상 계엄하에서 불법집회가 불가능함을 감안하여 당국을 기만하는 집회를 갖기위해 가짜 결혼 청첩장 5백여 장을 배포하여 결혼식을 위장한 모임을 갖고 박종태 전 의원이 등단하여 통대에 의한 대통령선거 저지를 위한 국민선언을 낭독하고 광화문 거리에서 전단을 살포하며 시위를 벌인 혐의이다.

계엄사령부는 사회 혼란 조성과 국가와 민생 안정을 저해하고 북괴로 하여금 남침의 기회로 오판하게 할 소지가 있는 이러한 무책임한 선동을 추호도 용납하지 않을 것이라고 거듭 경고하고, 이번 사건의 관련자들을 빠른 시일 내에 철저히 조사하여 진상을 밝힐 것이라고 발표했다.

청첩장에는 홍성엽군과 윤정민 양이 여러 어른과 친지를 모시고 혼례를 올리게 됨을 알려드립니다. 즐거운 자리에 함께 해 주시면 고맙겠습니다. 1979년 11월 24일 오후 5시 30분 YWCA 서울 강당으로 되어 있다.

계엄사령부는 237명의 조사 대상자 가운데 140명을 연행 조사하여 전 의원 양순직, 박종태, 백범사상 연구소장 백기완 등 14명을 구속했으며 전 대통령 윤보선, 씨울의 소리 대표 함석헌, 자유실천문인 협의회 대표 김병걸 등을 불구속 기소하고 민청 총무 문국주 등 10명을 지명 수배했다고 발표했다.

계엄사령부는 "이 사건은 전 대통령과 구 정치인 일부 현실 불만자들이 표면에 나서지 않고 배후에서 순수한 일부 청년들을 선동, 전위대하여 그들의 정치적 야망을 달성하려던 불순한 정치적 욕망이 깔린 사건이었다"면서 "이제부터는 반체제 운운하는 어귀가 존재할 수 없다. 똑같은 국민으로 똑같은 체제에서 생존권을 영위하고 있는 우리들이라는 공동운명 책임을 생각할 때 정부에 대한 건의와 요망사항은 다수의 세력 과시나 폭력적인 방법이 아니라도 현행법 테두리 안에서 얼마든지 건전하게 반영시킬 수 있을 것"이라고 훈시했다.

(2) 시위를 선동하는 것은 실정법 위반이란 군법회의

군법회의에서 재판장은 "피고인들은 고등교육을 받은 지식인들일 뿐만 아니라 국가의 중요한 지위에서 일한 사람들인데도 실정법을 위배하고 시위를 하게 함으로써 법에 따라 처벌하는 것이 마땅하다"며 관련 피고인 17명 전원에게 1년 ~ 4년의 징역을 선고했으며 불구속된 윤보선, 김병걸 피고인에게 징역 2년을, 함석헌 피고인에게 징역 1년을 선고했다.

계엄보통군법회의 관할관인 수도경비사령관은 결혼식을 가장한 명동 불법 집회 사건 관련 피고인들에 대한 선고 형량을 확인조치하면서 윤보선, 함석헌 피고인에 대해 각각 형 집행 면제 처분을 내렸다.

양순직, 김병걸 피고인에 대해서는 징역 1년으로 감형 조치하고 최민화, 김정택, 최 열, 양관수, 홍성엽, 임채정, 강구철 등 13명의 피고인에 대해서는 형량을 1심 선고형량 그대로 확인 조치했다.

이 사건은 신군부 세력이 새로운 지배체제를 구축하려는 움직임을 보이자 민주주의와 민족통일을 위한 국민연합 등이 중심이 되어 통일주체 국민회의의 대통령 선출을 중지시키고 유신철폐, 계엄해제를 요구하기 위해 준비되었다.

이 사건은 신군부가 파 놓은 덫에 재야세력이 걸려든 형국으로 집회를 준비하는 과정에서 신군부가 윤보선에게 접근하여 "집회에 협조하겠다"는 의사표시를 한 것이 계기가 되어 윤보선이 계엄하에서 집회를 주도하게 된 것이다.

신군부는 이 사건을 빌미삼아 더욱 강압적인 계엄정책을 펴고 관련자들의 조사가 진행되는 도중에 12·12 사태를 일으켜 군권을 완전히 장악했다.

이 사건은 10·26 사태 후 권력 공백기에 일부 재야가 최초로 신군부 세력과 맞부딪친 저항운동이었다.

그러나 신군부 측은 이 사건으로 국민의 여론을 테스트하면서 자신들의 권력 기반을 구축하는 데 이용했다.

4. 김영삼 신민당 총재의 정국 주도권 장악

(1) 차기 정권인수 정당으로 급부상한 신민당

김영삼 신민당 총재 등 총재단 직무 정지 가처분을 신청한 조일환, 유기준, 윤완중 등이 시대적 흐름에 부응해야 한다는 사명감과 신민당이 정권적 차원에서 일해 나가야 한다는 책임을 감안하여 무조건 12월 12일 가처분 신청을 취하함으로써 직무 대행을 수락했던 정운갑 전당대회의장의 대행 권한행사 중단은 물론 김영삼 총재를 비롯한 부총재는 법적 지위를 다시 회복하게 됐다.

신민당의 정대철, 조세형, 김제만, 김영배, 김형광, 김종기, 김동욱, 유용근 의원 등은 "새 시대를 맞는 신민당은 평화적인 정권을 인수하기 위한 준비 태세를 갖추는 것이 시급한 당면 과제"라고 주장하고, 국민의 지탄을 받은 인사에 대한 자숙과 자제를 촉구함으로써 앞으로 정풍 운동을 확대해 나갈 뜻을 비쳤다.

이 같은 움직임에 대해 김영삼 총재를 비롯한 당 지도부는 당의 단합에 금이 가서는 안될 것이라는 신중한 입장을 취하고 있으나, 정재원 임시 대변인은 "정풍운동은 국민들로부터 지탄을 받고 있는 일부 당내 인사들의 철저한 자기 반성을 촉구한다는 의미에서 추진돼야 한다"고 논평했다.

정대철 의원은 "관제 야당의 전위대와 권력과 야합, 치부한 당내 인사 등 극소수의 숙정은 필요하지만 교각살우의 우(愚)를 범하지 않도록 해야한다"고 화답했다.

김영삼 신민당 총재는 "과도기는 짧을수록 좋고 순리에 따라 주어진 역할만을 수행해야 한다"는 주장에 대해, 최규하 정부에서는 "북한이 처들어와도 과도정부라 해서 가만히 있으라는 말이냐, 경제문제만이라도 욕을 먹더라도 할 일은 해야하지 않겠느냐"고 반론을 펼쳤다.

김영삼 신민당 총재는 년두기자회견에서 비상계엄을 즉시 해제하고 과도기는 짧아야 하고 과도정부는 위기조성 정부여서는 안된다고 주장했다.

그리고 그는 "공화당에 충고한다"고 전제하고 "이제 야당이 될 수 있는 것만으로도 국민에게 고맙게 생각해야 하며 그동안의 국민원성에 대한 책임을 의식하고 야당의 준비를 해야 한다"고 일침을 놓았다.

공화당과 유정회는 국회 본회의를 개최하여 신민당과 통일당 68명의 의원들이 제출한 의원직 사퇴서를 일괄 반려했다.

구자춘 내무부 장관은 "지난 8월 신민당사에 경찰관이 들어가 현역의원과 취재 기자들을 구타한 사실에 대해 매우 죄송스럽게 생각하며 사과한다"고 뒤늦게 사죄했다.

통일당 정상구 부총재 등 신하철, 원성희, 오석보, 이건일 등 13명은 "새 시대 새 역사의 창조를 위해 민주 광장으로 모아 평화적 정권 교체를 이룩하자는 국민들의 여망에 따라 신민당에 합류키로 했다"고 밝혔다.

강원도 지사를 지낸 박경원을 비록한 예비역 장성 5명과 예비역 영관급 7명이 신민당에 입당하여 시대의 변화를 실감할 수 있었다.

통일당 박병배 부총재를 비롯하여 강근호, 곽인식, 김두섭, 조정무, 박종진, 신준희, 조기상 등 13명이 뒤이어 신민당에 입당하여 김영삼 총재의 어깨를 들썩이게 했다.

(2) 거침없는 행보를 보인 신민당 김영삼 총재

김영삼 신민당 총재는 "최 대통령과 신 총리가 강조하는 안보와 유신은 다른 것"이라고 전제하고 "안보를 위해 유신이 필요하다면 앞으로의 정치제도는 유신 연장이지 국민이 바라는 정치발전은 거리가 먼 것"이라면서 "자숙하고 반성하지 않은 경우 신민당은 중대한 결단을 내리겠다"고 경고했다.

신민당은 의원총회를 열고 "공화당은 국민 앞에 약속한 임시국회 소집을 고의로 천연(遷延)시키고 있다"고 비난하고서 "19년 동안의 공화당 정권의 실정과 비정(秕政)을 파헤치고 재야인사들의 복권을 실현시킬 수 있도록 비장한 각오를 가져야 한다"는 의견도 제시됐다.

김영삼 총재는 "공화당은 과거 일인 치하에서 10년이상 한 번도

전당대회를 열지 않았으며 따라서 국민의 심판도 받아보지 못한 경쟁 없는 정당"이라고 매도했다.

신민당은 "민주화에 대한 정치불안과 심각한 경제 난국, 학원 사태 등의 가장 효과적인 해결책은 정치 일정 단축과 비상계엄령 해제 등에 있다"는 입장을 밝히고 임시국회 소집을 요구했다.

그러나 공화당 전예용 의장은 "공화당은 임시국회 소집을 일부러 늦추거나 앞당길 생각이 없다"면서 5월 하순경에나 소집할 뜻을 밝혔다.

김종필 총재는 "계엄령은 정부와 여야가 합의하면 해제될 것이고 그렇지 않으면 당분간 더 계속되는 것으로 보아야 할 것"이라고 계엄령이 왜 지속되고 있는지에 대한 의문을 가지지 아니하고 옹호했다.

김영삼 신민당 총재는 "과도정부에서 이원집정부제 개헌구상을 간헐적으로 거론하고 있는 것은 양심을 속인 자기 기만행위"라면서 "우리는 국민의 뜻을 배반하는 헌법 구상을 결코 용납치 않을 것"이라고 경고했다.

김영삼 총재는 "일본의 정계에서는 한국의 민주화에 회의적인 모양이나 구체제 잔존세력의 회생 몸부림을 과대 평가한 때문"이라는 시국관을 강조했다.

이와 같은 김영삼 총재의 안이한 시국관, 김종필 총재의 비상계엄의 옹호, 공화당의 최규하 정부에 대한 맹목적인 신뢰와 국회 소집의 지연 등이 신군부 세력이 준동하여 5·17의 비상계엄 확대, 국회 해산, 김종필 연행, 김대중 구속, 김영삼 가택 연금, 모든 정치 활동 금지라는 정권 탈취의 기회를 제공했다.

(3) 김영삼 급부상에 제동을 걸고 나선 김대중

신민당 당권파는 최형우 당기위원장 주재하에 "신민당이 민주화의 구심점이 아니라고 주장한 당외인사(김대중)를 추종하는 것은 해당행위"라는 결정을 내라고 이필선, 예춘호, 정대철 의원 등에 대한 해명을 요구하고 김원기, 이진연, 김승목, 이용희, 허경만, 고재청, 조세형, 최성석, 천명기 의원 등에 경고처분을 결정했다.

신민당의 비당권파 의원 24명이 시국문제에 관한 대책을 논의 끝에 "민주화 과정을 공동으로 결정하고 민주화를 촉진시킨다"는 방침아래 "시국에 관한 신민당 의원들의 간담회"를 결성하기로 했다.

이에 이민우 부총재는 "야당 지도노선을 비판하면서 신민당 의원을 끌어 모으는 것은 실질적으로 민주회복을 저해하는 처사"라고 비난했고, 이상신 중앙상위의장은 "신민당의 입당을 거부한 사람이 민주화 회복 대업을 망각한 채 야당 분열을 획책하는 것은 유감"이라고 비난했다.

김영삼 총재도 "민주화가 진행되는 과정에서의 야당 분열현상은 국민적 기대에 정면 도전하려는 반민주화 음모"라고 비판수위를 높였다. 자신의 시국관을 낙관론으로 규정하는데 대해 김영삼 총재는 "박 정권 타도의 경험이 있는 내가 무엇이 두렵고 무엇때문에 주저하겠느냐"고 반문하면서 "그것은 유신잔재의 자구적 몸부림을 두려워하거나 과대 평가하는 측의 평가일 것"이라고 단정했다.

신민당 국장단은 수유리 국립 묘지 참배에 김대중을 수행한 박영록, 이택돈, 노승환, 정대철, 김영배 등 5명에 대한 경고장을 발부했다.

신민당은 지구당개편대회 폭력사태에 대한 책임을 물어 양해준(남원), 김창환(구미), 이기한(김천) 전 지구당위원장을 제명 조치했다.

이들의 불법적인 행동은 당의 수권태세 확립과 민주화 촉진에 해가 되어 일벌백계 조치했다는 점을 강조했다.

한편 신민당은 정무회의에서 김대중의 입당을 기대하고 자격 요건 심사를 거쳐 중앙상무위원 1백명을 증원할 것을 의결했다.

그러나 김대중 입장에서는 신민당 대의원 분포상 대통령 후보 경선을 벌일 경우 패배가 명약관화한데 신민당에 입당한 것은 김영삼 총재의 대선 후보를 지지한 것이 되어 주저할 수밖에 없었다.

다만 김대중은 "신민당 지도부가 현 시국의 심각성을 올바르게 인식한다면 재야와 함께 민주화 추진 국민운동에 참여할 것으로 본다"며 신민당과의 시국관 차이를 부각시키며 신민당 입당을 지연시켰다.

국민의 여론에 부응하여 김영삼, 김대중은 서울과 경주에서 기자회견을 갖고 혼미한 현 시국을 타개하기 위해 계엄령 해제, 임시국회 즉각 소집, 정부의 개헌작업 중지 등을 촉구했다.

그리고 김영삼의 지지의원들이 대부분 영남 출신들이고 김대중의 지지의원들이 호남 출신들이 주축이라는 엄연한 사실을 간파하고 지역감정 해소에 대해서는 의견이 일치됐다.

김영삼 신민당 총재는 "신민당이 집권할 경우 호남 고속도로를 경부고속 도로와 마찬가지로 4차선으로 놓고 열차시설도 개선하는 등 지역발전을 도모하는 한편 새 정부의 인사를 공정하게 관리하여 동서간의 균형을 잡는데 최선을 다하겠다"고 지역감정 해소책을 공약했다.

김대중은 "38선으로 남북이 갈린 것도 서글픈데 손바닥 만한 나라에서 동서로 또 갈린다는 것은 있을 수 없다"면서 "내가 못나서 반대한 것은 몰라도 지방색 때문이라면 배격해야 한다"고 역설했다.

지역감정에 대해 김 총재는 "구시대의 유산으로 지역 감정 얘기가 나오고 있다. 남북으로 갈려있는 판에 또 동서로 나뉘어서야 되겠는가"라고 하자, 김대중은 "지역감정 조장은 망국의 길이다. 지역감정 조장은 민족에 대한 씻을 수 없는 죄악을 저지르는 것이다. 어떤 일이 있어도 일소해야 한다"고 응수했다.

그러나 두 사람 모두 구두선일 뿐 허망하고 현실성이 전혀 없는 허공에 대한 의견 개진일 뿐이었다.

제2장 헌법개정 주도권 쟁탈전을 벌인 국회와 정부

1. 긴급조치 9호 해제로 국민들의 환호성을

2. 김대중 복권조치로 야권의 갈등조장

3. 국회의 헌특위 출범과 정부의 개헌심의회 구성

4. 극렬해진 학원소요와 노사분규

1. 긴급조치 제9호 해제로 국민들의 환호성을

(1) 국회의 건의에 따라 최 대통령 긴급조치 9호 해제

최규하 대통령 권한대행은 김치열 법무부 장관과 박찬현 문교부 장관에게 긴급조치 9호 위반과 관련하여 구속 또는 제적된 인사 및 학생들에 대한 석방과 복교문제 등을 조속히 검토해서 보고하도록 지시했다.

계엄사령부는 휴교조치 이후 23일 만인 11월 19일부터 휴교조치를 해제하고 개강일자는 대학 총학장이 별도로 정하도록 했다.

국회는 대통령 긴급조치 9호 해제 건의안을 만장일치로 채택했다. 공화당 박찬종 의원은 "국민의 여망에 따라 현행헌법을 개정함으로써 정치발전을 도모하려는 현 시점에서 볼 때 긴급조치 제9호는 더 이상 효력을 지속할 필요가 없다"고 제안 이유를 밝혔다.

최규하 대통령은 유신헌법의 반대금지를 골자로하는 대통령 긴급조치 9호를 12월 7일 0시를 기해 해제했다.

이에 따라 긴급조치 9호 위반으로 복역중인 사람들은 "재판확정 후 법률의 변경에 의하여 그 행위가 범죄를 구성하지 아니하는 때에는 형의 집행을 면제한다"는 형법 제 1조의 규정에 따라 자동적으로 형 집행 면제조치를 받아 석방됐다.

석방된 사람의 숫자는 101명으로 알려졌다. 문익환 목사, 함세웅 신부, 카톨릭농민회 사건의 오원춘 등을 비롯한 긴급조치 위반자 68명이 석방됐다. 현재 불구속으로 재판을 받고 있는 224명도 면소처분을 받고 이미 풀려난 193명은 남은 형의 집행을 면제받게 됐다.

긴급조치 해제와 관련하여 김대중의 연금을 해제했고 YH사건 배후 조종 혐의로 구속 기소된 고은 시인, 이문영 교수, 문동환 목사, 인명진 목사, 서경석 도시산업선교협의회 총무 등을 보석결정했다.

(2) 긴급조치 해제에 따른 발 빠른 후속 조치

1974년 1월 8일 박 대통령은 유신헌법을 비방하거나 개헌을 주장하는 일체의 행위를 금지하고 위반자는 영장없이 체포하고 비상군법회에 회부하여 15년 이하의 징역에 처하겠다는 긴급조치 1호와 2호를 발표했다.

개헌 청원 백만인 서명운동을 벌인 장준하와 백범사상연구소 대표인 백기완이 첫 구속됐다.

1975년 4월 3일 민청학련 및 관련 단체를 조직, 가입, 찬양, 동조하거나 학생의 정당한 이유 없는 수업이나 시험 거부, 교내외 집회시위를 금지하고 위반자는 영장없이 체포하여 최고 사형까지 처할 것을 내용으로 한 긴급조치 4호를 선포했다.

헌법에 대한 개헌을 청원하거나 주장하는 일체의 행위를 금지한 긴급조치 9호는 1669일 9시간 동안 국민들을 옥죄었다.

석달 전 까지만 해도 금지된 장난으로서 영어의 사유까지 됐던 개헌 논의는 이제 전국적으로 국민들의 의안으로 떠올랐다.

10 • 26 사태는 여러 관점에서 볼 때 한국 정치사에 일대 전환점을 찍은 회전축의 의미를 담고 있다.

민주화란 용어가 국민적인 환호성 속에 무대의 전면으로 나올 수 있게 된 것이 오늘의 커다란 변화를 상징해 주고 있다.

긴급조치 위반자들이 웃는 얼굴로 옥문을 나서고 석 달 전이면 상상도 못할 퇴교자의 복교가 이루어지고 있다.

대내적으로 김(金)값의 폭등과 그들의 부산한 움직임과 함께 신민당이란 집권 대체정당으로, 공화당이란 용어는 집권당에서 구여당으로 불리어지고 있다.

정부 • 여당의 위세에 눌려 눈치를 살피던 과거와는 달리 신민당이 뒷 일을 두려워하지 않고 거리낌없이 행동하고 선명, 비선명의 단어가 나오지 않은 것도 새로운 정가의 풍토다.

긴급조치 이후 학원사태로 제적되었던 학생들에 대한 복학조치가 연세대를 필두로 진행되고 있다.

연세대는 제적된 56명에게, 고려대도 제적학생 84명 전원에게, 이화여대도 제적학생 14명을 구제했으며 서울대도 문교부의 학칙개정 승인을 얻는 대로 제적학생 복학을 취할 태세이다.

80년 3월 신학기부터 각 대학에서 학생회와 평교수회가 부활되고 2·29 복권조치에 의해 긴급조치로 해직 또는 제적되었던 교수와 학생들이 학원으로 돌아옴에 따라 학원가에서는 '학원 민주화'를 외치는 토론회, 농성, 교내 시위가 일기 시작했고 3월 27일 조선대의 교내 시위를 시발로 서울과 지방의 각 대학으로 번져 나갔고 구호도 학원내의 언론자유, 어용교수의 퇴진, 재단운영의 개선 등으로 구체화됐다.

2. 김대중 복권 조치로 야권의 갈등 조장

(1) 최규하 대통령의 687명에 대한 복권 조치

김종필 공화당 총재도 복권조치가 2월 중 이루어져야 한다는 뜻을 누차에 걸쳐 정부에 건의했다고 밝히고 "복권조치를 함으로써 그동안 소외됐던 인사들이 민주 발전의 궤도에 혼연히 다함께 참여하여 사회 안정을 이룩하고 그 바탕위에서 민족의 일대 화합운동에 앞장서 새로운 시대로 접어드는 국가 발전에 크게 기여해줄 것을 기대한다"면서 복권조치를 촉구했다.

최규하 대통령은 김대중 전 신민당 대선후보 등 575명에 대한 일반복권을, 지학순 천주교 주교 등 112명에 대한 특별복권 등 모두 687명에 대해 복권 조치를 내렸다. 백상기 법무부 장관은 반공법 등 공안 범죄 및 파렴치 범죄 경합자는 원칙적으로 제외했다고 발표했다.

복권자 687명은 학생 373명, 정치인 22명, 종교인 42명, 교직자 24명, 언론인 9명, 기타 217명으로 이들은 피선거권, 공직 임용권 등 그동안 정지된 각종 공민권을 모두 회복하게 됐다.

이번 복권조치 대상자는 윤보선 전 대통령을 비롯하여 정일형, 이태영, 김철, 유갑종, 이우정, 문동환, 문익환, 서남동, 윤반웅, 오원춘, 이신범, 이영희, 백낙청, 김찬국, 유근일, 김주묵 등이 포함됐다.

김영삼 신민당 총재는 이번 복권 조치는 늦은 감은 있으나 진심으로 환영한다면서 "우리는 이를 계기로 이 땅에 다시는 독재 정치과 인권탄압, 보복정치가 발붙일 수 없는 굳건한 민주정치의 기틀을 마련해야겠다는 결의를 다짐해야 할 것"이라고 강조했다.

이어 김 총재는 "지금 중요한 것은 누가 대통령이 되느냐는 것보다 민주주의를 어떻게 구현하느냐는 것"이라고 강조하면서 "신민당은 책임 있는 정당으로서 재야 등 각계 모든 인사들이 신민당을 중심으로 뭉쳐야 한다"고 속내를 드러냈다.

또한 김 총재는 "지난 20년간 집권해 오면서 급기야 박정희 대통령을 비운에 가게한 공화당이 다시 집권하려는 것은 국민을 모독하는 것으로서 있을 수 없는 일이며 공화당은 정신을 차려야 한다"고 경고했다.

김대중을 비롯한 민주인사들의 복권은 정치개막을 의미한다. 이번

2・29 복권은 대권을 향한 경주의 신호라고도 볼 수 있다.

작게는 신민당 내에서의 대통령 후보의 경쟁이 양성화되고 크게는 구 체제와 신 체제가 정권 다툼의 경쟁 체제에 돌입하게 되며 정계는 작용과 반작용을 통해 서서히 재편 과정을 밟게 될 것이다.

복권을 계기로 한 범민주세력의 세력다툼은 정부, 여권에 어부지리를 가져다줄 것이고 이같은 이점을 극대화하기 위한 반간지계(反間之計)가 다각도 시도될 것으로 전망됐다.

복권은 자격제한만을 회복시킨다는 점에서 형의 집행을 면제하는 특별사면이나 형의 집행과 자격제한 등 형의 선고의 모든 효력을 소멸시키는 일반사면과 구별된다.

(2) 정치적 동면에서 기지개를 편 김대중 전 대선후보

최 대통령의 복권 조치로 정치적 동면에서 깨어난 김대중은 대통령 후보 경쟁에 대비한 대의원 숫자의 우위를 염두에 두고 재야측에 전면적인 문호개방을 주장함으로써 당권파와의 마찰은 불가피할 것으로 예상됐다.

"신민당이 국민 모두가 인정한 절차에 따라 내가 무엇에 필요한가를 결정해 주면 그 결정에 따르겠다"고 대통령 후보로 지명될 경우 수락하겠다는 뜻을 밝힌 김대중은 "신민당 입당 등 정치적

거취는 재야인사들과 협의하여 결정하겠다"고 유보적 태도를 밝혔다.

"정국의 불필요한 혼란을 막고 민정정부의 원활한 실현을 성취하기 위해 최규하 대통령을 언제든지 만날 용의가 있다"는 그는 "최규하 정부가 전 정권의 유산을 답습하는 변형된 유신정부가 아니라 국민이 나라의 주인이 되는 민주정부의 탄생을 위해 과도기를 현명하게 관리하는 이름 그대로 과도정부가 돼야한다"면서 "정부는 헌법개정에 있어 과도기적 관리의 수준을 넘어 본질적 간여에 집착해서는 안된다"고 강조했다.

범민주세력의 통합과 대통령 후보 단일화는 김영삼 총재가 김대중 후보의 선입당, 후경선을 주장하고 있는데 대해 김대중 후보는 이에 반대하고 재야측과 협의한 뒤에 결정하겠다고 나서 진통을 겪게 됐다.

윤보선 전 대통령이 후보 단일화를 위한 거중 조정역을 자처하고 나서며 윤보선, 김영삼, 김대중, 양일동의 4자 회담을 주장했으나 김영삼 총재가 거절했다.

신민당 경북도지부 결성대회에서 박영록 부총재는 "민권투쟁의 위대한 승리를 가져오게 한 수많은 민주인사 특히 김대중, 윤보선, 함석헌 선생 등에게 이 자리에서 최고의 민주훈장을 수여하고 최대의 감사와 경의를 보내자"고 말하자, 당원석에서 "집어치워라" "여기는 신민당이야"는 아우성과 함께 단하로 끌려 내려가는 촌극이 벌어졌다.

이날 대회에는 '김 총재, 정의의 도시 대구에 오다' '민심도 김영삼

천심도 김영삼' 등 150개의 갖가지 피켓을 흔들면서 '김 총재 만세'를 외쳐 대통령 후보 지명대회와 같은 열기를 내뿜었다.

고흥문 국회부의장은 "어느 때보다 범민주세력의 단결이 필요한 때 이 같은 과열상태는 가슴 아픈 일"이라면서 "양 김씨가 단결하여 정권교체를 이룩할 수 있도록 거듭 조정에 나서겠다"고 말했다.

박영록 부총재는 신민당과 재야가 결속하자고 주장했는데도 그런 반동을 보인 것은 당론에 어긋나는 해당행위라고 주장하고 있지만, 박용만, 한병채, 박찬 의원 등은 "남의 잔칫집에 와서 재를 뿌릴 수 있느냐"고 흥분했다.

김영삼 총재와 김대중 후보는 "누가 대통령이 되느냐 보다 민주회복이 문제이며 평화적 정권교체를 이룩하기 위한 범야세력의 대동 단결에 노력해야한다"는 명분에는 의견을 같이 했으나 통합시기나 통합 방법론에서는 이견(異見)을 보여왔다.

김대중은 "나는 대통령 후보 운운하지만 무엇이 되기 위해 사는 사람이 아니라 국민과 양심에 충실하기 위해 사는 사람"이라고 전제하고 "국민과 내 양심에 충실하다가 대통령을 맡겨 주면 봉사하겠다"고 차기 대통령 선거에 나설 뜻을 비쳤다.

김대중은 "최근의 정국 전개가 매우 미묘하며 민주 발전은 더욱 불투명하다"고 지적하고 "어떠한 민주역행의 기도도 이를 분쇄해야 한다"고 강조했다.

또한 김대중은 "학원의 부조리는 반드시 시정되어야 하지만 우리는 혼란이 조성됨으로써 안보를 위태롭게 하고 민주주의를 원치 않는 자들에게 구실을 주지 않기 위해서 최대로 자제하고 질서를 지켜야 하며 학원 부조리 시정도 평화적인 대화를 통해 이뤄져야 한다"고 강조했다.

아울러 그는 임시국회의 소집을 요구하면서 "임시국회는 계엄령 해제 결의와 이원적 집정부제 헌법과 중선거구제 등 국민의 여망과 배치된 정부의 계획을 철저히 추궁해야 한다"고 주장했다.

김대중은 뉴욕 타임즈 기자와의 면담에서 "현 사태는 민주발전의 위기에 처해 있으며 민주주의의 실현을 원치 않고 기득권 유지에 혈안이 된 세력이 반격 중이라는 사실을 크게 경계해야 한다"고 주장했으나 야권에서의 반응은 시큰둥했다.

김대중은 한국신학대학의 공개 연설과 관훈클럽 초청연설에도 참여하고 지방의 학원, 종교, 언론인 집회 등에 참석하여 지지기반 확대를 모색했다.

(3) 김대중 대선 후보와 김영삼 총재와의 갈등은 필연

"나는 유신의 어느 한 구석에도 발을 들여 놓지 않았다"고 강조한 김대중은 "후세사가들로부터 김대중이란 사람이 국민을 위해 바르게 살다 간 사람이란 단 한 마디를 듣는 것이 유일한 소망"이라고 말했다. 또한 신민당 입당 포기에 대해 "신민당은 자기들이 10·26사태의 주역이고 민주세력의 구심점이라고 엉뚱한 주장을 했다"고 변명했다.

윤보선 전 대통령은 최근 혼미를 거듭하고 있는 시국은 한 마디로 정치일정의 불확실성에 그 원인이 있다고 분석하고 양 김씨가 과열하면 본의 아닌 일을 저지르기 쉽고 지역적인 대립이라도 일어나게 되면 민족적인 비극이 온다는 점을 거듭 강조하면서 "우선 두 사람은 한 당으로 합쳐야 한다"고 주장했다.

양 김은 신라호텔에서 단독회담을 갖고 범민주 통합문제를 논의했으나 대통령 후보 지명은 표 대결이 아닌 사전 조정에 의해 단일화하도록 노력하자는 데는 의견을 모았으나 구체적인 합의점은 찾지 못했다.

신민당에의 입당여부로 관심을 모아오던 김대중은 "오늘을 기해 재야인사와 본인은 신민당 입당문제를 거론치 않기로 했다"고 발표하면서 "제 3당 창당에 대해서는 일체 생각한 바 없고 아무런 계획도 없다"고 말했다.

김대중은 신민당 입당 포기이유에 대해 "재야인사의 입당을 위해서는 신민당의 적극적인 영입태세가 선행되어야 하나 신민당은 영입인원을 제한하고 재야인사에 대한 자격 문제를 거론했다"고 얘기하고 있지만 실제로는 기울어진 운동장에서 김영삼 총재와 대통령후보 지명전을 펼칠 경우 승산이 없기 때문이었다.

김대중의 신민당 입당 포기선언 이후의 정국은 공화당과 신민당 그리고 재야의 삼국 시대로 접어들고 있다.

유진오 신민당 고문은 "김대중 씨를 중심으로 신당을 만든다는 얘기가 나돌고 있으나 과거 신당을 만들어 성공한 일도 없고 되지도 않을 것"이며 "그동안 무서운 투쟁을 전개해 온 신민당이 범민주세력의 구심점이 돼야 한다"고 강조했다.

윤보선 전 대통령은 "사전 조정에 의한 후보단일화는 매우 어려운 작업"이라면서 "신민당에서 표 대결을 해서는 안되며 끝내 사전 조정이 안되면 각자 출마하여 국민의 심판을 받을 수밖에 없다"고 거중조정을 포기했다.

신민당과 재야는 같은 범민주세력으로서 우군관계를 유지하는 한편 이념 대결, 지역 대결, 유신체제 하의 공과 논쟁 등을 빚을 가능성이 커져 자칫 적대관계로 발전시켜 민주화 일정 자체에 영향을 줄지도 모른다는 우려마저 낳고 있다.

3. 국회의 헌특위 출범과 정부의 개헌심의회 구성

(1) 국회에서 헌법 개정에 대한 토의와 헌특위 출범

공화당 현오봉 총무와 유정회 최영희 총무는 7월 25일 신민당이 제출한 헌법개정특별위원회 구성안을 접수조차 거부했던 전력을 감추고 시대의 변화에 부응하여 조건없이 받아들이기로 합의했다.

국회는 현행 유신헌법의 개정을 논의하기 위한 헌법개정 심의특별위원회를 구성하기로 의결하고 심의 위원은 공화당 7명, 유정회 7명, 신민당 13명, 통일당 1명으로 구성하되 의장은 공화당에서 맡기로 합의했다.

헌법개정특별위원회(헌특위)는 공화당 김택수 의원을 위원장으로 최치환(공화), 이해원(유정), 박해충(신민), 김동영(신민) 의원을 간사로 선출하고 "헌법개정 작업에는 여야 입장을 떠나 국민적 합의를 존중하겠으며 회의 운영도 공개적으로 하겠다"는 방침을 밝혔다.

신민당 고재청 의원은 "공화·유정회 측이 시한이나 시안 제시는 커녕 회의를 열 낌새도 없으니 아예 깨어버리자"는 강경론을 폈으나, 김영삼 총재는 "끈기 있게 끌고 나가 개헌문제에 관한 당의 주장을 국민에 알리고 입법부가 건재함을 보여줄 필요가 있다"고 강조했다.

김택수 국회 헌특위원장은 "국회로서는 가능한 빨리 개헌 작업을 끝내겠다"고 다짐하며 "새 헌법 마련은 어디까지나 국회가 주체가 되어야하며 정부가 시안을 마련하여 국회에 나와 설명하고 납득시켜 이해토록 해야 국민적 합의에 의한 헌법이라 할 수 있을 것"이라고 주장했다.

국회 헌특위는 특위에서 마련하는 헌법 개정안을 정부에 이송하여 대통령 발의로 국민투표에 부쳐 확정시키도록 한다는 개헌 발의 절차를 결정했다.

김택수 헌특위원장은 "복합적인 여러가지 사항이 있으므로 전국 각 시·도에서 공청회를 차례로 개최한 뒤 결정하자"고 시한과 시안 문제를 두고 신민당과 신경전을 벌였다.

개헌특위는 "국민의 의지와 양식 그리고 체온이 담길 수 있는 민주적인 헌법 개정안을 기초하기 위해 각계 각층의 고견을 취합하고 있다"고 밝히고 헌법개정과 관련한 각계 각층의 의견을 오는 1월 20일까지 특위에 서면으로 제출해 주도록 공고했다.

국회 헌특위에 보내온 179건의 개헌에 관한 의견서에는 대통령중심제 73건, 의원내각제 14건, 혼합형 8건, 이원집정부제 3건으로 나타나 대통령 중심제가 압도적이었으며 대통령 선출 방법은 직선제가 69건으로 간선제 7건에 비해 무려 10배에 가까웠다.

(2) 김종필 공화당총재와 김영삼 신민당총재의 동상이몽

한국공법학회 회원들의 3분의2이상이 새 공화국의 정부형태는 국민직선에 의한 대통령중심제를 희망하고 국회는 1구 1인의 소선거구제에 의한 단원제를 지지하고 있는 것으로 나타났다.

김종필 공화당 총재는 "직선제의 경우 낭비가 수반되는 등 부작용이 심할 것으로 예상된다"면서 "직선제를 자주하는 것이 곧 민주방식이고 국익에 도움이 되느냐 하는 것은 생각해 볼 문제"라고 유신 체제론자의 틀을 벗어나지 못하고 국민여론을 벗어나 조기의 개헌 추진일정에 차질을 빚게 했다.

김종필 총재는 "매스컴과 국민 대다수가 직선제를 원하고 있는 것을 잘 알고 있지만 너무 관념과 이상론에 치우쳐서는 후회를 남기

는 일이 있을 것"이라고 지적하면서 "만일 4년마다 직선을 되풀이 할 경우 굉장한 혼란이 일어나 나라의 국시조차 흔들릴 경우도 있을 것"이라고 주장했다.

신민당 정재원 임시대변인은 김종필 총재의 주장에 대해 "유신제도가 철폐되고 새로운 민주헌법을 마련함에 있어 무엇보다 중요한 것은 국민들에 의한 대통령 선택권"이라고 말하고 "이같은 역사적 명제를 망각하거나 오도하려는 구제도적 발상은 반역사적 망동이며 민주사에 반역하려는 중대한 오류를 범하는 일"이라고 논평했다.

그러나 김택수 헌특위원장은 "적어도 이번만은 국민의 희망에 따라 대통령을 직선해야 한다"고 주장하여 공화당 내에서의 당론통일에 약간의 곡절이 예상되고 있다.

이에 대해 신민당 김영삼 총재는 "대통령을 내 손으로 직접 뽑아야겠다는 것은 지난 7년 동안 국민이 한결같이 염원해 온 것이며 현재 국민적 합의가 이루어진 것"이라고 말하고 "대통령 직선은 정국의 안정뿐 아니라 국민의 참여의식 고취에도 크게 기여할 것"이라고 주장했다.

김종필 총재는 국회의원 선거제도에 있어서도 "소선거구제라고 곧 국민의 심판을 받는 것이고 중선거구제라고 심판을 덜 받는 것이 아니며 심판을 받는 것은 마찬가지"라며 중선거구제에 대한 강한 희망을 피력했다.

그러나 신민당 김영삼 총재는 "현재 국민들의 절대 다수가 소선거구제를 희망하고 있으며 양당제도 확립과 지역적 대표기능을 갖는 소선거구제가 세계적 추세가 되고 있다"면서 "소선거구제야말로 정치인이 직접 국민의 심판을 받는다는 점에서 바람직하다"고 강조했다.

김종필 공화당 총재는 "내년안에 헌법과 선거법을 개정하고 헌법 개정을 위한 국민투표 등을 모두 끝내야 하며 81년 초에는 공정한 선거를 통한 정권의 인수인계가 되어야 한다"고 말했다.

그는 "81년 대통령 선거에서는 여야는 물론 어떤 사람 어떤 단체도 공화당과 같은 조건 아래 같은 출발선을 밟고 정정당당하게 국민신임을 묻기를 원한다"고 말했다.

반면 김영삼 신민당 총재는 "이미 훌륭한 헌법을 가져 본 경험이 있는 우리 국민들은 개헌에 1년이 필요하다는 주장에 의아심을 갖고 있다"고 말하고 "앞으로 다가올 경제 난국을 극복하기 위해서도 민주화를 단시일 내에 마치도록 하는 것이 바람직하다"고 말했다.

그는 "민주시대로의 희망에 부풀어 있는 국민들에게 실망을 안겨준다면 국가 불안의 요인으로 작용할 것"이라고 우려를 표명했다.

김영삼 신민당 총재는 "헌법 개정에 1년이 걸린다고 하는 생각에는 많은 국민이 의아심을 갖고 있다"고 말하고 "정부 측에서는 선 안정 후개헌을 생각하고 있는 모양이나 선개헌이 안정의 필수요건이 될 것"이라고 주장했다.

(3) 국회 헌법개정 특위의 공청회와 국민여론

국회 헌특위가 5대 도시에서 여섯 번 열린 공청회를 통해 집약된 의견은 우선 대통령은 내 손으로 뽑아야 겠다는 것과 대통령이 직무를 효율적으로 수행하되 장기 집권과 독재는 막아야겠다는 것이었다.

50명의 연사 중 28명이 순수대통령제를 주장했고, 16명이 내각에 대한 국회의 불신임권 등 내각책임제 성격을 가미한 대통령 중심제에 찬성함으로써 90% 가까운 숫자가 대통령중심제를 지지했다.

대통령의 선출 방식에 대해서는 46명이 직선을 주장했고 계희열 고려대 교수, 서주실 부산대 교수 2명만이 간선을 주장하고 2명은 의견피력을 보류했다.

대통령 임기의 경우 4년에 1차 연임을 허용하자는 의견이 35명으로 70%를 차지했으며 6년 단임제를 주장하는 사람도 8명으로 무시 못할 숫자였다.

국회의원 선거구에 대해서는 34명이 소선거구제를 주장하여 중선거구제에 의한 동반 당선에 거부 반응을 보였다. 다만 비례대표제 도입여부에 대해서는 찬반 양론이 우열을 가리기 힘든 상태였다.

공화·신민 양당은 대통령 중심제, 대통령 직선으로 임기 4년 1차만의 중임 등 권력 구조면에서 거의 일치한 새 공화국의 헌법시안을 마련하여 개헌안을 둘러싼 정당 차원의 쟁점은 거의 해소됐다.

양당의 시안은 대통령 중심제를 비롯한 권력구조와 기본권의 유보 조항 삭제 등의 면에서 거의 일치하고 있으며 국정감사권 등에서 일부 차이가 있으나 지엽적인 이견에 불과했다.

다만 정부와 국회 간의 개헌 주도권 문제가 가세할 경우 정국에 일대 파란이 닥쳐올 가능성도 없지 않다.

신민당은 국회는 임기 4년의 단임제로 하고 국정감사권을 부활시키는 등 권한을 강화하고 국무총리와 국무위원에 대한 불신임 조항은 의결 대신 결의로 문구만 바꿔 현행 제도를 그대로 살렸다.

공화당과 신민당은 국회 헌특위에 대통령 중심제에 4년 중임 임기안을 사안으로 내놓고 있으나 정부측이 6년 단임제안을 구상하고 있는 것으로 알려지자, 양당 간부들은 당초의 시안을 고쳐 6년 단임제로 바꾸어도 무방하다는 견해를 밝혀 정부와 국회의 대통령 임기문제에 관한 견해가 합치될 것으로 보여진다.

김종필 총재는 4년 1차 중임이나 6년 단임제의 어느 쪽이든 무방하다는 입장을 밝혔고, 김영삼 총재도 "안정적인 정권 수립과 정권 교체의 기틀을 제도적으로 장치하기 위해 6년 단임제가 바람직하다"는 의견을 내놓았다.

(4) 최규하 정부는 국회와 별도로 개헌 자문위원회 구성

최규하 권한대행은 김수환 추기경과의 면담에서 "우리나라가 안정 속에서 헌정의 중단없이 정치적 발전을 이룩해 나가는데 초석이 되며 평화적이고도 질서정연하게 정권이양을 이룩하고자 하는 것을 나의 역사적 소명으로 인식하고 있다"면서 국정 전반에 걸쳐서 최선의 노력을 기울이겠다고 약속했다.

최규하 정부는 개헌에 대한 연구 검토를 위한 자문위원회를 구성해서 국회 및 사회단체의 여러 개헌안을 바탕으로 보완작업을 벌인 다음 대통령안으로 제안해 국민투표에 부의할 방침을 세웠다.

김도창 법제처장은 "개헌 문제에 관해 아직은 정부에서 구체적으로 손을 댈 단계는 아니다"면서도 학계 등 사회단체에서 안이 나온 뒤 정부가 이를 취합하여 수정할 필요가 있을 때 법제처가 그 실무 작업을 맡게 될 것이라고 밝혔다.

김 법제처장은 "새 헌법안은 해방 후 우리가 가져온 여러 개의 헌법 중에서 좋은 것을 골라 채색가감(彩色加減) 해야 할 것"이라고 성격을 밝혔다.

최규하 대통령은 국회 개헌특위와는 별도로 각계각층의 의견을 광범위하게 들어가면서 적절한 시기에 구체적인 연구와 검토를 시작할 것이라고 밝혔다.

최 대통령의 헌법관과 정당 정치인의 헌법관이 합치되지 못해 그 결과가 개헌안 조문에 상치된 모습으로 나타나게 될 때 그 여파는 심각해질 가능성이 높다.

최 대통령은 "앞으로 특별한 사정이 없는 한 1년 정도면 국민의 대다수가 찬동할 수 있는 내용이 담긴 헌법을 마련할 수 있을 것으로 생각되며 이어서 이에 수반되는 필요한 제반조치를 착실하게 취해서 가급적 빠른 시일 안에 공명정대한 선거를 실시할 수 있게 되기를 바란다"고 밝혔다.

(5) 정부의 개헌 주도에대한 집착과 공청회 포기

헌법 개정에 대해 어떤 이해 관계자들의 편의적인 타협의 산물이 되어서도 바람직하지 못하다는 최 대통령은 국회의 개헌작업과 별도로 정부의 개헌작업을 진행하겠다는 뜻을 밝혀 파란이 예상되고 있다.

국회 헌특위가 국회안을 정부로 이송하여 대통령이 발의하고 국민투표를 거쳐 확정하기로 방침을 밝힌 바 있어 최 대통령의 헌법관과 국회 특위안의 헌법관이 합치되지 못해 그 결과에 따라 개헌안 조문에 상치된 모습으로 나타나게 될 때 그 여파는 심각해질 가능성이 높다.

조선일보 논설위원 양호민, 서울대 교수 김철수, 성균관대 교수 장을병 등은 강원룡 목사의 의뢰를 받아 국회, 대통령, 정부, 법원, 헌재 등 5권 분립된 헌법초안을 제시했다.

이 시안은 국가 권력을 국회, 대통령, 정부, 법원, 헌법재판소 등으로 5권 분립을 하면 정부 기능 등 통치기능은 초당적으로 국정의 통합 조정기능을 맡는 대통령에게, 일반 행정기능은 대통령이 국회의 동의를 얻어 임명하는 국무총리에게 주는 등 권력 분산을 주요내용으로 하고 있다.

대통령은 국민직선에 의해 선출하되 임기 6년으로 하며 긴급조치권, 국회해산권, 계엄선포권 등의 권한을 가지나 국가 비상시에도 이러한 권한이 무제약적이 아니라는 점에서 이원적 집정부제와는 성격이 다른 제도이다.

김영삼 신민당 총재는 "이원집정부제나 중선거구제로 이제는 부정당한 구세력이 정치적 명맥을 유지할 수 있으리라고 생각한다면 그것은 시대착오적인 망상"이라고 비판했다.

김종필 공화당 총재도 "절충형은 복잡해서 명백해야 하는 현대조직 원칙으로 볼 때 거리가 있다고 생각하며 이원집정부제는 과거에 내가 얘기해 온 바대로 반대한다"며 정부 형태는 대통령 중심제가 돼야 한다는 뜻을 분명히 했다.

정부가 국회와 달리 개헌안 마련을 추진해온 최 대통령은 "개헌문제를 놓고 국회주도니 정부주도니 하는 말들이 있으나 주도라는 말은 있을 수 없다"면서 "정부의 공청회는 문자 그대로 각 지역의 의견을 골고루 들어서 개헌안에 반영코자 하는 것이므로 국회에서 주관했던 공청회와 상호 보완적인 구실을 하게될 것으로 믿는다"고 밝혔다.

정부는 개헌작업을 독자적으로 추진한다는 목표아래 법제처 헌법연구반을 공식 발족하고 연구위원 19명의 명단을 발표했다.

여기에는 문홍주, 박일경, 김운태, 나종일, 배성동, 박승재, 조순 교수 등이 포함됐다.

최 대통령이 년두 기자회견에서 정부 주도의 헌법 개정계획을 밝힌데 대해 김택수 위원장은 "여야 합의에 따라 국민의 원하는 개헌작업을 하는 것은 우리 국회의 고유권한"이라고 반발했다.

정부와 국회는 개헌작업의 이니시어티브를 누가 쥐고 추진하느냐는 개헌작업 주체와 개헌시한 문제에 대해서는 서로 견해를 달리하고 있다.

정부의 헌법 개정 심의위원들의 설문조사는 대통령 중심제와 절충제가 각각 33.3%씩 동일 비율이고 대통령 선출 방식은 77.8%가 국민 직선으로, 13.3%가 간선제를 찬성하고 있는 것으로 나타났다.

국회의원 선거제도에 있어서는 1구에서 3~5인을 선출하는 중선거구제가 42.2%로 가장 많고 소선구제는 37.8%로 국회 공청회의 여론조사와 달라 정부안이 설문조사 결과와 같이 결정되면 국회와 거센 논란이 예상됐다.

신민당은 정부의 권력 분산을 위한 이원집정부제 등 절충형 정부형태의 검토와 정부 고위당직자의 구체제 옹호 발언 등에 대처하고, 민주화 저해 요소를 제거하기 위한 다각적인 대정부 총력전을 펼치기로 했다.

정부의 헌법개정심의회 유진오 고문은 이원집정부제에 반대한다고 밝히고 대통령 직선은 불가피하다는 의견을 제시했다.

정부 주도 개헌을 위한 공청회를 준비 중인 김도창 법제처장은 "공청회 결과를 갖고 곧 민의의 소재라고 말할 수 없다"는 아리송한 의견을 내놓았다.

정부가 추진중인 공청회의 보류 결정은 최근 일부 지방에서 정부 측 공청회 실력 저지 움직임마저 보인 여론의 밀물에 밀려 정부가 일보 후퇴하기로 한 소극적 배경에서 나왔다.

정부가 공청회를 강행할 경우 사태 악화가 초래될지 모른다는 정부는 "이번 결정이 공청회라는 하나의 절차를 생각한 것뿐이며 정부가 할 수 있는 최후의 양보선"이라면서 앞으로도 서면 등을 통한 여론 집약은 계속될 것이라고 말했다.

신민당의 신상우, 김동영, 이용희 의원 등은 잠정보류가 아닌 즉각 취소를 촉구하면서 당연지사, 현명한 처사라며 환영의 뜻을 표명했다.

김도창 법제처장은 전국에서 실시키로 했던 개헌 공청회를 사실상 취소했다. 이로써 정부의 개헌 일정은 당초 계획보다 적어도 한달 이상 단축될 것으로 보이며 이달 중 개헌 요강을 작성하면서 국회와 정치적 절충을 벌이는 과정에서 국회 개헌안을 보다 크게 받아들이게 될 것으로 관측됐다.

국회의 헌특위 참석을 결정한 신현확 국무총리는 공청회의 일단 보류를 취소키로 확정하면서 개헌을 2~3개월 앞당기게 되어 9월 20일 전후 국민투표가 가능하다고 밝혔다.

(6) 국회 헌법개정특위 개정안의 국회 이송 임박

국회 헌특위는 국회 본회의에서 개헌 특위의 단일안을 보고하고 접수한 뒤 늦어도 5월 말까지는 정부에 이송할 방침을 밝혔다.

신현확 국무총리가 "국무총리가 위원회에 참석한 전례가 없다"는 이유를 들어 국회 헌특위 출석을 하지 않겠다는 통보를 들은 신민당은 신 총리에 대한 불신임 결의안을 제출하는 등 국회, 정부의 대립이 표면화됐다.

신현확 국무총리는 "항간에는 정부가 개헌에 관한 어떤 복안(腹案)을 정해 놓고 있는 것처럼 얘기하는 사람들이 있지만 그것은 사실과 다르다"고 주장했고, 김도창 법제처장은 "최규하 대통령도 강조했듯이 개헌에 관해 정부와 국회는 상호보완적 의미에서 협조해 나갈 것"이라고 후퇴했다.

드디어 신 총리가 정부 개헌심의위원장 자격으로 국회 개헌특위에 출석하여 정치 일정 및 개헌에 관한 정부 측의 입장을 밝히기로 했다.

국회 헌특위에 참석한 신현확 총리는 "정부는 이원집정부제를 지금까지 한번도 말한 적이 없으며 그런 의도도 없다"면서 "정부는 늦어도 금년 안에 개헌 작업을 마무리 지을 방침이며 이러한 약속은 그대로 지켜질 것"이라고 발뺌했다.

이어 신 총리는 "정부는 헌법 개정 작업을 주도한다는 얘기를 한 번도 한 적이 없으며 개헌에 있어 정부와 국회는 최대의 협조를 해야 한다"고 말했다.

김택수 헌특위원장은 5월 15일까지 최종안을 마련해서 조문 정리를 거친 뒤 5월 하순 경으로 예정되는 본회의에 보고하고 접수시켜 정부에 이송하게 될 것이라고 개헌안 마련일정을 발표했다.

국회 교섭단체 총무들은 5월 20일 임시국회를 소집하여 개헌 등 앞으로의 정치 일정과 최근의 학원사태, 노사 문제 등 국정 전반에 걸친 광범위한 토의를 벌이며 국회의장을 선출하기로 합의했다.

4. 극렬해진 학원 소요과 피로 얼룩진 노사 분규

(1) 학교 교내 시위에서 교외 소요로 번진 학원 데모

김옥길 문교부 장관은 학도호국단의 명칭은 그대로 두되 종전의 호국단장 선임을 임명제에서 선거제로 바꾸고 군대식 편제와 호칭을 없애고 학생들의 의사와 학교 실정에 맞게 운영하도록 호국단 설치 개정령을 국무회의에서 설명했다. 현재 학도호국단은 각급 학교 1,619 개교에 2백 8만여 명의 호국단이 편성돼 있다.

김옥길 문교부 장관은 최근 총학장 및 재단이사장 퇴진 요구를 둘러싼 학생들의 총장실 점거, 기물 파괴, 철야 농성 등 과열로 치닫고 있는 학원 사태에 대해 "교수와 학생들이 지성과 관용과 인내로 대화를 통해 문제를 해결해야 한다"고 밝히고, 학생들의 총장실

난입 등 폭력 행위는 큰 잘못으로 절대로 용납할 수 없는 행위라고 지적했다.

서울대를 비롯한 많은 대학은 6년 만에 학생회를 부활시켰으며 복직 교수, 복학생, 신입생을 맞아 알찬 면학과 활기찬 학내 활동으로 해빙기를 지나 녹음기를 예비중이다.

그러나 일부 대학에서 과격한 원색적 집단폭력 사태를 빚고 있으며 학교 측의 휴강 조치와 학생들의 농성이 정면 충돌하는 등 소용돌이가 일고 있다. 이같이 난동으로까지 치닫는 과열풍은 학원 민주화 등이 스스로 덫을 마련하게 될지도 모른다는 우려를 낳고 있다.

총학생회장 선거는 '얼마나 감회가 새로운가를 스스로 자문하며 학생의, 학생에 의한, 학생을 위한 민주선거에 젊은 에너지가 뭉쳐진 현장이었다.

그러나 성균관대를 비롯한 몇몇 대학교에서는 총학장 퇴진을 요구하는 시위 난동이 있었고 어용교수 문제에 있어서는 교수, 학생 간에 보이지 않은 긴장이 계속되고 있다.

학생들은 퇴진을 요구하기 전에 스스로 자책하고 학교를 떠나야 마땅할 것이라고 주장한 반면, 교수들은 그 나름의 입장을 변호하는 가운데 "학생들에 의해 쫓겨날 수 없다"는 입장으로 대립하고 있다.

김옥길 문교부 장관은 "학교 법인은 스스로 공익법인이라는 것을 확실히 인식해 상식 선에서 양보할 줄 알아야 하고 일부 학생들이 입영을 거부하고 있는데 대해 병영집체교육의 문제점을 개선하기 위해 노력하고 있으니 학생들은 먼저 집체교육을 받아야 한다"고 어정쩡한 입장을 밝혔다.

(2) 학도호국단 참여와 계엄해제에 대한 학생시위

김옥길 문교부 장관은 "6·25 때 군사교육에 대한 아무런 지식이 없어 전선에 나갔던 학도의용군이 얼마나 많이 희생되었는지를 알아야 한다"고 상기시키고, 병영집체훈련에 응소하지 않은 527명에 대해서는 추가 입영기회 등 더 이상 특혜조치가 있을 수 없으며 전원 법대로 처리하겠다고 경고했다.

서울대 학생회는 "학생들의 안보 의식이 투철하지 못하다는 계엄사의 발언은 전혀 근거가 없는 것이지만 병영집체훈련 거부를 중단하고 입소하기로 합의했다"고 밝혔고, 서강대도 농성을 풀고 일단 훈련에 응하기로 했다.

김옥길 문교부 장관은 대학생들의 관심사가 학내 문제에서 시국 문제로 급선회하면서 학내의 시위, 성토, 농성에서 교외 가두데모로까지 번지자 '학원의 민주화와 정치발전을 이룩하기 위해 학생들이 자제하여 대화와 양보로 문제를 해결하는 자랑스런 전통을 세우자'는 내용의 공한을 전국 223개 대학 총학장들에게 보냈다.

김옥길 문교부 장관은 5월 13일 밤 대학생들의 도심지 가두시위에 대해 우려를 표시하고 "교문 밖 시위는 현실적으로 계엄령하의 포고령 위반이다. 사태가 악화되면 법대로 처리할 수밖에 없지 않느냐"고 강하게 질책했다.

5월 14일에도 서울시내 21개 대학 및 지방의 11개 대학 등 전국 32개 대학생 10만여 명이 거리로 나와 시국 성토를 벌인데 이어 15일에도 서울대, 연세대, 성균관대 등 서울과 지방의 9개 대학생들이 가두 시위를 벌였다.

학생들의 시내 진출 시위가 사흘째 계속됐으나 경찰은 교문 앞에서는 학생 데모를 저지하지 않고 시내 중심가 진출때만 막아 해산시켰으며 학생들은 서울역앞, 광화문앞 광장, 종로 등에서 구호를 외치며 산발적인 데모를 벌였다.

그동안 교내 시위와 산발적인 교문 앞 시위를 벌이다가 5월 14일 많은 대학생들이 일제히 캠퍼스를 벗어나 시가지 시위를 벌였다.

거리로 나온 대학생들은 곳곳에서 경찰과 대치하고 충돌했으며 저지를 당하면 흩어져 다시 광화문을 향해 시내로 몰렸으며 경찰도 광화문으로의 접근만은 굳게 막았다.

정부는 학생시위가 가열화된 5월 15일 오후 대책회의를 갖고 신현확 국무총리가 특별담화를 발표했으며 공화당 김종필 총재, 신민당 김영삼 총재, 재야의 김대중 씨 등의 연석회의를 통해 사태 수습을 위해 노력을 계속했다.

김영삼, 김대중 회담에서 비상계엄령 즉시 해제, 모든 정치범의 석방·복권, 정부 주도의 개헌작업 포기, 정치일정의 연내완결 일정 발표 등을 합의했다.

이들은 "데모 과정에서 사망한 경찰관과 학생, 경찰 쌍방의 부상에 대해 심심한 애도와 위로를 표한다"고 말했다.

대학생들의 대규모 가두 시위로 위험 수위를 맞고 있는 정국은 최규하 대통령이 16일 중동 순방으로부터 급거 귀국하여 대책 마련에 나섬으로써 새로운 국면을 맞게 됐으며 임시국회를 앞둔 내주 초가 수급의 고비가 될 것 같다.

최 대통령은 정치권의 요구를 받아들여 임시국회 개회 전에 시국 수습에 관한 특별 담화를 발표할 것으로 전망했다.

(3) 정선군 사북읍 동원탄좌 광부들의 극렬한 난동

강원도 정선군 사북읍 동원탄좌 광부 7백여명이 임금 소폭 인상과 어용노조에 반발하여 농성 중 폭도로 돌변하여 각목, 곡괭이, 쇠파이프로 무장한 채 경찰과 충돌 끝에 경찰관 1명이 숨지고 사북역 등 광산촌 일대를 점거하고 4일째 경찰과 대치했다.

광부들은 임금 42% 인상을 요구했으나 회사와 노조가 20% 인상에 합의한데 광부들이 반발하여 광산촌 일대가 무법천지가 됐으며 광부들은 회사 간부들의 집을 돌면서 파괴하고 노조지부장 이재기의 부인 김순어 씨를 납치하여 린치를 가하는 등 천인공노할 행위를 저질렀다.

김성배 강원도지사와 광산 노조지부장과의 끈질긴 협상끝에 나흘만에 광산촌 일대의 질서를 회복하고 부상당한 김순이 씨는 서울로 긴급 후송했다.

이번 광부 난동은 표면적으로는 어용노조와 저임금에 대한 불만에서 비롯됐으나 내부적으로는 오랫동안 노조 활동이 자율화되지 못한 상황에서 싹튼 노조 자체 내의 파벌다툼과 불신 등 해묵은 응어리가 한꺼번에 폭발된 결과였다.

지난 노조지부장 선거에서 15표 대 13표로 패배한 이원갑 전 노조위원장은 계속 농성 등 극한투쟁으로 맞서는 한편 "이재기 지부장이 회사와 결탁하여 회사에서 막대한 지원을 받아 부정선거를 치렀고 호화로운 재신임극까지 벌이는 등 어용 노조 집행부가 됐다고 주장했고, 이재기 지부장은 "이원갑 씨가 지부장 자리를 노려 노조원의 분열과 반목을 확책하고 있다"고 반발했다.

노조가 그동안 제 구실을 못해 온 중에 회사측이 노조를 앞세워 일방적으로 임금을 낮게 결정하는 등 횡포를 일삼아 왔고, 노조 간부들은 회사의 비호 속에 노동 귀족 행세를 하며 광부위에 군림해 온 것이 복합적으로 작용했다.

동원탄좌 노조의 반목이 일시에 국가 공권력을 마비시키고 지역주민을 공포 속에 몰아넣은 폭동으로 발전해 버렸다.

김영삼 신민당 총재는 "이번 사태는 19년 동안의 장기 집권에서 누적됐던 부조리가 노출된 것으로 한 번은 거쳐야 할 진통"이라고 비난했고, 신민당 김종기 의원은 "노조를 정치도구화 내지 어용화한데서 이같은 사태가 발생했으므로 민주화의 물결에 맞춰 노조의 민주화가 요청된다"고 주장했다.

김대중은 이번 사태의 원인을 구태의연한 노동정책, 반성 없는 기업주의 태도, 어용노조 간부들의 부패 등 3가지로 분석하면서 대화를 통해 평화적으로 문제를 해결하지 않고 폭력화 하는 것은 바람직하지 못한 일이라고 논평했다.

대책 본부와 광부 대표들은 이재기 노조지부장의 즉각 사퇴, 상여금 년 400% 인상 등 11개 협상안에 합의하고 합의 사항을 노조원들에게 전달하여 사태가 진정됐다.

(4) 난동자들에 대한 군법회의 회부, 의법조치

최 대통령은 "노사 분규에 있어서 폭력이나 난동은 국가 장래를 위해 우려된다"면서 "사회 전반에 걸쳐 폭력이 난무하는 일은 정부로서는 단호히 다스려 나가겠다"고 밝혔다.

이희성 계엄사령관은 사북 난동 등 노동문제, 학원 소요사태 그리고 일부 정치인의 학원 내 정치 집회 등의 사태에 심각한 우려를 표명하며, 이같은 혼란상태를 방치한다면 이는 안정과 질서를 바라는 대다수 국민의 여망을 등지는 것으로 국가 안보적 차원에서 단호한 조치를 취할 것을 천명했다.

그는 작금과 같은 불법적 행동이 계속된다면 이는 국가 민족의 생존권을 보위해야 할 계엄군으로서 필요시에는 단호한 조치를 취할 수밖에 없다고 강조했다.

박창규 노동청차장은 "사북 사태는 근로 조건이 나쁘고 기업주의 서비스가 부족했으며 노조 간부들이 조합원보다는 자신의 영달을 위해 노력했고 기업주와 정부가 광부보다는 노조 간부들의 지위 유지에만 도움을 줘 광부들의 불만이 쌓인 데다 일부 해고 광부 및 불만분자의 선동으로 일어났다"고 조사 결과를 발표했다.

계엄사 합동수사반은 사북사태 주동자 28명을 연행하여 수사중이라고 발표했고 이들은 군법회의에 회부되어 의법 조치됐다.

대부분의 언론기관들은 계엄사령부의 지시에 의해 학원 소요 사태를 의도적으로 부풀려 시민들에게 불안감을 심어줬고, 사북사태의 현장을 너무나 생생하고 대대적으로 보도하여 사회 전체가 혼란스러워 극단적인 조치가 필요하다는 것을 역설하는 데 모든 역량을 쏟아냈다.

제3장 비상계엄 엄호속에 권력찬탈 음모

1. 권력찬탈의 걸림돌인 정승화 계엄사령관 제거

2. 중앙정보부장 겸임으로 국가정보를 독점

3. 비상계엄을 활용하여 5·17 신군부 쿠데타 결행

4. 최규하 대통령은 안개정국으로 신군부세력을 비호

1. 권력 찬탈의 걸림돌인 정승화 계엄사령관 제거

(1) 계엄사는 정승화 계엄사령관 체포경위만을 발표

노재현 국방부장관은 정승화 계엄사령관을 박정희 대통령 시해사건과 관련하여 수사기관이 체포하고 정부는 새 육군참모총장 겸 계엄사령관에 이희성 중앙정보부장 서리를 임명했다고 발표했다.

노재현 장관은 김재규에 대한 조사과정에서 김재규가 숨기고 있던 새로운 사실이 발견되어 그 진부를 확인하기 위해 육군참모총장 공관으로 출동하여 정 총장을 연행 조사 중이며 연행 과정에서 경비병들과 작은 충돌이 있었다고 겻들였다.

신현확 국무총리는 12·12 사건으로 조각에 근본적으로 재고된 것은 없다면서 "12·12 사건은 과거부터 관련돼 나오던 문제가 집행과정에 착오가 있어 일어난 일이며 이제는 모두 해결돼 어느 분야의 앞날에도 영향을 주지 않을 것"이라고 12·12사태를 옹호하는데 앞장섰다.

이희성 계엄사령관은 "군의 기본사명은 국토방위에 있으며 정치는 군의 영역 밖의 분야이기 때문에 군이 정치에 관여해서는 안된다는 것이 한결 같은 군의 소망임을 천명한다"는 성명서를 발표했다.

그는 이어 "지난 12일에 있었던 사태로 국민여러분께 불안을 드리게 된 점을 죄송스럽게 생각한다"고 사과한다면서 우리 군은 사심 없이 이미 설정 되어있는 방침에 따라 계엄업무를 수행해 나갈 것이며 조속한 시일 내에 계엄목표를 달성하고 군 본연의 임무로 돌아갈 것을 약속했다.

그러나 정 사령관의 강제연행은 하극상에 의한 군사 쿠데타적 사건으로 전두환 합수부장이 합수부의 허삼수, 우경윤 대령에게 정 사령관의 강제연행을 지시하여 한국 현대사가 다시 한번 뒤틀리는 제2의 군사쿠데타의 시발점이었다.

전두환의 지시를 받은 이들은 합수본부에 배속된 33헌병대 1개 소대를 데리고 한남동 총장공관에 도착하여 정기 경비순찰이라는 미명으로 허술하기 짝이 없는 공관경비를 뚫고 잠입했다.

허삼수는 "김재규로부터 돈을 받은 사실이 드러나 진술이 필요하다"면서 정 사령관을 끌고 나가려 하자 부관인 이재천 소령이 비상을 걸기 위해 수화기를 접어들 때 총격전이 벌어져 많은 사상자를 냈다.

이러한 와중에 합수부 요원들이 M16 총부리를 정 사령관 얼굴에 들이대고 그들의 차에 태움으로써 권력찬탈의 서막이 울렸다.

그날 저녁에는 한남동과 삼각지, 경복궁 일대에서는 밤새 총격전이 벌어지고 전차의 캐터필러 소리가 요란스러웠으나 시민들은 가슴을 조이면서도 영문을 알 수 없었다.

박정희 대통령 시대에 청와대 경호실, 보안사, 수경사, 특전단 등 수도권 핵심지역에서 박정희 대통령의 비호 아래 세력을 키워 온 육사 11기 출신의 정치군인들은 10·26 사태 이후 군부 일각에서

"차제에 정치군인을 제거해야 한다"는 주장이 대두되고 정 사령관이 수도권지역 군부 주요지휘관을 자파 세력으로 개편하자 이에 불만을 품고 보직변경에 불안을 느낀 전두환 합수부장이 쿠데타를 주도했다.

대통령의 재가를 받기 전에 정 사령관 연행에 성공한 이들은 승승장구하여 육군참모총장 겸 계엄사령관에 이희성 중장이 임명된 데 이어 수도경비사령관에 노태우, 특전사령관에 정호용 소장이 각각 임명됐다.

이밖에도 유병현, 황영시, 김복동, 유학성, 박준병, 최세창, 장세동 등 이들의 측근들이 군 요직을 모두 차지했다.

권력의 실세로 등장한 이들은 보안사 정보처 내에 언론조종반을 설치하고 "단결된 군부의 기반을 구축으로 지속적인 국력신장을 위한 안정세력을 구축함에 있는 있다는 명분을 내걸고 'K(King) - 공작 계획'을 추진했다.

이 계획은 바로 정권을 탈취하려는 치밀한 음모로서 비상계엄을 확대하며 국회를 해산하고 3김을 꽁꽁묶는 5·17 쿠데타를 향해 진군했다.

(2) 국방부는 정승화 계엄사령관 일당의 죄상을 발표

국방부는 12·12 사태에 대한 수사 결과를 정승화 전 육군참모총장은 김재규의 내란방조죄로 입건하여 구속하고 이건영 전 3군 사령관, 문홍구 전 합참본부장, 장태완 전 수도경비사령관, 정병주 전 특전사령관 등은 적의처리할 방침이라고 밝혔다.

국방부는 육군참모총장 공관 및 국방부 청사에서 발생한 충돌사고로 3명이 사망하고 4명이 중상을 입는 등 23명의 사상자가 발생했다고 발표했으나 실상은 알려지지 않았다.

발표에 따르면 정 전 총장은 대통령 시해 직후 김재규가 범인이라는 심증을 굳히고도 공수여단의 출동을 지시하고 1,3 군 사령관에게 비상을 발령한 후 김재규에게 이 같은 조치사항을 설명해 주어 김재규의 뜻대로 계엄병력을 출동배치하고 있다는 사실을 알리고 김재규 범행에 묵시적으로 동조했으며, 지난 10월 초 김재규로부터 거액의 금품을 받은 사실이 발견되었다고 발표했다.

정 총장은 계엄사령관의 위력을 과시하며 혐의 사실 규명을 불가능케 하거나 은닉했으며, 경호실 차장 이재전 장군에 대한 징계처분을 하지 않았으며, 김재규에 대한 재판이 진행되는 동안 범행미화 발언 등으로 국민여론이 오도되어 이를 구실로 범행관련자에 대한 관용조치를 할 징후 등이 있었으며, 추종세력인 전 3군 사령관 이건영 등과 회합하며 심상치 않은 동향이 추가 포착되어, 보안사 수사관이 총장 공관에 도착하여 자발적으로 출두할 것을 요구했으나 정 총장이 동행을 거부하여 총격전이 벌어졌다고 밝혔다.

또한 이건영 장군 등 4명의 장성은 김재규로부터 거액의 금품을 받았으며 12·12 사태 때 병력을 출동시키는 등 조직적인 저항을 했다는 것이다.

박진수 국방부 대변인은 12·12사건은 군부내의 강온파 장성들 간의 권력 투쟁이 아니라고 강변하면서 전두환 보안사령관이 곧 퇴역할 것이라는 소문에 대해 "그는 잘못을 저지른 것이 없으며 실제로 박 대통령 시해사건 절대 공로자로서 그가 군에서 퇴역할 이유가 없다"고 부인했다.

(3) 정승화 계엄사령관 의법조치 그리고 사면·복권

계엄보통군법회의 검찰부는 정승화 피고인에게 내란방조죄를 적용하여 징역 15년을 구형했다.

이에 여동영 변호사는 정 피고인이 10·26 사태 당시 취한 일련의 조치는 국가안위와 사회질서 유지를 위하는 최선의 조치로 육군참모총장으로서의 막중한 책임을 지고 침착하고 예리한 사태수습에 나선 이상 무죄를 선고해야 한다고 주장했다.

정 피고인은 박 대통령 시해사건 당시 궁정동 중정식당에 있었으며 김재규의 범행으로 확신했음에도 김재규가 현직 중정부장으로서 막강한 조직과 권력이 있고 반드시 그 배후에는 방대한 추종세력이 관련됐을 것이며 대통령 살해 후에는 나라의 실권자가 될 것으로 생각하여 이에 동조하는 것만이 현명한 처신이라고 믿는 나머지 김재규를 체포하기는커녕 김재규와 함께 육본으로 가 군부를 장악하고 김재규가 무력으로 내란행위를 하려는 것을 도와준 혐의다.

계엄보통군법회의는 정승화 피고인에게 내란방조죄를 적용하여 징역 10년을 선고했다.

주영복 국방부장관은 징역 10년을 선고받은 정승화 전 육군참모총장의 형량을 징역 7년으로 감형조치했다.

그러나 전두환 정권은 정승화 피고인에 대해 형집행정지로 석방하고 곧이어 사면·복권하여 정승화 피고인은 신군부 권력찬탈의 걸림돌로 권력찬탈의 희생양이었을 뿐이라는 것을 드러냈다.

2. 중앙정보부장 겸임으로 국가정보를 독점

(1) 최 대통령은 전두환 보안사령관을 중앙정보부장에

최규하 대통령은 중앙정보부장 서리에 전두환 보안사령관을 겸임 발령했다.

중앙정보부법 7조에는 중앙정보부장은 타직을 겸할 수 없다는 규정을 피해가기 위해 서리라는 딱지를 붙여 편법을 동원했다.

전두환 중앙정보부장은 경남 합천출신이지만 대구로 전적했고 육사 11기 출신으로 수경사 30대대장, 주월백마부대 연대장, 공수특전여단장, 보병1사단장을 거쳐 보안사령관에 임명되어 합동수사본부장으로 활동하다 1980년에는 소장에서 중장으로 승진했다.

최 대통령은 전두환 중앙정보부장 서리에 임명장을 주는 시기에 정부에서는 "최근 중동사태와 북괴 도발 등 국내외 정세가 어려워지고 있어 국가 안보의 견지에서 중아정보부 기능을 정상화 할 필요성을 느꼈기 때문에 이번에 그 책임자를 임명한 것"이라며 "현역인 보안사령관을 중앙정보부장서리로 기용한 것은 계엄령하에서 군이 보안, 정보, 수사 등 업무를 조정하고 있기 때문에 중앙정보부의 기능에 비추어 겸무토록 하는 것이 업무의 조정과 효과를 기할 수 있다고 판단했기 때문"이라고 구차하게 변명까지 늘어놓았다.

그러나 김종필 총재는 "철학에 문제가 되지 않는 것을 문제로 삼는 것이 바로 문제라는 말이 있지 않느냐"고 전두환 사령관의 겸직을 대수롭지 않게 여겼다.

신현확 국무총리는 보안사령관의 중앙정보부장 겸임을 구차하게 설명하고서 "법이란 형식적으로만 해석하는 것이 아니며 해석범위는 넓을 수 있는 것이다. 탈법은 아니라고 본다"며 결론을 맺었다.

전두환 보안사령관은 "군은 정치에 관여하지 않으며 관여해서도 안된다. 나 자신은 정치에 취미도 없을 뿐 아니라 정치는 전혀 모르는 사람"이라고 강조하고 "정치하려 했다면 5 · 16때 군복을 벗고 나가 무슨 청장이나 하나 하고 끝냈을 것"이라고 말했었다.

그러나 전두환 사령관이 중앙정보부장 임명을 강력하게 요구한 것은 정보의 독점뿐 아니라 중앙정보부가 보유하고 있는 특별활동자금 150억 원을 활용하기 위한 것이었으며, 이 같은 사실을 간파하고도 임명을 강행한 최 대통령, 임명을 묵인하고 옹호한 신현확 총리나 김종필 공화당 총재는 전두환 정권탈취의 방조자로서의 역할을 부인할 수는 없을 것이다.

(2) 계엄의 장막 뒤에서 실세로 부상한 전두환 보안사령관

전두환 보안사령관은 "본인이 중앙정보부와 보안사령부 등 양대정보기구를 장악함으로써 정치발전에 차질을 초래할 것이라는 일부 억측은 지나친 기우에 불과하다"면서 "중앙정보부를 향한 비판을 겸허한 자세로 받아들이며 조직과 운영면에 걸쳐 과감한 정비, 축소를 단행하고 명실상부한 국가의 안위를 뒷바라지할 수 있는 기구가 되어 국민의 신뢰를 획득할 수 있도록 노력하겠다"고 밝혔다.

그는 "안보는 정권 유지의 개념에서 이용해서도 안되고 정치인이 안보를 정치적으로 이용 또는 역이용해서도 안된다"고 지켜지지도 아니할 구두선을 날렸다.

박권흠 신민당 대변인은 "정치발전에 긍정적으로 기여하겠다는 전

두환 부장서리의 약속이 지켜질 것으로 믿고 주시하겠다"고 논평했다.

전 부장서리는 언론기관의 보도검열에 대해 "보도검열은 계엄사 보도처 소관이며 본인과는 무관한 일이다. 그러나 언론자유의 고유기능인 비판과 견제라는 것도 튼튼한 국가라는 것이 만들어진 다음이라야 비로소 의미를 갖는 것이 아니겠느냐"고 보도처가 보안사 소속 정보처임에도 관할 밖인양 밝히면서 보도 검열을 국가안보와의 직결을 거론하며 필요성을 부각시켰다.

그는 이어 "종교인들이 김재규를 민주투사로 규정하고 정치적 목적달성을 위한 수단으로 구명운동을 전개한다면 이는 지극히 염려스런 작태라 하지 않을 수 없다"면서 김재규는 아비를 죽인 자식과 다를바 없는 패륜아라고 규정했다.

김영삼 신민당 총재는 "19년의 장기집권 타성 때문에 유신의 미몽에서 깨어나지 못한 일부세력이 존재하고 있는 것은 사실이지만 그 어느 누구도 역사의 물결을 가로막지 못할 것"이라고 신군부 세력의 암약을 전혀 눈치채지 못하고 당 총재 직위를 활용하여 대선후보, 대권에만 매달렸다.

3. 비상계엄을 활용하여 5·17 신군부 쿠데타 결행

(1) 학생들의 일반적인 요구는 오직 비상계엄 해제뿐

서울시내 21개 대학 등 전국 33개 대학생 10만여 명이 거리로 나와 시국성토를 벌인데 이어 5월 15일에도 서울대, 연세대, 성균관대 등 9개 대학생들이 가두시위를 벌였다.

경찰은 교문 앞에서 학생데모를 저지하지 않고 시내 중심가 진출 때만 막아서 해산시켰으며 학생들은 시내 곳곳에서 구호를 외치며 산발적인 데모를 보였다.

이번 학생시위는 대학별로 진출한 각 대학생들이 현장에서 합세하여 범학교적인 시위양상을 나타냈다.

최규하 대통령은 귀국일정을 예정보다 하루 앞당겨 귀국하여 신현확 총리를 비롯한 각료들이 마련한 수습책을 검토하여 사태수습을 위한 단안을 내릴 것으로 예상했다.

김영삼, 김대중은 회담을 갖고 비상계엄령 즉시해제, 정부 주도의 개헌작업 포기 등을 합의하고 "학생들이 질서와 평화를 유지하기 위해 최대한 자제력을 발휘해 줄 것을 요망한다"고 밝혔다.

신현확 국무총리는 "앞으로 상황과 정세 변동에 따라 모든 정치일정을 국회 등과 긴밀히 협의해 가면서 적절히 조정하여 국민의 여망에 부응하겠다"면서 "국민들과 학생들은 이 같은 정부약속을 믿고 학생들은 학원으로 돌아가 면학에 정진해 줄 것"을 당부했다.

공화당 당직자들은 "정부가 시국수습을 위한 정치를 전혀 하고있지 않다"고 노골적으로 불만을 표시했다.

대학생들의 대규모 가두시위로 위험수위를 맞고 있는 정국은 최 대통령이 정치권의 요구를 받아들여 시국수습에 관한 특별담화를 발표하거나 20일 개회되는 국회 본회의에서 시국수습 방안을 발표할 것으로 모두 예견했다.

최 대통령이 상식선에서 합리적인 조치를 취할 것으로 모두 예상했다.

신민당은 계엄을 해제해야 안정된다고 주장하고 있으나, 정부는 안정돼야 해제한다는 논리전개로 닭이 먼저냐 달걀이 먼저냐의 난제에 봉착했다.

김옥길 문교부장관은 "경찰이 돌을 맞으면서도 학생들을 보살피는 입장에서 데모대를 다루는 것을 볼 때 우리 경찰이 국민의 생명과 재산을 지키는 민주경찰임을 실증했다고 생각한다"고 정부입장만을 대변했다.

학생들의 요구는 비리학원재단의 처벌, 어용교수의 퇴진 등 다양했지만 대부분 계엄해제에 집중됐다.

5월 20일 임시국회 소집이 공고됐고 김대중, 김영삼의 학생시위 자제 요청, 최규하 대통령의 조기 귀국과 특별조치 등이 기대되어 5월 16일에는 서울을 비롯한 전국이 평온했다.

(2) 김종필 연행, 김대중 구속 등 정치세력 싹쓸이

정부는 5월 17일 자정을 기해 제주도를 추가하여 비상계엄을 확대했다.

확대한 이유를 "북괴의 동태와 전국적으로 확대된 소요사태등을 감안할 때 전국일원이 비상사태에 있다고 판단됐기 때문"이라고 발표했다.

그러나 계엄지역 확대이유는 계엄법 제9조에서 계엄사령관은 국방부 장관의 지휘와 감독을 받지만 제주도를 포함은 전국을 계엄지역으로 확대하면 계엄사령관은 대통령의 지휘, 감독을 받기 때문이었다.

이희성 계엄사령관은 모든 정치활동을 중지하며 정치목적의 옥내외 집회 및 시위를 일절 금한다. 언론·출판·보도 및 방송은 사전 검열을 받아야 한다. 각 대학은 당분간 휴교조치한다. 유언비어의 날조 및 유포를 금한다는 포고문을 발표했다.

계엄사령부는 국민의 지탄을 받아오던 권력형 부정축재 혐의자와 사회불안 조성 및 학생, 노조 소요의 배후조종혐의자 26명을 연행하여 조사중이라고 밝혔다.

부정축재 혐의로 연행된 자는 김종필(공화당 총재), 이후락(국회의원), 박종규(국회의원), 김치열(전 내무부장관), 김진만(국회의원), 오원철(전 청와대경제수석), 김종락(코리아타코마 사장), 장동운(전 원호처장), 이세호(전 육군참모총장)등 9명이다.

사회혼란 배후조종혐의자로는 김대중(전 신민당 대선후보), 예춘호(국회의원), 문익환(목사), 김동길(연세대부총장), 인명진(목사), 고은(시인), 이영희(한양대 교수)등 7명이다.

최 대통령은 "작년 12월 대통령취임사를 비롯하여 누차 천명해 온 정치발전에는 아무런 변함이 없으며 이를 계속해서 확실히 추진해 나갈 것"이라고 앵무새처럼 거짓 성명을 발표하고, "질서회복에 앞장서야 할 지도급 정치인이 사회불안을 선동하고 자극함으로써 소요사태는 더욱 심각해지고 있어 이러한 상태가 더 이상 계속된다면 우리의 국기마저 흔들리게 할 우려가 없지 않아 일대 단안을 내리지 않을 수 없게 된 것"이라고 자신이 단안을 내린 것처럼 말했다.

일반적인 예상을 뒤엎고 최 대통령은 자기를 보살펴 온 박정희 대통령을 시해한 김재규처럼, 자신의 상관으로 자신을 보살펴 준 전임자(김종필)를 구속하는 파락호의 행위를 서슴지 아니했다.

계엄사령부의 보도, 검열이 강화되면서 정치면을 장식한 것은 김재규 사형, 김계원 무기 확정이 전면을 차지했다.

신현확 국무총리를 비롯한 전 국무위원은 최근 학생소요사태에 책임을 느껴 최 대통령에게 일괄 사직원을 제출했다.

최 대통령은 헌법이나 법령에 없고 지금껏 역사상 들어보지도 못한 국가보위비상대책위원회를 설치했다.

최 대통령은 "나는 이 국가비상시기에 대처하여 대통령으로서 국가보위의 책임을 완수하고 국민의 생명과 재산을 보호하기 위해 헌법과 관계법령에 입각하여 대통령 자문보좌기구로 국가보위 비상대책위원회를 설치한 것"이라고 밝혔다.

그러나 헌법에는 국가보위비상대책위원회 설치근거도 없으며 거기에 권력을 이양하도록 되어 있는 관계법령은 없으며, 국가비상사태가 야기된 것은 예상을 뒤엎고 비상계엄을 확대하고 국회를 폐쇄하고 정치활동을 금지시킨 최규하 대통령 자신에게 있었다.

그것이 설령 전두환 보안사령관 등 신군부의 조종에 의한 것일지라도 비상대책위원은 박충훈 국무총리, 김원기 부총리, 박동진 외무, 김종환 내무, 오탁근 법무, 주영복 국방, 이규호 문교, 이광표 문공부 장관에 전두환 중앙정보부장, 최광수 대통령 비서실장, 이희성 계엄사령관, 유병현 합참의장, 김종곤 해군 참모총장, 윤자중 공군참모총장 등 14명이다.

최 대통령이 임명한 국보위원은 김경원 대통령특보, 백석주 육군대장, 진종채 육군중장, 유학성 육군중장, 윤성민 육군중장, 황영시 육군중장, 차규현 육군중장, 김정호 해군중장, 노태우 육군소장, 정호용 육군소장 등 10명이다.

그리고 최 대통령은 각본에 따라 꼭두각시처럼 "국가보위비상대책회의에 참석하여 비상대책위원은 헌신의 각오로 사(私)를 버리고 공(公)을 위해 맡은 바 임무를 완수해주기 바란다"고 훈시했다.

최 대통령은 "이번 광주사태는 그 원인이야 어떻든 결과적으로 국법질서를 교란하고 국가마저 위태롭게 할 위험성을 내포한 중대한 사태였다"고 평가하고 있지만, 그 원인이 자신이 저질렀다는 것을 인정하지 않고 있는 파렴치한이다.

국가보위비상대책위원회는 전국 비상계엄하에서 대통령이 계엄업무를 지휘, 감독하고 내각과 계엄당국간의 협조체제를 긴밀하게 하기 위해 대통령 자문보좌 기관으로 규정하고 "대통령이 위임한 사항을 심의, 조정하기 위해 국가보위비상대책위원회를 설치한다"고 설명했다.

최 대통령은 상임위원장에 전두환 보안사령관을 임명하여 사실상 정권을 넘겨주는 상상할 수 없는 조치를 취했다.

(3) 전국지휘관 회의와 계엄포고령으로 정권탈취 성공

비상국무회의가 열리기 전 주영복 국방부장관의 주재로 전국 주요 지휘관 회의가 소집됐다.

유병현 합참의장은 계엄하일지라도 국회기능은 정지할 수 없고 국회해산은 위헌이므로 전국 지휘관 회의의 논의사항이 아니라고 얘기했지만, 주영복 장관은 정호용, 노태우, 박준병 등의 신군부 세력의 강경발언을 빌미삼아 백지를 돌려 참석자들의 연서명을 받았다.

주영복 국방부장관과 이희성 계엄사령관은 전국 주요지휘관들의 연서명이 첨부된 계엄확대, 국보위설치, 국회해산 등을 내용으로 한 시국대책안을 들고 신현확 국무총리를 찾아가 설명하자, 신 총리는 국보위의 설치안에 대해서만 반대했을 뿐 국회해산 등에는 받아들인 것으로 알려졌다.

신 총리는 주영복 국방, 이희성 계엄사령관을 대동하고 최규하 대통령에게 시국대책안을 설명하고 최 대통령의 지시를 받고 비상국무회의를 소집했다.

착검한 소총을 든 무장군인들이 도열하여 국무위원들의 신분을 일일이 확인하는 등 살벌한 공포분위기 속에서 국무위원들은 8분만에 비상계엄확대 선포안을 의결했다.

치밀하게 준비된 작전계획에 따라 신군부는 5월 18일 0시를 기해 지역계엄을 전국계엄으로 확대하고 모든 정치활동을 중지시키고, 전국 대학에 휴교령을 내려 정치인의 손발을 묶고 국민의 저항에 쐐기를 박은 계엄포고령을 발표했다.

신군부는 5월 18일부터 저항에 나선 광주시민들을 무참히 학살하면서 5월 20일 이미 소집공고된 임시국회를 무산시키기 위해 수도군단 병력을 동원하여 국회의사당을 봉쇄하고 헌법에 규정된 국회통보 절차조차 밟지 않은 채 사실상 국회를 해산시켜버린 국헌문란을 자행했다.

최규하 대통령은 신현확 국무총리를 비롯한 전 국무위원이 제출한 일괄사표를 일단 수리하고 국무총리 서리에 박충훈 무역협회회장을 임명하고 이한빈 부총리, 백상기 법무, 김옥길 문교, 이재설 농수산, 양윤세 동자, 배상욱 체신, 이규현 농수산부 장관을 교체했다.

부총리에는 김원기 재무부장관을, 재무에는 이승윤 유정회 의원, 법무에는 오탁근 검찰총장, 농수산은 정종택 노동청장, 교통은 김재명 원호처장, 체신은 윤흥정 주월부사령관, 문공은 이광표 문공부차관, 통일은 최완복 외교연구원장을, 문교에는 이규호 통일원장관을, 동자에는 유양수 교통부장관을 임명했다.

(4) 광주사태의 원인은 김대중의 내란선동 때문이라고

계엄사령부는 지난 5월 18일부터 광주 일원에서 발생한 소요사태가 아직 수습되지 않고 있다고 밝히고 조속한 시일내에 평온을 회복하도록 모든 대책을 강구하겠다고 5월 21일이 되어 발표했다.

휴교령 발령을 모른 채 등교한 학생들이 7공수여단의 33대대와 35대대의 계엄군에 밀려 쫓겨나자 거리로 뛰쳐 나와 연좌시위를 벌였고 경찰이 최루탄과 경찰봉으로 해산시키려 하자 다시 투석전으로 맞섰다.

착검한 M16에 방망이로 무장한 공수대원들이 남녀학생들을 붙잡아 마구 난타하자 격분한 학생들이 보도블럭을 깨서 집어던졌다.

시민들이 지켜보고 있는데도 공수대원들은 붙잡혀온 학생들을 군화발로 짓밟거나 반항하는 경우 대검으로 등과 허벅지를 사정없이 찔러그었다.

피 흘리는 학생들은 굴비처럼 엮어져 군 트럭에 실려갔으며 통금이 9시로 단축되자 귀가하는 학생·청년들을 닥치는 대로 두들겨 패고 연행하고 만류하는 시민들까지 개머리판으로 마구 때렸다.

다음날인 19일 금남로 일대에 많은 시민들이 모여들었고 공수대원들은 난폭하게 시민들을 해산시키려 했고 공수대원들의 잔인성을 목격한 군중들은 분노를 참지 못하고 마침내 총궐기에 나섰다.

공수부대원들은 시민·학생들을 닥치는 대로 폭행하고 저항하는 사람은 칼로 옆구리를 찌르거나 등을 X자로 그어대는 등 천인공노할 만행을 저질렀다.

시민들은 인근 경찰서에 들어가 경찰과 예비군용 총기, 실탄, 수류탄을 빼앗아 무장하여 계엄군과 대치했다.

시민군에 쫓겨 공수부대원들이 외곽으로 퇴각하면서 마구 쏘아댄 총격으로 많은 시민들이 피살되었다.

신군부의 5·17 비상계엄 확대조치와 김대중의 구속에 항의하는 학생들의 시위를 진압하기 위해 광주에 투입된 공수특전단의 초강경 유혈진압에 맞서 5월 18일부터 27일까지 광주시민·전남도민들이 전개한 민주항쟁은 아직도 발포명령자 등이 제대로 밝혀지지 않은 가운데 80년대 한국의 모든 정치적 사건들의 기폭제가 됐다.

아울러 한국군 작전지휘권을 갖고 있던 존 워컴 주한미군사령관의 광주시위 진압작전에 투입된 한국군 병력차출과 미국이 항공모함과 공중 조기정보통제기를 배치한 사실 등이 논란의 대상이 되어 80년대 반미감정 확산 및 반미투쟁의 원인이 되기도 했다.

계엄사령부는 김대중에 대한 중간수사결과를 발표했다. 이 발표에는 김대중이 대중선동과 민중봉기로 정부 전복을 기도하고 계엄해제, 언론자유보장, 특정인 퇴진 등 5개항을 지시하여 학생 소요를 배후조종했다는 내용이다.

신민당 편승기도와 별도로 추진해오던 한국정치문화연구소, 민주헌정동지회, 민주연합청년동지회 등 사조직을 강화, 확대와 국민연합이라는 재야세력을 그 본래 목적과 다른 자신의 집권세력화 하는데 주력했다는 것이다.

표면상으로는 국민과 학생, 근로자들의 자제와 자숙을 강조하면서 이면적으로는 소위 민주화추진 국민운동을 내세워 학원사태를 배후조정했고 10월 유신선포 이후에는 귀국을 포기하고 미·일등지를 5차에 걸쳐 내왕하면서 해외거주, 친북, 반정부교포들을 조직화하여 소위 해외망명정부 수립과 승공 세력을 토대로 한 지원세력 확대활동을 전개했다고 발표했다.

본건 수사와 관련하여 김대중을 비롯하여 예춘호, 김상현, 김종완, 김녹영, 김홍일, 이택돈, 이문영, 고은, 김동길, 문익환, 채정섭(서울대), 이경제(고려대), 서창석(연세대) 등을 연행하여 심문중이라고 발표했다.

신군부는 김대중을 내란선동혐의로 사형을 선고하고 관련자들을 중형으로 처벌했으나 7년이 지나지 아니하여 김대중은 사형에서 무기징역으로, 무기징역에서 다시 형집행정지를 거쳐 사면·복권으로 이어져 1987년 대통령선거에 출전했다.

이는 신군부가 권력찬탈을 위해 내란선동이란 죄목으로 김대중과 그의 추종자들을 구속하여 정치적으로 매장하려했던 음모라는 사실이었다는 것을 증명하고 있을 뿐이다.

4. 최 대통령은 안개정국으로 신군부세력을 비호

(1) 과도정부라면서 국정자문위원회와 개헌 주도

최 대통령은 "국정의 기본에 관한 자문을 받기 위해서 정계원로, 중진, 그리고 인격과 덕망이 겸비한 분들로 구성되는 기구를 만들 용의가 있다"고 밝혀 정치자문회의를 설치할 계획임을 밝혔다.

최 대통령은 허정, 유진오, 백낙준, 김수환 등 23명의 국정자문위원을 위촉하고 국정자문회의를 발족시켰다.

자문위원에는 송요찬, 김현철, 민복기, 김정열, 윤치영, 백남억, 김홍일, 박순천, 이재형, 이 호, 이병도, 박종화 등도 포함됐다.

최 대통령은 유진오, 김정렬, 백남억, 김상협 등 각계인사 68명을 헌법 개정심의위원으로 위촉하고 대통령 자문기관으로 정식 발족시켰다.

위원은 학계에선 김운태, 문홍주, 박동서, 박일경, 손제석, 신기석, 유달영, 이숭녕, 이한기, 현승종 등과 법조계에선 김태청, 권 일, 서일교, 윤길중, 정희택 등, 언론계에선 최세경, 김병수 등이 참여했고 이한빈, 김종환, 백상기, 주영복, 김도창, 권중돈, 김봉재, 김영선, 박충훈, 정주영 등도 참석했다.

근로계선 정한주 노총위원장, 김준 새마을지도자 연수원장 등, 종교계에선 이영복 천도교령, 교육계에선 곽종원, 고병익과 이맹기 재향군인회장, 조연현 문협이사장, 이호 헌법위원회 위원장도 참여했다.

유진오 위원은 "새 헌법의 정부형태에 대해 대부분의 국민들은 대통령중심제를 바라고 있는 줄 알지만 나는 내각책임제 정부형태가 되기를 바란다"고 소신을 밝혔다.

최 대통령은 대통령 중심제는 대통령의 유고나 궐위 시 국가적 위기를 초래할 수 있고 대통령 선거 때 극단적 대결과 경쟁을 수반하여 사회혼란을 야기하고 권력을 남용할 우려가 있으므로 새 공화국의 정부형태는 대통령중심제와 의원내각제를 가미한 절충형태가 바람직하다는 견해를 밝혔다.

국회는 행정부 관계자를 국회 특위에 출석시켜 정부의 의견을 반영하려는 입장임에 반해 최규하 정부는 국회에의 참여보다 국회안을 개헌심의위에 반영하려는 입장으로 갈등이 예상되었다.

갈등이 증폭되자 백상기 법무부장관은 "국회가 금과옥조(金科玉條)를 만들 것으로 보나 옥에도 티가 있는 법이라 티가 있으면 티를 닦아줘야 한다는 게 정부의 입장"이라면서 "정부가 주도하겠다는 등의 오해를 풀어달라"고 국회에서 답변하기도 했다.

(2) 남북 총리회담제의와 중동방문 정상회담

북한 이종옥 정무원 총리가 신현확 총리의 총리회담과 그 절차 준비를 위한 실무대표 접촉 제의를 수락하는 회신을 보내왔다.

남북총리회담을 위한 실무대표들은 회담장소로 판문점 내의 자유의 집과 판문각으로 결정했다.

남북총리회담을 위한 실무회담이 판문점에서 개최되어 회담장소는 스위스 제네바가 거론됐고 직통전화를 재개키로 합의했다.

남북총리회담 제2차 예비회담에서는 회담장소와 의제에 관해 현격한 이견을 보여 합의점을 찾지 못했지만 과도정부의 입장을 벗어나 국민의 이목을 북한으로 돌려보려는 측면만이 눈에 띄었다.

최규하 대통령은 사우디아라비아와 쿠웨이트 공식방문길에 올랐다.

최 대통령은 할리드 사우디 국왕, 알 사바하 쿠웨이트 국왕과 정상회담을 갖고 원유의 안정적 장기공급 방안과 양국의 경제개발계획에 우리나라가 참여하는 문제 등 경제협력 방안들을 논의할 예정이다.

할리드 국왕은 한국에 대한 사우디산 원유의 장기안정적 공급을 위해 최선의 노력을 다할 것을 다짐하는 한편 상당량의 사우디산 원유를 한국에 추가 공급키로 약속했다.

정부 고위당국자는 "최규하 대통령이 중동방문을 마치고 귀국과 함께 시국수습책이 마련돼 국민들에게 발표될 것"이라며 이 수습책에는 정치일정의 최대한 단축, 비상계엄의 해제시기, 국회 개헌안의 최대존중 등이 구체적으로 언급될 것이라고 말했다.

그러나 최 대통령은 예상과 달리 비상계엄 전국확대, 국가보위비상대책위원회 설치, 김종필 연행, 김대중 구속을 자행했다.

(3) 계엄을 유지하면서 차질없는 정치일정약속만 되풀이

신민당 소속 66명의 의원들은 "헌법 54조와 계엄법 4조 규정에 의하면 비상계엄은 전쟁이나 이에 준하는 사변에 있어서 적의 포위, 공격 때문에 사회질서가 극도로 교란된 지역에 선포하는 것인데도 이번 비상계엄은 선포당시나 지금이나 법적여건을 갖추지 못했다"면서 계엄해제 촉구안을 국회에 제출했다.

신현확 국무총리는 전국적으로 이처럼 많은 대학에서 일고 있는 소요로 공공질서가 위협받는 한, 김재규 사건을 다루고 있는 군법회의가 종결되기 전까지는 계엄령을 해제할 수 없다고 잘라 말했다.

거리로 뛰쳐나오지 아니한 학내소요와 김재규의 재판과 비상계엄은 결코 관련이 없음에도 오직 언론보도를 장악하겠다는 일념에서 비상계엄을 계속 유지하여 안개정국을 조성했다.

신 총리는 계엄에 대해서는 사회질서가 안정을 유지됐다고 판단되

면 계엄을 유지할 필요가 없다며 그때가 계엄해제 시기라고 강변했다.

최 대통령은 "현 시국에 관해 안개정국이니 불투명하다느니 하는 얘기가 있는데 이는 전혀 근거가 없는 억측"이라면서 "정부는 이미 밝힌 대로 확실한 민주발전을 계획대로 진전시켜 나가고 있으며 앞으로도 이 같은 방침에는 아무런 변동이 없을 것"이라고 말했다.

신현확 국무총리는 "유신헌법을 연장할 의도가 전연 없다"면서도 새 헌법은 각 정당의 견해를 고려해서 정부가 마련할 것이라고 고집하여 국회와의 대립을 자초했다.

신 총리는 새 헌법은 년말까지 국민투표에 부의하여 확정하고 1981년 봄에는 대선과 총선이 실시될 것이라고 전망했다.

계엄사령부는 "정치발전이 우리의 안보태세를 약화시키는 결과를 가져와서는 안되며 어떤 개인 또는 집단이 정치 과열현상을 일으켜 현존 사회질서를 어기고 무분별하게 행동한다면 이는 결코 용납될 수 없다"고 경고했다.

최 대통령은 "1979년 12월 취임사에서 밝힌 정치일정은 국민에 대한 공약이며 이에 따라 모든 문제를 차근차근 실천에 옮길 것"이라고 다짐했고, 신현확 국무총리도 "정치발전에 대한 공약은 여차한 일이 있더라도 반드시 지켜질 것"이라고 강조했다.

신 총리는 "유신체제는 국방의 충실과 경제발전을 위해 필요했던 체제였다"고 말하고 "정부는 민주화를 추진할 것이나 지금까지의 것을 분석하여 계속할 것은 계속하고 개선할 것은 개선해 갈 것"

이라고 체제 옹호 발언을 했다.

그는 "박 대통령과 일심동체의 관계를 유지했던 김재규가 민주화를 위해라면서 왜 그런 일을 했는지 이해할 수 없다" 고도 말했다.

신 총리는 "정부는 안정을 해치지 않는 가운데 온 국민이 바라는 민주발전을 실현시키겠다는 방침에는 변함이 없다"고 말하고 "정부는 학원의 자율화를 기한다는 방침을 어긴 일도 없거니와 앞으로도 어기지 않을 것"이라고 밝혔다.

그러나 신 총리는 박정희 대통령을 우상처럼 떠받들던 공화당의 국회의원이었고 그 범주를 결코 벗어날 엄두를 내지 아니했다.

(4) 실체가 드러나지 않으면서 끈질기게 나도는 신당설

정치발전과 민주화란 말이 도처에서 구호처럼 오르내리고 있는 가운데 제3당, 신당설이 뚜렷한 진원지 없이 끈덕지게 고개를 내밀고 있다.

10·26 사태 이후 수없는 유언비어의 홍수 속에 통일주체국민회의 대의원등을 중심으로 한 친여성향의 신당이 준비되고 있다는 소문이 나돌기 시작했다.

공화당 시무식에서 김종필 총재는 "당내 일부에서 신당얘기를 하고 있지만 3당이 아니라 4당, 5당이 나온다고 해도 신경 쓸 필요가 없다"고 다소 강한 거부반응을 보인 것은 별다른 움직임이 없는 상태인데도 사전에 제동을 걸려는 전략적인 엄포용이었을 것으로 추측됐다.

공화당은 "신당이 만들어져 깨어져 나간다면 전쟁은 끝나는 것"이라고 심한 우려를 나타내고 있고, 신민당도 "친여신당을 만들려는 것은 시대에 역행하는 사고방식이며 국민을 배반하는 행위"라고 비난하고 나섰다.

현행 법률상으로 정당을 창당하려면 30인 이내의 창당발기인이 창당준비위원회를 구성하여 26개 지구당을 가져야 한다.

현재 중앙선관위에 등록돼 있는 정당은 공화당, 신민당, 통일당, 통일사회당 뿐이다.

집권당에서 여당으로 평가절하된 공화당으로서는 구 범여권을 모두 수용하기는 어렵다는 측면과 반김종필 라인의 당내 반발세력 등의 이해관계가 상승작용을 일으켜 신당출현의 애드벌룬 현상으로 나타난 것이라는 견해가 많다.

아직 추진 핵심인물이나 추종 배후세력의 궤적인 모습이 드러나지 않는 채 신기루의 형상(形相)으로 나돌고 있는 신당설도 차기집권과 관련한 정치포석이 표면화 될 때 그 진위가 드러날 것으로 보인다.

시류에 가장 민감한 촉각을 가지고 있는 재벌들이 신당설에 관계되고 있는 것은 불투명한 정치일정의 와중속에 안전판을 만들어 놓아야 한다는 보호본능이 신당의 막후지원역할을 자청했을 것이라는 추측도 예상됐다.

신당설이 좌초될 것 같이도 보이면서 부상되기도 하여 잠행성이라 할수도 있고 도깨비놀음 같다고 표현할 수 있다.

언제나 선거철이 되면 신당이 우후죽순처럼 임립(林立)돼 왔고 이를 위한 모임도 여기저기 보였던 것이 지금까지 우리 정가의 모습이고 정계 풍토였다.

신현확 국무총리는 범여권신당설과 자신의 신당관련설을 전면 부인하면서 최 대통령과 자신은 내년의 양대 선거에 출마하지 않겠다고 선언했다.

"신당참여를 권유받은 중진이 누구냐"로 탐색전을 벌인 공화당은 "신당문제에 관해 몇몇 핵심간부들이 그 정체를 파악하기 위해 전력투구하고 있으나 현재까지 안테나에 잡힌 뚜렷한 증좌는 없다"고 말했다.

고흥문 국회부의장은 "지금 신당설이 항간에 파다하게 나돌아 국민들의 의혹을 더해가고 있으니 정부의 태도를 명확히 밝혀야 한다"고 촉구하자, 최 대통령은 "사실무근"이라고 강조했고, 신 총리는 "항간에 내가 신당에 관련된 것처럼 구설수에 올랐지만 전혀 낭설"이라고 신당설을 강력 부인했지만 민정당은 물밑에서 꿈틀거리고 있었다.

최 대통령과 신 총리가 민정당의 사전조직을 몰랐다면 무능하고 알고 있었다면 위선자에 불과한 정객이었을 뿐이다.

제4장 5·16 군부쿠데타를 답습한 신군부 세력

1. 집권의 디딤돌로 활용한 5·18 광주항쟁

2. 부정축재 혐의로 김종필 공화당총재 제거

3. 내란선동혐의으로 김대중 등에 철퇴

4. 신군부의 최대업적인 공무원숙정과 삼청교육

5. 모든 권력은 움켜잡은 국보위 상임위원장

6. 전두환 상임위원장에 대통령 취임으로 권력찬탈 완성

1. 집권의 디딤돌로 활용한 5·18 광주 항쟁

(1) 5·18일 봉기에서 5·27일 함락까지

5월 18일 전남대생 600여 명이 전남대 정문 앞에서 투석전을 전개하다가 시내 중심가에 진입하여 '계엄해제' '김대중 석방' 등을 외치며 가두시위를 벌였고, 오후에는 금남로에 1천여 명이 운집하여 군인들과 투석전을 전개하다가 흩어졌다.

19일 하룻동안 시내 곳곳에서 30여 차례의 군중시위가 잇달아 일어나 시가지에서는 방화로 치솟은 검은 연기가 뒤범벅이 된 채 유혈사태가 계속됐다.

흥분한 데모대는 불태워진 승용차를 끌고 군경 저지선을 밀어붙였고 군중 3백여 명은 계엄군 1개 중대를 완전 포위하여 무장해제 시켰다가 30분만에 풀어줬다.

이날 전 시가지에 확산된 군중데모는 비가 내린 8시 반까지 계속돼 중고교생, 부녀자, 노인들까지 합세하는 등 전 시민적인 항거의 형태를 띤 채 부상자가 속출했다.

시민들은 감정이 격화된 데다 데모시민들 사이에 갖가지 유언비어까지 끼어든 데다 시내버스, 트럭, 택시들도 데모에 가담했으며 시민들은 각종 무기와 화염병, 각목, 철재 등을 들고 대항하고 있어

군경이 쉽사리 진압하지 못했다.

일부 과격한 데모군중이 파출소 예비군 무기고를 습격하여 탈취한 무기를 들고 버스, 트럭 등을 타고 시내를 질주하며 공포를 쏘자 시민들은 대부분 집으로 돌아갔다.

군경은 광주시내에서 외곽으로 통하는 도로를 차단하고 시내에서 차량을 탄 채 총기를 휴대한 과격 데모대원의 진압에 나서는 한편 차를 타고 외곽으로 빠져나간 무장데모대를 쫓기도 했다.

아세아자동차 공장에 군중 1천여 명이 진입하여 장갑차를 탈취해 시내로 몰고들어와 데모대의 선두에 서기도 했다.

"김대중씨를 석방하라"는 등의 구호를 붙인 트럭들이 밀고 들어가 전남도청이 데모군중에 의해 완전포위됐다.

20일 오후에 금남로에서 데모대와 경찰 및 계엄군이 공방전을 벌였다.

데모대는 드럼통과 대형화분대를 굴리며 군경저지선을 향해 다가갔고 일부는 쇠파이프, 각목, 식칼 등을 들고 같이 죽자고 외치기도 했다.

광주고속버스 10여대를 몰고나온 데모대가 경찰저지선으로 돌진하여 4명이 숨지고 5명이 중상을 입었다.

저녁 9시 넘어 변두리 지역의 데모대들이 파출소, 소방서 등을 공격해 방화, 파괴가 잇달았다.

21일에는 광주일대에 외부와의 통신과 교통이 두절되었다.

데모군중들은 도청, 도경 및 광주교도소를 제외한 시내 전 공공건물과 시내 일원을 완전장악했다.

데모대가 뽑은 시민대표와 장형태 전남도지사가 전남도청에서 협상을 시작했다.

군경은 헬기를 통해 해산과 자제를 호소하는 전단 등을 뿌렸으나 곳곳에서 총성이 들리는 가운데 시민데모는 밤늦게까지 계속됐다.

21일에는 좌익수 170명이 포함된 광주교도소를 5차에 걸쳐 습격하여 계엄군과의 교전으로 양측에 많은 사상을 내게 했다.

도청 직원 및 군경은 헬리콥터 편으로 비밀문서를 옮기는 등 철수작전을 전개했다.

군경은 헬기를 통해 해산과 자제를 호소하는 전단 등을 뿌렸으나 곳곳에서 총성이 들리는 가운데 시민데모는 밤늦게까지 계속됐다.

목포에서도 시민, 학생들이 차량을 동원하여 계엄철폐 등을 외치며 가두시위를 벌이면서 시청 등 관공서와 10여 개의 파출소를 파손했다.

시민, 학생들이 도청 앞 금남로에 모여 협상결과를 주시하고 있으며 도청, 도경 등 일부 관공서에는 공무원들이 들어가 정상집무를 위한 정돈작업을 벌였다.

그동안 갖고 다니던 총기를 자진반납하여 회수하기도 했다.

일부는 광주사태가 무장해제가 된다고 해도 평화적인 시위는 계속할 것이며 계엄철폐 등 기본적인 요구가 관철될 때까지 끝까지 투쟁해야 한다고 주장했다.

22일에도 금남로, 충장로, 시민공원 등에서 총격전이 벌어져 상당수의 사상자가 났다.

박충훈 국무총리서리는 "현재 광주시내는 병력도, 경찰도 없는 치안부재 상태이며 일부 불순분자들이 관공서를 습격하여 방화하고 무기를 탈취하여 군인들에게 발포했음에도 불구하고 군은 정부의 명령 때문에 시민들에게 발포하지 못하고 반격을 하지 못하여 울화통이 터지는 상태에 놓여 있는 것 같다"면서 "그럼에도 불구하고 광주사태는 시청 직원이 사무를 보고 전기, 수도가 공급되며 은행 약탈등이 없는 점으로 보아 호전돼 가고 있는 것으로 본다"고 시민들은 군인들을 향해 총질을 하고 있으나 군인들은 절대로 시민들에게 발포하지 아니했다는 정말 천인공노할 거짓말을 늘어놓았다.

24일에도 시내 곳곳에서 총성이 울리고 있는 광주는 여타 지역과의 교통, 통신이 두절되어 절해고도처럼 고립돼 생필품 부족 현상이 나타났다.

정부에서는 KBS방송을 통해 "24일 정오까지 경찰서와 군부대에 무기를 반납하면 일체의 책임을 묻지 않겠다"는 선무방송 내용을 반복했다.

25일에도 시민 5만명이 참가하여 김대중 석방, 계엄철폐등을 요구하는 결의를 하였고 시가행진을 전개했다.

계엄군이 27일 새벽에 전격 투입되어 전남도청을 중심으로 총격전이 산발적으로 있었으나 6시경부터 종료됐고 여군목소리로 계속

투항을 촉구하는 비행기 방송을 계속했다.

계엄군이 광주시내로 진입하는 과정에서 시민 17명이 사망하고 군인 2명이 순직했다고 계엄사령부가 발표했다.

많은 총기가 시민들의 손에 쥐어졌는데도 항쟁기간 동안 은행·백화점·금은방 등의 강도사건이 전혀 없었다.

학생들은 시내 치안을 담당하면서 전남도청을 임시본부로 삼아 시민궐기대회를 열었다. '전두환 퇴진' '김대중 석방' '구속자 석방' 등의 구호를 외치며 질서유지에 나섰다.

수습위원들은 더 이상의 유혈사태를 막기 위해 계엄군의 시내진입을 않겠다는 약속을 받고 무기수거에 나섰다.

(2) 최 대통령의 선무활동과 흉흉해진 민심

광주사태는 한때 광주를 중심으로 목포, 영암, 나주, 화순, 장흥을 포함한 17개 지역으로 확산됐으나 25일 현재에는 광주와 목포를 제외한 전 지역은 평온을 되찾았으며 정상적인 치안, 행정기능이 미치고 있다.

계엄사령부는 광주사태가 악화되기 시작한 것은 지난 21부터 불순분자와 극렬분자들이 경찰관서와 예비군 무기고를 습격하여 무기를 탈취하여 극렬한 행동을 부리면서 사태가 악화되기 시작했다고 발표했다.

최 대통령은 "광주시민들이 냉정과 이성을 되찾아 슬기롭게 현재의 불안한 사태를 조속히 수습해 주기 바란다"고 호소하고 특별방송을 하고 특별 담화를 발표했다.

"비록 일시적인 흥분이나 감정에 잘못된 일이 있었다 하더라도 정부는 최대한의 관용을 베풀고 불문에 붙이겠다"며 광주에 내려온 최 대통령은 "광주 사태에 임함에 있어서는 비록 난동의 소행은 잘못된 것이라 할 지라도 그들도 우리 동포요, 국민이니만큼 인명의 피해를 최소화하면서 사태를 수습하도록 최선을 다해주기 바란다"고 당부했다.

최 대통령의 광주시찰에는 주영복 국방, 이희성 계엄사령관 등이 수행했다.

계엄사는 광주사태에 대한 유언비어를 조작 및 유포하는 등 계엄포고령 위반혐의로 천주교 정의구현사제단 오태순 신부를 비롯한 7명을 연행하여 조사중이라고 발표했다.

이들은 광주사태의 진상을 고의적으로 왜곡하고 악질적인 유언비어를 유포하였으며 이들이 유포한 내용에는 "70세 가량의 할아버지의 뒤통수를 공수병이 철퇴로 내려쳐 분수 같은 선혈이 쏟아지며 비명도 없이 풀썩 고꾸라졌다" "공수병에 개처럼 끌려온 여인은 임산부였고, 공수병은 대검으로 그녀의 배를 찔러 태아를 끄집어내어 할딱이고 있는 그 여인에게 던졌다" "피를 마시기에 혈안이 된 그들은 아무나 잡히는대로 찌르고 갈겨대어 현장에서 즉사시켰다" "공수병들은 여대생 3명을 붙잡아 브래지어, 팬티까지도 모두 찢어낸 후 등에다 대검을 꽂았다" 등 상상을 초월한 내용들이다.

계엄사령부는 언론인이 조직적인 외부불순세력과의 연계와 사주에 따라 악성적 유언비어를 유포시켜 국론통일과 국민적 단합을 저해하는 혐의로 서동구, 오효진, 심송무 등 8명을 연행하여 조사했다.

광주사태에서의 유언비어는 광주사태로 죽은 민간인이 1천여 명이나 되며 계엄군이 여대생의 유방을 칼로 도려내어 시청앞에 걸어 놨다.

무차별 학살을 자행한 군인들은 하루 굶긴 뒤 환각제를 탄 술을 먹여 투입했다. 계엄군이 전남대생 학살을 목격한 전남대 총장이 실신하여 실려갔는데 자살설이 유력하다.

계엄군이 임산부를 대검으로 찔러 태아를 꺼내 길에 뿌렸다. 계엄군이 장갑차로 사람을 깔아 죽였다. 계엄군이 여대생들을 마구 찔러 죽이고 브래지어와 팬티만 입힌 채 장난질 쳤다. 무수한 시체를 하수구에 마구 쓸어넣어 치워버렸다 등이다.

(3) 김대중과 고정간첩의 선동으로 발생됐다는 계엄사령부

계엄사에서는 전남대생 2백여 명의 가두시위가 18일에도 계속되어 경찰로서 대치가 어려워 부득이 계엄군이 투입됐다고 발표했다.

계엄군과 시위군중간의 충돌과 오해에 기인한 감정의 촉발이 기상천외한 온갖 유언비어의 난무로 급격히 확대됐고, 불순분자의 소행으로 보이는 유언비어로서 '경상도 군인이 전라도 사람의 씨를 말리러 왔다' '경상도 군인만 골라서 왔다'는 등의 지역감정을 촉발하여 시위양상을 극렬하게 했으며 이러한 유언비어 유포는 우리 내부의 분열과 혼란을 극대화시키려는 고정간첩과 불순분자들의 계획적인 소행이었다고 계엄사는 발표했다.

김대중 석방을 주장한 폭도들은 "우리들의 항쟁으로 신 총리 이하 전 각료가 굴복 퇴진하였다" "최 대통령은 곧 하야하게 되었다"는 등의 유언비어를 퍼뜨리면서 폭도들을 고무하고 시민들을 현혹시켰다.

"군은 계엄군에게 일체 발포치 않도록 엄중이 시달하여 최소한의 자위적 발동마저도 자제했다"는 계엄사는 "군경의 피해가 279명에 달한 것은 사태초기 시위군중들의 냉정을 기대하면서 부여된 최소한의 자위권마저 억제한 결과"라고 자화자찬했다.

계엄사는 최악의 상황으로 전개된 원인을 북괴의 고정간첩과 이에 협력하는 불순 위해분자들의 책동과 학생 소요를 조종해 온 김대중이 추종 학생들을 조종하고 선동하여 소요사태의 발단이 되었고 김대중의 골수추종 분자들이 단계적이고 조직적으로 격화시킨 사실이 수사과정에서 판명되었다고 덧붙였다.

북괴의 고정간첩과 이에 협력하는 불순, 위해분자들의 책동은 서울에서 검거된 이창용 간첩의 진술에서 실증됐고 김대중이 전남대, 조선대생들을 조종, 선동하여 소요사태의 발단이 되었으며 김대중 골수 추종분자들이 조직적으로 이를 격화시킨 것이 수사과정에서 판명됐다고 단정했다.

서울시경은 광주에 들어가 학생, 시민들의 시위를 무장폭동으로 유도하고 반정부 선전 및 선동임무를 띠고 남파된 북괴간첩 이창용을 검거했다고 대대적으로 발표했다.

그러나 이창용은 남해안으로 침투하여 광주에 잠입을 시도했으나 검문검색이 심해 잠입하지 못하고 순천에서 하룻밤 묵은 뒤 상경하여 서울에서 검거됐으나 광주사태와 관련된 것처럼 대대적으로 보도했다.

미국 국무성은 "우리는 모든 관련 당사자들이 최대한의 자제를 발휘하고 평화적인 문제해결을 모색하기 위한 대화를 갖기 바란다"고 방관자적 입장에서 사태해결을 촉구했다.

(4) 정동년 등 5명 사형, 홍남순 등 7명 무기징역

계엄사령부는 광주사태로 인한 민간인 사망자는 1차 발표때 보다 4명이 늘어난 148명으로 신원이 확인된 126명의 명단을 발표했다.

사망원인은 총상이 118명으로 전체의 71%를 차지하고 다음이 타박상 16명, 자상(刺傷) 9명, 차량사고 3명이다.

계엄사는 서울의 학생소요 및 광주사태의 배후조종자, 주동자로 심재철 서울대학생회장 등 21명을 지명수배하고 신고자에게는 1

백만원의 현상금을 걸었다.

계엄사령부는 이번 광주사태로 민간인 144명, 군인 22명, 경찰관 4명 등 170명이 사망하고 민간인 127명, 군인 109명, 경찰관 144명 등 380명이 부상했다고 발표했다. 계엄사는 이번 사태의 와중에서 현지 시민들과의 융화에 다소 문제점이 있었다고 시인했다.

계엄당국은 1,740명을 검거하여 1,010명을 훈방했고 730명은 연행하여 조사중이라고 발표했다.

계엄사는 "이번 사태의 여러 양상으로 보아 조직적인 배후조종세력의 존재가능성을 배제할 수 없으며 이 배후세력을 철저히 규명하고 조사진행에 따라 주동자, 극렬적 악질 행위자, 살인범 등 범법자들을 엄격히 선별하여 군법회의에 회부하여 엄중 처벌할 것"이라고 밝혔다.

계엄사령부는 광주 사태 관련자 1,146명을 1차로 훈방한데 이어 679명의 경미한 혐의자를 2차로 훈방조치했다.

그러나 김대중으로부터 5백만원의 자금을 받아 소요를 선동한 정동년, 1백만원의 소요자금을 지원한 홍남순, 악성적인 유언비어를 날조하고 유포하면서 악질적인 배후선동을 한 전춘심 등 375명은 계속 수사하여 의법조치할 계획이다.

전남북 계엄군법회의는 광주사태 관련자 175명에 대한 선고공판을 열었다.

군법회의는 정동년, 김종배, 박남선, 배용주, 박노정 등 5명에게 사형을, 홍남순, 정상용 등 7명에게 무기징역을 선고했다.

그러나 전 대통령은 "광주사건과 관련된 구속자는 대법원의 확정판결이 나는 대로 최대한 관용조치를 베풀겠다"고 선언했다.

2. 부정축재혐의로 김종필 공화당 총재등을 연행

(1) 권력형 부정축재 혐의로 연행된 정·관계 거물들

계엄사령부는 비상계엄확대조치와 함께 권력형 부정축재 혐의로 연행된 김종필 등 9명에 대한 축재재산내역과 축재유형, 사례 등에 관한 수사결과를 발표했다.

이들의 축재금액은 853억 여원이었으며 김종필 216억여원, 이후락 194억여원, 김진만 103억여원, 김종락 92억여원, 박종규 77억여원, 이병희 24억여원, 오원철 21억여원, 장동운 11억여원이다.

계엄사는 김치열 전 내무부장관의 재산은 34억여원이나 김 전 장관이 공직에 있을 때 축재한 것이 아니기 때문에 부정축재 범위에 속하지 않는다고 면제부를 줬다.

계엄사는 이들의 반국가적, 반민족적 범죄행위는 명백하여 엄중처벌해야 마땅하나 본인들이 진심으로 뉘우치고 국민들 앞에 속죄할 것을 다짐하면서 앞으로 일체의 공직에서 사퇴하고, 부정축재재산을 국가에 헌납을 뜻을 밝혀 처벌을 유보할 계획이라고 밝혔다.

그리고 환수된 재산은 국민복지기금으로 활용할 방침이라고 선전하여 국민들의 환심을 사고자했다.

김종필 공화당 총재는 공화당 총재는 물론 국회의원, 한일의원친선협회장, 5·16 민족상총재 등 모든 공직에서 사퇴했으며 이후락, 김진만, 박종규, 이병희도 의원직은 물론 모든 공직에서 물러났다.

이들은 친목단체인 동창회장까지 포함한 일체의 명예직에서 물러났고 김종락도 대한야구협회장을 사퇴했다.

이로써 전두환 장군의 선배들에 대한 예우와 처벌을 병행했다.

(2) 부패혐의로 저명인사들을 무더기로 연행하여 축출

계엄사는 공화당 오치성 의원을 부정축재 혐의로, 신민당 이용희 의원을 국기문란 혐의로 수배하는 등 329명의 지명수배자를 공고했다.

또한 설정된 자수기간 내에 자수하지 않은 학생의 경우 학칙에서 제적조치하고 적발되는 경우 엄중처벌한다고 덧붙였다.

수배자 명단에는 장을병 성균관대 교수, 이석연과 송기숙 전남대

교수, 김홍업 김대중 아들, 박종률 김대중비서실장, 이협 김대중비서, 김재위 민주헌정동지회장, 계훈제 민주헌정동지회부장, 김태홍 한국기자협회장, 심재철 서울대총학생회장, 신계륜 고려대총학생회장 등이 포함돼있다.

국보위는 사회정의 구현 및 기업 윤리의 정화를 위해 사회의 지탄을 받고 있는 동명목재 강석진 회장을 악덕기업주로 판정하여 구속하고 경영진이 빼돌린 은닉재산을 색출하고 있다고 밝혔다.

5·17 사태 이후 사회혼란 조성 및 학생, 노조 소요 배후 조종혐의로 연행된 신민당 예춘호, 이택돈, 손주항 의원과 통일당 김녹영 의원이 사퇴서를 제출하여 사퇴한 의원이 9명에 다달았다.

계엄사령부는 "정치적 비리와 부패행위로 국가기강을 문란케 해온 여야 정계인사와 전직 장관 등 17명을 연행조사 중"이라고 발표했다.

길전식, 구태회, 김용태, 신형식, 장영순, 현오봉 등 공화당 의원과 정해영, 고흥문, 박해충, 박영록, 김수한, 최형우, 김동영, 송원영 등 신민당 의원 및 김현옥 전 내무부장관, 구자춘 전 내무부장관, 고재일 전 건설부장관 등이다.

계엄사는 "이들 관계, 정계 저명인사들은 그동안 정치권력과 영향력을 악용하여 온갖 비리와 부패행위로 정치풍토를 오손시켰을 뿐 아니라 사회 기강을 타락케 했으며 나아가서는 국가 기강마저 문란케 해온 장본인들"이라고 규정하고 "아직도 국민들의 지탄 속에 국민적 단합을 저해하는 위화요소로 남아있다"며 "권력형 부정축재자 및 고급공무원 숙정과 같은 차원에서 처리할 것"이라고 발표했다.

신민당 이택희 의원이 여인들을 농락하고 금품수수 사실이 밝혀져 의원직을 사퇴했다.

계엄사령부는 17명에 대한 비리조사 결과를 발표하면서 이들의 행위가 특정범죄가중처벌법 등에 명백히 저촉되지만 본인들이 부정재산을 국가에 자진헌납하고 일체의 공직에서 물러날 것을 명백히 한 점 등을 참작하여 형사처벌을 유보하고 일정 기준에 따라 부정재산을 환수하는 선에서 수사를 마무리했다.

김영삼 신민당 총재는 "나는 오늘의 정치적 상황에 처하여 야당총재로서 소임을 다하지 못한 모든 책임을 지고 이와 같이 결심했다"고 총재직을 사퇴하고 정계은퇴 이유를 밝히고 이민우 부총재를 총재직무대행으로 지명했다.

3. 내란 선동과 음모등의 혐의로 김대중 등에 철퇴

(1) 김대중 일당 24명을 내란선동혐의 등으로 군재 회부

계엄사령부는 김대중 일당의 내란음모사건의 수사결과를 발표했다.

김대중과 추종분자 일당은 국민연합을 주축으로 복학생들을 행동대원으로 내세워 학생선동, 대중규합, 정부전복, 김대중을 수반으로 하는 과도정부 수립등을 투쟁목표로 비합법적인 투쟁을 추구하다 마침내 내란선동과 음모에까지 이르렀다고 발표했다.

김대중은 자신이 집권하게 되면 경제적 잇권 혹은 정부요직이나 지방관직을 주겠다는 약속과 국회의원 공천을 약속하는 등의 수법으로 12억원을 거둬 예춘호를 비롯한 추종자들에게 3억원을 줘 학원소요조직 선동, 광주사태 야기 등의 목적에 사용토록 했다.

5월 22일 정오를 기해 서울의 장충공원, 지방에서는 시청 앞 광장에서 민주화 촉진선언 국민대회를 개최할 계획을 꾸몄고, 일본에서는 한국 민주회복통일촉진국민회의(한민통)을 조직하여 북괴노선을 지지하는 반국가적 행위를 하여 내란음모, 국가보안법, 반공법 및 포고령 위반으로 군법회의에 송치할 방침을 계엄사에서 밝혔다.

예춘호 등 추종분자 37명은 군법회의에 회부하지만 전비(前非)를 뉘우치고 수사에 적극 협조한 이용희, 장을병, 송창달, 김재위, 이현배, 김승훈, 함세웅, 김동길, 이영희는 개과천선의 기회를 주기 위해 훈방조치했다.

계엄사는 김대중 일당의 내란음모사건과 관련하여 김대중, 문익환, 이문영, 예춘호, 고은, 김상현, 이신범, 장기표, 심재권 등 9명을 우선 군법회의에 회부했다.

보통군법회의 검찰부는 김대중 일당의 내란음모사건에 관련된 24명을 군법회의에 기소했으며 기소된 사람들은 김대중, 문익환, 이문영, 예춘호, 고은, 김상현, 이신범, 조성우, 이해찬, 이석표, 송기원, 설 훈, 심재철, 서남동, 김종완, 한승헌, 이해동, 김윤식, 한완상, 유인호, 송건호, 이호철, 이택돈, 김녹영 등이다.

내란음모, 계엄법 위반 등 혐의로 구속, 기소된 김대중 등 24명의 피고인에 대한 군법회의가 열려 공소장 낭독이 있었는데 공소장은 13만 여자로 7시간에 걸쳐 낭독했다.

검찰관 정기용 중령은 공소장에서 "김대중 피고인은 '민족혼은 전투적, 적극적 의거의 경험에서 과시된다. 억압자와 싸워야 한다' '민주주의 나무는 국민의 피를 먹고 자란다' '독재하에 감옥에 가고 연금, 공민권 박탈을 당하고 학원, 직장에서 추방되었던 사람들이 새로운 민주정부의 횃불이 되고 중심이 되어야 한다' '민족 내의 내전은 아무리 무기로 승패를 겨룬다해도 그것은 본질적으로 정치전쟁이다'는 등 국민을 선동, 반정부 의식을 고취시켰다"고 밝혔다.

또한 "김대중은 송기원에게 50만원, 홍남순에게 30만원, 정동년에게 50만원을 제공하여 데모를 선동했다"고 밝혔다.

문화공보부는 김대중 사건의 진상을 알리는 '누구를 위한 내란음모인가'라는 팜플렛도 대량으로 만들어 전국적으로 배포했다.

(2) 김대중에 사형선고, 전두환 해외추방조치

김대중 공판과 관련하여 미국 관리가 한국 정부에 압력을 넣고 있다는 외신 보도에 대해 노신영 외무부 장관은 "미국이 김대중 공판에 대해 관심을 갖고 있는 것은 사실"이라고 전제하면서 "주권국가 대 주권국가로서 압력은 있을 수 없는 일"이라고 일축했다.

계엄보통군법회의 검찰관(정기용 중령, 정인봉 대위)는 김대중에게 사형, 문익환, 고은, 조성우, 이문영 등에게 징역 20년을, 예춘호, 김상현, 이신범, 이해찬, 송기원, 설훈 등에게 징역 15년을 구형했다.

피고인들은 국가존망 위기를 야기시키는 용서받을 수 없는 행위로서 마땅히 준엄한 심판을 받아야 할 것이라고 지적했다.

김대중 피고인은 "학생들이 거리에 나오는 것을 원하지 않았으며 여러 대학으로부터 강연 요청을 받았으나 한신대, 동국대 등 두 곳에서만 강연했고 그 자리에서는 교외시위나 폭력데모를 선동한 일이 없다" "한민통은 내가 조직할 때는 김재화, 배동호, 정재준, 조활준 등 4명만 접촉했으며 대한민국 지지, 주한미군 철군 반대, 조총련과의 공동행사 중단 등 원칙을 분명히 했고 발기인대회 이전에 귀국하여 그 이후의 일은 알 수 없다"고 진술했다.

계엄보통군법회의는 김대중 피고인에게 사형을 선고하고 문익환, 이문영 피고인에게는 징역 20년을, 고은, 조성우 피고인에게는 징역 15년을 선고했다.

노신영 외무부장관은 주한미국, 주한일본 대사들에게 "김대중 문제는 한국의 현행법에 따라 재판이 진행중이기 때문에 누구든지 재판의 진행과정을 지켜봐야 할 것이며 재판이 확정되기 전에 타국이 왈가왈부 할 수 없는 것"이라는 정부 입장을 전달했다.

대법원은 김대중 사건 관련 12명의 피고인에 대한 상고를 기각하여 김대중의 사형이 확정됐다.

전두환 대통령의 특별지시를 받고 "김대중 등 피고인들이 관련된 사건은 구시대정치의 슬픈 유산으로서 이제 과거의 악몽을 가지고 제5공화국의 서장을 얼룩지게 할 필요가 없다"는 명분을 내걸어 국무회의에서 대법원에서 사형이 확정된 김대중 피고인을 무기징역으로, 징역 20년이 확정된 이문영 피고인에 징역 15년으로 감형했다.

이택돈 피고인은 "이같이 좌익활동을 한 사람이 대통령이 됐다면 이 나라가 어떻게 되었겠느냐" "이 같은 사람을 대통령 후보로 만든 것에 대해 신민당은 사죄해야 한다" "김대중이 자신의 이런 과거를 속인 것은 자기는 물론 신민당원과 국민을 기만하고 역사를 오도한 것" "배동호, 곽동의는 조총련계 앞잡이임을 알고도 김대중은 접촉했다" "유신인사 2만명의 제거계획을 김대중에 알린 것으로 알고 있다"는 등의 발언으로 석방됐고, 서울대 학생회장인 심재철 군도 김대중에 대한 석연치 않은 진술을 하고 계엄사의 은전을 받았다.

"나는 햇빛도 없는 중앙정보부 지하실에서 50일 간 조사를 받았습니다. 그런 상황에서는 멀쩡한 사람도 공산주의자로 만들 수 있는 것입니다. 옆방에서 고문당하는 소리가 들리고 발가벗기고 공포분위기 속에서 조사를 받았습니다" "내가 10 · 26 이후 만난 몇만 명 중에서 데모하라고 종용하거나 정부를 전복하자고 제안한 사람은 한 사람도 없습니다. 적어도 내란 음모를 했다면 어떤 활동 흔적이 있어야 하는데 아무것도 없지 않습니까" "내가 죽더라도 다시는 이러한 정치보복이 없어야 한다는 것을 유언으로 남기고 싶습니다"라고 김대중은 최후진술을 했다.

전두환의 신군부 세력은 5 · 17 쿠데타를 감행하면서 자신들의 정권유지에 걸림돌이 된다고 믿고 조작된 시나리오로 김대중을 처형할 계획으로 군사재판에서 사형까지 선고했지만 미국, 영국, 프랑스, 일본 등 우방국들의 세찬 비판과 구명운동에 굴복하여 해외추방조치로 이 사건을 마무리 지었다.

4. 신군부의 최대업적인 공무원 숙정과 삼청교육

(1) 숙정이란 칼바람에 목이 날아간 수많은 공무원들

정부는 건국 이후 최대의 공무원 숙정을 단행했다. 정재석 상공부 장관을 비롯하여 6명의 차관 등 차관급 37명을 포함하여 국장급인 2급 이상은 232명이며 행정부 공무원 1,912명 중 14%인 270명을 숙정하여 그 충격의 심도(深度)를 말해준다.

이번 숙정회오리는 지난 5 · 17조치와 함께 있었던 권력형 부정축재자 수사와도 맥을 같이한 것으로 사회정화란 대개혁 추진의 일환이었다.

장기간 근속자로서 후진을 위해 용퇴의 의사를 은연 중에 표시한 공무원들도 대상에 포함돼 있는 것도 사실이지만 부내여론, 사정 및 수사기관의 기록, 각 부처의 인사기록과 민원실에 들어온 자료들을 종합하여 결정됐다.

숙정대상자는 대부분 의원면직의 형식을 취해 사표수리로 끝났지만 김완수 교통부차관, 이건중 조달청장, 이용식 철도청장 등 15명은 파면과 형사처벌을 병행했다.

숙정태풍이 지나간 관가엔 곧 이어 인사선풍이 닥칠 조짐을 보였다.

국보위에서는 이번 숙정대상자는 직권을 남용하거나 이용하여 축재한자, 국가관이 분명치 못하고 무사안일에 젖었던 자, 공무원 사회의 인사질서를 문란케 한 자, 사생활이 문란하여 빈축을 받은 자 등을 대상자로 선정했다고 발표했다.

최규하 대통령은 "정부가 공무원의 숙정 등 국가기강 확립과 사회정의를 추진하고 있는 것은 인체에 비유해서 말하면 환부를 수술해서 건강을 회복하기 위한 것과 같으므로 우리 모두가 아픔을 참고 밀고 나가야 할 것"이라고 자신의 업적임을 과시했다.

행정부 공무원 4,750명을 숙정했다고 발표한 김용휴 총무처장관은 "3급 공무원이 1,264명이고 4급 이하가 3,496명이며 국가공무원 859명, 지방공무원 2,012명, 경찰·소방공무원 1,355명, 국세·관세 공무원 534명으로 집계됐다"고 말했다.

"형사처벌은 하지 않고 의원면직 형식으로 처리했다"는 김 장관은 "교육 공무원에 대해서는 추후 별도로 처리하겠다"고 밝혔다.

숙정대상자의 직급은 3급갑(서기관)이 정원의 8.6%, 3급을(사무관)이 5.4%로 높은 편이며 4급(주사)이하는 1.4%로 낮은 편이다.

김용휴 장관은 "이번 숙정은 정부에 대한 국민의 신뢰를 굳건히 하고 정부와 국민이 화합하는 계기를 마련하여 정의로운 사회를 구현하자는데 그 목적이 있었다"고 말했다.

공무원 전원에 대해 강압적으로 사표를 제출토록 지시하고 선별수리 방식으로 숙정대상자를 선택한 이번 숙정에는 병가나 요양 중인 공무원은 물론 고령자 등이 포함되어 있었다.

4,750명의 공무원 숙정은 건국 이후 미증유의 규모이며 각 부처 장관이 숙정대상자를 선정하고 명단을 통보받은 국보위가 미흡한 부분에 대한 지적으로 제2차 숙정대상자가 선정됐다.

지킬박사와 하이드라는 두 얼굴을 가진 공무원, 발전과 비리가 공존할 수 있었던 자가당착적인 행정풍토였다는 점에서 이번 숙정은 여러가지 문제점을 제시하고 있다.

전두환 국보위 상임위원장은 "숙정 작업으로 기왕 욕을 얻어먹었으니 정화작업을 과감하게 추진시켜 나가겠다"고 선언했다.

(2) 산하기관 · 단체까지 확대하고 숙정자는 취업제한

김용휴 총무처장관은 정부투자기관 등 산하단체 임직원 등 1,819명을 숙정했다고 발표했다.

이번 숙정작업에서 이사급 임원은 정원의 23%인 167명을, 직원은 정원의 14%인 1,652명이 숙정되어 전체적으로 정원의 15%가 정화됐다고 발표했다.

정부의 대대적인 공무원 숙정 조치에 대해 소청을 낸 사람은 8명에 불과한 데 김용휴 장관은 "숙정공무원 자신들이 과오를 뉘우치고 체념했거나 공무원 사회를 참신하게 만들려는 정부의 노력에 협조한 때문"이라고 유리하게 해석하고 있으나 계엄하의 군법회의 시절에 소청을 엄두나 냈겠느냐는 시대적 상황을 간과했다.

정종택 농수산부 장관은 농 · 수협에서 부회장급 5명을 포함한 1,212명을 숙정했다고 발표했다.

농협은 부회장급 3명, 이사 2명, 조합장 227명을 포함하여 723명, 수협은 부회장급 2명, 이사 3명, 조합장 26명을 포함한 489명이다.

문교부는 교장 등을 포함하여 교원 390명, 교육관련 공무원 193명 등 611명을 숙정하고 정화를 마무리지었다.

김용휴 총무처장관은 비위관련 퇴직공직자의 취업제한 기준을 발표하면서 이러한 제한은 현행법 정신에 어긋나지 않고 부조리가 이 사회에서 발붙일 곳을 없앤다는 정부의 굳은 의지를 표현한 것이라고 숙정자의 취업을 근본적으로 막고 나섰다.

총무처에서는 "취업제한기준의 철저한 시행을 위해서는 처벌기준을 마련해야 할 것"이라며 부조리가 공직 사회에 스며들지 못하게 하겠다고 강조했다.

(3) 폭력배, 사기배, 공갈배 등 닥치는 대로 검거

국보위는 사회 저변에서 국민생활을 괴롭혀 온 폭력, 사기, 밀수, 마약 사범 등 각종 사회적 독소를 뿌리뽑기 위한 사회악 일소 특별조치를 발표했다.

국보위는 이들 대상사범에 대해 군경합동으로 일제히 검거에 나서도록 하는 한편 검거사범은 일정 기준에 따라 분류해서 순화조치를 취하고 죄질과 개전의 가능성에 따라 군사재판에 회부하거나 근로봉사 또는 순화교육을 실시할 방침을 밝혔다.

국보위는 폭력배 · 공갈사기배 등 사회풍토 문란사범 16,599명을 검거하여 군 · 경 · 검 합동심사위원회에서 이들을 분류했다.

밝고 정의로운 새 사회 건설을 위해 각종 사회악을 일소하고 부조리를 척결하는데 주민 스스로 앞장서기 위해 시 · 구 · 구 · 읍 · 면별 정화추진위원회를 구성하여 '내가 먼저 내 주변부터 정화하자'고 불을 붙였다.

계엄사는 국민의 생명과 재신을 위협하고 공공의 안녕질서를 위태롭게하는 고질적인 각종 불량배를 일제히 검거하는 포고령을 발표했다.

불량배 일제 검거에 나선 검경은 폭력배, 공갈사기배, 밀수, 마약사범을 비롯한 사회풍토 문란사범 등 16,599명을 검거했다.

이들은 죄질에 따라 군법회의회부 후 근로봉사 또는 순화교육 대상으로 분류했다.

이 가운데는 조직 및 상습 폭력배 4,763명, 조직 및 상습치기배 326명, 강도, 강간, 절도, 폭력 등 학생범죄자 1,443명도 포함됐다.

악명높은 삼청교육대상자는 16,016 명이었으며 훈련 과정에서 사망자는 50명이었다.

사회정회라는 명분 아래 행해졌던 삼청교육대의 참혹한 인권유린의 실상이 일부는 새롭게 드러났으나 격동기의 이면에 가려 영원한 미궁으로 남겨졌다.

삼청교육은 국보위의 독창적인 작품이 아니고 박정희 전 대통령이 5·16 직후 만들었던 국토건설단의 아류였다.

당시 군부혁명정부는 군·경 합동작전을 벌여 6만 755명을 연행하여 3만 9,786 명을 군부대의 국토건설에 넘겨졌고 3,225명은 군사재판을 받았다.

삼청교육은 현행범뿐 아니라 전과자 등도 포함되어 이중처벌을 받았으며 정치깡패라는 명목으로 김대중, 김영삼 계열의 추종자들인 정당원들도 대상이 되어 검거됐다.

5. 모든 권력을 움켜잡은 국보위 상임위원장

(1) 최규하 대통령은 허울뿐인 명목상의 대통령

최규하 대통령은 늦어도 1980년 10월 말까지는 개헌안을 국민투표에 회부하여 확정한 다음 1981년 상반기에 선거를 실시하여 6월말까지 새정부를 수립하여 정권을 이양할 계획이라고 밝혔다.

최 대통령은 국회의 개헌특위가 검토한 개헌안의 내용을 존중하고 각계의 의견도 참작하여 대다수 국민이 찬동하는 헌법을 마련하겠다고 약속했지만 그것은 허언이고 구두선이었다.

박충훈 국무총리서리는 "사회안정과 질서가 유지되면 최 대통령이 이미 밝힌 바 있는 년내 개헌, 내년 봄 양대 선거 실시, 정권이양 등의 당초일정에는 아무런 변화가 없을 것"이라고 밝혔다.

박 총리서리는 "전국이 1일생활권인 작은 땅덩어리에서 호남, 영남이라는 등 지역감정을 유발하는 사태가 작금에 있어온 것은 대단히 유감이며 이번 광주사태만 하더라도 지역감정을 유발하는 유언비어 때문에 사태가 더욱 악화되는 등 지역감정은 이처럼 무서운 것"이라고 설파하면서 지역감정의 원인이 경상도 정권이 19년째 지속되어 온 것을 거론조차 하지 아니한 채, 박 총리서리는 "애향심이 순수한 애향심으로 그치지 않고 애국심으로 승화되지 않으면 이기주의적이고 나라의 발전을 저해하는 것으로 생각한다"면서 "정부에서는 전국을 균형있게 발전시키는 방향으로 나가도록 최선을 다하고 있다"고 말했다.

최 대통령은 국보위 상임위원 30명을 임명했다. 30명의 위원 중 공무원은 12명이고 현역장성은 18명이다.

14개 분과위원장은 이기백(운영), 문상익(법사), 노재원(외무), 이광로(내무), 김재익(경과), 심유선(재무), 오자복(문공), 김주호(농수산), 조영길(보사), 이우재(교체), 이규효(건설), 금진호(상공), 김만기(정화), 정관용(사무처) 등이고 임명직은 이희근, 신현수, 차규헌, 정원민, 강영식, 박노영, 옥만호, 권영각, 김홍한, 노태우, 정호용, 김인기 등 현역군인과 안치순, 민호영, 최재호, 신현수 등 대통령비서관 등이다.

최 대통령은 전두환 보안사령관이 사표를 제출한 중앙정보부장에 경북 예천출신으로 12·12사태 때 공을 세운 유학성 전 국방부 군수차관보를 임명했다.

정부가 추진 중인 헌법개정안의 주요 골자는 대통령 임기는 6년 단임제로 하고 정부형태는 대통령 중심제로 하되 간접선거로 방향을 잡고 있다고 애드벌런을 띠웠으나 계엄령 하에서 어느 누구도 반대의견을 개진할 상황이 아니었다. 다만 평화적 정권교체의 보장책으로 중임이 아닌 단임으로 결정한 점을 부각시켰다.

대통령 중심제를 채택하고 있는 30여 국가에서 10여개 국가가 6년단임제라고 선전하다가 뒤늦게 한국언론들은 터키, 프랑스 등에서 7년 임기제를 채택하고 있다고 개헌심의회에서 7년 단임제를 검토하고 있다고 보도했다.

정부의 개헌심의위원회는 새헌법에 의한 대통령은 선거인단의 무기명 비밀투표로 선거하며 임기 7년의 대통령은 단임으로 하는 개헌안 요강을 확정했다.

(2) 주한유엔군사령관 입을 통해 전두환 장군이 실세로 부상

카터 미국 대통령은 "한국과 미국이 북한으로부터의 어떠한 잠재적 위협이나 침략을 격퇴할만큼 충분히 강력하다"면서 "우리는 우리의 맹방이 단지 우리의 인권기준에 맞지 않는다고 해서 그들과 단교하고 그럼으로써 소련의 영향력에 내줄수 없다"고 한국의 안보를 유지하는 일과 우리나라의 인권정책과는 양립할 수 없는 것이 아니라는 애매모호한 입장을 밝혔다.

주한미군의 한 고위당국자(워컴사령관)가 "한국의 평화 안정은 미국에 중요하며 안보와 국내안정이 정치적 자유에 우선한다"면서 "우리가 이해하고 있는 것과 같은 것과 같은 민주주의를 한국에 적용할 수 있는지 또는 한국민이 그것을 받아들일 준비가 되어 있는지에 대한 확신을 갖고 있지 않지만 한국의 다음 지도자로 전두환 장군을 지지한다"고 하였다고 LA 타임지가 보도했다.

그는 전 장군이 한국국민들로부터 폭넓은 지지를 얻는다면 그리고 북한 공산주의자들과 대치하고 있는 한국의 안보상태를 위협하지

않는다는 조건을 달았다.

미국에 머물다가 귀국한 위컴 주한 유엔군 사령관은 "최근 전 장군과 미국과의 사이가 개선됐으며 반미감정도 없다" "전 장관이 한국 국민의 광범한 지지를 획득하고 있는 것으로 판단하고 있다" "한국 국민들이 전 장군을 지지하고 있기 때문에 자국민의 선택을 존중하겠다"라는 애매모호한 말로써 미국이 전두환 장군의 집권을 용인했음을 대대적으로 보도함으로써 권력의 쟁취를 마무리했다.

미국 국무성 공보관은 주한미군사령관 발언에 관해 논평하면서 "한국의 지도자 선택은 한국 국민이 해야할 일"이라고 책임회피성 발언을 계속했다.

우리나라 신문들은 카네마루신 일본 전 방위청 장관이 전두환 장군을 면담한 결과 지도자의 자질이 넘치고 기량을 갖추고 있다는 귀국회견을 대대적으로 보도했다.

신 전 장관은 전 장군이 공무원, 언론 등의 숙정과 수천명의 깡패를 소탕함으로써 국민의 상당한 지지를 획득했다는 사실을 거론했다.

(3) 종교들이 앞장서서 전두환 장군을 추대

주한미군 워컴사령관이 "미국은 전두환 장군이 지도자가 되어 지도력을 더욱 공고히 한다면 그를 지지하려 하고 있다"면서 "만약 그가 한국민의 광범한 지지를 보여준다면, 그리고 한국 정세의 안전을 위태롭게 하지 않는다면 미국은 그를 지지할 것이다"라고 밝힌 사실을 모든 언론기관에서 대대적으로 보도하여 신군부의 등장을 만천하에 공표했다.

전두환 장군은 뉴욕타임즈 기자와의 회견에서 "한국민은 새로운 세대의 지도자들을 필요로 하고 있다" "한국은 명백히 군부의 지도력과 통제를 요구하고 있다" "우리가 처해있는 상황을 생각할 때 우수한 지도력이 없다면 어려운 처지에 빠질 것이다" "10·26 사태이후 어려운 문제들이 닥쳐왔고 나는 책임을 회피하지 않았다. 그 결과 이제 나는 국민의 주시를 받게 되었다" "한국에서의 지도력은 기독교인이 말하는 신의 섭리나 중국인들이 말하는 천명(天命)에 맡겨져야 한다"면서 권력의 찬탈을 미화했다.

전두환 상임위원장이 대통령을 제치고 대한해협을 횡단한 조오연 선수에게 축하전문을 보낸 것을 언론들이 크게 보도한 것은 이 나라의 실권자는 전두환 상임위원장임을 국내외에 선포했다.

전두환 상임위원장은 국민적 통합과 사회안정 그리고 계속적인 발전을 위해서는 대통령 중심제가 가장 바람직하고 간선제를 선택할지라도 종전의 통일주체국민회의에서 선출방법처럼 특정후보에 대한 신임투표 같은 것에서는 안되며 여러 후보가 자유롭게 경쟁함으로써 국민의사가 선거 결과에 반영되게 하는 제도적 장치가 마련돼야 한다고 주장했다.

전두환 위원장은 국회 구성에 대해 "종전처럼 직업정치인들이 판을 치는 풍토는 지양하고 철저한 공명선거를 통해 선출된 의원들이 국민의사를 제대로 여과하고 국정을 심의해야 한다"고 주장했다.

전두환 상임위원장은 "앞으로 어떤 상황에서도 학원내외의 소요사태는 일체 용납하지 않을 것이며 이 기회에 가두시위의 악습을 다소의 희생을 감수하고서라도 근절시키고 말겠다"고 선언했다.

이어 전 위원장은 "더욱 가공할 일은 일부 학생들이 우리나라가 처한 현실을 망각하고 용공적인 구호를 공공연히 외치는가하면 정치불순 세력에 편승하여 폭력에 의한 정부 전복 음모에 가담하는 범죄까지 이르렀다"고 지적했다.

이광표 문공부장관은 국보위가 사실상 모든 행정 및 사법기관을 지휘감독할 것임을 분명히 했지만 외신 기자들에게는 정책결정이나 입법기구는 아니며 국정전반에 대통령 자문기구라고 상충되게 설명했다.

조향록, 한경직, 김지길 목사들은 '국가와 민족을 위한 조찬기도회'라는 명목으로 전두환 국보위 상임위원장을 위한 기도회를 개최했으며, 이 기도회에서 정진경 목사는 '전두환 사령관을 위하여'라는 명목의 기도를 올렸다.

이렇듯 국민들의 추앙을 받은 종교인들이 앞장서서 전두환 대통령 만들기에 나섰다.

미국 정부는 전두환 국보위 상임위원장을 지지한다는 최종적인 기본 방침을 명확히 했다고 일본의 쿄토 통신이 보도한 것을 한국 언론들이 대대적으로 보도했다.

6. 전두환 상임위원장 대통령 취임으로 권력찬탈완성

(1) 최규하 대통령 윤보선 전 대통령처럼 하야

최규하 대통령은 지난 봄 학생들의 소요와 광주사태에 대해 국정의 최고책임자로서 정치도의상의 책임을 동감해 왔고 시대적 요청에 따른 새로운 사회를 건설하는 역사적 전환기를 마련하기 위해 대국적 견지에서 사임함으로써 평화적 정권이양의 선례를 남기고 이것이 우리정치의 발전에 기여할 수 있다고 믿어 왔기 때문이라고 사임이유를 밝혔다.

대통령 권한대행이 된 박충훈 총리서리는 현행 법 절차에 따라 빠른 시일에 새국가 지도자를 선출하겠다고 선언함으로 통일주체국민회의에서 후임 대통령을 선출할 것임을 시사했다.

최규하 대통령은 우리나라 특수한 안보적 상황과 시국의 중대성을 외면한 일부의 정치과열작태, 폭력화한 노사분규와 학생들의 불법적인 교외집단시위가 일어나고 이를 이용하려는 일부 정치인들의 무분별한 언동으로 주요도시에서 집단시위와 소요가 유발된데 이어 광주사태가 야기됐다고 야당정치인에게 모든 책임을 전가했다.

5·17 권력찬탈을 우리 계엄군의 적절한 치안 회복 노력으로 미화했다. 그리고 국보위는 정치적, 사회적 풍토의 정화와 서정의 쇄

신 등 국가기강의 확립을 위해 노력했다고 치하했다.

책임정치의 구현, 평화적인 정권이양의 선례, 새로운 사회를 건설의 전기 마련을 위해 애국 충정과 대국적 견지에서 밀려난 것이 아니라 물러난 것이라고 변명했다.

박 국무총리 서리는 국가민족의 나아갈 지표가 분명히 제시되었고 그 기틀이 잡혔기 때문에 애국일념에 용퇴하게 됐다고 극찬했다.

제주도 출신으로 공군소장으로 예편하여 상공부장관, 부총리 겸 경제기획원 장관, 한국무역협회장을 지낸 박 대행은 이승만 정부에서 상공부 무역국장으로 봉직했다.

(2) 전두환 육군소장에서 대장을 거쳐 대통령으로

서울지역 통일주체국민회의 대의원 415명은 전두환 국보위상임위원장을 11대 대통령 후보로 추대할 것을 만장일치로 결의했다.

이인섭 통대대의원은 "새로 선출되는 대통령은 전 국민의 절대적 지지와 우방의 지지를 받은 강력한 분이어야 한다" "우리 역사상 일찍이 없었던 사회정화를 과감히 진행하여 국민의 절대적 지지를 받은 전두환 장군이 되어야 한다"고 제의했다.

유정회 신상초 의원은 "광풍노도의 시기가 지나고 전두환 장군이 새로운 지도자로 부각되고 있다" "전 장군은 뛰어난 용맹을 지니고 있고 소탈, 청렴, 결백하고 과묵하면서도 결단력과 행동력이 강한 분"이라면서 "전 장군은 컴퓨터형과 불도저형의 두가지 자질을 겸비하여 국가의 운명을 맡길 만한 인물"이라고 역설했다.

최규하 대통령은 특별시국선언을 발표하여 전두환 장군 추대를 지지하는 추태를 마다하지 아니했다.

최 대통령은 "새 지도자는 사심이 없고 확고한 신념과 실천력을 겸비해야 할 것이며 특히 우리나라와 같은 특수한 안보상황에서는 국민의 전폭적인 지지는 물론 국가보위의 주체인 군의 폭넓은 지지를 받을 수 있는 사람이어야 한다"고 강조했다.

미국 워싱턴포스트는 미국의 카터 행정부는 전두환 장군의 대통령 선출을 반대하지 않기로 결정했다고 보도했으며 선거인단에 의해 7년 단임제의 대통령이 간선되는 새 헌법이 10월중 국민투표에 회부될 것으로 보도했다.

주영복 국방부장관은 주요지휘관 회의를 개최하여 전두환 장군을 차기 국가원수로 추대할 것을 결의했다.

주영복 장관은 구국일념으로 탁월한 영도력을 발휘하여 국가의 위난을 수습하고 새시대 새역사의 지도자로 국내외에 뚜렷이 부각된 전두환 대장을 차기 국가원수로 추대하면서 오직 이길만이 우리의 국가목표인 항구적 안정과 보람찬 민주국가 건설을 앞당길 수 있다는 용비어천가를 읊어댔다.

주 장관은 "일부 불순세력의 조종 및 연계하에 학원소요사태를 민중봉기로 유도하려는 음모와 책동을 재빨리 간파하여 5·17 조치를 대통령에 건의하여 시행케 함으로써 이를 효과적으로 봉쇄할 수 있었다"고 덧붙였다.

주영복 국방부 장관의 주관으로 김원기 부총리 등 전 국무위원과 유학성 안기부장, 3군참모총장 등이 참석한 가운데 전두환 장군의 전역식을 성대하게 개최했다.

전두환 장군은 "새역사 새질서 창조에 신명을 바치겠다는 구국의 신념과 불퇴전의 결의로써 30년간의 현역군인 생활을 마무리 짓고자 한다"고 밝혔다.

주영복 국방부장관은 "전두환 장군은 10·26 사태로 인하여 영도자를 잃은 혼란 속에서 비범한 예지와 초인적인 노력으로 국기를 바로잡았으며 국보위 상임위원장으로서 사회개혁시책을 뒷받침하여 80년대의 보람찬 민주복지국가건설의 기폭제를 마련했다"고 찬양했다.

존 워컴 주한유엔군사령관의 서울로 귀임사실은 미국 행정부의 전두환 장군의 지지의 신호로 해석된다는 어느 기자의 리포터를 대대적으로 보도하는데 국내의 각 언론사는 경쟁을 벌였다.

통일연구소장 이영일, 원로 정치인 윤치영, 서강대교수 김형효, 정신문화 연구원장 이선근, 서울대교수 김철준 등의 전두환 장군에 대한 찬사를 늘어놓았지만 압권은 윤치영의 "전 장군에 대한 국민의 지지가 절대적이라고 확신하며 그는 과거 이승만 박사가 마련한 건국의 기틀과 박정희 대통령이 이룩한 조국근대화를 계승할 대통령으로서 전 대통령의 부각 시점은 민족사적인 변혁의 전기와 일치한다는 점에서 그 시대적 의미가 크다" 면서 "전 대통령의 여러가지 성품을 정직, 성실, 정의감으로 요약할 수 있다는 것도 소박한 생활신조를 투철한 의지력으로 여행(勵行)해 왔기 때문이다"이라고 극찬한 점이다.

통일주체국민회의는 장충체육관에서 최 대통령의 사임에 따른 보궐선거를 실시하여 전두환 후보를 출석대의원 2,525명 중 2,524표를 투표하여 당선시켰다.

전두환 대통령은 "국가이익과 발전을 저해했던 요인을 거침없이 제거하고 새질서의 창조를 위한 정의, 가치관과 건전한 정치사회 풍조를 이룩하도록 해야 할 것"이라고 강조했다.

대통령에 당선되자 5 · 17 비상조치확대 조치와 함께 내려졌던 전국 4년제 대학에 내려졌던 휴교령을 107일 만인 오는 9월 1일부터 전면해제했다.

카터 미국 대통령의 새정부 출범을 환영하는 내용의 서한을 전두환 대통령에게 보낸 것도 화제가 됐다.

(3) 전두환 국군 보안사령관 제11대 대통령에 취임

전두환 대통령이 1980년 9월 1일 제11대 대통령에 취임했다.

전두환 대통령은 "우리는 그동안의 정치작태에 대하여 책임을 져야할 상당수의 구정치인들을 정리하였으며 그 외에도 이런 폐습에 물든 정치인들에게 앞으로의 정치를 맡길수 없다는 것이 본인의 소신"이라며 "정계의 개편과 정치인의 세대교체는 불가피하다"고 밝혔다.

"정국이 안정되고 소요의 우려가 없다고 판단되면 어느 때라도 계엄을 해제할 방침"이라면서 "새 헌법에 의한 선거는 계엄이 해제되고 자유분위기가 보장된 상황에서 공정한 자유경쟁을 통해 실시할 것"이라고 말했다.

"정부는 정의로운 사회가 구현될 수 있도록 새마을 운동과 연결시켜 범국민적 사회 정화운동을 지속적으로 전개해 나가겠다"면서 "대학생들이 현실정치에 뛰어들거나 사회질서를 파괴하는 행위로 나올 때 이것은 안보적 차원에서도 결코 용납될 수 없다"고 강조했다.

전두환 대통령은 국무총리에 남덕우 전 부총리를, 부총리겸 경제기획원 장관은 신병현 상공부장관을 기용하는 등 7부장관을 재임용하고 13개부 장관을 경질했다.

외무에는 노신영 주제네바대사를, 내무에는 서정화 중앙정보부차장을, 상공에는 서석준 경제기획원 차관을, 보사에는 천명기 신민당의원을, 교통에는 고건 전 청와대정무수석, 감사원장에는 이한기 전 서울대 법학대학장을 임명했다.

전 대통령은 비서실보좌관 허화평, 사정수석 허삼수, 민정수석 이학봉, 공보비서관 허문도 등 보안사령관 시절의 참모들을 청와대 비서진으로 활용했다.

문공부는 전두환 대통령이 새대통령으로 선출되는 과정과 취임식 및 출생에서 현재에 이르는 갖가지 사실을 담는 홍보영화 <국운

개혁의 영도자 전두환 대통령>을 제작하여 전국의 각 극장에서 상영토록 했다.

전두환 대통령의 일대기 <황강에서 북악까지> 가 천금성 작가의 집필로 출간했다. 366p의 이 책인 '인간 전두환, 창조와 초극(超克)의 길'이라는 부제가 곁들였다.

천금성 작가는 후기에서 "그분의 생애를 더듬는 동안 줄곧 뭉클한 감동에 휩싸여 왔는데 그 감동의 몇 분의 일도 못 전한 아쉬움이 가슴을 누르고 있다"고 기술했다.

{제3부}

제한경쟁의 전형인

제11대 총선

제1장 정의 사회구현을 기치로 내건 제5공화국

1. 신군부의 구미(口味)에 맞춘 헌법개정
2. 정치쇄신위원회에서 구정치인 적격심사
3. 선거인단 선거로 제12대 대통령 선거
4. 정권안보차원에서 사회정화운동 지속

1. 신군부의 구미(口味)에 맞춘 헌법개정

(1) 국민의 정서에 어긋난 간선제, 동반당선제 채택

남덕우 정부개헌심의위원장은 제5공화국의 기틀이 될 헌법개정시안을 의결했다.

제12장 제126조로 되어있는 개정시안은 통일주체국민회의 삭제, 구속적부심 부활, 연좌제 폐지, 환경권 신설 등의 특징을 지니고 있다.

또한 국정의 안정과 능율 도모, 북괴의 도발에 항상 대처해야 하는 위기관리 정부적인 성격을 배려하여 임기는 7년 단임으로 중임을 봉쇄하기 위해 명문화함으로 평화적 정권교체를 보장하려는 국민적 요청에 부응했다.

대통령 선거는 정당의 추천을 받은 후보뿐 아니라 무소속 후보도 출마가 가능한 자유선거로 선출된 5,750명의 선거인단에 의한 간접선거제를 채택했다.

새 헌법안에는 사실상 대통령 임명케이스인 유정회 의원을 없애는 대신 의원정수의 1/3의 비례대표제를 두되 비례대표 의원의 2/3를 제1당이 차지할 수 있도록 하여 제1당의 영구집권을 가능케하며 임기는 4년으로 대통령이 사실상 의회를 장악할 수 있도록 했다.

10대에 걸친 의회사에서 4대, 5대, 8대, 10대의 국회 등 4대가 도중 하차했다.

새헌법안 부칙은 새헌법 발효와 함께 통일주체국민회의를 폐지하며 새로운 정당의 설립을 보장하는 정당법 개정, 비리와 폐습에 젖은 구 정치인의 정계진출을 봉쇄하는 제도적 장치로서의 정치활동규제법 제정, 대통령 및 국회의원 선거법 개정들을 골간으로 담고있다.

이에 따라 새헌법이 공포시행되는 즉시 10대 국회와 더불어 공화당, 신민당, 통일당, 통일사회당 등 4개 정당은 자동해산된다.

또한 새헌법의 발효일부터 제5공화국 헌법에 의한 국회의 첫 집회일까지 국회는 국보위에서 대행토록하는 10개조의 새헌법안 부칙이 확정됐다.

제10대 국회 마지막 임시회의 개회사를 '하찮은 독백'이라고 비하한 민관식 국회의장 직무대리는 "저 빈 의석의 주인공들과 본인 사이에 도덕적인 면에서나 윤리적인 차원에서 과연 얼마만큼의 차이가 있겠는가를 생각해 본다"면서 자신을 정치낙제생이라고 폄하했다.

국회는 남덕우 국무총리, 이한기 감사원장의 임명동의안을 가결시키고 10대국회를 마감했다.

유정회 남재한, 이호동, 김유복 의원은 의원선서로 3일간의 의원생활을 마감했다.

대통령선거인단은 5천명 선으로 구성하되 선거인 후보는 유권자 2

백명 이상의 추천을 받아 출마할 수 있고 선거인단 선거에 따른 모든 선거비용은 전액 국고에서 부담한다.

선거인단은 무소속 출마도 가능하며 무소속으로 대통령후보에 나서기 위해서는 선거인단 3백명 이상의 추천을 받아야한다.

구・시・읍・면을 기준으로 전국에서 1천 5백 ~ 2천 선거구에서 한 선거구에서 2 ~ 5명씩을 선출하도록 했다.

(2) 비상계엄하에서 국민의 91.6% 찬성율로 헌법확정

전두환 대통령은 국민투표의 투・개표를 공정하게 관리하고 자유스러운 분위기를 조성하며 강제동원 등 항상 부작용이 파생되는 구태의연한 방법을 사용해서는 안될 것을 강조했다.

문공부는 두꺼비의 새헌법 이야기라는 이색적인 만화형식의 홍보자료 2백만부를 국민투표 계몽활동용으로 제작하여 배포했다.

1980년 10월 22일 실시한 국민투표에서 투표율 95,5%, 찬성율 91.6%로 투표 사상 최고율를 기록하며 제5공화국 헌법이 확정했다.

최규하, 윤보선 전 대통령과 이후락, 박종규 전 의원들도 국민투표에 참여한 것을 홍보용으로 활용했다.

전두환 대통령은 1981년 1월 24일 0시를 기해 지난해 5·17일 전국 일원에 선포한 비상계엄을 국내 사회질서가 회복되었다는 명분으로 해제했다.

박 대통령의 시해로 선포된 비상계엄이 456일만에 해제되게 됐다.

전 대통령은 안정의 필요성이 줄어들었기 때문에 해제한 것이 아니라 안전유지의 주체는 정부가 아니라 국민이어야 한다는 점에서 해제한 것이라고 강변했다.

안정이 이뤄지지 않는 곳에서는 민주정치의 토착도, 경제적 번영의 성취도, 튼튼한 국방력 향상도 그리고 민족문화의 창달도 어려운 것이라고 주장했다.

정부는 중앙정보부 명칭을 국가안전기획부로 고치고 직무를 조정하여 정보업무의 기획과 조정기능 수행에 중점을 두도록 했다.

2. 정치쇄신위원회에서 구정치인 적격심사

(1) 국가보위 입법회의가 국회기능을 대체

제5공화국 헌법이 공포하여 발효되어 기존 정당과 국회는 자동적으로 해산됐으며 통일주체국민회의도 폐지됐다.

그리고 국회를 국가보위입법회의가 대체하며 전두환 대통령은 81명의 입법회의 의원을 임명했다.

정계에서는 10대 국회의원 13명을 포함한 20명을 입법의원으로 구제됐다. 정내혁, 박명근, 남재희, 정석모, 장승태 등 공화당 의원과 채문식, 한영수, 고재청, 유한열 등 신민당 의원들 그리고 김윤환, 신상초, 이종률 등 유정회 의원 등이다.

또한 손세일, 권중돈, 유옥우, 이태구, 조종익, 진의종 전 의원들과 김 철 통일사회당 고문들이 포함됐다.

학계에서는 김상협, 정의숙, 권이혁, 서명원, 안세희 대학 총장들과 박봉식, 박승재, 김대환, 나창주, 김만제, 한기춘, 박일경, 윤의식 교수 등 13명이 발탁됐다.

정희택, 김태청, 이진우, 윤길중, 김사룡, 이병호, 이범열, 임영득 변호사와 강신명, 이병주, 이영복, 서경보, 조향록, 전달출, 김봉학, 이종흥 등 종교인들도 참여했다.

정수창, 유기정, 박태준 등 경제계 인사와 김정례, 김행자, 안목단, 이경숙 등 여성계, 방우영, 이원경, 이진희 등 언론계도 참여했다.

이맹기 재향군인회장, 이형근 반공연맹이사장, 정한주 노총위원장도 참여했고 이 호, 송지영, 정범석, 박인각, 김 준, 권정달, 박윤종, 이정식, 이종찬 등도 각계 대표로 발탁됐다.

국보위에서도 이광로, 이기백, 심유선, 조영길, 이우재, 김영균, 노재원, 박종문, 정태수 위원장과 서동열 국방부 연락실장이 영광의 의원으로 임명됐다.

입법의회는 이 호 대한적십자사 총재를 의장에, 정래혁과 채문식 10대 의원들을 부의장으로 선출했다.

(2) 입법회의에서 정치풍토쇄신법을 의결

현저한 비위행위를 한 구정치인의 정치활동을 제한하는 정치풍토쇄신에 관한 특별조치법안이 입법회의에 제출됐다.

정치풍토쇄신을 위한 특별조치법안이 재석 75명 중 찬성 66표로 통과되어 88년 6월 30일까지 규제대상 정치인은 정치활동이 규제되며 정치쇄신위원회를 구성토록 했다.

5·16 이후 정치활동 정화법에서는 4,374명을 공고했다. 네 차례의 해금조치 끝에 마지막 규제인원은 269명이었다.

제헌의회때 반민족행위 처벌법, 4·19 이후에는 반민주행위자 공민권제한법 등이 있었다. 이러한 선례에는 일부 정치인에 대한 제한이지만 이번에는 구 정치인의 정치활동을 전면적으로 제한했다.

전 대통령은 정치쇄신위원회 위원장으로 김중서 대법원 판사를 임명하고, 이광로 입법회의의원, 이춘구 사회정화위원장 대리, 김종호 내무부 차관, 정태균 법무부 차관, 정치근 대검검사, 김덕주 법원행정처차장, 박봉식 입법회의의원, 이진우 입법회의의원 등을 위원으로 임명했다.

(3) 정치활동 피규제자 835명 중 268명만을 구제

정치쇄신위원회는 정치활동 규제자 811명을 1차로 공고했다. 이들은 앞으로 재심을 통해 구제받지 못하는 한 오는 1988년 6월 30일까지 각종 선거 입후보를 포함하여 일체의 정치활동이 금지된다.

정치쇄신위원회는 길재호, 이낙선, 김용환, 한병기, 양탁식, 김종락, 박승규, 양순직, 박종태, 진복기 등 24명을 정치활동 피규제자로 추가공고하여 피규제자는 835명으로 확정됐다.

정치활동 피규제자는 10대 국회의원 210명, 정당 간부 254명, 기타 347명이다.

공고된 명단에는 김종필, 김영삼, 김대중 등 3김씨를 비롯하여 정일권, 이효상, 박준규, 백남억, 전예용, 이병희, 길전식, 김창근, 양찬우, 김용호, 이철승, 이민우, 박영록, 조윤형, 이기택, 정운갑, 고흥문, 김정렴, 고재일, 구자춘, 김치열, 김현옥, 이세호, 한승헌, 한완상, 이호철, 송건호, 문익환, 계훈제, 김재춘 등은 포함됐으나 윤보선, 신현확, 이재형, 김정열, 유진오, 박순천 등은 제외됐다.

정치쇄신위원회는 권력형부정축재자, 정치혼란조성자, 상습적인 선

거사범, 학원과 노조 등 각종소요사태 주동자 등을 규제키로 했다고 밝혔다.

1차공고에서 살아남은 10대 국회의원은 입법회의 의원에 임명된 16명의 입법회의 의원과 민관식, 신현확, 천명기, 이승윤, 최경록 등 21명이다.

적격심판청구 1호인 김두섭은 "어제 저녁 규제발표를 듣는 순간 자살이라도 하고 싶은 심정이였다"며 "억울해서 한번 내보는 것"이라고 심경을 토로했다.

정치쇄신위원회는 1차공고자중 13명에 대해 정정공고하는 헤프닝도 연출했다.

정치활동 규제자 569명이 적격심판청구서를 제출하여 정치쇄신위원회에서 개별심사에 착수했다.

정치쇄신위원회는 정치활동피규제자 835명 중 정치활동적격자로 268명의 명단을 전두환 대통령의 확인과정을 거쳐 발표했다.

10대 의원 268명 가운데 101명(공화당 25명, 신민당 17명, 무소속 2명, 유정회 57명)이 구제됐다.

피규제자 공고에서 제외된 21명을 포함하여 122명이 구제된 10대 의원 가운데는 김종철, 양찬우, 김용호, 이만섭, 최영철, 고재필, 이영근, 이종식, 이해원, 유치송, 김은하, 박권흠, 신상우, 한병채, 박찬종, 임호 등이 기사회생의 기쁨을 맛보았다.

김중서 위원장은 10·26 사태 이후 정국 혼란수습에 최선을 다한 실적이 있거나 스스로의 과오를 뉘우치고 새 시대의 정치풍토쇄신에 기여할 것이 객관적으로 확인된 경우에만 구제했다고 발표했다.

그러나 정치활동 규제자와 피규제자를 확연하게 구별하는 잣대는 존재하지 않았다. 오직 신군부가 여당과 야당으로 활용할 수 있는 인물은 구제하고 다루기가 까다롭거나 신군부와 인연이 없는 인사들을 피규제자로 묶어놓은 것으로 보인다.

3. 선거인단 선거로 제12대 대통령 선거

(1) 국민들은 대통령선거인 5,278명 선출

이번 대통령선거는 유신시대의 통일주체국민회의 대의원 선거에 의한 대통령선거와 닮으면서도 다른 대통령 선거인단에 의한 선거로 선출토록 했다.

대통령 선거인단 선거는 이슈없는 중앙정계의 면모를 그대로 드러내듯 대통령선거의 전초전에 대한 유권자반응은 차분히 가라앉아 있었다.

대통령 선거인 선거의 후보자는 9,479명으로 정원 5,278명으로 평균 1.8대 1의 경쟁률을 나타냈다.

그러나 53개 선거구에서 125명이 대통령선거인으로 무투표당선됐다.

민정당이 당소속후보 3천 8백여 명과 친민정당 무소속 후보 2천여 명으로 모두 5천 6백여 명으로 선거인 정수인 5,278명을 훨씬 넘고 있으나 민한당은 친민한당 무소속 후보까지 합쳐 1,973명 밖에 확보하지 못해 과반수 선에 훨씬 미치지 못할 것으로 집계됐다.

민정당은 후보등록 마감일 당소속후보중 120명은 사퇴토록하고 100명은 무소속으로 등록조치하는 호들갑을 떨었다.

선거인단 선거를 앞두고 전두환 대통령은 미국 방문길에 올랐고 허정, 유진오, 백낙준, 박순천 등 정계 원로들도 김포공항에서 전두환 대통령의 방미 장도를 환송했다.

김용태 민정당 경북도지부 위원장은 "과거의 여당은 권력의 시녀요 할말을 다 못하는 노래잃은 카나리아였으며 비싼 국록만 타먹고 민주주의 한다는 형식만을 만족시키기 위한 장식물로 전락한 고급월급장이 집단"이라며 "민정당은 과거에 눈에 익었던 거수기 정당은 하지 않겠다"고 역설했다.

정래혁 민정당 전남도 지부장은 "우리는 이제 눈물을 닦고 역사를 우리쪽으로 끌어 와야겠다"고 광주사태 무마에 나섰다.

서정주 시인은 대통령후보 TV찬조연사로서 "하느님이나 단군 할아버지가 전두환 대통령의 천진난만한 웃음을 내려다보았다면 같은 웃음으로 호응했을 것"이라고 찬양했다.

선거인정수 5,278명 중 민정당 소속 선거인인 3,676명이 당선됨으로써 전두환 후보의 당선이 확정적이다.

민정당 소속 선거인이 3,676명(69.6%) 인데 비해 민한당은 411명 (7.8%), 국민당은 48명(0.9%), 민권당은 20명(0.4%), 무소속 1,123명 (21.3%)으로 나타났다.

유권자 19,967,287명 중 15,599,252명이 투표에 참여하여 78.1%의 투표율이었다. 이번 투표율은 1기 통일주체대의원 선거의 70.4%, 10대 국회의원 선거의 77.1%보다 높은 투표율이었다.

민권당 김의택 후보는 "대통령 선거 결과를 뻔히 알면서 메아리없는 소리를 계속하는 것은 내가 열매를 못 먹으면 자손이라도 열매를 먹도록 하는 것"이라고 참여에 의미를 부여했다.

이번 대통령선거인 선거에서는 김원기 전 부총리, 홍성철 전 내무부장관, 정주영 현대그룹회장, 조중훈 한진그룹회장, 구자경 럭키그룹회장, 최종환 삼환기업회장, 최원석 동아그룹회장, 조운해 고려병원장, 김일환 전 내무부장관, 주창균 일신제강사장, 황정연 전 해군참모총장, 배종열 한양주택대표, 유양수 전 동자부장관, 배의환 전 한은총재 등도 출전하여 당선됐다.

(2) 대통령 선거인 90.2% 득표율로 대통령 당선

제12대 대통령에 민정당 전두환 후보가 당선됐다. 전두환 후보가

4,755표를 득표하여 유효투표의 90.2%의 압도적인 표차로 당선이 결정됐다.

민한당 유치송 후보는 404표(7.7%), 국민당 김종철 후보는 85표(1.6%), 민권당 김의택 후보는 26표(0.5%)를 득표했다.

2·11 선거인 선거결과는 재적선거인 5,278명의 소속은 민정당 3,676명, 민한당 411명, 국민당 48명, 민권당 20명, 무소속 1,123명이었다.

정부는 제12대 대통령 취임을 기해 특별사면, 특별감형, 복권, 가석방, 가퇴원 등 5,221명에 대해 특전을 베풀었다.

김계원, 유석술, 정승화 등 박 대통령 시해, 12·12사건 관련자 103명을 비롯하여 박종태 등 YWCA 위장결혼사건 관련자 12명, 광주사태 관련자 307명, 부마사태 관련자 15명, 사북사태 관련지 21명, 민청학련 관련자 33명 등도 포함됐다.

계엄포고령 위반자인 손주항, 유갑종, 윤반웅 신부 등 250명도 은사를 받았다.

전두환 대통령은 취임사에서 "그동안 국민 모두가 갈망해 온 전쟁위협과 빈곤, 정치적 탄압과 권력남용 등 세가지 고통으로부터의 해방을 다짐한다"고 선언했다.

고정훈 민주사회당 당수는 "26년 전 진보당이 내걸었던 정의, 복지의 정강정책을 오늘의 민정당이 실천하겠다고 해 그런 점에서 그들을 지지한다"면서 "요즘 반 들러리 정당이니 반 허수아비 정당이란 말이 있지만 민주사회당은 지지할 것은 지지하고 반대할 것은 명실공히 반대하는 정당이 될 것"이라고 신군부세력의 특별배려에 감읍했다.

전두환 대통령은 "내가 기업인들로부터 정치자금을 한 푼도 받지 않고 국민투표와 대통령선거 때 돈을 안 썼기 때문에 우리 경제가 선거 때문에 영향을 받지 않았을 것"이라고 자화자찬했다.

4. 정권안보차원에서 사회정화운동 지속

(1) 언론의 순치(馴致)를 위한 언론기관 통폐합

문화공보부는 사회정화를 위해 주간, 월간, 계간지 등 172개의 정기간행물의 등록을 취소했다.

등록취소된 간행물 중에는 월간중앙, 뿌리깊은나무, 유신정우, 문학과지성, 씨알의 소리 등이며 총정기간행물 1,434개의 12% 수준이다.

이번에 취소된 간행물들은 각종 비위, 부조리 등 사회적 부패 요인이 돼 오거나 계급의식을 조장하거나 음란, 저속, 외설적 내용을 포함하여 유해한 내용들을 게재하여 취소된 것이라고 발표했다.

언론기관의 대폭적인 통폐합에 따라 일간지 1, 경제지 2, 통신 6, 방송 6, 지방지 4개 등 19개가 흡수통합됐다.

동아방송과 동양방송이 KBS로 흡수통합되고 신아일보가 경향신문에 흡수되며 국제신문이 부산일보로, 영남일보가 매일신문으로, 경남일보가 경남매일신문으로, 전남매일이 전남일보에 흡수된다.

여기에 민방의 주역 18년으로 뉴스쇼로 보도프로를 개척하여 정계 야화로 애청자의 사랑을 한몸에 받은 동아방송이 포함되어 시청자들의 안타까움을 샀다.

MBC, 경향신문 주식은 KBS에서 65%를 인수하여 공영방송체제가 완전 확립됐다.

한국신문협회와 방송협회는 신문사와 방송사의 통폐합원칙과 새로운 통신사의 설립 등을 건의했다.

이날 총회는 중앙언론사의 지방주재기자 및 지방언론사의 서울주재기자의 철수, 개인이나 영리법인의 신문 · 방송의 분리, 방송의 공영화와 공익성 확보 · 강화 등을 결의했다.

(2) 사회풍토 문란사범 검거는 지속적으로 실시

계엄사는 불교계 내의 각종비리와 부정 · 불법행위 조사를 위해 153명을 연행하여 18명을 구속하고 32명을 자율정화위원회에 처리를 위임했다.

계엄사는 비리승려들의 치부재산이 200억원을 넘고 불교계의 정화를 위해 불교계 주변에 기생하는 깡패, 사기, 상습배 등의 일제 소탕단속을 계속하겠다고 밝혔다.

국보위는 일제검거된 폭력불량배와 사회풍토문란사범 가운데 순화교육을 받고 돌아온 1만 9천여 명 중 214명이 재범으로 검거됐다고 발표했다.

국보위는 군·경·검은 폭력배 4만 5백 70명, 공갈·사기배 1천 5백 50명, 토색적 비리사범 등 3천 9백 97명 등 모두 4만 6천 1백 17명을 검거했다.

이중 2,243명은 구속돼 재판이 계류중이고 29,892명은 군부대에서 순화교육을 받았고 19,403명은 순화교육을 받고 사회에 복귀했다.

6,351명은 순화교육 후 근로봉사 작업장에 보내졌고 4,137명이 추가검거돼 순화교육중이라고 발표했다.

문교부는 학원소요사태가 발생한 연세대의 안세희 총장 등의 문책을 요구하고 앞으로 소요사태가 재발하지 않도록 학사관리 및 학생지도를 철저히 하라는 계고장을 재단이사장에 송부했다.

안세희 총장은 재단이사회에 사표를 제출하여 수리됐다.

고려대생 200여 명이 교내시위를 벌였던 사건을 빌미로 고려대에 휴업령을 발동했다.

고려대 교직원들은 "앞으로는 이러는 사태가 다시는 일어나지 않도록 만전을 기하겠다"고 결의했다.

계엄사령부는 서울대 교정에서 '학원민주화를 위한 성명서'와 '조기개헌, 조기총선을 실시하라'는 등의 유인물을 배포한 혐의로 4명을 구속하고 6명을 수배했다.

이렇게 전두환 정권은 박정희 유신철권 정치체제를 이어받아 국민들의 반발을 강압적으로 통제하고 사정이라는 명목으로 국민들의 숨통을 조여왔다.

제2장 신군부의 묵인 하에 우후죽순 정당 출범

1. 민주공화당처럼 사전에 조직된 민주정의당

2. 신군부의 입김으로 만들어진 민주한국당

3. 공화당과 유정회 의원들의 모임체인 한국국민당

4. 다당제 정책에 부응하여 12개 정당 출범

1. 민주공화당처럼 사전에 조직된 민주정의당

(1) 개혁주도세력이 민주공화당을 승계한 민정당

5·16 혁명후의 민주공화당 창당 때 구정치인을 대거 영입함으로써 밟았던 현실타협의 답습은 최대한 지양하고자 했으나 민정당도 구정치인을 대거 영입한 것은 어쩔 수 없는 현실이었다.

민정당 창당의 산파역인 권정달 보안사령부(사령관 전두환) 보안처장은 지난 9월부터 은밀하게 창당작업에 착수하여 정치활동 재개 선언이 있는 날 11개 시·도 책임자를 선정했다.

그리고 지역구의 조직책을 2, 3배수로 내정하여 최종점검했다. 민정당은 현실적인 정치의 광장에 이상적인 참신의 이미지를 어떻게 얼만큼 부각시키느냐의 과제를 안고 출범했다.

민정당은 구공화당 조직을 근간으로 하여 지역사회의 유력 인사들을 여야의 구별 없이 포섭하되 비리에 물들었던 지탄인사만 배제한다는 원칙을 세웠다.

개혁주도세력을 주축으로 한 민주정의당 창당 발기인 15인은 발기취지문을 통해 민주, 복지, 정의사회구현, 조국통일등을 창당이념으로 공표하고 개혁의 의지와 신념을 지닌 참신한 인사, 국민의 존경과 신망을 받는 유능한 인사, 폐습에 물들지 않고 올바른 가치관을 갖는 깨끗한 인사를 모아 새로운 정치주도세력을 형성할 것을 다짐했다.

발기인은 윤길중, 권정달, 이종찬, 유석현, 최영철, 박권흠, 이범준, 이용희, 정수창, 송지영, 김춘수, 이찬혁, 이헌기, 박경석, 김현자 등 15인이다.

'새술은 새부대'란 말이 있지만 민정당은 새얼굴을 강조하면서 참신한 인사, 유능한 인사, 올바른 가치관을 가진 인사들을 포섭하여 정치세대의 교체와 정치질서의 쇄신을 기대했다.

민정당 창당발기인에는 정내혁, 최영철, 남재희, 임영득, 정석모, 유경현, 변정일, 정동성, 하대돈, 정휘동 등 10명의 공화당출신 10대 의원과 한병채, 박권흠, 김종기 등 3명의 신민당 출신 10대 의원, 신상초, 김윤환, 정희채, 이양우 등 유정회 출신 10대 의원 등 17명의 여야정치인이 포함돼 있다.

이범준 전 항만청장, 이용희 전 통일원장관, 황인성 전 교통부장관, 김용태 전 조선일보 편집국장, 심명보 전 한국일보 편집국장, 봉두완 전 동양방송 해설위원, 박경석 전 동아일보 정치부장, 황산덕, 배성동, 최창규 등 서울대교수, 나석호, 조정제 등 변호사, 김정례 여성유권자연맹 위원장, 이춘기 전 통대운영위원장, 이낙훈 TV연기자협회이사장 등이 포함돼 있다.

손승덕 10대의원, 이옥동, 기세풍 전 의원, 정남 경향신문부국장, 김종원 서울대교수, 박성용 금호그룹회장도 민정당에 참여했다.

창당발기인 총회를 열고 창당발기위원장에 이재형을 선출하고 송지영, 이건호, 정희택, 유석현, 이춘기, 황산덕, 윤길중, 정수창을 부위원장으로, 권정달, 이종찬, 배성동을 분과위원장으로, 박경석, 염길정을 정부(正副) 대변인으로 선출했다.

"겨레의 저력을 분기(奮起)시켜 정의로운 민주복지국가 건설과 조국의 평화적 통일을 기필코 달성하여 보람찬 새민족사를 펼쳐나갈 것"을 강조한 이재형 위원장은 "민정당 창당작업은 5·16 혁명후 민주공화당과 달리 사전조직이 없었기 때문에 시간적으로 몹시 바쁘다"고 공화당과의 차별성을 강조했으나 김종필의 역할을 권정달이 대행했을 뿐 사전조직면에서 다를 바는 결코 없었다.

1971년 정계를 떠났다가 10년만에 복귀한 이재형 위원장은 "모든 정치는 원내로 수렴시켜야한다" "먼저 성실하고 진실하고 공평한 민주정치를 할 수 있는 터전을 닦아야 한다"라고 지향점을 밝혔다.

이재형 위원장은 초대 국무총리 이범석의 민족청년단(족청)계로 의회에 진출하여 상공부장관을 지냈고 자유당 공천으로 2대, 3대, 4대 의원이 됐다.

5·16 이후에는 야당으로 변신하여 신민당 부총재로도 활약했다. 그러나 여야를 넘나든 그는 "탄약만 많다고 전쟁에 이기는 것은 아니다"면서 정예당원 육성을 강조했다.

정래혁 공화당 청산위원장은 서울 남산의 공화당사를 포함하여 서울 강동 훈련원, 전국 시·도 연락소 사무실 건물 등 1백억원으로 추산되는 재산을 민정당에 무상으로 양도키로 의결했다.

권정달 사무총장은 "유사목적을 가진 정치단체에 재산을 양도할 수 있다는 정당법에 의거하여 공화당 청산위원회 결정으로 공화당 재산을 양도받았다"고 양도의 정당성을 강조했다.

공화당의 재산과 조직을 승계했다는 비난에 대해 민정당 박경석 대변인은 "구 공화당 조직의 이용은 사무국요원 중 좋은 사람들을 끌어 쓰는 것"이라고 변명했다.

이재형 위원장은 "나는 주력함에 배치됐으며 다른 사람들은 기함, 보조함, 엄호함 등에 탈 수도 있으므로 각각 배치된 상태에서 임무를 다해야 할 것"이라고 함대론을 주장하여 제5공화국의 정당의 탄생과 한계를 설명했다.

(2) 창당대회를 개최하고 전두환을 대통령 후보로 추대

민정당 창당준비대회에 이재형을 창당준비위원장으로, 유석현, 이춘기를 고문으로, 송지영, 이건호, 정희택, 황산덕, 윤길중, 정수창, 정명섭을 부위원장으로, 권정달(운영), 이종찬(조직), 지갑종(선전), 배성동(정책), 김영귀(청년), 김현자(여성) 분과위원장도 임명했다.

민정당은 창당대회를 개최하고 대표위원 이재형, 사무총장 권정달, 정책위의장 남재희, 중앙위의장 송지영, 대변인 박경석을 선임했다.

또한 정희택 윤리, 정재철 재정, 이용희 통일, 김영선 재해대책위원장도 선임했다.

서울 윤길중, 부산 왕상은, 경기 김영선, 강원 이범준, 충북 육진성, 충남 천영성, 전북 황인성, 전남 정래혁, 경북 김용태, 경남 하대돈,

제주 변정일 시·도 당위원장을 임명했다.

창당대회를 마친 민정당은 대통령 후보 추대에 나섰으며 대통령 추대를 위해 전두환 대통령을 방문했으나 수락을 받지 못한 이재형 위원장은 "이번 방문이 3고(三顧)였으니 그 분을 모시기 위해서는 앞으로 4고(四顧)는 해야할 것 같다"고 전두환 대통령이 주도한 민정당의 대통령 후보 추대를 고사하여 국민들을 기만하는 생쇼를 천연덕스럽게 연출했다.

전두환 대통령은 지명대회에서 "나를 포함한 많은 국민들이 그동안 지탄해 왔던 그러한 유의 정치인으로 나 자신을 타락시키는 일은 결단코 하지 않을 것"을 다짐했다.

그러나 "공명선거의 제도적 보장, 제1당 안정의석 확보, 유능한 신인의 국회진출 보장에 뒀다"는 명분을 내걸고 민정당은 1구 2인 동반당선제에서 국회의원 정수의 3분의 1을 비례대표로 두되 비례대표의 3분의 2를 제1당에 배분하는 불합리한 제도를 창출해 냈다.

(3) 민정당 지구당 조직책으로 부상한 인물들의 면모

민정당은 77개 선거구 중 68개 지역의 지구당 조직책을 선정했다. 이 가운데는 10대 의원이 21명으로 공화당 출신이 11명, 유정회 출신이 6명, 신민당 출신이 4명이다.

정래혁, 최영철, 남재희, 이태섭, 정동성, 유경현, 임영득, 정석모, 정휘동, 하대돈, 변정일은 공화당 출신이고 이해원, 정희채, 이자헌, 안갑준, 이상익, 백영훈은 유정회 출신이고 채문식, 한병채, 박권흠, 김종기는 신민당 출신이다.

공교롭게도 신민당 출신 4명은 모두 지역구가 경상북도이다.

혁신계 출신인 윤길중, 신민당 9대 의원이었던 진의종, 윤보선 전 대통령의 비서실장인 조종호, 홍일점으로 재야 여류인사 김정례도 포함됐다.

이번 조직책에 서울 종로 – 중구, 성동, 도봉, 부산 부산진과 북구, 수원 – 화성, 안양 – 시흥 – 옹진, 청양 – 홍성 – 예산, 서산 – 당진, 군산 – 옥구 등 9개 지역구는 선정되지 않았다.

김영선 전 중앙정보부차장, 김용대 상이군경회장, 정재철 한일은행장, 심명보 한국일보편집국장, 남재두 대전일보사장, 임방현 전 청와대대변인 등이 포함됐고 권정달, 권익현, 박익주, 배명국, 오한구, 김 식, 정래혁, 양창식, 황인성, 천영성, 김영선 등 군장성 출신들도 포진했다.

정치인은 21명으로 68명의 31%에 해당된다. 전직의원 4명, 공화당 지구당부위원장 4명을 포함하면 구정치인은 29명으로 42%로 껑충 뛰어오른다.

입법회의 의원으로 조직책에 선정된 인사는 채문식, 권정달, 정래혁, 남재희, 정석모, 임영득, 윤길중, 진의종, 조종호, 김정례, 이진우, 안병규, 장승태, 박명근, 신상초, 김윤환, 한기춘, 이종률, 오세응 등 19명이다.

실업계 출신이 12명(18%), 예비역 장성 등 군 출신이 10명(13%), 언론계 8명(12%), 관료출신이 5명(7%), 법조계 3명(4%) 등이다.

군 출신은 권정달, 권익현, 김 식, 오한구, 배명국, 김영선, 이범준, 천영성, 양창식, 박익주 등이다.

언론계 출신은 봉두완, 이민섭, 심명보, 남재두, 심상우, 김용태, 안병규, 노철용 등이다.

지난 날의 정파에 구애됨이 없이 범국민적 정당을 지향할 것이라는 민정당은 개혁의 의지가 표현됐다는 참신한 인사들을 선정했다고 자찬하면서 "집권여당이 되더라도 독주하는 구습을 답습치 않겠다"고 선언했다.

민정당은 서울 종로 – 중구에 오제도, 성동에 이세기, 도봉에 홍성우, 부산진에 구용현, 부산 북구에 장성만, 수원 – 화성에 이병직, 안양 – 시흥 – 옹진에 윤국노, 청양 – 홍성 – 예산에 최창규, 서산 – 당진에 김현욱, 군산 – 옥구에 고판남을 선정하여 조직책 선정을 마무리했다.

민정당은 11대 총선을 앞두고 종로 – 중구의 오제도를 이종찬으로, 청주 – 청원의 육진성을 정종택으로, 밀양 – 창녕 하대돈을 신상식으로 교체했다.

교체된 이종찬 후보는 "정치엔 경험도 소질도 없다고 생각해 왔다고 생각하지만 정치1번지라는 지역에서 개혁주도세력이 당당히 나서 국민의 심판을 받는 것이 바람직다"고 출마변을 밝혔다.

(4) 전두환 총재의 재가를 받은 전국구 후보 74명

민정당은 전두환 총재의 재가를 얻어 전국구의원 정후보 61명, 예비후보 13명의 명단을 발표했다.

이재형 대표위원, 송지영 중앙위 의장, 정희택 윤리위원장, 윤석순 사무차장, 박경석 대변인, 김윤환, 이양우, 정희채, 이헌기 정책위부의장, 오제도와 김현자 중앙집행위원, 지갑종 홍보선전 분과위원장, 김영귀 청년분과위원장 등 27명의 민정당 인사가 포함됐다.

김기철 체신부장관, 이용훈 법제처장, 김종호 내무부차관, 김종경 검찰총장, 박종관 서울시경국장, 박동진 전 외무부장관 등이 관계인사로 발탁됐다.

정원민, 김정호, 유근환, 김용수, 이우재, 이춘구, 정순덕 등 예비역 장성과 허청일 육군대령이 포함되어 8명이 군출신 몫으로, 박태준, 김사룡, 김행자 등 3명이 입법회의 몫으로 배분됐다.

안교덕 정우개발사장, 나웅배 한국타이어사장, 이상희 동아제약 상무가 실업계 몫으로, 조남조, 하순봉 문화방송정치부차장이 언론계 몫으로, 최상용(서강대), 황병준(중앙대), 김종인(서강대), 이영희(숙명여대) 교수들도 교육계 몫으로 포함됐다.

김 집 대한체육회장, 손춘호 의사협회장, 이낙훈 연기자협회이사장, 이영희 한국일보 논설위원 등도 각계를 대표해 발탁됐다.

정후보 61명의 경력을 정계출신이 18명으로 가장 많고 지역은 경북 출신이 12명으로 20%를 차지하고 있다.

정후보의 마지막인 61번은 전병우 전북부지사가 턱걸이 행운을 잡았다. 민정당 훈련국장인 정창화, 민정당 여성국장인 문용주, 민정당 기획실장인 김유상, 민정당 대표보좌역인 장경우, 민정당 경북 사무국장인 유수환, 민정당 서울 사무국장인 김지호 후보들이 예비후보로 등재했다.

2. 신군부의 입김으로 만들어진 민주한국당

(1) 장소를 불문한 투쟁방법을 지양한 얌전한 모습으로 등장

유치송, 김은하 등 구신민당 출신 14명으로 구성된 창당발기위원회는 전통 보수야당세력을 규합하여 민주한국당을 창당하기로 결의했다.

그들은 "민주주의, 그것은 국민의 순정(純正)한 염원"이라며 "민주

주의의 실현이야말로 국민내부의 정의로운 화해와 화평(和平)의 기초"라는 발기취지문에서 밝혔다.

창당발기위원은 유치송, 김은하, 김준섭, 김승목, 오홍석, 신상우, 이진연, 허경만, 김원기, 임종기, 김현규, 유용근, 조규창, 조중연 등이다.

민한당은 입법의원 중 고재청, 한영수, 유한열 의원들이 참여하여 발기준비위원은 17명으로 늘어났다.

민한당은 "이 나라 자유민주주의 본산이 될 민주한국당의 창당발기를 국민께 고한다"며 창당발기인 대회를 개최하고 유치송을 창당준비위원장으로 선출하고 지역구 조직책 선정작업에 착수했다.

민한당 창당준비위원회는 조직 신상우, 총무 유한열, 선전 김승목, 정책 이진연, 재정 최운지 등 분과위원장, 대변인은 김원기를 선임했다.

또한 시·도 조직책은 서울(황산성), 부산(김승목), 경기(오홍석), 강원(김준섭), 충북(신경식), 충남(한영수), 전북(김원기), 전남(임종기), 경북(조규창), 경남(양재권)등을 선정했다.

유치송 준비위원장은 "어떠한 제약 아래서도 국민을 대변할 비판세력은 있어야 하겠다는 생각에서 창당을 서두르게 된 것"이라고 창당준비과정을 설명했고, 신상우 조직위원장은 "민한당은 누가 만들어 준 것이 아니라 우리 스스로 만든 정당"이라면서 "정의사회 구현을 위해 경쟁이 있다면 우리는 떳떳이 나가겠다"고 지표를 설정했다.

현재 입법의원으로 활동중인 재야원로인 유옥우와 이태구, 언론인 손세일, 여성계의 황산성 변호사도 참여했다.

민한당은 창당대회에서 유치송을 총재로, 김은하를 부총재로, 김준섭을 전당대회의장으로 선출했다.

민한당은 사무총장 신상우, 정책위의장 최운지를 선임하고 대변인은 김원기를 지명했다.

당기위원장은 이진연, 인권은 황산성, 외교는 손세일, 통일은 김문석, 훈련원장엔 유한열 등 신인들을 대거 임명했다.

과도입법의원 출신으로 신익회 국회의장의 비서관으로 발탁되어 유진산의 직계로 활동해 온 유치송 총재는 무난하다는 것은 무골(無骨), 무담(無膽)한 성품으로 "당장 하지도 못할 것을 두고 선명 기치만 내세운 것은 국민을 속이는 위선행위이다"라면서 유진산의 "사람이 울분에 못 견디어 분사(憤死)하긴 쉬워도 의를 지켜가며 살기는 지극히 어려운 것"이라는 말을 신조로 삼고 있다.

신상우 조직위원장은 "민한당은 누가 만들어 준 것이 아니라 우리 스스로 만든 정당이다"이라고 강변하고 있지만 "이 시대에 침묵과 무관심은 역사와 민족에 대한 책임의 회피임을 자각한다"는 창당 발기 취지의 내용이 얼마나 반영될지는 미지수이다.

그리고 민한당은 "진정한 민주주의를 열망하는 국민과 더불어 호흡을 같이하며 나아갈 유일한 야당을 자부한다"를 선언했지만 한계상황적인 정치현실이 함수작용인지는 몰라도 과거 야당이 보여줬던 정권적 차원에서의 투쟁의지를 전혀 보여주지 못했다.

"어쩔 수 없는 현실 속에서 모든 시련을 잊어버리고 자유민주주의 보루가 될 민한당의 창건을 서두르지 않을 수가 없었다"고 창당준비과정을 설명하며 정권교체를 표명하지 않고 장소를 불문한 투쟁방법을 지양하겠다며 극한적 투쟁보다 얌전한 모습으로 재등장한 민한당은 거목들의 조락(凋落)현상에 따라 과거 어느 야당보다도 훨씬 연화(軟化)된 몸체로 향진(向進)될 것으로 관측되고 있다.

(2) 민한당의 지구당 조직책 선정과 전국구 인선

민한당은 10대 의원은 모두 현재의 지역구 조직책으로 임명한다는 원칙을 설정하여 김승목(남구 – 해운대), 신상우(부산 북구), 김은하(인천 남 – 중구), 유용근(수원 – 화성), 오홍석(부천 – 김포 – 강화), 유치송(평택 – 안성), 김준섭(춘천 – 춘성 – 철원 – 화천), 유한열(대덕 – 금산 – 연기), 조중연(부여 – 서천 – 보령), 한영수(서산 – 당진), 김원기(정읍 – 고창), 임종기(목포 – 무안 – 신안), 허경만(순천 – 구례 – 승주), 고재청(담양 – 곡성 – 화순), 이진연(영광 – 함평 – 장성), 조규창(포항 – 영일 – 울릉), 김현규(구미 – 군위 – 칠곡 – 선산)의원 등 17명을 조직책으로 임명하여 후보로 선정했다. 이중 조규창 의원을 제외한 16명은 모두 당선되어 국회에 복귀했다.

"다소 무리가 빚어지더라도 당선위주의 심사를 하겠다"는 민한당은 40개지구 조직책을 선정했다.

서울 성동에는 김도현 영남일보 논설위원, 성북에는 허만기 경남도의원 출신으로 한남관광대표, 관악에는 서청원 조선일보 기자, 부산 서 – 동구에는 서석재 김영삼총재 비서, 의정부 – 양주 – 파주는 이영준 문산종고이사장, 원주 – 원성 – 홍천에는 김병열 강원도교육감, 청주 – 청원에는 신경식 국회의장 비서실장, 충주 – 중원 – 제천 – 단양에는 김영준 청주지검검사, 괴산 – 진천 – 음성에는 허탁 삼우재단 이사장, 이리 – 익산에는 박병일 감사원부감사관, 여수 – 여천 – 광양에는 심의석 해동화재 대표, 장흥 – 강진 – 영암 – 완도에는 무역사로 웅변협회이사장인 유재희, 대구 동 – 북구는 목요상 서울고법판사, 김천 – 금릉 – 상주는 한봉수 대한교통회장, 안동 – 의성은 정상조 경제기획원 총무과장, 달성 – 고령 – 경산은 최운지 관세청차장, 문경 – 예천은 김문석 한전 고문, 마산 – 창원 – 의창은 이수권 해군대령출신으로 동양특수기계 대표, 충무 – 통영 – 고성은 이상료 가야병원장, 울산 – 울주는 심완구 신민당 중앙상무위원, 함안 – 의령 – 합천은 이태식 중앙합섬대표, 남해 – 하동은 오동환 삼양섬유 대표를 선임했다.

민한당은 21개 지구당 조직책을 추가로 선정했다. 서울 도봉 김태수(태창문화대표), 서대문 손세일(동아일보 논설위원), 강남 정진길(이철승 대표 비서실장), 강서 고병현(신민당 조직국장), 관악 김병오(야학운동가), 부산 중 – 동 – 영도에는 안건일(경희어업 대표)을 선임했다.

경기 포천 – 연천 – 가평에는 홍성표(한전 영업부장), 강원 삼척 – 동해에는 이관형(변호사), 속초 – 양구 – 인제 -고성에는 허경구(고려대 조교수), 충북 영동 – 보은 – 옥천에는 정선영(주태국대사관 상무관), 충남 공주 – 논산에는 육순응(공인회계사), 청양 – 홍성 –

예산에는 김철운(한국물가협회이사장), 전남 나주 – 광산에는 이재근(황등산업대표), 고흥 – 보성에는 유준상(고려대총학생회장 대리), 해남 – 진도에는 민병초(JC전남부회장), 경북 경주 – 월성 – 청도에는 윤진우(쌍용엔지니어링 전무), 영덕 – 청송 – 울진에는 김찬우(제일의원원장), 영주 – 영양 – 영풍 – 봉화에는 홍사덕(중앙일보 기자), 경남 진주 – 삼천포 – 진양 – 사천에서 허병호(경남도의원), 밀양 – 창녕에는 신화식(마산경찰서장), 거창 – 함양 – 산청에는 정영모(신민당 선전국장)를 선임했다.

선거에 임박하여 조직책을 교체하거나 새로 임명하여 김판술(종로 – 중구), 김재영(마포 – 용산), 심헌섭(동대문), 허만기(성북), 이원범(영등포), 한광옥(관악), 김정우(부산진), 박관용(동래), 정정훈(인천 북 – 동), 이웅배(성남 – 광주), 김문원(의정부 – 양주), 이석용(안양 – 시흥 – 옹진), 신동균(남양주 – 양평), 조종익(여주 – 이천 – 용인), 고영구(영월 – 평창 – 정선), 허 탁(괴산 – 진천 – 음성), 박완규(대전 동구), 김태식(전주 – 완주), 이형배(남원 – 임실 – 순창), 김진배(김제 – 부안), 임재정(광주 동 – 북), 서명교(대구 서 – 중), 신진수(대구 수성 – 남), 최윤동 (경산 – 영천), 정인호(문경 – 예천), 박민현(마산), 김택환(제주) 등을 후보로 내세웠다.

김은하 의원은 "이제 과거는 없다. 과거엔 솔직히 말해 파벌싸움으로 일관해 왔다"며 스스로 폄하하며 과거 여야 구분할 것이 없다고 하였지만 안건일 통일주체 국민회의 대의원과 김병열 10대 공화당 공천신청자 등 공화당을 기웃거렸던 많은 인사들도 포함됐다.

민한당은 국민당의 김종철 총재와 민주사회당의 고정훈 당수의 당선을 보장하기 위해 서울 강남의 김형래, 천안 – 아산 – 천원의 황명수 조직책의 공천을 보류했다.

김형래 조직책은 조직책 선정에서부터 약속을 받았기 때문에 승복했으나 황명수 천안 – 아산 – 천원 지구당위원장은 "공당인 민한당이 납득할 수 없는 이유로 천안 – 아산 지구당을 정책지구로 결정하여 국회의원 입후보자를 공천하지 않는 것은 공당이 취할 자세가 아니다"라며 민한당을 탈당하고 무소속으로 출전했다.

(3) 성격미상이며 함량미달의 민한당 전국구 공천

"위정자의 개발선호와 즉흥적인 지시행정의 결과로 지역 간의 개발에 너무 큰 차이가 초래됐다"며 "18년 장기집권결과 인재 편향 등용이라는게 국민의 감각"이라는 민한당 유치송 총재는 45명의 전국구 후보를 공천했다.

대부분 민한당 내 인사를 우선했으나 경제계인사들을 영입했으며 과거의 행적을 개의치 아니한 성격을 알수없는 후보공천이었다.

1번은 4선의원으로 민정당 정책위의장을 지낸 유옥우 의원을, 2번에는 이태구 당 부총재를, 3번에는 문경 – 예천 조직책으로 선정된 김문석 한국전력고문을, 4번에는 판사 출신으로 당인권옹호위원장을 맡고 있는 황산성 변호사를 추천했다.

양재권 한국전기협동조합이사장, 손태곤 태림섬유 대표, 신재휴 한국석유협회 부회장, 이정빈 병원장, 김진기 한일효소공업대표, 이중희 홍진주택 대표, 연제원 삼모 회장, 최수환 수안상사 대표, 서종열 우성무역 대표, 손정혁 국진건설 대표, 김노식 범화건설 대표 등 영남 출신이면서 무명의 기업가 출신들을 대거 당선안정권에 배치했다.

그리하여 선거자금을 마련하기 위해 돈 공천을 하지 않았나 하는 의구심을 떨쳐버릴수는 없었다.

그리고 정규헌 8대 전국구 의원을 비롯하여 이의영 국회 전문위원, 조주형 변호사, 이홍배 4·19동지회 중앙회장, 김형래 민주전선 편집국장, 김덕규 국회 전문위원들을 구색을 맞추기 위해 하위순번에 배치했다.

3. 공화당과 유정회 의원들의 모임체인 한국국민당

(1) 공화당·유정회 의원 40명과 통대의원 20명이 창당

공화당과 유정회 출신 10대의원 15명은 창당 준비위원모임을 갖고 신당창당 선언을 했다.

이들은 김종철, 양찬우, 김용호, 윤인식, 이만섭, 이종근, 신광순, 정희섭, 전정구, 전부일, 김상석, 박준규, 김유복 등이다.

이들은 "우리는 지난 날을 성찰하고 냉엄한 자기혁신을 통해 또 한번 민족적 도약을 기약할 역사적 사명을 통감하면서 국민속에 뿌리내릴 새로운 정당을 창당키로 했다"고 선언했다.

발기준비위원은 고재필, 김영광, 김영병, 김용호, 김유복, 김종철, 김종하, 김한선, 신광순, 양찬우, 윤여훈, 윤인식, 이만섭, 이종근, 이준섭, 이호종, 전부일, 정희섭 등이다.

김용호, 김재홍, 김종철, 노인환, 양찬우, 이만섭, 이종근, 이준섭, 이호종, 정희섭, 한갑수는 공화당출신이고 고재필, 김영광, 김영자, 김유복, 김종하, 남재한, 박준규, 신광순, 신철균, 윤여훈, 윤인식, 장기선, 전부일, 전정구, 정병학, 조일제, 현기순은 유정회 출신 10대 의원이다.

김영병, 김우영, 박성호, 박승규, 엄기표, 유광현, 이동진, 이영표, 이영호, 유범수, 정간용, 최돈웅 전직의원과 강기필, 김한선, 나필열, 송업교, 신성일, 이종성, 조덕현, 홍사승도 참여했다.

"조국근대화라는 깃발 아래 뜻을 같이했던 동지들을 규합하여 당을 만들기로 했다"는 한국국민당은 윤인식(기획), 이종근(조직), 이만섭(선전), 정희섭(정책), 이종성(운영) 분과위원장을 선임했다.

국민당은 창당준비위원장에 김종철을 부위원장에 양찬우, 김용호를 선출했다.

김종철 위원장은 "국민당은 앞으로 외교, 안보문제에 대해서는 초당적인 입장을 견지하고 국내문제에 대해서는 국민의 편에 서서 과감, 솔직하게 시시비비를 가리고 비판을 서슴지 않을 것"이라고 당의 진로를 밝혔다.

발기인 중에는 10대 의원 28명, 전직의원 12명, 공화당 당료출신 12명이 포함돼 있으며 김상균 예비역육군소장, 이종성 충남방적회장, 김관봉 영남대교수, 영화배우 신성일(강신영)도 들어있다.

서울(정희섭), 부산(양찬우), 경기(김영광), 강원(김용호), 충북(이종근), 충남(이준섭), 전북(이호종), 전남(전부일), 경북(이만섭), 경남(노인환)의 시·도 조직책도 선정했다.

국민당은 창당준비대회에서 김종철을 위원장으로, 양찬우, 윤인식, 김용호, 이종성, 윤석민을 부위원장으로 선출한 뒤 규약과 결의문을 채택했다.

국민당은 "무정견하게 집권자를 추종, 비호하는 퇴영적 자세와 당리당략 차원의 극한적 대립논리를 배격한다" "과거를 반성하면서도 조국근대화의 꿈이 우리민족의 영원한 가치관이 돼야한다"고 당의 맥락을 강조했다.

10대 의원 등 전직의원 40명, 통대 대의원 출신 20명, 공화당 당료출신 55명, 군출신이 5명으로 120명이며 신성일, 이대엽, 이일웅 등 배우, 탤런트도 참여했다.

국민당은 사무총장에 김영광, 8개 분과 위원장에 신철균, 김영병, 나병학, 조일제, 한갑수, 장기선, 김유복, 윤여훈을 임명했다.

국민당은 몸에 밴 여권지향 정치속성이 정치적 시련앞에 효율적으로 대처해 나갈 수 있을것인가는 고민이며 과제이다.

(2) 지역구 버리고 전국구 1번으로 등록한 김종철총재

국민당은 77개 지구당 가운데 37개 지구당 조직책을 선정했다.

서울 성동 조덕현(통대의원), 마포 신성일(연예인), 영등포 김명섭(영등포약사회장), 강릉 이봉모(해운공사사장), 청주 윤석민(대한선주회장), 옥천 이동진(6대 의원), 홍성 이종성(충남방적 회장), 서산 박승규(8대의원), 전주 유범수(7대의원), 군산 김봉욱(화성산업 대표), 순천 조규순(전남 새마을협의회 부회장), 해남 이성일(부산산업 회장), 구미 장동식(9대의원), 김해 김영병(8, 9대 의원)이 선정됐으며 정병학, 양찬우, 김재홍, 신철균, 김용호, 이종근, 김종철, 이준섭, 이호종, 한갑수, 윤인식, 이만섭, 남재한, 김종하, 조일제, 노인환 등 10대 의원들도 조직책을 맡았다. 그리하여 22명의 전직 국회의원이 포함돼 55%를 점유했다.

국민당 김종철 총재는 "만년야당이나 자랑하고 수권 능력이 없으면 정당이 아니다"면서 "집권해 본 경험이 있는 야당"임을 내세우며 "고 박정희 대통령의 이념이 담긴 정당"임을 강조했다.

김종철 총재는 후보등록에 임박하여 자신의 지역구에 동생인 김종식(천태공업 사장)을 등록시키고 전국구 1번후보로 등록했다.

김종하 국민당 대변인은 "지역구 후보들로부터 선거기간 중 지원 요청이 많아 김 총재가 지역구에 얽매이면 이에 부응할 수 없다는 당 간부의 건의에 따른 것"이라고 해명하고 있으나, 지역구 사정이 좋지 않은 것 아니냐, 실제(實弟)에게 대타(代打)를 맡긴 것은 정치 도의상 있을 수 없는 일이다라는 비난이 쏟아졌다.

김종철 총재는 "지역구 포기에 대해 이러쿵 저러쿵 구설수가 있을 줄 알았다"면서 "고심 끝에 스스로 결정한 만큼 떳떳하게 생각한다" "말이 많은 것은 식구는 많은데 밥그릇은 작기 때문에 빚어진 것"이라고 지역구 포기를 변명했다.

국민당은 김종철 총재를 1번으로 29번의 전국구 후보를 공천했다.

김영광 사무총장을 2번으로, 김한선 사무차장을 6번으로, 김유복 유정회의원을 7번으로, 강기필 당기획조정실장을 8번으로, 신광순 사무차장으로 3선의원을 9번으로, 윤여훈 대한적십자사섭외부장 출신으로 유정회 의원을 10번에 배치했다.

동일운수 회장인 이필우, 통대의원 출신으로 영진호텔 대표인 노차태, 삼부토건 회장으로 참여한 조정구 등 기업인들을 당선안정권인 5번 이내에 배치했다.

서울대교수로 유정회의원 박준규는 11번, 공화당 사무차장 출신으로 유정회 의원인 정병학, 당선전국장인 조용직, 공화당의원국장 출신인 송업교, 장기선 유정회의원 등은 후순위로 밀렸다.

선거 막바지에 이르러 김종철 총재는 "전국구 1번을 사퇴하겠다" "나는 원래 전국구고 지역구간에 개인적인 애착은 없었던 것"이라고 변명 아닌 변명을 하며 여론에 굴복했다.

결국 김종철 총재의 변덕은 "민한당이 같은 야권의 정당으로서 국민당을 준여당이라고 악선전하고 있는 것은 극히 부도덕한 것"이라며 "정당이라면 수권능력이 있어야 하며 속된 말로 면장도 알아야한다"고 비난한 민한당의 공천배려로 당선가능성이 높은 지역구 포기로 국민당은 1석을 잃었을 뿐이다.

4. 다당제 정책에 부응하여 12개 정당 창당

(1) 보수정통야당의 뿌리를 찾겠다는 민권당

김의택, 권중돈 등 구신민계 인사들을 주축으로 창당 발기인 대회를 개최한 민권당은 창당준비위원장에 김의택, 부위원장에 김응조, 곽태진, 대변인에 최전권을 선출했다.

권중돈, 김산을 고문으로 추대하고 박기운, 주도윤, 조기항, 이재인 등이 참여했다.

민권당은 38개 지구당 조직책을 선정했다.

서울 동대문 강병진(실업인), 부산 서 – 동구 이우신(경북 병무청장), 부산진 김정수(부산약사회장), 전주 최전권(대변인), 이리 – 익산 김득수(전국학원연합회장), 정읍 – 김제 최낙도(언론인), 인천 하근수(실업인), 김포 이교성(실업인), 속초 김응조(예비역 장성), 부여 김홍조(실업인), 포항 권중돈(입법의원), 김천 정정문(실업인), 문경 황병호(실업인), 남해 최종림(실업인) 등이다.

"보수정통야당의 뿌리를 찾겠다는 순수하고 깨끗한 충정에서 출발했다"는 민권당을 이끌고 있는 김의택 총재는 "민정당은 정치활동이 중지된 상태에서 사전조직이 이루어졌지 않나 하는 국민들의 의구심이 가시지 않고 있으며, 유신정권 시대의 과잉충성 폐습이 잔재유물로 남아있어 자의든 타의든 간에 엄호를 받으려는 의식이 강한 정당"이라고 민정당을 비난하고, "유신헌법 개정자체를 반대하며 국민의 정당한 요구를 묵살한 채 민주정치의 후퇴를 자초하고 결과적으로 10 · 26 사태까지 가져오게 한 중대한 과오를 범한 인사들이 국민 앞에 자숙하기는 커녕 야당인양 탈을 쓰고 공약을 마구잡이로 남발하고 있는 것은 국민을 희롱하는 처사"라고 민한당을 비난했다.

민권당은 지역구에 81명을 공천하고 전국구에 21명 등 102명의 후보자를 공천했다.

민권당 후보에는 조철구(성동), 강병진(동대문), 노병구(영등포), 이길범(관악), 김정수(부산진), 최시명(해운대), 하근수(인천), 신흥균(남양주), 이교성(고양), 김응조(속초), 신민선(영월), 박천식(금산), 김홍조(부여), 김동분(홍성), 채영석(군산), 김득수(이리), 이상옥(진안), 김옥천(광주), 유경현(목포), 김면중(광산), 김상복(장성), 김정두(대구), 권중돈(영천), 황병호(문경), 권기술(울산), 임채홍(산청), 신두완(제주) 등 이름이 알려진 인물들을 출전시켰다.

민권당은 김의택 총재를 1번으로 21명의 전국구 후보를 공천했다.

김옥천 의사협회 고문, 김병남 마산철관 대표, 재선의원인 곽태진 당부총재, 백태민 파고다 아케이트 회장 등이 상위순번을 받았고 조기항 변호사, 조종한 전남도의원, 이우신 경북 병무청장 등도 이름을 올렸다.

김의택 총재는 "윤보선 전 대통령은 평소 존경하던 정치선배였지만 이번 선거과정에서 비서를 돕는 등 공사를 혼동하는 행위를 함으로써 그분의 정치경력과 민주투쟁의 역사가 하루아침에 수포로 돌아간 것이 안타깝다"고 윤 전 대통령이 민정당 조종호 후보 지원을 비난했다.

(2) 혁신정당은 끝내 민주사회당과 사회당으로 분열

자유당시절에는 조봉암 초대 농림부장관의 진보당이 혁신정당의 명맥을 유지해왔으나 조봉암 당수가 처형되고 진보당이 해산되어 흔적도 없이 사라졌다.

지금까지 용공내지 이단시해왔던 혁신계에 대한 인식을 달리하고자 4·19 혁명이후 통일사회당을 출범시켜 정치위원장 이동화, 상무위원장 송남헌, 선전국장 고정훈, 국제국장 김철 등이 활약했고 5·16 이후에는 이동화의 대중당과 통일사회당의 김철로 분파됐다.

이번에도 혁신원로 이동화를 중심으로 기선을 제압한 민주사회당 고정훈, 통일사회당이 혁신의 모체가 되길 원하는 김철이 끝내 분열됐다.

이동화 전 통일사회당 정치위원장, 구익균 전 대중당사무국장, 송남헌 전 통일사회당 당무위원 등이 혁신정당 창당 발기문 작성을 하여 결성된 민주사회당은 창당발기인대회에서 전 사회혁신당 대표인 고정훈을 창당준비위원장으로 김국주, 한왕균, 황귀성, 홍숙자를 부위원장으로, 이동화, 신도성, 송남헌을 고문으로 추대했다. 김철, 백철, 이왕종, 기노을 등도 참여했다.

민주사회당은 "우리나라는 이제 민주주의적 복지국가를 건설하는 새로운 역사의 장을 기록해야 하는 시대적 요청에 당면해 있다"면서 "의회 민주주의 모든 원칙을 존중하면서 보수대혁신이라는 정책대결을 그 이상으로 삼겠다"고 선언했다.

민주사회당은 지역구에 50명을 공천했는데 장세환(마포), 강경식(부산진), 박제상(안양), 이찬구(여주), 이재연(경산), 백찬기(마산), 김상원(거창), 유웅재(대전), 양덕승(광주), 윤해수(포항) 후보들도 포함됐다.

민사당 창당대회에서 고정훈을 당수로 한왕균, 김국주를 부당수로, 이동화, 송남헌, 신도성, 구익균을 고문으로 추대했다.

민사당은 "민족 반역집단이 35년간이나 북한을 강점하고 있는 한국의 특수성은 우리들의 민주적 사회운동도 이에 상응하는 승공노선을 지향하지 않을 수 없게 했다" "우리의 정치조직이 오직 권력의 유지와 쟁취에만 몰입하던 지난 날의 폐단을 지양하고 국민생활의 풍요와 인간적 품위의 증진에 봉사한다"는 당의 정치투쟁 방법에 한계를 노정했다고 비판했다.

민주사회당은 25개 지구당 조직책을 선임했다.

성북은 권두영 고대노동문제연구소장, 강남은 고정훈 창당준비위원장, 안양은 박제상 치안문제연구소 사무국장, 달성은 이재연 삼륭건설회장, 청송은 장소택 회사장, 창녕은 김정수 농촌문제연구소장, 산청은 김상원 정당원등이다.

"민족적 주체성에 입각한 민주적 사회주의를 이 나라에 실현할 역사적 임무를 지닌 국민대중정당인 민사당을 결성한다"는 민사당은 대성봉제 대표인 박용수 등 13명의 전국구 후보를 공천했다.

고정훈 당수는 창당과정의 공로와 앞으로 당 발전에 기여할 수 있는 인사를 우선적으로 고려했다면서 김국주 광복군 동지회장, 홍숙자 뉴욕 총영사부영사, 황귀성 삼주상사 대표, 이강백 당사무차장 등도 추천했다.

민주사회당 12인 발기준비위원 중 김철 전 통사당 고문과 김정길 전 통사당 부간사장이 불참하여 5·16전후로 혁신세력이 양분됐다.

김철이 민주사회당과 별도로 사회당 창당발기인대회를 가져 혁신계는 이원화됐다.

사회당 창당대회에서 김철 위원장은 '민족통일 앞장서서 이끌어가자'는 당의 이념과 의지라면서 "민중의 기대와 소망을 저버리지 않는 굳은 신념과 사명감을 가지고 사회당을 창당했다"며 "져서는 안되는 싸움이라는 각오로 이번 선거에 나섰다"고 밝혔다.

김철 위원장은 "우리의 역사적 현실은 우리 내부체제에서 민주사회주의를 필연적으로 요청하고 있다" "민중이 짓눌리고 끌려가고 제 할말을 못하는 사회풍토를 타파하여 대등하게 대접받고 떳떳이 살 수 있는 자유로운 민중사회를 건설하자는 것이 우리의 민주사회주의 이념"이라고 투쟁의지를 북돋았지만 사회당 조직책 구판홍, 유웅재, 장을재 등 20명이 민주사회당에 합류했다.

사회당은 김철 위원장이 서울 동작구에 출전하는 등 20여명을 지역구에 공천하고 장수봉 부산일보부사장 등 6명을 전국구에 후보를 추천했으나 의정단상에 아무도 오르지 못하고 혁신계열 분열만 가져왔다.

(3) 20개 정당이 출현했으나 12개 정당이 총선참여

전환기면 언제나 정당들은 우후죽순이었다. 18개 정당들이 저마다의 명분과 이념을 표방하면서 다투어 정치무대에 오르고 있다.

김갑수 전 대법관은 "다당화 시대에 중도완충적 정당의 필요성을 절감하고 동지들을 규합했다" "우리의 지표와 이상을 달성하기 위해 모였다"며 정당결성을 추진했다.

신정당은 당 발기인대회에서 위원장에 김갑수를 선출하고 "순수한 뜻을 모아 자라나는 세대가 희망과 긍지를 갖도록 하며 지성인의 참여의식을 높여 실현성 있고 합리적인 정책을 추진하겠다"고 밝였다.

발기인에는 김중한, 박종진, 양극필, 양달승, 엄정주, 정직래, 정진화 전직의원, 조경철, 김형수, 이강화 등이 포함됐다.

김갑수 신정당 총재는 "정치완충역을 맡은 제3세력이 목표"라며 헌법위원으로 있던 법조계의 원로로서 4·19 직후 대법원장 직무대리, 안성에서 5대 총선때 당선됐으며 법무부차관, 내무부차관도 지냈다.

"제3세력을 자처하는 입장에서 대통령 선거참여는 모순"이라며 "깨끗한 인품을 지닌 낙천가"로 알려진 김 총재는 7대 총선(1967)때 지역구를 김현옥에게 빼앗겨 야인으로 돌아갔다.

신정당은 준비위원장에 김갑수를 추대하고 한적 총재를 지낸 김용우를 상임고문에, 대변인에 백상창을 선임했다.

김형수 전 체신부차관, 박용설 전 춘천대학장, 이태희 전 검찰총장, 양극필, 엄정주, 김중한, 정진화 전 의원들도 참여했다.

신정당도 24개지구 조직책을 선정했다.

안성 정진환(단국대 교수), 김포 장준영(청와대비서관), 영월 엄정주(전국회의원), 천안 강치원(대학교수), 금산 박은영(한의사), 함평 박종진(전 국회의원), 고흥 양달승(전 국회의원), 마산 김석곤(통대의원), 충무 김상수(부산대 교수), 거창 백상창(대변인) 등이 포함됐다.

신정당은 추가로 종로에 조경철 경희대부총장, 서산에 박성호 충남수의사협회부회장 등 5개 조직책을 임명하여 54명의 지역구 후보를 공천했다.

신정당은 김갑수 당총재를 1번으로 15명의 전국구 후보를 공천했다.

김형수 전 체신부차관, 이강화 전 공주대총장, 김윤종 전 인천해무청장 등 저명인사들이 상위순번에 포진됐다.

윤복영, 장승희 등이 원일민립당 창당 준비대회를 갖고 "원일이란 원이 법과 천(天)과 도(道)를 뜻해 진리를 의미하는 것"이라고 설명했다. 원일민립당은 "하늘을 공경하고 사람을 사랑하는 경천애인의 민족사상으로 홍익인간, 제세이화(濟世理化)의 민족주체사상을 계승발전시킨다"는 것을 정책방향으로 설정했다.

원일민립당은 지역구에 박태권(서산), 임태백(성북) 등 13명을 공천하고 박재원 문교부 교육연구관, 엄정주 6대의원 등 6명을 전국구 후보로 내세웠다.

민주독립당은 창당 준비위원장에 김재호(독립동지회장), 부위원장에 이몽(전 대중당 대표권한대행), 대변인에 박호영을 선출했다.

민주독립당은 통일민족당으로 개명하여 윤기선(종로), 간윤수(강서), 신하철(안양)등 지역구 10명과 양덕인 총재 등 5명을 전국구 후보로 등록했다.

농민들의 권익보장을 목표로 내걸은 고려농민당은 한국농민당으로 당명을 바꾸고 12명의 조직책을 발표했다.

한국농민당은 다시 민주농민당으로 개명하여 신중목 농림부 장관과 전 국회의원을 총재로 옹립하고 지역구에 통대의원 출신인 조정환(관악), 변종석(청주)를 비롯하여 이창열(김제), 박판현(경주), 이규정(울산), 신태성(거창)등 15명과 임용순 전 의원 등 4명을 전국구 후보로 공천했다.

하늘나라 건립을 목표로 창당한 한국기민당은 통대의원 출신인 김손(강동), 김찬묵(성남) 후보를 비롯하여 공창덕(관악), 김인수(여수), 조수휘(홍성) 등 지역구 14명과 권대구, 최장덕, 이민국, 이승석, 안신규, 김용희 장로 등 6명을 전국구 후보로 공천했다.

안민당 김현국 창당준비위원장은 "너무 많은 정당이 생기는데 대한 국민여론이 좋지 않은 것 같기 때문"이라며 중도포기 했으나 수도권변호사회장인 용태영 변호사가 물려받아 민주독립당(대표 김재호)과 합당했다.

안민당은 박기운(동대문), 곽인식(강동), 문용한(동래), 김두섭(김포), 한상필(대전), 신순범(여수), 배재연(달성) 후보 등 12명을 지역구에 공천하고 용태영 총재 등 3명을 전국구에 공천했다.

민주국민당(대표 강동근)은 창당활동을 포기한다고 선언했고 창당을 유보한 민주노동당(대표 정동호)의 관계자도 혁신계 단일화에 동조했다.

민주새한당(정광천), 대운당(김안수), 인류복지당(노병현), 한국자유민주당, 민주사회생활당이 창당을 중지했다.

반공이념 정당발기를 목표로 오제도 10대 의원 주도로 모임을 갖고 당명을 자유민주당으로 결정하고 이형근 반공연맹이사장과 이영근, 이성근, 강병규, 임호, 이도선, 김삼봉, 김용성, 김익준 전 의원과 김사달, 조선출 등이 참여했다.

우익성향을 띤 반공정당 창당을 모색하고 있는 오제도는 "새정당은 해방직후 반공, 반탁 운동을 통해 건국에 노력한 민족진영 인사들이 될 것"이라고 전망했고, 자유민주당 이도선 대변인은 "자민당이라는 명칭을 사용할 수 없다는 선관위의 유권해석이 나왔기 때문에 다른 당명을 결정하게 될 것"이라고 예고했다.

"지난날 이 땅에는 정권 유지, 특정 정파 개인의 출세를 위한 안보는 난무했지만 국가 백년대계를 다지는 진정한 국가안보는 소홀히 했다"는 오제도 의원은 결국 창당을 중도에서 포기했다.

국회의원 5명 이상을 당선시키지 못한 정당에는 전국구 의석이 배분되지 않는다.

그리하여 민주정의당(민정당), 민주한국당(민한당), 한국국민당(국민당)만이 전국구의석을 배정받았으나 민주농민당(민농당), 신정당, 원일민립당, 민권당, 사회당, 한국기민당, 안민당, 통일민족당, 민주사회당(민사당) 등은 전국구 후보를 공천했으나 의석배분에서 제외됐다.

제3장 제도권 정당후보들의 제한경쟁인 제11대 총선

1. 15개 선거구를 증설하여 92개 선거구로

2. 12개 정당, 361명의 후보들이 열띤 경쟁

3. 민정당이 여촌야도를 넘어 압도적인 승리

1. 15개 선거구를 증설하여 92개 선거구로

(1) 수도권에 7개, 비수도권에 8개 선거구 증설

서울은 인구의 급증에 따라 서대문구에서 은평, 영등포구에서 구로, 관악구에서 동작, 강남구에서 강동이 분구되어 신설됐다.

서대문구와 은평구는 병합됐으나 구로, 동작, 강동구가 증설되어 서울에서 3개구가 증설됐다.

경기도 인천을 인천 중 - 남, 인천 북 - 동 선거구로 양분하여 1개 선거구를 증설했고, 포천 - 연천 - 가평 - 양평 선거구에서 양평을 분리하여 양주군에서 분리·신설된 남양주군을 병합하여 남양주 - 양평 선거구를 신설했다.

또한 의정부 - 양주 - 파주 선거구에서 파주를, 김포 - 강화 - 고양에서 고양을 분리하여 파주 - 고양구를 신설했다.

평택 - 용인 - 안성구에서 용인을, 성남 - 여주 - 이천 - 광주에서 여주 - 이천을 분리시켜 여주 - 이천 - 용인구를 신설하고, 부천 - 안양 - 시흥 - 옹진구에서 부천을 분리하여 고양군을 떼어낸 김포 - 강화와 통합하여 부천 - 김포 - 강화 선거구를 개설하여 3개 구가 늘어났다.

(2) 부산, 경북, 경남 등 영남권에서도 4개구를 증설

동래구에서 분리되어 신설된 해운대구를 남구와 병합시키되 부산진 – 북구 선거구를 부산진, 북구로 독립선거구를 출범시켜 1개 선거구를 증설했다.

다만 동 – 서구에서 서구를 독립선거구로 하되 동구를 중 – 영도에 병합시켜 중 – 동 – 영도 선거구로 출범했다.

경북은 대구의 신설된 수성구를 포함하여 대구 서 – 북 – 중, 동 – 남 선거구를 전면 재편하여 대구 서 – 중, 동 – 북, 남 – 수성으로 재편하여 1개구를 증설했고 포항 – 영일 – 영천 – 울릉에서 영천을, 달성 – 경산 – 고령에서 경산을 분리시켜 영천 – 경산 선거구를 출범시켜 1개구를 증설했다.

구미 – 칠곡 – 군위 – 선산 – 성주에서 성주를 달성 – 고령에 병합시켜 선거구의 균형을 유지토록 했다. 한편 영주읍이 영주시로 승격하면서 영풍군이 신설되어 영주 – 영풍 – 영양 – 봉화 선거구로 개칭됐다.

경남도는 마산 – 진해 – 의창 선거구를 마산을 독립선거구로 하고 신설된 창원시를 묶어 진해 – 의창 – 창원 선거구를 출범시켜 1개구를 증설했다.

(3) 강원, 충청권, 호남권에서 4개 선거구가 증설

강릉 – 명주 – 삼척 선거구를 동해시가 신설되는 계기를 빌미로 양양을 병합시켜 동해 – 삼척, 강릉 – 명주 – 양양으로 분구하여 1개구를 증설했다.

춘천 – 춘성 – 철원 – 화천 – 양구에서 양구를 떼어내 양양을 출가시킨 속초 – 인제 – 고성구에 편입했다.

충북은 제천읍이 제천시로 승격되면서 충주 – 제천 – 중원 – 단양이 충주 – 제천 – 중원 – 단양 – 제원으로 변경되었을 뿐 선거구에 변동은 없었다.

충남은 대전을 대전 동구와 중구로 분리하여 1개구가 증설됐다.

전북은 군산 – 이리 – 옥구 – 익산을 군산 – 옥구, 이리 – 익산으로 분리하여 1개구를 증설하고 정읍 – 김제, 고창 – 부안 선거구를 정읍 – 고창, 부안 – 김제로 변경했다.

전남은 광주를 광주 동 – 북, 광주 서구로 증설하여 1개구가 증설했다.

인구의 도시 집중화에 따라 3년이란 짧은 기간 동안 서울은 3개구, 부산, 대구, 인천, 대전, 광주에 각 1개구가 증설되어 대도시권에서 8개구가 증설됐다.

2. 총선에 12개 정당, 861명의 후보들이 열띤 경쟁

(1) 전국구 228명, 지역구 634명 등 861명이 등록

민정당 92명, 민한당 91명, 국민당 75명, 민권당 82명, 신정당 54명, 민사당 50명, 사회당 20명, 한국기민당 15명, 민주농민당 15명, 원일민립당 13명, 안민당 12명, 통일민족당 10명으로 529명의 정당후보와 무소속 105명 등 643명이 등록하여 평균 3.4대 1의 경쟁률을 보였다.

전국구도 민정당 75명, 민한당 45명, 국민당 29명, 민권당 21명, 신정당 15명, 민사당 13명, 사회당 6명, 한국기민당 6명, 민주농민당 4명, 원일민립당 6명, 안민당 3명, 통일민족당 5명 등 228명이 등록하여 861명이 등록했다.

이들은 후보등록 때 정당소속은 7백만원, 무소속은 1천 5백만원의 기탁금을 내야 했다.

각 정당이 내놓은 전국구 후보수를 놓고 볼 때 민정당을 제외하고 사실상 원내 제1당이 되겠다는 의지의 한계를 보여줬다.

선거인 수는 2,132,724 명으로 전 인구의 55.7%로 집계됐다.

정치활동 피규제자가 많았고 무소속에 대한 제한이 강화됐으며 후

보등록기탁금 정당추천 7백만원, 무소속 1천 5백만원이 부담으로 작용하여 경쟁률이 낮아졌다.

유권자의 5백명 이상 7백명 이하의 추천요건도 무소속 출전에 부담으로 작용했다.

무투표 당선지역은 없으나 부산 북구, 평택 – 안성 등 3명의 후보만이 등록한 곳이 전국적으로 6개 지역이다.

전직의원은 77명으로 10대의 119명(25.2%)보다 절반 정도로 줄어들었다.

통대의원이 40명이나 나온 것은 이들이 선거 유경험에 큰 기대를 걸로 있을 뿐 아니라 통대의원은 탈정치의 규정에도 불구하고 사실상 정치예비군이었다는 것을 보여줬다.

최고령 후보는 서울 관악의 노지만(원일당) 후보로 75세이고, 최연소 후보는 광주 동 – 북구의 양회창(무소속) 후보로 27세이다.

여성후보는 대전 중구의 한상필(안민당) 후보 등 10명이다.

김종철 총재의 대타인 김종식 후보는 김 총재의 동생이면서 민정당 이재형 대표의 사위이다.

민정당 이용훈 전국구 후보와 민한당 서청원 후보와는 동서지간이다.

거목들이 상당수 정치쇄신법에 묶여 무주공산이 많은데다 '야당이라 해보아야 키가 비슷비슷하다'는 말이 나올 정도로 정당 간의 특색도 없어졌다.

전직 의원은 민정당이 26명으로 가장 많고 국민당이 25명이며 민한당은 18명에 불과하다.

동대문 송원영 의원의 아내인 윤금중 후보는 "정통야당의 종자를 보존해야 되지 않느냐의 구 당원들의 요청에 따라 나데게 됐다"고 출마를 선언했으나 선관위로부터 등록서류가 반려되자 윤금중 후보는 출마하지 않기로 했다.

그러나 영등포 박한상 의원의 아들 박윤근 후보는 "아버지 대신 심판을 받겠다"며 출전을 감행했다.

정풍운동의 기수인 박찬종 후보는 "본인은 일신상의 사정으로 정계를 떠나기로 했으며 국회의원 입후보도 사퇴한다"고 선언했다.

민한당 오동환(남해 - 하동) 후보는 국회의원 피선거권이 없는 것으로 등록무효했다.

선거운동은 선거공영제에 따라 합동연설회, 선전벽보, 선거공보, 현수막 게시만을 할 수 있으며 개인정견발표회나 호별 방문등은 일체 금지된다.

합동연설회는 구·시는 2회, 군은 3회로 하되 인구 30만명 이상이거나 12개 이상의 읍·면은 1회 추가할 수 있다.

이재형 민정당 대표는 "간선제를 규정한 현행 헌법이 통과될 때 정당이 없었으므로 이 문제를 주장할 수는 있다" "직선제 개헌논의가 있을 수 있다는 말은 제12대 대통령을 간선제로 선출한 기정사실을 부인하는 것을 의미하지는 않는다"고 야당의 대통령 직선제 주장을 반박했다.

정당법에 1석의 의석도 얻지 못하고 유효투표의 2%를 득표하지 못하면 정당등록이 취소되도록 규정되어 있어 선거결과 무더기 등록취소가 예상됐다.

(2) 국민당 조덕현 후보의 구속과 이에 대한 공방

서울 동부경찰서는 성동의 국민당 조덕현 후보와 선거운동원 이의현, 민한당 성동구 선거사무장 신광수를 국회의원 선거법위반 혐의로 구속했다. 이의현은 300만원을 신광수에게 주고 민한당을 탈당하고 국민당에 입당하여 선거운동을 해달라고 부탁했다는 것이다.

이 지역구의 선거전은 자유당 독재에 항거한 4·19 주역으로 고려대 교수인 민정당 이세기, 6·3 사태를 주동하다 옥고를 치르고 비판적 언론인으로서의 사회경력을 내세운 민한당 김도현, 17년간 이곳에서의 운수회사를 경영해 오며 쌓아 온 지역봉사자로서의 이미지를 살린 국민당 조덕현 후보의 3파전에 16년간 금호동에서 병원을 경영한 토박이로 1만 6천여 명의 당원과 3만 명의 환자가족을 동원하여 추격전을 전개한 민권당 조철구 후보의 쟁패장으로 돌변했다.

그러한 와중에 조덕현 후보와 선거운동원 이의현, 민한당 성동구 선거사무장 신광수 등이 국회의원 선거법 위반 혐의로 구속됐다.

국민당 김종철 총재는 "민한당 김도현 후보가 국민당 조덕현 후보를 입건해 달라고 민정당 이세기 후보에게 부탁하여 구속됐다" "강 건너에서 민한당 후보가 국민당 후보를 입건해 달라고 민정당 후보에게 부탁하고 민정당 후보가 이를 협박조로 국민당후보를 이용한 사례가 있다"면서 "우리당은 무슨 미운털이 꽂혔느냐"고 반문했다.

그러나 민한당 신상우 사무총장은 "국민당 조덕현 후보의 구속은 민한당 김도현 후보의 고발에 의한 것이 아니라 경찰의 인지수사에서 비롯된 것"이라고 해명했다.

민한당은 "국민당 스스로 범법행위를 자행해 놓고 마치 정치적 박해를 받는 양 위장하고 민한당에 그 책임이 있는 것처럼 역습하는 물귀신 작전을 전개하고 있다"고 조덕현 후보 구속을 쟁점화하자, 국민당은 "조덕현 후보의 구속, 잇단 당원 연행 등의 사태가 야당을 자처하는 민한당에서 발생하지 않고 오직 국민당만이 당하고 있다"는 사실을 역설했다.

(3) 우여곡절과 다양한 목소리가 울려퍼진 선거전

전두환 대통령은 총선 열기중에 전국을 순시하며 연설을 통해 평화적인 정권 교체와 정치풍토 쇄신에 역점을 둔 민주주의 토착화를 강조하며 시·도지사와 민정당 후보들로부터 도로개설과 4년

제 대학 설립 등의 건의를 청취했다.

민한당 김태식 후보는 "대통령이 지방순시때 약속한 일들을 선거운동에 이용하고 있다면 중앙선관위에 선거법 위배 여부를 질의하겠다"고 윽박했다.

민한당 김은하 후보는 "인천의 직할시 승격은 이미 인구와 재정자립도 등 그 기준이 충분하므로 하루 속히 이루어져야 한다"면서 "그러나 마치 후보의 요청에 따라 승격시켜준다는 식의 공약은 바람직하지 못한 처사"라고 민정당의 선심공약을 비난했다.

민한당 임재정 후보는 "다당화 정책은 민주세력과 비민주세력의 구분을 혼돈시켜 정권능력을 갖춘 야당다운 야당을 저해하고 있다"고 국민당을 비난하자, 국민당에서는 "정치활동규제법에 풀려난 사람들만이 정치무대에서 활동이 가능한 정치현실 속에서 진짜야당, 가짜야당 운운하며 서로가 서로를 헐뜯는 행위가 가소롭다"고 반발했다.

"정통야당 종자보존하라는 요청에 따라 출마했다"는 민한당 유치송 총재는 박정희 전 대통령은 한번만 더 하고 그만 두겠다고 약속해 놓고 18년 동안이나 장기집권했던 사실을 강조했다.

"여당은 하나일 뿐 둘일 수 없다"는 권정달 민정당 사무총장은 "이제는 여야도 없고 새로운 정치질서를 형성하는 시점이므로 변절이란 말을 논리적으로도 성립할 수 없다"며 신민당이나 공화당 출신으로 민정당으로 변신한 의원들을 변명했다.

11대총선에선 10당 5락이란 유행어가 나돌았다. 말의 성찬 못지않게 돈의 향연도 이번 총선의 또다른 얼굴인 것 같다.

눈앞에 어른거리는 금배지의 환영을 보는 후보들은 지출초과의 무리를 알면서도 좀처럼 제어하기 어렵다고 실토하고 있고, 가문의 영광 못지않게 가문의 출혈을 감수하면서 총력전을 펼치고 있다.

당원용이란 구실 아래 벌어지는 탈법 선거운동과 조직확대과정에서 야기된 여러 가지 잡음이 있었다.

통반장을 앞세워 입당원서를 받거나 입당원서를 받을 때 돈을 얹어주는 사례는 다반사이고, 당원단합대회를 빙자해서 선물이나 돈을 뿌리는 것은 흔히 볼 수 있는 일이다.

상당한 지명도와 기존조직이 있는 후보가 비교적 양심적으로 선거운동을 할 경우 1억원 정도 든다는 것이 통설이다.

각종 여론기관에서는 선거전의 판세를 민정당은 80명이 당선권, 8명이 백중세이고, 민한당은 62명이 당선권, 21명이 혼전양상이며, 국민당은 20명이 당선권, 27명이 백중세이다. 민권당은 6명이 당선권, 13명이 혼전이며, 민사당은 2명이 당선권, 3명이 혼전이라고 분석했다.

그러나 민한당은 55석은 확실하고 15~20개 지구가 백중세이므로 물량공세와 행정력 개입이 없으면 75석까지도 가능하다고 전망했다.

국민당 조용직 부대변인은 "민정당이 우리 당의 예상의석을 20여석 운운하는 것은 미리 계산해놓고 하는 것 같아 불쾌하기 짝이 없다"고 반발했다.

3. 민정당이 여촌야도를 넘어 압도적인 승리

(1) 민정당이 국회 안정의석인 151석을 확보

선거 결과 민정당이 지역구 90석, 전국구 61석으로 55%인 151석으로 원내 안정의석을 확보했다.

민한당은 지역구 56석, 전국구 24석으로 29%인 80석을 확보하여 제1야당의 위치를 확보하여 정통야당의 계승을 다짐했다.

국민당은 지역구 18석, 전국구 7석으로 10%에도 미달하는 25석으로 예상 밖으로 저조했으며, 10석 이상 확보하리라는 예상을 뒤엎고 민권당은 지역구에서 2석을 건졌을 뿐이었다.

국민당은 50석 확보라는 예상을 크게 빗나가는 낭패를 당한 셈이지만 민권당이야말로 전락(轉落)의 깊이가 제일 크고 일순간에 군소정당이 됐다.

민주사회당, 신정당, 민권당이 각각 2석, 민주농민당, 안민당이 각각 1석, 무소속이 11석으로 군소정당이나 무소속이 20석을 차지했다.

이번 총선은 그동안 난립했던 여러 포말(泡沫) 정당을 정리하는 계기가 됐다.

민권당 김의택 총재는 "무참히도 패했는데 패군 지장이 무슨 할말이 있겠느냐"고 패배를 시인했고, 민사당 고정훈 당수는 "산산조각이 난 당을 재정비하는데 전력을 다하겠다"고 포부를 밝혔다.

유정회 예비후보로 있다가 국민당으로 전향한 조병봉 당선자는 "종래의 야당처럼 비판을 위한 비판, 반대를 위한 반대는 하지 않겠다"고 국민당의 정치지향을 설명했다.

민정당은 제주의 변정일, 해남 - 진도의 임영득 후보만이 낙선했고 2위로 당선된 후보자는 곽정출(부산 서구), 최창규(청양 - 홍성 - 예산), 김재호(여수 - 광양 - 여천), 유경현(순천 - 구례 - 승주), 한병채(대구 서 - 중), 정휘동(김천 - 금릉 - 상주), 김종기(달성 - 고령 - 성주), 고원준(울산 - 울주) 등 8명에 불과했다.

무소속에서 황명수, 박정수, 조순형, 현경대 후보 등이 당선됐다.

사회당 김철 위원장, 국민당 양찬우, 김용호, 윤인식 부총재와 민권당의 김응조 부총재 등은 낙선했다.

국민당 조덕현 후보는 옥중당선됐으며 10대 의원은 공화당 출신으로 민정당 후보인 정래혁, 이해원, 정석모, 정동성, 신민당 출신으로 민정당 후보인 채문식, 오세응, 한병채, 박권흠, 김종기 후보들도 당선됐다.

최다득표는 마포 - 용산의 민정당 봉두완 후보로 15만 8천 503표, 최다득표 낙선자는 성동의 민한당 김도현 후보로 70,031표를 얻고도 낙선했다.

최소득표 당선자는 진안 - 장수 - 무주의 민한당 오상현 후보로 1

만 9천 6백 90표를 얻고도 당선됐고, 보은 - 옥천 - 영동의 무소속 장환진 후보는 1,623표를 득표했다.

이번 선거의 투표율은 78.4%로 비교적 높은 편이며 민정당은 35.6%, 민한당은 21.5%, 국민당은 13.2%을 득표했다.

후보자별 득표수는 15만 8천 6백 3표의 봉두완(마포 - 용산), 13만 8천 3백 77표의 권영우(동대문), 11만 6천 2백 79표의 이종찬(종로 - 중구) 후보 등이 다득표순이다.

득표율은 유효투표 58.4%를 획득한 권정달(안동 - 의성), 57.7%를 얻은 정재철(속초 - 고성 - 양양), 57.4%를 얻은 김영선(남양주 - 양평) 후보 순이다.

10대 의원 중 낙선한 경우는 국민당의 현기순, 김재홍, 한갑수, 민한당의 김준섭, 조규창 후보들을 들 수 있다.

이번 총선의 특징은 종래의 여촌야도라는 표의 패턴을 깨고 민정당이 대도시와 농촌에서 고루 승리했다.

민정당의 승리는 선거기간 동안 국회 안정세력 확보 호소와 조직력 탓이었다.

민정당의 승리는 조직에 의한 승리라고 볼 수 있다. 전두환 총재가 당원들에게 보낸 친서도 상당한 효과를 보았다.

야당에서 바랐던 바람은 조직을 이겨내기엔 역부족이었고 당초부터 바람은 현실적 여건상 일어날 수 없었다.

무소속의 부상은 지역별로 지명도가 높은 인사가 출마를 했고 인물본위의 지역별 투표성향과 맞아 떨어진 결과라고 보여진다.

일반적으로 투표날 비가 오면 투표율이 저조하여 야당의 바람이 비에 죽는다는 말이 회자됐다.

국민당은 "총 득표수를 볼 때 13.3%로 당의 뿌리가 죽지 않았다" "3위로 낙선한 후보자가 32명이나 된다" "당초목표에는 미달했지만 213만 표를 얻은 점에 비추어 낙심하지 말고 계속 양심세력과 신진인사들을 영입해서 당의 조직을 확대"키로 결의했다.

개표 결과 유효투표의 2%미만을 얻은 정당인 한국기민당, 민주농민당, 원일민립당, 안민당, 통일민족당 등 6개 정당 가운데 민주농민당, 안민당은 의석 1석을 확보하여 등록취소 사유에서 제외됐다.

(2) 11대 총선 당선자들의 면모와 선거전의 낙수

11대 국회는 학력이 높은 정치신인들이 대종을 이뤘다. 대졸 이상의 학력소지자가 2백 68명(97.1%)으로 국회사상 최고의 학력을 기록하고 있다.

육사, 공사, 해사 출신이 20명으로 많은 편이며 독학 1명, 대학 중퇴 2명, 전문대 졸업 3명뿐이다.

제헌국회때의 소학교졸 25명, 중졸 47명, 한문수학 9명 등 81명이 중졸이하인 것과는 천지차별을 가져왔다.

전체의 78.6%인 217명이 초선으로 의정경험이 없으며 이 가운데 8명(2.9%)은 의정대행 경험이 있을 뿐인 입법회의 의원이라는 점이다.

재선의원은 34명(12.3%)이며 3선 이상 의원은 25명(9.1%)으로 이재형 의원이 6선의원으로 최다선의원이다.

10대 때 초선이 31.1%(48명)이고 재선 이상이 68.9%(106명) 이었던 것과는 대조를 이뤘다.

종래의 정치무대를 청소한 바탕 위에서 새로운 정치질서를 심고 있는 제5공화국의 출발전제에서부터 이 같은 사정은 전망할 수 있었지만 이러한 추세는 앞으로의 의정 운영에서도 깊은 상관관계를 가질 것으로 예상됐다.

역대 어느 선거보다도 공명이 강조되면서 새시대의 선명논쟁이 무성했으면서도 혼탁과 타락의 숱한 얼룩을 남겼다.

전남에서는 여당에 대한 공격보다는 엉뚱한 선명싸움으로 열기가 가득했다.

광주에서 야당 중의 야당지역, 정통야당도시, 우리나라 정치 1번지, 선명야당지역, 집권당이 마음대로 안 되는 곳 등으로 지지를 호소하여 광주와 목포 등지에선 민정당 후보의 당선이 어려울 것으로 보였으나 개표결과는 민정당의 강세가 두드러졌다.

경북도청을 구미, 안동, 경주로 서로 옮기겠다는 3개 지역 민정당 의원들이 함께 공약했다.

구미 – 선산의 박재홍 후보는 "박 대통령이 생존해 계셨더라면 도청이전은 말할 필요도 없는 것"이라며 "전두환 대통령에게 매달려서라도 꼭 실현토록 하겠다"고 약속했고, 안동 – 의성 김영생 후보는 "세비를 월급으로 생각하는 사람을 뽑아서는 안된다"면서 "당선만 시켜주면 여러분을 위해 아낌없이 사재를 내놓겠다"고 선언했다.

조상래 후보는 "세비는 한푼도 내가 쓰지 않겠다"며 "장학기금을 위해 재산을 내놓겠다"고 약속했다.

선거운동 과정에서 변절시비로 인기가 떨어진 것으로 알려진 한병채, 박권흠, 김종기, 채문식 후보들이 모두 금메달로 국회입성이 확정되자 "후보자들의 민정당 입당은 변절이 아닌 뚜렷한 소신에 따른 것으로 유권자의 민정당에 대한 절대적 지지의 결과"라고 자화자찬했다.

한병채 후보는 "나는 여야를 초월한 정치인이며 신념의 정치인이지 변절자는 아니다"라고, 김종기 후보는 "10대 국회에서 가장 양심적인 국회의원이었기 때문에 정의사회 구현을 위해 내가 발탁된 것이지 변절은 아니다"라고, 윤길중 후보는 '영국의 정치가 처칠도 '내가 변한 것이 아니라 세상이 변했기 때문이다'라고 변신에 대해 설명했다"고 합리화했다.

윤보선 전 대통령은 "과거 박 정권에 투쟁한 사람이 현 정권에 동조한다고 해서 그것을 변절이라고 보는 것은 옳지 않다"고 해명했고, 주도윤 후보는 "입법의원은 개혁주도세력과 가장 가까운 사람인데 야당이라고 한다"고 비난했다.

괴산의 김형순 후보는 "요즘 당명 앞에 민주자가 붙은 정당은 야당이 아니며 민권당만이 전통야당"이라고 주장했다.

민정당은 무소속은 선거철의 철새와 같고 주인이 없는 하인이며 잇속을 찾아 간에 붙고 쓸개에 붙을 수도 있다고 무소속 후보들을 비난했고, 권정달 사무총장은 "민정당이 지역구에서 다 당선되고 전국구의 3분의 2를 차지해도 전체의석의 55%밖에 안된다"고 엄살모드에 빠졌다.

(3) 지역구 당선자 184명의 면모

민주정의당 : 90명

○ 서울 (14명) : 이종찬(종로 – 중구), 권영우(동대문), 이세기(성동), 김정례(성북), 홍성우(도봉), 윤길중(서대문 – 은평), 봉두완(마포 – 용산), 이찬혁(영등포 갑), 임철순(영등포 을), 이태섭(강남), 남재희(강서), 최명헌(구로), 조종호(동작), 정남(강동)

○ 부산 (6명) : 왕상은(중 – 동 – 영도), 곽정출(서구), 구용현(부산진), 김진재(동래), 유흥수(남 – 해운대), 장성만(북구)

○ 경기 (12명) : 맹은재(인천 중 – 남), 김숙현(인천 동 – 북), 이병직(수원 – 화성), 오세응(성남 – 광주), 홍우준(의정부 – 양주), 윤국노(안양 – 시흥 – 옹진), 신능순(부천 – 김포 – 강화), 김영선(남양

주 － 양평), 정동성(여주 － 이천 － 용인), 이자헌(평택 － 안성), 이용호(파주 － 고양), 이한동(포천 － 연천 － 가평)

○ 강원 (6명) : 홍종욱(춘천 － 춘성 － 철원 － 화천), 김용대(원주 － 원성 － 홍천 － 횡성), 김정남(동해 － 삼척), 이범준(강릉 － 명주 － 양양), 심명보(영월 － 평창 － 정선), 정재철(속초 － 양구 － 고성 － 인제)

○ 충북 (4명) : 정종택(청주 － 청원), 이해원(충주 － 중원 － 제천 － 단양 － 제원), 박유재(보은 － 옥천 － 영동), 안갑준(진천 － 괴산 － 음성)

○ 충남 (8명) : 남재두(대전 동), 이재환(대전 중), 정선호(천안 － 아산 － 천원), 천영성(금산 － 대덕 － 연기), 정석모(공주 － 논산), 이상익(부여 － 서천 － 보령), 최창규(청양 － 홍성 － 예산), 김현욱(서산 － 당진)

○ 전북 (7명) : 임방현(전주 － 완주), 고판남(군산 － 옥구), 문병량(이리 － 익산), 황인성(진안 － 무주 － 장수), 양창식(임실 － 순창 － 남원), 진의종(정읍 － 고창), 조상래(부안 － 김제)

○ 전남 (10명) : 심상우(광주 동 － 북), 박윤종(광주 서), 최영철(목포 － 무안 － 신안), 김재호(여수 － 광양 － 여천), 유경현(순천 － 구례 － 승주), 나석호(광산 － 나주), 정래혁(담양 － 곡성 － 화순), 이대순(고흥 － 보성), 김 식(장흥 － 강진 － 영암 － 완도), 조기상 (함평 － 영광 － 장성)

○ 경북 (13명) : 한병채(대구 서 － 중), 김용태(대구 동 － 북), 이치호(대구 남 － 수성), 이진우(포항 － 영일 － 울릉), 박권흠(경주 － 월

성 – 청도), 정휘동(김천 – 금릉 – 상주), 권정달(안동 – 의성), 박재홍(구미 – 군위 – 칠곡 – 선산), 오한구(영주 – 영양 – 영풍 – 봉화), 이용택(달성 – 고령 – 성주), 김중권(청송 – 영덕 – 울진), 염길정(영천 – 경산), 채문식(문경 – 예천)

○ 경남 (10명) : 조정제(마산), 고원준(울산 – 울주), 안병규 (진주 – 진양 – 삼천포 – 사천), 배명국(진해 – 창원 – 의창), 이효익(충무 – 통영 – 고성 – 거제), 유상호(의령 – 함안 – 합천), 신상식(밀양 – 창녕), 이재우(양산 – 김해), 박익주(남해 – 하동), 권익현(산청 – 함양 – 거창)

민주한국당 : 57명

○ 서울 (11명) : 김판술(종로 – 중구), 심헌섭(동대문), 김태수(도봉), 손세일(서대문 – 은평), 김재영(마포 – 용산), 이원범(영등포갑), 한광옥(영등포을), 고병현(강서), 김병오(구로), 서청원(동작), 정진길(강동)

○ 부산 (5명) : 안건일(중 – 동 – 영도), 서석재(서구), 박관용(동래), 김승목(남 – 해운대), 신상우(북구)

○ 경기 (10명) : 김은하(인천 중 – 남), 정정훈(인천 동 – 북), 유용근(수원 – 화성), 김문원(의정부 – 양주), 이석용(안양 – 시흥 – 옹진), 오홍석(부천 – 김포 – 강화), 조종익(여주 – 이천 – 용인), 유치송(평택 – 안성), 이영준(파주 – 고양), 홍성표 (포천 – 연천 – 가

평)

○ 강원 (4명) : 김병열(원주 – 원성 – 홍천 – 횡성), 이관형(동해 – 삼척), 고영구(영월 – 평창 – 정선), 허경구(속초 – 인제 – 고성 – 양구)

○ 충북 (1명) : 김영준(충주 – 중원 – 제천 – 단양 – 제원)

○ 충남 (5명) : 박완규(대전 동구), 유인범(대전 중구), 유한열(금산 – 대덕 – 연기), 조중연(부여 – 서천 – 보령), 한영수(서산 – 당진)

o 전북 (6명) : 김태식(전주 – 완주), 박병일(이리 – 익산), 오상현(진안 – 무주 – 장수), 이형배(임실 – 순창 – 남원), 김원기(정읍 – 고창), 김진배(부안 – 김제)

○ 전남 (9명) : 임재정(광주 동 – 북), 지정도(광주 서구), 임종기(목포 – 무안 – 신안), 허경만(순천 – 구례 – 승주), 이재근(나주 – 광산), 고재청(담양 – 화순 – 곡성), 유준상(고흥 – 보성), 유재희(장흥 – 강진 – 영암 – 완도), 민병초(해남 – 진도)

○ 경북 (4명) : 신진수(대구 동 – 북), 김현규(구미 – 군위 – 칠곡 – 선산), 홍사덕(영주 – 영양 – 영풍 – 봉화), 김찬우(청송 – 영덕 – 울진)

○ 경남 (1명) : 신원식(양산 – 김해)

한국국민당 : 18명

○ 서울 (1명) : 조덕현(성동)

○ 경기 (1명) : 조병봉(남양주 – 양평)

○ 강원 (2명) : 신철균(춘천 – 춘성 – 철원 – 화천), 이봉모(강릉 – 명주 – 양양)

○ 충북 (3명) : 윤석민(청주 – 청원), 이동진(옥천 – 보은 – 영동), 김완태(진천 – 괴산 – 음성)

○ 충남 (2명) : 임덕규(공주 – 논산), 이종성(청양 – 홍성 – 예산)

○ 전남 (1명) : 이성일(해남 – 진도)

○ 경북 (5명) : 이만섭(대구 서 – 중), 이성수(포항 – 영일 – 울릉), 김영생(안동 – 의성), 박재욱(영천 – 경산), 김기수(문경 – 예천)

○ 경남 (3명) : 조병규(진주 – 진양 – 삼천포 – 사천), 김종하(진해 – 창원 – 의창), 조일제(의령 – 함안 – 합천)

민권당 : 2명

○ 부산 (1명) : 김정수(부산진)

○ 경남 (1명) : 임채홍(산청 – 함양 – 거창)

민주사회당 : 2명

○ 서울 (1명) : 고정훈(강남)

○ 경남 (1명) : 백찬기(마산)

신정당 : 2명

○ 경기 (1명) : 이대엽(성남 – 광주)

○ 전남 (1명) : 이원형(함평 – 영광 – 장성)

안민당 : 1명

○ 전남 (1명) : 신순범(여수 – 광양 – 여천)

민주농민당 : 1명

○ 경남 (1명) : 이규정(울산 – 울주)

> **무소속 : 11명**

○ 서울 (1명) : 조순형(성북)

○ 충남 (1명) : 황명수(천안 – 아산 – 천원)

○ 전북 (1명) : 김길준(군산 – 옥구)

○ 경북 (3명) : 김순규(경주 – 월성 – 청도), 박정수(김천 – 금릉 – 상주), 이용택(달성 – 고령 – 성주)

○ 경남 (3명) : 조형부(충무 – 통영 – 고성 – 거제), 노태극(밀양 – 창녕), 이수종(남해 – 하동)

○ 제주 (2명) : 강보성, 현경대(제주 – 북제주 – 남제주)

(4) 전국구 당선자 92명의 면모

> **민주정의당 : 61명**

1. 이재형(5선의원, 국회부의장)   2. 나길조(전주지검장, 대법판사)

3. 김종경(법무연수원장, 검찰총장) 4. 이용훈(법제처장, 법무부차관)

5. 김기철(3선의원, 체신부장관)   6. 송지영(문예진흥원장)

7. 정희택(입법의원)   8. 박동진(UN대사, 외무부장관)

9. 정원민(해군 1차장, 해군중장)   10. 김정호(해군 2차장, 해군중장)

11. 윤석순(안기부 조직국장)   12. 김종호(충북지사, 내무부차관)

13. 최상업(서강대 교수, 부총장)   14. 황병준(중앙대 교수, 부총장)

15. 유근환(육군소장, 정보사령관)   16. 김용수(교육사령관, 30사단장)

17. 박태준(포항제철회장)   18. 박경석(동아일보 정치부장)

19. 이우재(육사13기, 입법의원)   20. 이춘구(육사14기, 정화위원장)

21. 김현자(YWCA 부회장)   22. 정순덕(육사16기, 군단참모장)

23. 배성동(서울대 부교수)   24. 김사룡(통대의원, 입법의원)

25. 이건호(변호사, 이대대학원장)   26. 신상초(3선의원, 입법의원)

27. 오제도(변호사, 대검검사)   28. 김윤환(조선일보기자, 10대의원)

29. 정희채(부산대교수, 10대의원)   30. 김춘수(영남대교수, 문과대학장)

31. 박현태(한국일보부국장)   32. 이양우(해사6기, 10대의원)

33. 박종관(서울시경국장, 경찰대학장)   34. 고귀남(전남도사무처장)

35. 나웅배(한국경영연구원장)   36. 김 집(병원장, 대한체육회 이사)

37. 지갑종(한국참전국협회장)   38. 허정일(육사 20기, 육군대령)

39. 이상선(국회전문위원, 함남지사) 40. 손춘호(대한의학협회장)

41. 정시래(전남부지사)　　42. 안교덕(육사 11기, 정우개발사장)

43. 최낙철(육사 12기, 계성제지사장) 44. 김모임 (대한간호협회장)

45. 이헌기(철도노조기획지도의원)　46. 이윤자(주부교실중앙회장)

47. 이민섭(한국신문윤리위원)　　48. 이영희(한국일보 논설위원)

49. 김종인(서강대교수, 국보위 전문위원) 50. 박원탁(외국어대 교수)

51. 이상희(동아제약 기술이사)　　52. 이영일(통일연수소장)

53. 이경숙(숙명여대 교수)　　　54. 조남조(중앙일보 정치부장)

55. 김행자(이대교수, 입법의원)　56. 이낙훈(TV연기협회장)

57. 김영귀(대한역도연맹부회장) 58. 황 설(통대의원, 신원산산업대표)

59. 하순봉(MBC 정치부차장)　　60. 곽정현(새마을연수원 교수)

61. 전병우(전주시장, 전북부지사)

예비후보에는 정창화(민정당 훈련국장), 장경우(민정당대표 보좌역), 강창희(육군대학교수) 등이 등재

민주한국당 : 24명

1. 유옥우(4선의원)
2. 이태구(당 부총재)
3. 김문석(한국전력고문)
4. 황신성(변호사)
5. 양재권(한국전기협동조합장)
6. 정규헌(8대의원)
7. 손태곤(태림섬유대표)
8. 신재휴(석유협회부회장)
9. 이정빈(병원장)
10. 김진기(한일효소대표)
11. 이중희(홍진주택대표)
12. 연제원(삼모회장)
13. 최수환(수안상사대표)
14. 서종열(우성무역대표)
15. 손정혁(국진건설대표)
16. 김노식(범화건설부사장)
17. 이희영(국회 전문위원)
18. 조주형(변호사)
19. 강원채(모양학원이사)
20. 이윤기 (성암여고설립자)
21. 윤기대(기일산업대표)
22. 이홍배(4·19회 초대회장)
23. 김형래(민주전선편집국장)
24. 김덕규(민한당 선전위원)

예비후보에는 이용곤(5월동지회장), 김필기(JC 강릉지회장) 등이 등재

한국국민당 : 7명

1. 김종철(5선의원, 당총재)　　2. 김영광(중정기획국장, 10대의원)

3. 이필우(동일운수 회장)　　4. 노차태(영진건업 대표, 통대의원)

5. 조정구(삼부토건회장)　　6. 김한선(공화당서울연락실장)

7. 김유복(육군30사단장, 10대의원)　8. 강기필(공화당의장 보좌역)

김종철 후보 사퇴로 8번 강기필 후보가 당선됐고 신광순, 윤여훈, 박준규, 정병학, 장기선 10대 의원들이 예비후보로 등재

{제4부}

지역구별 불꽃 튀는 격전의 현장들

제1장 균형추 역할이 엿보인 수도권

1. 집권여당인 민정당 후보들의 전원 당선
2. 수도권 26개 지역구 불꽃 튀는 격전의 현장으로

1. 집권여당인 민정당 후보들의 전원 당선

(1) 민한당 후보들의 낙선자리를 국민당 후보등이 메워

수도권은 서울이 14개, 경기도가 12개 지역구로 26개 지역구를 거느리고 있어 전국 92개 지역구의 28.3%를 차지하고 있다.

지난 10대 총선에 비하면 서울에서 구로, 동작, 강동 선거구가 증설됐고 경기도에서도 인천이 중 - 남, 북 - 동으로 분구되고 선거구 조정으로 남양주 - 양평, 파주 - 고양, 여주 - 이천 - 용인, 부천 - 김포 -강화가 신설되어 7개 선거구가 증설됐다.

이번 총선에서 민정당은 26명을 공천하여 26명을 당선시키는 쾌거를 이룩했고, 민한당은 25명을 공천하여 4명이 낙선하고 21명이 당선됐다.

민한당 후보들이 낙선한 자리를 국민당 조덕현(성동), 조병봉(남양주 - 양평), 민사당 고정훈(강남), 신정당 이대엽(성남 - 광주), 무소속 조순형(성북) 후보들이 당선됐다.

지난 10대 총선에서 19개 지역구에서 공화당이 17명, 신민당이 18명 당선된 것과 비교하면 민정당의 전 지역 석권이 돋보였다.

이러한 결과는 지금까지의 여촌여도 현상을 뛰어넘는 득표성향으

로 박정희 대통령의 시해와 오랫동안 지속되어 온 비상계엄에서 벗어나지 못한 충격 속에서 투표한 결과의 소산으로 보인다.

(2) 10대 현역의원들의 귀환율은 30%도 밑돌아

지난 10대 총선 때 수도권에서는 신민당 18석, 공화당 17석, 통일당 1석, 무소속 2석으로 나뉘었다.

38명의 10대 의원 중 27명의 의원들이 정치활동 피규제자의 굴레를 벗어나지 못하여 출전이 불가능했다.

정치쇄신위원회의 은전을 받아 출전한 홍성우(도봉), 이태섭(강남), 남재희(강서), 김은하(인천), 유용근(수원 – 화성), 정동성(여주 – 이천 – 용인), 오세응(성남 – 광주), 유치송(평택 – 안성), 윤국노(안양 – 시흥 – 부천), 오홍석(부천 – 김포 – 강화) 의원 등 10명은 출전하여 당선되어 귀환했다. 이들의 소속은 민정당 6명, 민한당 4명이었다.

정래혁 의원은 고향으로 낙향하여 담양 – 곡성 – 화순에서 민정당 공천으로 당선됐고, 유정회 의원인 이자헌 의원은 평택 – 안성에 출전하여 뿌리를 내렸다.

그리하여 10대 지역구 의원의 귀환은 30%에도 미치지 못한 28.9%였다.

10대 의원이었지만 종로 – 중구에서 현기순(유정회), 동작에서 정희섭(공화당) 의원들은 낙선했고 통대의원으로 활약한 이진철, 권수창, 유일, 강희규(국민당), 김찬묵(기민당), 박지원(국민당), 차병락(무소속), 하근수(민권당), 김 손(기민당), 오창균(국민당), 이창기(기민당), 이정환(신정당), 조정환(민농당), 서정호(무소속), 김덕만(국민당), 이순희(기민당), 최병태(국민당), 손한규(무소속), 민준기(신정당), 고영우(국민당), 경인호(국민당), 김병운(신정당), 전표두(사회당) 후보들은 낙선했다.

그러나 권영우(동대문), 맹은재(인천 남 – 중) 후보들은 통대의원 출신이지만 민정당 공천으로 당선됐지만 박기운, 주도윤 전 의원들과 김 철 입법회의 의원도 낙선했다.

2. 수도권 26개 지역구 불꽃튀는 격전의 현장으로

서울특별시

<종로 – 중구> 개혁주도세력임을 내세운 민정당 이종찬 후보와 전통야당의 계승자임을 내세운 민한당 김판술 후보가 동반당선

대한민국 정치 1번지인 이 지역구에 민정당은 오제도 전 의원을 조직책으로 임명했다가 이종찬 후보로 교체했다.

이종찬 후보는 "정치1번지라는 지역에 개혁주도세력이 당당히 나서 국민의 심판을 받는 것이 바람직하다"는 의견이 많아 출전하게 됐다고 밝혔다

민한당은 3대와 5대 의원으로 보건사회부 장관을 지낸 70대 고령인 김판술 후보를 내세웠다.

국민당은 서울대 가정대학장 출신으로 유정회 의원으로 활약한 현기순 후보를 내세워 김판술 후보와 은메달을 놓고 한판승부를 펼치도록 했다.

미국 매릴랜드대 교수출신으로 아폴로 박사로 널리 알려진 신정당 조경철 후보가 강남구의 조직책으로 임명됐으나 갑자기 이 지역구에 뛰어들었고, 한국신학대학장 출신으로 대한기독교서회 총무로 활약한 민권당 조선출 후보와 미군 연락장교출신으로 국회의장 비서관을 지낸 민사당 마의웅 후보와 교통부 해운국장, 중앙해난심판원장을 섭렵한 통일민족당 윤기선 후보가 출전하여 7파전을 전개했다.

지난 10대 총선에서는 국회에서 유신체제 시비를 무기로 부전자전(父傳子傳) 이미지 심기에 성공한 신민당 정대철 의원과 남북조절위 부위원장으로 "남북대화와 민족과업의 주역에게 은메달은 줘서야 체면이 말이 됩니까"라며 거물정객임을 과시한 공화당 민관식 후보가 동반당선됐다.

보궐선거에서 무소속으로 당선됐던 오제도 의원이 무소속으로 재

도전했으나 정당 공천 후보들의 높은 벽을 실감하고 3위로 주저앉았다.

이번 총선에서 민정당 이종찬 후보는 "개혁주도세력의 기수라는 단순한 차원을 넘어서 독립투사와 민족양심세력의 대리인으로 심판을 받겠다"면서 경기고 동창들을 찾아나섰다.

이종찬 후보는 "공화당 말기에는 만성 당뇨병환자 같은 상태였다"며 "인의 장막이 쳐지지 않도록 직언하는 용기 있는 사람이 되겠다"고 공약하자, 윤보선 전 대통령은 이종찬 후보에게 이 후보의 조부인 이회영 선생한테 1918년 상해에서 각별한 지도를 받은 구연이 있다면서 "아무쪼록 선전해 승리하기 바란다"고 응원했다.

이종찬 후보는 '서울의 양심, 서민의 양심'임을 내세우며 이 지역의 토박이라는 사실과 이시영 전 부통령의 종손이라는 사실을 강조하여 대승을 거두었다.

72세의 고령에도 불구하고 전통야당의 계승자임을 내세우며 30년 야당의 뿌리를 내세운 민한당 김판술 후보가 이 지역의 토박이로서 여성운동가 및 교육자로서 "여성이기에 깨끗한 정치를 할 수 있다"는 국민당 현기순 후보를 가볍게 제압하고 은메달을 확보했다.

경기여고 동창회장과 오랜기간 학계에 몸담았던 경력을 바탕으로 여성층을 공략한 현기순 후보는 야세를 업기 위한 주도권 다툼에서 승리하기 위해 "정권과 당사, 사람까지 몽땅 빼앗긴 정당이 야당이 아니고 무엇이냐"고 절규해 보았지만 역부족이었다.

"불법, 불신, 불황, 부조리, 불안, 불평, 부정 등 7가지 잘못된 것을 고치기 위해 후보로 나섰다"는 신정당 조경철 후보는 배우 전계현의 내조까지 받았으나 표의 확장성에 한계가 있었고, 현직 목사로 '불신의 고통에서 해방'을 선거공약으로 내걸고 4만 기독교 신자들을 표로 연결시키고자 했던 민권당 조선출 후보의 득표력은 미미했다.

"건전한 정치발전은 보수 양당제가 아니라 보혁의 조화에서 이룩된다"는 민사당 마의웅 후보와 실향민들의 설움을 달래겠다는 통일민족당 윤기선 후보들도 표밭을 누볐다.

□ 득표상황

후보자	정당	연령	주요 경력	득표(%)
이종찬	민정당	44	안기부기획실장	116,279 (48.7)
김판술	민한당	72	국회의원(2선)	57,053 (23.9)
현기순(여)	국민당	61	서울대가정대학장	18,018 (7.5)
조경철	신정당	51	경희대 부총장	15,701 (6.6)
조선출	민권당	66	한국신학대학장	13,324 (5.6)
마의웅	민사당	39	국회의장 비서관	10,735 (4.5)
윤기선	민족당	62	교통부 해운국장	7,567 (3.2)

※ 민주정의당은 민정당, 민주한국당은 민한당, 한국국민당은 국민당, 민주사회당은 민사당, 민주농민당은 민농당, 통일민족당은 민족당, 한국기민당은 기민당, 원일민립당은 원일당으로 표기

<마포 - 용산> 야당세가 강한 지역정서를 자극하여 예명과 본명의 헷갈림을 극복하지 못한 신성일을 꺾고 은메달을 차지한 김재영

민정당은 한국일보 주미특파원 출신으로 동양방송 논평주간으로 활용하면서 '안녕하십니까. 봉두완입니다'로 인기몰이에 성공한 봉두완을 내세웠다.

봉두완 후보는 "호랑이를 잡으려면 호랑이굴에 들어가는 법"이라고 민정당에 입당한 것을 변명했다.

민한당은 조직책을 놓고 정병순, 이종순, 명상의, 김석용, 유영하, 박문수, 김재영, 정상준, 김진창, 김충현, 홍준식, 박승오, 박인출 등이 경합을 벌이자 이 지역이 시장과 서민층 주거지임을 감안하여 홍익회 회장, 부산지방철도청장 출신으로 동방전자부품 대표인 김재영 후보를 내세웠다.

국민배우인 신성일이 강신영이라는 본명으로 국민당 공천을 받고 출전하여 "정치무대에 들어가도 조연 배우가 되지 않고 레이건 대통령과 같은 주연배우가 되겠다"고 다짐했다.

마포 중·고 교장을 거쳐 국민대 교수를 지낸 민권당 박인출, 용산구청장을 지낸 신정당 원동진, 통일당 정치훈련원장을 지낸 민사당 장세환, 통일주체국민회의 대의원을 지낸 사회당 전표두, 한미 간호보조 학원장인 무소속 문지영, 협신연탄공장 사장인 무소속 김한강 후보들이 뛰어들어 9명의 후보들이 난립됐다.

신민당 김원만, 노승환 의원이 복수공천을 받은 지난 10대 총선에서 내무부 장관을 지낸 공화당 박경원 후보가 35%에 달하는 호남출신 유권자, 재향군인회의 조직적인 지원으로 야당의 철옹성을 격파하고 금메달을 차지했다.

초상집 밤새우기 등으로 '소가 밟아도 깨지지 않는다'는 조직을 가동한 노승환 의원이 5선의원이지만 상대적으로 고령인 김원만 의원을 따돌리고 은메달을 확보하여 국회에 재입성했다.

선거전이 중반전에 접어들면서 막강한 집권여당의 조직과 TBC 논평위원으로서의 지명도가 높은 민정당 봉두완, 12명의 경합자를 물리치고 공천권을 따내고서 제1야당의 공천후보임을 내세우며 야당 대표주자라고 주장한 민한당 김재영, 우리나라에서 내노라는 영화배우로서 본명은 신성일이 아닌 강신영이라고 이름알리기 작전에 여념이 없는 국민당 강신영 후보의 3파전으로 압축됐다.

마포중·고교 설립자로서 대한교련 사학 진흥위원장으로 활약한 민권당 박인출, 용산구청장 재직때의 지명도와 교회조직을 기반으로 표밭을 간 신정당 원동진, "마음에 드는 정당이 없기 때문에 무소속으로 출전했다"는 김한강 후보들이 매섭게 추격전을 전개했다.

오랫동안 중·고교 교장을 니낸 민사당 장세환, 통대의원을 지낸 사회당 전표두 후보들은 혁신계열의 표분산으로 하위권을 맴돌았다.

동방전자부품 대표로서 상당한 재력을 구비한 김재영 후보가 전통적으로 야당세가 강한 지역정서를 자극하여 청춘스타 국민배우로 명성을 드높인 강신영 후보를 1만 2천여 표차로 제압하고 값진 은메달을 목에 걸었다.

국민여배우 엄앵란의 내조에 힘입은 강신영 후보는 선거기간이 짧아 예명과 본명의 헷갈림을 극복하지 못한 것이 낙선으로 돌아왔다.

□ 득표상황

후보자	정당	연령	주요 경력	득표(%)
봉두완	민정당	55	한국일보주미특파원	158,603 (46.8)
김재영	민한당	46	동방전자부품회장	62,907 (18.6)
강신영	국민당	43	배우	50,169 (14.8)
박인출	민권당	67	국민대교수	34,172 (10.1)
원동진	신정당	47	용산구청장	9,562 (2.8)
김한강	무소속	45	협신연탄공장운영	7,240 (2.1)
문지영(여)	무소속	41	간호보조학원장	6,733 (2.0)
장세환	민사당	55	고교교장	4,953 (1.5)
전표두	사회당	55	통대의원	4,323 (1.2)

<성동> 3백만원을 주고 민한당 선거사무장을 매수한 혐의로 구속됐으나 동정여론을 일으켜 당선을 일궈 낸 국민당 조덕현

이 지역구는 고려대 정치학과 교수인 민정당 이세기, 한서교통 대

표로 재력과 지명도를 겸비한 국민당 조덕현, 6·3 사태를 주도하다 옥고를 치른 민한당 김도현 후보가 예측불허의 난타전을 전개하며 선두다툼을 전개하고 있다.

용애의원 원장인 민권당 조철구 후보를 비롯하여 오랫동안 민주당원으로 활약한 통일민족당 박종태, 성일실업상사 대표인 신정당 손한식, 아케이트슈퍼를 운영하며 세 번째 출마하는 민사당 김종대, 서일낙농원 대표인 안민당 유준하 후보들이 추격전을 전개하고 있다.

고려대 학생대표로 4·19 의거의 봉화를 올리고 정치학 박사로 고려대 교수로 활약하며 지성인으로 참신한 새인물을 강조하고 있는 민정당 이세기 후보는 "나는 행정부의 시녀가 되려고 국회의원 되려는 것이 아니며 한번 한 공약은 반드시 실현하겠다"고 다짐하며 고려대 동문과 제자들을 주축으로 표밭갈이에 열중이다.

서울대 정치학과 출신으로 한일굴욕외교를 반대한 6·3 데모의 주역으로 민한당의 정책두뇌로 활동하고 있는 김도현 후보는 "6·3의 주역으로 민주투쟁의 길을 걸어왔다" "강력한 야당의 존재만이 이 나라의 민주주의를 보장한다"고 주장했다.

김도현 후보는 조철구, 유치진, 장충준, 이상조, 양재희, 전상원, 최민찬, 박춘봉, 이연국, 양재도, 주용선, 노승우, 김택환 후보들을 제압하고 민한당 예비관문을 통과했다.

국민당 조덕현 후보는 통대선거에 당선된 기반과 오랜 기간 성동지역에서 운수사업을 벌이며 쌓은 인간관계, 재력을 발판으로 활발한 조직확대를 노리고 있다.

민권당 조철구 후보는 "나는 현 정권이 싫어하는 구시대의 구정치인이다" "민한당은 제4공화국때 사꾸라 짓만 하던 이철승 계보만 남아 창당도 공천도 타의로 했다"고 민한당을 비난했다.

10대 총선에서는 신민당 선전국장 출신으로 신민당 공천을 받은 김제만 후보가 조윤형 전 의원의 전폭적인 지원에 힘입어 통일당 대표로서 9대 총선때 낙선한 양일동 후보가 야당붐 조성에 힘입어 동반당선됐다.

고려대 교수로서 UN총회 한국대표로 활약한 공화당 민병기 후보가 현역 의원이란 잇점을 살리지 못하고 가짜국회의원이란 양일동 후보의 공격에 힘없이 주저앉았다.

이번 총선에서는 서울동부경찰서는 국민당 조덕현 후보와 선거운동원 이의현, 민한당 선거사무장 신광수 등을 국회의원 선거법 위반 혐의로 구속했다.

이희현이 신광수에게 300만원을 주고 민한당을 탈당하고 국민당에 입당하여 선거운동을 해 달라고 부탁했다는 혐의이다.

국민당 김종철 총재는 "민한당 김도현 후보가 국민당 조덕현 후보를 입건해 달라고 민정당 이세기 후보에게 부탁하여 구속됐다" 고 주장했다. 그러나 민한당 신상우 사무총장은 "국민당 조덕현 후보의 구속은 민한당 김도현 후보의 고발에 의한 것이 아니라 경찰의 인지수사에서 비롯된 것"이라고 진화에 나섰다.

민한당은 "국민당 스스로 범법행위를 자행해 놓고 마치 정치적 박해를 받는 양 위장하고 민한당에 그 책임이 있는 것처럼 역습하는 물귀신 작전을 전개하고 있다"고 반격했지만 민심은 되돌아오지 아니했다.

그리하여 "이제 위대한 영도자의 등장으로 불확실성의 시대는 지나고 정국의 안개도 말끔히 사라졌다"는 이세기 후보가 금메달을, 구속당한 조덕현 후보가 서울에서 유일한 국민당 당선자가 됐다.

민한당 김도현 후보가 7만여 표를 득표하고도 낙선하여 전국에서 최고득표 낙선자가 됐다.

□ 득표상황

후보자	정당	연령	주요 경력	득표(%)
이세기	민정당	44	고려대교수	78,990 (28.2)
조덕현	국민당	47	한서교통대표	76,397 (27.3)
김도현	민한당	38	영남일보 논설위원	70,031 (25.0)
조철구	민권당	43	용애의원 원장	18,343 (6.6)
김종대	민사당	40	장안국교육성회장	10,932 (3.9)
박종채	민족당	51	정당인	10,140 (3.6)
손한식	신정당	41	성일실업 대표	9,905 (3.5)
유준하	안민당	40	서일낙농원 대표	5,440 (1.9)

<동대문> 통대의원 출신인 대원관광 대표인 민정당 권영우, 스마일 관광 대표인 민한당 심헌섭 후보들이 재력과 지명도로 동반당선

통일주체국민회의 대의원 출신으로 대원관광, 경기여객 등 대원그룹회장이며 풍부한 재력을 활용하여 지역유지로서의 활동이 돋보여 민정당 공천을 받은 권영우 후보는 "민정당 공천 얻으려고 밤낮으로 뛰어다닌 사람들이 제1, 제2 야당이라고 하니 한심하다"고 민한당, 국민당 후보들을 비난했다.

최승군, 주만영, 김태웅, 지현기, 이종남, 문재남, 박 훈, 이진상, 유옥우, 장수원, 송민호, 이효영, 양창좌, 김동준 예비후보들을 꺾은 민한당 심헌섭 후보는 "힘쎈 여당에게는 고양이 앞에 쥐같이 벌벌 떨면서 야당을 공격하는 야당은 민주주의 훼방꾼"이라고 다른 야당 후보들을 공격했다.

스마일관광 대표인 심헌섭 후보는 청년층의 심벌이 되겠다면서 최연소, 최고득표를 목표로 설정했다.

재력과 제1당, 제2당 공천후보로서 동반당선을 예약한 가운데 선일전자 대표인 국민당 김성배 후보와 통일주체 국민회의 대의원 출신으로 경동산업 대표인 신정당 김병운 후보는 재력을 바탕으로 추격전을 전개했다.

호남 출신으로서의 지지세 확산을 노리고 있는 김병운 후보는 "정치후조라고 하는데 어디 내가 날개 달렸냐" "관제야당이 아닌 진짜야당을 하겠다"고 기염을 토해냈다.

한국종합경제연구소 이사장인 민권당 강병진, 정아전자대표로 공화당 지구당 부위원장으로 활약했던 원일민립당 김종회, 동대문구 도서관장인 민농당 김진수, 제헌국회의원과 참의원을 지낸 안민당 박기운, 택시조합 동대문지부장 출신으로 송원영 의원 비서관을 지낸 통일민족당 배정수 후보들도 함께 뛰고 있다.

지난 10대 총선에서는 3선의 지역기반과 원내총무로서의 지명도로 "누워 있어도 당선된다"는 여론이 회자된 신민당 송원영 의원이 금메달을 확보한 가운데 동대문상고이사장으로 공화당 공천을 받은 이인근 후보가 9대 총선 때 압도적 승리를 거뒀지만 부정선거 후유증으로 공화당에서 제명당하고 무소속으로 재도전한 강상욱 의원을 2만여 명에 달한 공화당원들의 조직표를 활용하여 가볍게 제압하고 은메달을 확보했다.

이번 총선에선 집권여당인 민정당의 조직과 재력을 구비한 권영우 후보와 대한산업안전협회 서울지회장으로 안전교육에 따른 지명도와 기독교 교회표를 공략한 심헌섭 후보가 동반당선됐다.

통대의원의 조직과 지명도, 호남표를 공략한 김병운, 고려대법대 출신으로 영남표 결집을 기대한 김성배 후보들의 추격은 추격에 머물고 말았다.

"통대의원은 유신헌법이 사라질 때 같이 사라져야 한다"는 강병진, "민한당이 어떻게 보수야당이냐"는 김종회 후보들은 선전했지만 박기운 후보의 출전은 출전 자체에 의미를 부여해야 했다.

□ 득표상황

후보자	정당	연령	주요 경력	득표(%)
권영우	민정당	39	통대의원	138,377 (38.2)
심헌섭	민한당	33	교통문제연구소장	97,668 (27.0)

김병운	신정당	43	통대의원	39,697 (10.9)
김성배	국민당	44	선일전자 대표	27,946 (7.7)
강병진	민권당	42	당총재 보좌역	19,881 (5.5)
박기운	안민당	68	제헌의원, 참의원	13,210 (3.1)
김종회	원일당	41	당 사무총장	12,129 (3.4)
배정수	민족당	43	송원영 의원비서관	7,860 (2.2)
김진수	민농당	53	동대문구도서관장	5,236 (1.4)

<성북> "이 지역구는 조씨문중이 전매 맡은 지역인가"라는 논란을 뒤로하고 민정당 김정례 후보와 동반당선된 무소속 조순형

조병옥 박사의 아들인 조윤형 의원의 텃밭인 이 지역구에 민정당은 한국여성유권자 연맹위원장으로 재야세력의 중진으로 활동했으나 입법회의 의원으로 전향한 김정례 후보를 내세웠고, 민한당은 경남도의원 출신으로 한남관광대표이지만 친여진영에서 활동했던 허만기 후보를 내세워 여야가 바꿔 출전한 형세를 이뤘다.

여기에 서울법대 출신으로 조윤형 의원의 친동생인 조순형 후보가 무소속으로 출전하여 "이 지역구는 조씨문중이 전매 받은 지역인가"라는 논란을 일으키면서 3강 대결을 펼치고 있다.

고려대 교수로 당 정책위의장으로 활동하고 있는 민사당 권두영, 대한종합설비 대표인 민권당 정대수, 지난 10대 총선에도 출전했던 원일민립당 임태백, 신진엔지니어링 대표인 신정당 정상봉, 공화당 부위원장으로 활동한 신홍각과 풍년각 대표인 국민당 윤관병, 호남신문논설위원출신인 사회당 김용호 후보가 정당 공천을 받아 출전했다.

서울대 정치학과 출신으로 의학박사이며 변호사인 전용성, 건축사로서 통일꾼 간사인 안영준 후보 등이 무소속으로 출전하여 11명의 후보들이 난립했다.

지난 10대 총선때에는 한국일보 편집국장 출신으로 혜성처럼 나타난 신민당 조세형 후보가 야당바람과 호남 출신 유권자들의 지지에 힘입어 대승을 거두었고 상공부장관, 국방부장관을 거쳐 국회 국방위원장을 지내며 덕장으로 알려진 공화당 정래혁 의원이 동반 당선됐었다.

이번 총선에서 민정당 김정례 후보는 "역사의 전환점에서 새 시대 역사창조에 뛰어들었다"고 재야에서 민정당의 입당배경을 자신의 신념과 이상에 따른 선택이라고 홍보하면서 집권여당의 조직을 동원하여 여성과 서민층을 공략하면서 교회집사로서의 교회표와 호남 출신들의 지지를 기대하고 있다.

민한당 허만기 후보는 여권인사라는 오해를 풀기 위해 경남도의원 출신임을 집중홍보하면서 "성북이 조씨 문중의 전매특허 받은 곳이냐"고 역공을 펼치고 있다.

"정치적 자유를 박탈당한 조윤형 전 신민당 부총재에 대한 국민의 심판을 받고자 아우가 대신 이 자리에 섰다"는 무소속 조순형 후보는 '전통야당의 씨앗을 보존하자'는 슬로건을 내걸고 야권성향표 공략에 승부를 걸었다.

불교신자인 국민당 윤관병 후보는 비교적 넉넉한 재력을 활용하여 35년간 이 지역에서 살아온 인간관계를 찾아 표밭을 갈고 있다.

통대의원 출신인 신정당 정상봉 후보는 그동안 무료개안 수술, 장학금 지급 등을 통한 이웃돕기 운동의 결실을 기대했다.

무소속 전용성 후보는 이 지역에서 40여 년간 전(田)병원을 개업해오면서 베푼 인술과 변호사로서의 역량을 발휘해 서민층을 지원한 실적이 표로 연결되기를 기대했다.

민사당 권두영 후보는 44세에 사법·행정고시에 합격한 집념의 노익장을 과시하며 박사라는 인물론으로 승부를 걸었다.

송수강, 최호훈, 황정식, 함원식, 박석진, 방득용, 김노식, 양인색, 방동석, 오성용, 한호상, 양택영, 정상봉, 윤병익 예비후보들을 꺾고 민한당 공천을 받은 민한당 허만기 후보는 무소속 조순형 후보와의 야권 성향표 공략에 실패하여 서울에서 낙선한 민한당 공천후보가 됐다.

은메달을 차지한 조순형 후보는 "진정한 야당세력의 진출을 위한 교두보 역할을 하겠다"고 각오를 밝혔다.

요식업으로 성공한 국민당 윤관병, 고려대 교수인 민사당 권두영, 건축사인 신정당 정상봉 후보들은 선전했으나 고령인 전용성 후보는 명성에 걸맞는 득표를 이뤄내지 못했다.

□ 득표상황

후보자	정당	연령	주요 경력	득표(%)
김정례(여)	민정당	53	여성유권자 중앙위원장	67,728 (26.9)
조순형	무소속	46	조윤형의원 보좌역	62,252 (24.7)
허만기	민한당	51	경남도의원	48,915 (19.4)
윤관병	국민당	36	신흥각 대표	18,152 (7.2)
권두영	민사당	51	당 정책위의장	15,240 (6.0)
정상봉	신정당	45	신진엔지니어링 대표	10,972 (4.4)
정대수	민권당	45	대한종합설비 대표	8,190 (3.2)
임태백	원일당	35	새마람대표	6,053 (2.4)
안영준	무소속	43	이화여대 강사	6,028 (2.4)
전용성	무소속	70	의학박사, 변호사	5,973 (2.4)
김용호	사회당	60	호남신문 논설위원	2,536 (1.0)

<도봉> 무소속에서 공화당으로 공화당에서, 민정당으로 변신한 홍성우, 영화제작부문에서 독보적인 김태수 후보들이 동반당선

이 지역구는 13명의 후보들이 난립되어 있지만 영화배우 출신으로 10대 의원인 민정당 홍성우, 영화사인 태창문화사 회장인 민한당 김태수, 사법 · 행정 · 재정고시에 합격한 삼관왕으로 지난 총선 때 공화당 공천을 받고 낙선하고 이번 총선에서 민정당에서 버림받은 무소속 신오철, 통대의원 출신으로 도봉구 새마을금고 연합회장인 국민당 경인호 후보의 4파전이 전개됐다.

세계무술경기연맹회장인 민사당 구판홍, 재경 호남향우회장 출신인 신정당 박영식, 장룡문화사 대표인 사회당 이준오, 주카이로영사 출신인 안민당 최남현, 반공연맹도봉지부 청년회장인 원일민립당 정경화, 반공연맹도봉지부장인 민권당 이재욱 후보들은 정당공천을 받아 출전했고, 서울 중앙병원장인 이원형, 지난 총선에도 출전했던 신민당 도봉 – 성북지구당 위원장을 지낸 이수춘, 세무회계사인 이호정 후보들은 무소속으로 출전했다.

지난 10대 총선에선 4선의원 관록에 정무회의 부의장이란 명성을 가진 신민당 고흥문 의원이 선두권을 선점한 가운데 TV탤런트로 노인공원 건설추진기금을 마련하거나 대대적인 노인잔치로 노인층을 파고 든 무소속 홍성우 후보가 행정・사법고시에 합격하고 군법무관을 지내고서 서민층을 대변한 무료변론으로 명성을 쌓은 공화당 신오철 후보를 꺾은 이변을 연출하고 국회입성에 성공했다.

지난 총선에선 무소속으로 당선됐다가 집권여당인 공화당에 입당했다가 이번 총선에선 민정당 공천을 받은 홍성우 후보는 "나는 애들 학비 대주는 외에는 아무 욕심이 없다"면서 "낙후된 도봉을 살기좋은 곳으로 만들겠다"고 기염을 토했다.

홍성우 후보는 경로잔치 등 지역봉사활동과 함께 소박한 성품에 끌린 저변층의 무조건적인 지지와 인기가 꾸준했다.

아세아 영화제작자 연맹회장으로 민한당 사무차장으로 활동하고 있는 김태수 후보는 영화제작과 출판업계에서 독보적인 존재이며 문화계 중진으로 야권성향표인 신민당 조직을 대부분 흡수하여 강자로 떠올랐다.

김태수 후보는 김을한, 김능수, 정완순, 고준배, 김기수, 이윤기, 김정신, 이원형, 송정덕, 김상환, 홍사일, 김문환, 신명식, 조왕현 예비후보들을 꺾고 신민당 공천을 받았다.

10대 총선 때 공화당 공천을 받고도 TV 탤런트로 전국효도회 중앙회장으로 주민들의 지지를 받은 무소속 홍성우 후보에게 금뱃지를 넘겨준 신오철 후보는 "수준 있는 정치인을 뽑자"는 구호를 내걸고 인물론으로 승부를 걸고 있다

양지물산 대표인 국민당 경인호 후보는 통대의원 출신으로 공화당 뿌리찾기 운동을 전개하며 영남 출신으로 영우회를 조직하여 표밭점검에 나섰다.

경인호 후보는 "통반장들이 민정당의 활동장이란 직함을 갖고 선거운동을 공공연히 하고있다"고 비난했다.

통대의원 출신으로 6개 체육관을 거느리고 있는 민권당 이재욱 후보는 7대에 걸친 토박이로 반공연맹 도봉구지부장과 불교신도회 도봉구 회장 직함을 이용하여 표밭을 점검하고 있다.

전북 출신으로 원불교도를 중심으로 조직을 구축한 신정당 박영식 후보도 지역 내 길흉사를 찾아다니며 표밭갈이에 여념이 없었다.

홍성우 후보는 "한 맺힌 시민들의 빽이 되어 그 한을 풀기 위해 집권당에 참여했다"고 민정당 참여배경을 해명했다.

여권세력 규합에 성공하여 삼양동과 상계동의 텃밭을 사수한 홍성우, 야권세력 규합에 성공한 영화제작에 독보적인 김태수 후보가 동반당선됐다.

호남세를 중심으로 지지표를 결집시켜 권토중래를 노린 신오철 후보가 이번 총선에서도 동메달에 머물렀으며 통대의원 출신인 경인호, 이재욱 후보들의 도전은 도전에 머물렀다.

□ 득표상황

후보자	정당	연령	주요 경력	득표(%)
홍성우	민정당	40	10대의원(지역구)	115,038 (35.8)
김태수	민한당	41	영화제작연맹회장	78,446 (24.4)
신오철	무소속	43	변호사	62,941 (19.6)
경인호	국민당	44	통대의원	25,896 (8.1)
이재욱	민권당	35	반공연맹지부장	7,458 (2.3)
이호정	무소속	46	세무회계사	5,513 (1.7)
구판홍	민사당	41	무술경기연맹회장	5,074 (1.6)
박영식	신정당	38	호남향우회장	4,877 (1.5)
이원형	무소속	61	서울중앙병원장	4,085 (1.3)
이준오	사회당	40	장용문화사대표	3,744 (1.2)
정경화	원일당	36	반공연맹지부장	3,163 (1.0)
최남현	안민당	52	주카이로 영사	2,661 (0.8)
이수춘	무소속	55	신민당 지구당위원장	2,223 (0.7)

<서대문 - 은평> 동아일보 논설위원으로 김영삼 총재 특보출신임을 내세워 집권여당의 3선의원을 꺾어버린 민한당 손세일

은평구가 신설됐지만 서대문과 병합된 이 지역구는 강원도 원주에서 2대, 5대, 8대 의원으로 활약한 혁신계 중진인물이었지만 입법회의 의원으로 변신했다가 민정당 공천을 받은 윤길중 후보에게 동아일보 논설위원 출신으로 김영삼 총재 특보로 활약한 손세일 후보가 민한당 공천을 받고 쌍벽을 이루고 있다.

민한당은 김우대, 고태석, 이중재, 임명산, 양동채, 계성범, 최성석, 변형연, 유진수, 노승삼, 송득송, 최낙철, 이명성, 원종대, 권병호, 신영석, 정광모, 김학준, 김기용, 송삼섭 후보들이 조직책을 신청했지만 이들을 제치고 손세일 후보를 영입하여 공천했다.

국제관광공사 기획관리실장을 지낸 통일민족당 윤길동, 전남 무안에서 5대민의원으로 활약한 민권당 주도윤, 통대의원 출신으로 새마을금고 서대문지부장인 국민당 고영우, 순복음교회 장로로 다나무역 대표인 한국기민당 박인근, 통대의원 출신으로 운수사업을 영위한 신정당 민준기 후보들이 정당공천을 받고 추격전을 전개했다.

통대의원 출신으로 반공연맹 서대문 – 은평 지회장으로 활약한 최병태, 명지대교수로 동북아연구소 기획실장인 김정식, 대성병원장으로 서대문 – 은평 의사회회장인 홍영희 후보들도 무소속으로 뛰어들었다.

지난 10대 총선에서는 4선의원으로 신민당 사무총장과 최고위원을 역임한 터줏대감인 김재광 의원이 선두권을 지킨 가운데 젊은 변호사 출신인 공화당 오유방 의원이 통일당 당무국장 출신인 장정곤 후보를 가볍게 제치고 연승가도를 달렸다.

저명한 헌법학자로서 민정당의 창당이념과 정치신념이 일치하여 집권여당에 참여했다는 윤길중 후보는 "소란과 파당의식을 청산하고 새 사회 건설을 위해 역사의 흐름에 뛰어들었다"면서 변신배경을 설명하며 2만 9천명의 당원들을 격려하고 3백 개에 이르는 교회를 순방하고 있다.

윤길중 후보는 "25년 정치생활에서 줄곧 주장해 온 평화통일, 복지사회, 장기집권과 독재 반대가 모두 민정당의 정책과 일치해서 민정당에 들어 간 것인데 무엇이 변절이냐"고 항변했다.

참신한 이미지를 집중부각시키고 있는 민한당 손세일 후보는 "진짜 야당 뽑아주어 진짜 민심 보이자"며 민한당이 정통야당의 계승자임을 강조하며 야당성향표 결집에 나섰다.

오랜 변호사생활로 다져진 인연을 바탕으로 호남세 결집과 선명성 논쟁을 불러일으킨 민권당 주도윤 후보는 "25년 야당생활과 37년 동안 법조생활을 한 경험을 바탕으로 결사적으로 반독재투쟁에 앞장서겠다"고 다짐했다.

통대의원 5명이 도토리키재기 경쟁을 벌인 이 지역구에서 재력가인 국민당 고영우 후보는 마을금고, 조기회, 교회계통의 적극적인 지지를 기대하고 있고, 홍제동에서 16년간 대성병원 개업의 기반을 가진 홍영희 후보도 추격전에 가세했다.

통대의원 경험을 살려 일정지역을 분할했던 신정당 민준기 후보는 선전했으나 무소속 최병태, 손한규 후보들의 득표력은 보잘 것 없었다.

민한당에 영입되어 혜성처럼 등장하여 참신한 이미지를 부각시킨 손세일 후보가 3선의원으로 여당조직을 활용한 윤길중 후보를 꺾고 금메달을 차지했다.

□ 득표상황

후보자	정당	연령	주요 경력	득표(%)
손세일	민한당	45	김영삼총재보좌역	112,698 (33.6)
윤길중	민정당	64	국회의원(3선)	85,154 (25.4)
주도윤	민권당	58	5대의원(무안)	26,617 (7.9)
고영우	국민당	45	통대의원	23,754 (7.1)
홍영희	무소속	44	대성병원원장	22,760 (6.8)
박인근	기민당	49	순복음교회장로	21,874 (6.5)
민준기	신정당	56	통대의원	13,956 (4.2)
윤길동	민족당	44	관광공사기획실장	9,882 (2.9)
최병태	무소속	53	통대의원	6,638 (2.0)
손한규	무소속	45	통대의원	6,446 (1.9)
김정식	무소속	34	명지대교수	5,573 (1.7)

<강서> 지난 10대 총선 때 은메달을 묶어 놓고 금메달과 동메달이 출전하여 동반당선된 민정당 남재희 · 민한당 고병현

강북의 선거구와 강남의 선거구가 동등하게 균형을 이룬 10대 총선 때 서울의 서쪽자락에 위치한 이 지역구는 민정당 남재희, 민

한당 고병현, 국민당 이순희 후보가 선두다툼을 벌인 와중에 민권당 엄만영, 민사당 이완종, 통일민족당 간윤수 후보들이 추격 3용사가 되어 주요정당 공천후보들의 쟁패장이 됐다.

신설된 지난 10대 총선에선 서울신문주필 출신인 공화당 남재희 후보가 신민당의 복수공천의 틈새를 노려 금메달을 차지했다.

신민당 정책연구실장과 조직국장을 지낸 김영배 후보와 고병현 후보가 혈투를 전개하여 충청향우회의 전폭적인 지원을 받은 김 후보가 터주대감을 자랑한 고 후보를 752표차로 꺾고 국회등원에 성공했다.

여주지원장 출신인 강인애, 한국독립당 당수를 지낸 이태구, 5선의원으로 국방부장관을 지낸 권중돈 후보들도 도전했으나 무위로 돌아갔다.

충북 출신으로 김영배 후보의 불출전에 힘입어 충청세의 지지에 기대를 걸고 있는 민정당 남재희 후보는 "돈과 사람의 싸움에서 사람이 이겨 강서의 명예를 지키자"면서 민정당 정책위의장이라는 인물론을 내세우며 지난 총선때의 조직점검과 당세확장에 나섰다.

이의영, 진산전, 이중희, 김판술, 백성덕, 이규홍 후보들을 제치고 민한당 공천을 받은 고병현 후보는 신민당 조직국장 출신으로 동성기업 대표지만 상대 후보들에 비해 재력에서 밀려 맨발로 뛰는 아베베작전을 구사하면서 "갈길은 멀고 할말은 많고 시간은 가니 답답하다" "혹한도 꽃바람, 봄바람에는 견디지 못한다"고 당원들을 독려했다.

지난 10대 총선에서 패배를 설욕하며 권토중래를 노리는 고병현 후보는 기독교 장로로서 기독교계와 야당세에 크게 기대를 걸고 서민, 중산층을 대상으로 당세확장을 하느라 여념이 없다.

통대의원 출신으로 공항석유상사 대표인 국민당 이순희 후보는 30년 동안 공항동에서 의리, 신의의 봉사자임을 내세우고 "박정희 대통령의 위업을 받들기 위해 나섰다"며 공화당 뿌리찾기 운동에 나섰다.

국제민주사회주의 청년연맹위원장으로 활약한 민사당 이왕종 후보는 신민당 공보부장, 전북 출신을 내세우고 "조직도 돈도 없지만 약한자와 서민대중을 위해 죽을 각오만 되어있다"면서 표밭갈이에 나섰다.

육군 보안사에서 정보참모로 활약했던 민권당 엄만영 후보는 6·25동란 때 첩보대원으로 활약한 전쟁의 애국투사임을 내세워 재향군인회 가족을 파고들고 있다.

공화당 소장파 의원으로 정풍운동에 앞장섰지만 입법의원으로 발탁돼 민정당에 합류한 남재희 후보가 조직과 지명도를 활용하여 금메달을 확보했고, 10대 총선때 복수공천으로 고배를 마신 민한당 고병현 후보가 동정표와 충청 출신 유권자들의 도움으로 30년 동안 공항동에서 지역 일꾼으로 활약하여 온 통대의원 출신인 한국당 이순희 후보를 4천여 표차로 꺾고 값진 은메달을 움켜잡았다.

☐ 득표상황

후보자	정당	연령	주요 경력	득표(%)

남재희	민정당	47	10대의원(지역구)	76,786 (37.9)
고병현	민한당	52	신민당 조직국장	58,928 (29.1)
이순희	국민당	47	통대의원	54,101 (26.7)
엄만영	민권당	41	육군보안사 근무	10,154 (5.0)
이왕종	민사당	44	당 선전위원장	9,712 (4.8)
간윤수	민족당	48	세우기술개발대표	3,047 (1.5)

<구로> 11년간 한국수출산업공단 이사장과 6년간 경일고등공민학교 교장의 옹벽을 정치신인 후보들이 넘어서기에는 역부족

구로공단으로 널리 알려진 이 지역구는 육사 9기로 5·16 혁명의 주체이지만 11년간 한국수출산업공단 이사장으로 봉직한 민정당 최명헌 후보와 고려대 정외과 출신이지만 구로공단 내 경일고등공민학교를 설립하여 교장으로 6년동안 봉직한 민한당 김병오 후보가 쌍벽을 이루고 있는 상황에서 통대의원 출신으로 유니온전기 대표인 국민당 김덕만 후보가 풍부한 재력을 동원하여 추격전을 전개하고 있다.

민권당 홍보분과위원장으로 활약하고 있는 민권당 박기양, 초동건설과 동남상사 대표인 사회당 하동식, 전국출판노조위원장으로 민사당 사무총장인 조선원, 대한전업과 성안섬유 대표인 무소속 성진환 후보들도 함께 뛰고 있다.

복지구로의 건설을 목표로 일하는 정치인으로 이미지 심기에 주력하고 있는 민정당 최명헌 후보는 '근면한 정신적 행동과 공평한 환경'을 구호로 내걸고 "배고픈 사람에게 필요한 것은 자장가가 아니라 밥"이라고 주장하고 "4년 이상 국회의원을 하지 않겠다"고 공약했다.

경로잔치 등으로 지역주민들과 밀착된 민한당 김병오 후보는 "젊고 패기있는 야당인사를 밀어주어야 한다"고 절규하고 "가난한 사람을 위해 무엇인가를 남기고 죽겠다는 것이 오랜 꿈"이라면서 "과거 집권세력의 의석이 모자라 정국이 불안했느냐"고 민정당의 안정의석 확보주장을 비난했다.

재력가로 소문난 국민당 김덕만 후보가 교회장로로서 기독교계의 지지를 기대했고 민사당이 정책지역으로 지정했다고 홍보하면서 화려한 학력과 경력을 내세운 민사당 조선원 후보는 근로자를 위한 멋장이 투사임을 부각시키며 구로공단 공원표의 장악을 기대했으나 소기의 성과를 거두지 못했다.

정치신인들이 공단의 아버지로 칭송을 받으며 청렴과 강직한 생활태도로 소문난 최명헌 후보와 공단식구들과 한 몸이 되어 뒹굴었던 김병오 후보의 옹벽을 넘어서기에는 역부족이었다.

□ 득표상황

후보자	정당	연령	주요 경력	득표(%)
최명헌	민정당	51	수출산단이사장	84,718 (36.5)
김병오	민한당	45	경일공민학교교장	64,469 (27.8)
김덕만	국민당	36	통대의원	41,368 (17.8)

조선원	민사당	45	출판노조위원장	12,817 (5.5)
성진환	무소속	54	대한전업사 대표	12,099 (5.2)
박기양	민권당	58	당 선대본부차장	11,111 (4.8)
하동식	민사당	57	동남상사대표	5,520 (2.4)

<영등포> "서민이 많은 영등포에서 야당 후보 하나 뽑아달라"고 호소하여 집권여당 이찬혁 후보와 동반당선된 민한당 이원범

강남지역의 터줏대감격인 이 지역구는 모든 후보자들이 공장근로자들의 복지정책을 내걸고서 3만여 명의 근로자표를 겨냥하고 있다.

전국철도노조위원장을 지낸 인연으로 1만 5천여 명의 민정당원에 노조원들의 자발적인 지원에 고무된 이찬혁 후보는 "10·26 이후의 혼란을 수습한 사람은 전두환 대통령"이라며 "나는 30여 년의 노동운동가로서 조금도 부끄러움이 없는 길을 걸어왔다"고 주장했다.

6·3 사태의 주도세력임을 강조하며 중산층이 많은 여의도 쪽을 중점적으로 공략하고 있는 민한당 이원범 후보는 "공천경쟁하다가 떨어지니까 이제와서 딴소리를 한다"고 민권당 노병구 후보와 선명논쟁을 벌였다.

한통숙, 유진산, 김수한 등 야당 거물들의 선거운동원으로 활약하다 9대 총선때는 신민당의 복수공천을 받았으나 낙선한 노병구 후보는 "민정당과 민한당은 같은 새마을 공장에서 나온 제품이며 다만 유권자의 선호를 생각해서 포장지만 달리했다"면서 진짜야당 후보임을 강조했다.

"아버지에 대한 5대에 걸친 영등포구민들의 지지를 믿고 나왔다"는 한국인권 옹호협회 기획실장인 무소속 박윤근 후보는 박한상 전 의원의 후광을 노리며 "아버지 대신 국민의 심판을 받겠다"고 주장했다.

영등포 토박이로 그동안 사재를 털어가며 봉사활동을 해온 점을 자랑으로 삼고 있는 국민당 김명섭 후보는 구구제약 대표로서 서울시 약사회장 출신임을 강조하고 있다.

대한웅변인협회 서울본부장인 신정당 김칠봉 후보는 달변을 무기로 지지를 호소했고, 대재학원 원장인 전홍기, 재향군인회 영등포 지회장인 이진오, 강서실업 대표로 강서청소년 직업학교장인 김한태 후보들도 무소속으로 참전했다.

강인애, 강희천, 유기중, 이종해, 윤현용, 정순주, 김진용, 성진환, 이태식, 유기수, 박경수, 정병원 예비 후보들을 물리치고 민한당 공천을 받은 이원범 후보는 "서민이 많은 영등포에서 야당후보 하나 뽑아 달라"고 호소하여 민정당 이찬혁 후보와 동반 당선됐다.

구로가 분구되기 전인 지난 10대 총선에선 4선의원으로 인권옹호협회장을 지낸 신민당 박한상 의원이 철옹성임을 과시했고, 국방대 교수출신으로 전국구 의원인 강병규 후보가 공화당 공천을 받고 출전하여 통일당 김수일 후보를 3만여 표차로 따돌리고 지역구에 안착했다.

□ 득표상황

후보자	정당	연령	주요 경력	득표(%)
이찬혁	민정당	57	철도노조위원장	55,996 (30.6)
이원범	민한당	41	지구당위원장	43,152 (23.6)
김명섭	국민당	42	약사회서울지회장	39,123 (21.4)
노병구	민권당	49	신민당총무부국장	12,274 (6.7)
박윤근	무소속	33	인권옹호협회실장	10,786 (5.9)
이진오	무소속	55	재향군인지회장	7,577 (4.1)
김칠봉	신정당	41	웅변인협회지부장	6,158 (3.4)
김한태	무소속	48	서강실업대표	4,625 (2.5)
전홍기	무소속	28	대재학원원장	3,256 (1.8)

<동작> 중앙대 동문들의 전폭적인 지원과 윤보선 전 대통령의 적극적인 지원으로 동반당선된 민한당 서청원 · 민정당 조종호

신설구인 이 지역구는 윤보선 전 대통령의 비서실장으로 충북 단양에서 4대와 5대 총선에서 당선됐지만 몇 번인가 총선에 출전하여 연거푸 낙선한 조종호 후보가 입법회의 의원에 발탁되는 행운을 잡았다가 민정당 공천까지 받아 지역구를 누비며 "국민당 김종철 총재가 준여당을 한다면서 공화당 재산을 민정당에 헌납한 것인데 언제 누가 당사를 뺏고 약탈했다는 말이냐"며 야당공격에 열을 올렸다.

중앙대총학생회장 출신으로 조선일보기자로 활약한 서청원 후보가 30년동안 이곳의 토박이 출신이라며 중앙대부고, 중앙대 동문들을 규합하며 "과거 공산당이라고 해서 말이 많던 정당이 사회주의정당이었는데 갑자기 뛰어나왔다"면서 "사회당이 뭐하는 정당인지 모르겠다"고 김철 후보를 주공격했다.

통일사회당 위원장으로 대통령 후보로 나섰다가 야권후보 단일화를 위해 사퇴했던 김철 후보는 민주사회당에 참여했다가 사회당을 창당하여 출전하고서 "요즈음 김철은 빨갱이다. 심지어 간첩이라는 등 유치한 장난이 난무하고 있다"면서 "내가 입법의원인데 그렇다면 나를 입법의원으로 임명한 정부는 뭐냐"고 항변했다.

보건사회부장관을 지내고 9대, 10대의원을 지낸 국민당 정희섭 후보는 공화당 조직과 사조직을 접목시켜 당선기반을 재점검하며 교회집사로서 교인들에게도 손짓하면서 "이 사람은 사무실에서 쫓겨났을 뿐 아니라 오랫동안 사귀어 온 친구(당원)들마저 빼앗겨 버렸다"며 동정여론을 일으켰다.

4선의원인 서민호 전 대중당 당수의 넷째 아들인 민사당 서범룡 후보는 혁신의 기수임을 내세우며 호남출신 유권자들의 표밭으로 다가갔다.

한국반공연맹 동작구지부장인 정정대 후보는 민권당으로, 현대병원장인 우창규 후보는 무소속으로 출전했다.

중앙대사대부고 교사출신인 이희돌, 통대의원 출신으로 중앙대사회개발대학원 동창회장인 서정호 후보들도 무소속으로 도전했다.

전두환 대통령은 대학설치, 하천복개 또는 그린벨트 해제 등 갖가지 지역개발 건의를 받았다면서 그것으로 민정당 후보에 대한 지원유세를 가름했다고 밝혀 공공연하게 선거운동을 자행했고, 전 대통령은 전국적 순시로 지원유세를 펼쳤다.

윤보선 전 대통령의 전폭적인 지원과 전두환 대통령의 초도순시 지원을 업은 충북출신 조종호 후보가 중앙대 동문들의 눈물겨운 지원을 받은 충남출신 서청원 후보와 동반당선의 기쁨을 누렸다.

지명도를 무기로 민주사회주의 이념을 소개하는 팜프렛을 대량으로 배포한 사회당 김 철 후보와 재선의원으로 보건사회부 장관을 지낸 국민당 정희섭 후보들의 추격전은 예상을 뒤엎고 추격다운 추격이 이뤄지지 않았다.

여성으로 반공기치를 내건 민권당 정정대 후보와 현대병원장으로 오랫동안 의술을 베푼 무소속 우창규 후보들의 선전이 돋보였다.

□ 득표상황

후보자	정당	연령	주요 경력	득표(%)
서청원	민한당	37	조선일보기자	45,207 (27.2)
조종호	민정당	59	국회의원(2선)	44,398 (26.7)
김 철	사회당	55	통일사회당위원장	21,113 (12.7)
정정대(여)	민권당	37	반공연맹동작지부장	16,670 (10.0)
정희섭	국민당	61	10대의원(2선)	12,927 (7.8)
우창규	무소속	48	현대병원장	11,250 (6.8)
서범용	민사당	41	대중당 대변인	7,435 (4.5)
이희돌	무소속	47	경찰대강사	4,605 (2.7)

| 서정호 | 무소속 | 49 | 통대의원 | 2,787 (1.6) |

<관악> 중앙대 총장이자 재단이사장인 임철순, 영세민과 호남출신들에게 두더지 작전을 전개한 한광옥 후보들이 동반당선

동작구가 신설되어 분리된 이 지역구는 민정당 임철순 후보가 중앙대 동문들의 별동조직과 1만 7천여 명의 공조직을 가동하며 지역을 석권하고서 당락을 떠나 공약만은 반드시 실천하겠다고 다짐했다.

남은 한자리를 두고 민한당 한광옥, 신정당 이정환, 민권당 이길범, 한국기민당 공창덕, 국민당 김기석, 원일민립당 노기만, 무소속 오유근 후보들이 난투극을 전개했다.

동작구와 통합된 지난 10대 총선때는 3선의원으로 달변가인 신민당 김수한 의원과 육군의무감 출신으로 보건사회부 장관을 지낸 전국구 의원인 공화당 정희섭 후보가 김수한 의원의 3분의 1에도 미치지 못한 7만여 표로 동반당선의 행운아가 됐다.

이번 총선에선 원일민립당 노기만 후보는 강감찬 장군 사당 건립 추진위원장으로서의 활동을 기반으로, 신정당 이정환 후보는 통대의원 당선기반과 우세한 재력을 바탕으로 표밭을 갈고 있다.

신민당 중앙상무위원으로 활동한 민권당 이길범 후보는 종교계와 전남 출신 유권자들을 찾아나섰고, 유진오 당수 비서출신인 한국기민당 공창덕 후보도 통일당 출신과 전남출신들의 표밭을 갈고 있다.

신민당 훈련부장 출신인 국민당 김기석 후보는 불굴의 투사임을 자임하며 영남출신들과 영세민층의 지지에 기대를 걸고 있으며, 불우 청소년 돕기와 노인학교설치 등 지역사업을 꾸준히 해온 인연을 찾아나선 무소속 오유근 후보는 "강한 야당이 없으면 살찐 여당이 판을 치게 될 것" "지금의 야당은 공화당, 통대의원들을 들여놓아 가짜의 본성을 드러냈다" "동아방송 등 민영방송을 없앤 것이 언론을 발전시킨 것이냐"고 좌충우돌했다.

중앙대를 기반으로 원심작용을 전개한 민정당 임철순 후보는 "국가권력을 앞세운 강압적인 정치보다 국민이 납득하고 스스로 참여하는 민주정치가 돼야한다"고 강조했다.

왕제광, 오유근, 이한두, 최금판, 민병길, 공창덕, 정규헌, 김형래, 박중인, 서청원, 한광옥, 김창광, 엄규진, 이영재, 김길성, 오란탁, 구재춘, 이석영, 노병구, 양건주 후보들이 민한당의 조직책을 신청하여 서청원 후보를 동작으로 보내고 공천을 받은 한광옥 후보는 6·3 사태 당시 학생운동 동료들과 호남 출신들의 지원에 기대를 걸면서 "4·19 주역으로 감회가 깊다" "정권은 물과 같이 흘러야지 그렇지 않으면 썩게 마련"이라며 평화적 정권교체를 역설했다.

한국 예능교사 상조회장인 안민당 이영희, 통대의원 출신으로 중앙대학연을 찾아나선 민농당 조정환, 오산고등공민학교 설립자인 민사당 김재국, 진보당 창당준비위원이었던 무소속 최병찬 후보들도 함께 뛰었다.

변두리지역의 개발 역군이 되겠다는 민한당 한광옥 후보가 4·19 주체로서 투사이미지와 영세민과 호남출신들을 향한 두더지 작전으로 임철순 후보와 동반당선의 기쁨을 누렸다.

□ 득표상황

후보자	정당	연령	주요 경력	득표(%)
임철순	민정당	43	중앙대총장	72,044 (33.8)
한광옥	민한당	39	신민당중앙대의원	47,668 (22.4)
이정환	신정당	45	통대의원	15,933 (7.5)
오유근	무소속	47	일신상사대표	13,430 (6.3)
이길범	민권당	43	신민당중앙상무위원	11,438 (5.4)
노기만	원일당	73	정당인	11,367 (5.3)
공창덕	기민당	39	신민당수비서	10,976 (5.1)
김기석	국민당	38	신민당 훈련부장	10,077 (4.7)
조정환	민농당	43	통대의원	7,024 (3.3)
이영희(여)	안민당	29	예능교사상조회장	6,438 (3.0)
김재국	민사당	43	오산공민학교 설립	4,454 (2.1)
최병찬	무소속	49	진보당 창당위원	2,323 (1.1)

<강남> 민한당과 국민당의 무공천 배려로 빵 없는 자유도 싫다는 정치노선을 주장하며 당선된 민주사회당 대표 고정훈

민사당 고정훈 대표의 당선을 지원하기 위해 2중대인 민한당과 3중대인 국민당이 전략적으로 후보공천을 하지 않은 이 지역구는 민정당 이태섭, 민권당 이인수, 민사당 고정훈, 한국기민당 이창기, 무소속 백창현, 임길수 후보들이 출전했다.

"우리나라 정치 1번지는 강남구"라며 "강남구가 경제성장의 혜택을 가장 많이 받은 만큼 보답하는 뜻에서라도 집권당을 지지하는 것이 도리"라는 민정당 이태섭 후보는 "10·26 이후의 회오리를 지내고 보니 안정 없이는 아무것도 안된다는 결론에 도달했다"고 주장했다.

동해음료 대표인 민권당 이인수 후보는 "서로 다른 정당끼리 주거니 받거니 나눠먹기식으로 후보를 내지 않는 지역이 소위 정책지역"이라며 "수준높은 강남지역에서 이것을 용납할 것 같으냐"고 비난했다.

조선일보 논설위원 출신으로 혁신정당인 민사당 고정훈 후보는 "지금 여러분은 단순한 지역구 의원을 뽑는 것이 아니라 비동맹권과 얘기를 나눈 민사당수를 지역대표로 뽑는 순간에 있다"고 주장했다.

통대의원 출신인 한국기민당 이창기 후보도 민한당과 국민당의 무공천은 "국민을 우롱하는 처사"라고 비난하면서 4·19세대임을 강조하며 젊은층과 영남표 표밭은 누볐다.

통대의원 출신으로 영동노인학교교장인 무소속 백창현 후보는 전국노인학교 협회회장직함을 활용하여 경노정신이 투철함을 부각시켰다.

공인회계사인 무소속 임길수 후보도 한국방송공사, 기독교방송, 서울신탁은행과 인연을 맺은 직원들을 찾아 표밭을 점검했다.

강동구로 분구되기 전인 10대 총선에선 4선의원으로 농림부장관을 지낸 정운갑 의원과 서울대 총학생회장 출신으로 풍한방직 사장으로 활동하다가 공화당 공천을 받은 이태섭 후보가 공화당원들의 조직적인 활동으로 연세대 교수인 무소속 조경철 후보를 꺾고 동반당선의 기쁨을 맛보았다.

이번 총선에서 민한당의 조직책인 김형래 후보가 중앙당의 방침에 따라 출전을 포기했지만 민권당 이인수 후보가 "야당뿌리를 보존하기 위해 용감히 나선 진짜 야당인"임을 내세우며 추격전을 전개했으나 역부족이었다.

민사당 고정훈 후보는 "자유 없는 빵은 싫다는 것이 자유민주주의의 일면을 표현한 것이라면 사회민주주의는 빵 없는 자유도 싫다는 정치노선"이라고 주장하며, 서울대총학생회장 출신으로 10대 공화당 의원으로 정풍운동의 주역이었으나 민정당으로 전향하여 기독교장로로서 기독교교인을 중심으로 당세를 확장한 이태섭 후보와 동반당선됐다.

□ 득표상황

후보자	정당	연령	주요 경력	득표(%)
이태섭	민정당	41	10대의원(지역구)	67,763 (40.9)
고정훈	민사당	60	조선일보 논설위원	56,041 (33.9)
이인수	민권당	47	동해음료 대표	25,770 (15.6)

백창현	무소속	53	영동노인학교장	17,712 (10.7)
이창기	기민당	43	통대의원	11,674 (7.1)
임길수	무소속	41	공인회계사	9,678 (5.8)

<강동> 토박이 출신들을 제치고 민정당 조직을 활용한 정남, 호남출신들의 지지세에 힘입은 정진길 후보가 동반당선

강남에서 분구되어 신설된 이 지역구는 15명의 입후보자가 난립하여 마치 개척지의 양상을 연상케 하는 전국 최고경쟁율을 보였다.

민정당은 경향신문 정치부장을 거쳐 편집부국장까지 오른 정남 후보를 내세워 민정당 조직을 통해 언론인 출신으로서의 참신한 인물상을 홍보했다.

젊은 패기와 성실한 자세를 트레이드마크로 설정한 정남 후보는 강동구는 서울의 17개구 중 개발이 더딘 이 지역에서 일할 수 있는 여건을 갖춘 인물임을 부각시키면서 개발 기대표와 안정 희구표를 결집시켜 나갔다.

민한당은 강남구에 통합되어 있을 때 이호영, 정진길, 이종진, 유부형, 이정술, 한종수, 오세순, 신유선, 박승용, 박남환, 김장현, 이군옥, 김상흠, 손세일, 문종철, 정정휴, 민영환, 김기태 후보들이 조직책을 신청하자 고심 끝에 이철승 대표 비서실장을 지낸 정진길 후보를 내세웠다.

30년 동안 야당생활을 강조하며 견제세력 양성을 호소한 정진길 후보는 "지난 날의 경험을 보면 안정 세력을 확보해 주니 개헌에 이어 장기집권만을 했다"면서 견제세력을 키워야 한다고 역설했다.

전북출신인 정진길 후보는 강동유권자의 50%가 넘는다는 호남표밭을 누비며 단시일에 민정당의 정남 후보와 쌍벽을 이뤘다.

강동의 오랜 토박이로 강동공업사 대표로 재력까지 구비한 국민당 오창균 후보는 통대의원 시절의 조직과 경험을 활용하면서 "국민당은 지난 18년 동안 업적을 남긴 뿌리를 갖고 있는 괄시 못할 경쟁자이기 때문에 매섭게 물을 먹고 있다"면서 박정희 향수표몰이에 나서며 매섭게 추격전을 전개했다.

삼익주택회장인 신정당 박재홍, 보건사회부 위생국장을 지낸 민사당 김학락, 정운갑의원 비서출신으로 15년 동안 야당조직을 운영해 온 경험을 바탕으로 한 민권당 정동환, 통대의원 출신으로 매일경제신문 국장을 지낸 한국기민당 김 손, 8대 와 10대 총선에 이어 세 번째 출전한 안민당 곽인식 후보들이 정당공천을 받고 출전했다.

강동구 약사회장으로 천주교 천호동교회 총회장인 손치석, 인성재건학교 회장을 지낸 김성환, 인정장학회 회장으로 활약한 남정희, 6·25 당시 베타고지의 영웅으로 널리 알려진 상이군경회 이사인 김만술, 한국노동협회 이사장인 김정원, 관악중학교 교사출신인 전국새마을여성지도자 회장을 지낸 이희숙, 마을금고 이사장을 지낸 황명근 후보들이 무소속으로 도전하여 5% 미만대의 득표율을 올렸다.

여권조직을 활용하여 언론인 출신으로서의 참신한 인물상을 홍보한 민정당 정남 후보와 오랜 야당인으로서의 선명성 부각과 함께 호남출신이라는 점을 내세운 민한당 정진길 후보가 동반당선됐다.

□ 득표상황

후보자	정당	연령	주요 경력	득표(%)
정 남	민정당	39	경향신문정치부장	62,647 (28.5)
정진길	민한당	49	신민당총재비서실장	60,215 (27.4)
오창균	국민당	42	통대의원	26,015 (11.8)
손치석	무소속	43	강동구 약사회장	10,526 (4.8)
남정희(여)	무소속	32	인정장학회장	8,897 (4.0)
정동환	민권당	47	국회의원비서관	6,849 (3.1)
박재홍	신정당	44	삼성주택회장	6,545 (3.0)
김만술	무소속	49	상이군경회이사	6,072 (2.8)
곽인식	안민당	42	총선입후보2회	5,938 (2.7)
황명근	무소속	53	마을금고이사장	5,932 (2.7)
이희숙(여)	무소속	40	관악중교사	5,068 (2.3)
김성환	무소속	44	인성재건학교장	4,222 (1.9)
김정원	무소속	68	한국노동협회이사장	4,122 (1.9)
김학락	민사당	53	보사부위생국장	4,048 (1.8)
김 손	기민당	33	통대의원	2,658 (1.2)

경기도

<인천 남 – 중> 통대의원 출신이지만 통대의원 출신을 제압하고 민한당 김은하 5선의원과 동반당선된 민정당 맹은재

단일구였던 인천이 남 - 중구와 북 - 동구로 분구된 이번 총선에선 민정당 맹은재, 민한당 김은하, 국민당 유복수, 민권당 하근수, 민사당 심양보 후보들이 5파전을 전개했다.

중구, 동구, 남구, 북구 등 구제가 실시됐으나 단일구인 10대 총선에선 구관이 명관이라는 구호를 내세운 4선의원인 신민당 김은하 의원과 3선의원인 공화당 유승원 의원이 동반당선됐다.

8대의원 이었으나 9대 총선과 이번 총선에서 공화당 공천에서 낙천한 김숙현 후보는 "나이 50이니 이번이 마지막 버스"라며 "당선되면 공화당에 복귀하겠다"고 읍소했지만 6만여 표 득표에도 실패하고 동반당선을 바라만 볼수밖에 없었다.

이번 총선에선 통대의원 출신으로 한국교육공사 대표인 민정당 맹은재 후보는 폭넓은 여권조직을 활용하여 청년회의소, 와이즈맨클럽 등 청년단체, 새마을 운동협의회와 산하의 96개 단체, 상공회의소 회원, 인천 중·고 동문들과 대일 중·고 학부모들은 물론 기독교세력을 기반으로 당선권을 넘나들었다.

6대 총선이래 5연속 당선을 이룬 민한당 김은하 후보는 "인천시민들이 아껴 주었기 때문에 오늘의 내가 있는 것"이라며 널리 알려진 지명도와 흔들림 없는 막강한 조직을 재점검하며 당선을 의심하지 않았다.

오랫동안 공화당 인천시당부위원장으로 활약한 국민당 유복수 후보는 공화당 조직의 뿌리와 원광산업 직원들의 조직을 접목시키는데 여념이 없었다.

통대의원 출신으로 중앙기업 대표인 민권당 하근수 후보는 "제 5공화국은 새 시대인 만큼 참신한 새 인물을 밀어달라"고 호소했다.

동장출신인 하근수 후보는 "나는 동장할 때 인천에서 최초로 경로당을 지었다"고 추격전을 전개했으나 무위에 그쳤다.

"나는 부귀가 있으니 공명을 얻겠다는 사람이 아니다"라고 호소한 민정당 맹은재 후보와 "인천시민들이 아껴 주었기 때문에 오늘의 내가 있는 것"이라는 민한당 김은하 후보가 동반당선됐다.

□ 득표상황

후보자	정당	연령	주요 경력	득표(%)
맹은재	민정당	45	통대의원	83,581 (34.6)
김은하	민한당	57	10대의원(5선)	74,359 (30.8)
유복수	국민당	40	원광산업대표	42,082 (17.4)
하근수	민권당	39	통대의원	30,930 (12.0)
심양보	민사당	47	덕수중교사	10,564 (4.4)

<인천 북 – 동> 9대와 10대 총선에서 낙선의 설움을 딛고 기사회생한 김숙현, 부평공단 표밭을 집중개간한 정정훈 후보가 분구의 혜택으로 동반당선되어 국회등원

인천이 분구되면서 8대 의원이었으나 9대 총선에서 유승원 후보에게 공화당 공천을 빼앗기고 와신상담했으나 10대 총선에서도 낙천되자 무소속으로 출전하여 "이제 제 나이 60이니 이번이 마지막 버스"라고 읍소했지만 또 다시 낙선한 대한변호사회 인권위원장으로 활약한 김숙현 후보가 민정당 공천을 받고 기사회생했다.

인천에서는 5선의원인 김은하 의원이 버티고 있어 신민당 공천은 언감생심 포기한 상황에서 분구되자 새한자동차직업 훈련소장 출신으로 부일교통 대표인 정정훈 후보가 행운의 민한당 공천을 받고 동반당선을 기대하게 됐다.

민정당 김숙현 후보는 "복지국가, 참여의식으로 선구자가 되자"는 구호를 내걸고 널리 알려진 얼굴과 옛조직을 재정비하고 호남향우회, 천주교인, 범박씨 종친 등을 찾아 나서며 승세를 굳혀 갔다.

민한당 정정훈 후보는 "승패는 부평에서 판가름난다"면서 부평을 본거지로 정하고 공단의 근로자, 운수업계 종사자를 근간으로 민한당의 당세를 확장했다.

10년 동안 인천상공회의소 회장을 맡아온 최정환 후보는 국민당 공천을 받고 신명여고 재단이사장, 지난 10대 총선에도 출전하여 낙선한 지명도를 활용하여 상공인과 실업인들의 지지를 기대하며 추격전을 전개했다.

보안사령부와 중앙정보부에 근무했던 신정당 박영복, 한국애로마이저 대표인 원일민립당 이정대, 운수회사를 경영했던 사회당 심헌조, 조선일보 기자로 활약했던 민권당 김유현, 국회의원 비서관, 국제관광공사훈련원 교수를 섭렵한 무소속 김영일, 통대의원 출신인 무소속 차병락 후보들이 나름대로 표밭을 가꾸며 선전했다.

8대의원 출신으로 지명도가 높고 민정당 조직을 활용한 박숙현 후보와 부평공단 표밭을 집중개간한 정정훈 후보가 분구의 혜택을 누리며 동반당선됐다.

4대에 걸쳐 인천상공회의소 회장을 지낸 최정환 후보가 추격전을 전개했으나 무위로 돌아갔고 국회의원비서관 출신인 김영일, 통대의원 출신인 차병락 후보들이 정당공천 후보들을 따돌리며 선전했다.

□ 득표상황

후보자	정당	연령	주요 경력	득표(%)
김숙현	민정당	63	8대의원, 변호사	83,584 (39.9)
정정훈	민한당	56	부일교통대표	50,173 (24.0)
최정환	국민당	63	인천상공회의소장	19,739 (9.4)
김영일	무소속	38	국회의원비서관	16,387 (7.8)
차병락	무소속	54	통대의원	12,761 (6.1)
박영복	신정당	43	중앙정보부직원	10,135 (4.9)
김유현	민권당	58	조선일보 기자	8,387 (4.0)

심현조	민사당	43	운수회사 중역	4,537 (2.2)
이정대	원일당	38	애로마이저 대표	3,529 (1.7)

<수원 - 화성> 오랫동안 지역에서 의료봉사활동을 해 온 이병직, 의회민주주의를 위해 견제세력을 키워달라는 유용근 후보가 동반당선

이 지역구는 오랫동안 수원간호전문대학장으로 봉직한 민정당 이병직, 지난 총선 때 11대 1의 관문을 뚫고 신민당 공천을 받은 여세를 몰아 공화당 이병희 후보와 동반당선되고 이번 총선에선 민한당 공천을 받은 유용근, 통대의원 출신으로 수원 영신여중고 재단이사장인 국민당 박지원 후보가 3파전을 전개하고 있다.

신민당 경기도지부 운영위원으로 활약했던 민권당 홍경선, 서울체신청장과 체신공무원 교육원장을 역임한 신정당 이석영, 한보조명 대표로 지난 총선에도 출전했던 한국기민당 홍기유, 예비역 육군 대령으로 중앙교회장로인 민사당 송기호, 국민은행 수원지점 차장인 무소속 이희상 후보들이 출전하여 추격전을 전개하고 있다.

지난 10대 총선에서 이 지역구는 지명도가 낮아 초반에는 고전했으나 11대 1의 공천관문을 뚫은 여세를 몰아 야당 붐 조성에 성공한 신민당 유용근 후보가 11명이나 난립된 후보들의 공격에 시달리자 "새우 싸움에 고래 등이 터진다"고 엄살모드에 빠진 4선의원인 공화당 이병희 의원과 동반당선됐다.

농촌지도자 중앙회부회장인 김일수, 대한교보 수원지부장인 황선정, 5대의원을 지낸 서태원, 3·4대의원을 지낸 손도심 후보들이 야심차게 도전해 보았으나 양당 후보들의 동반당선을 막아내지 못했다.

이번 총선에서 "과거 구습과 타락선거를 지양하고 공명선거의 표본이 되자"는 캐치프레이즈를 내걸은 민정당 이병직 후보는 '뒷전에서 불평말고 참여해서 시정하자'는 구호를 내걸고 1만 7천 명의 당원을 조직기반으로 조직을 확대하고 있으며 수원에서만 30년 동안의 의료활동과 경기도립병원장, 적십자 경기도지사장, 간호대학장을 지낸 공직봉사의 경력을 최대한 활용하고 있다.

악수공세 등 몸으로 때우는 전법을 구사하고 있는 민한당 유용근 후보는 "의회민주주의를 위해 견제세력을 키워달라"고 호소했다.

영신여자중고, 환박정미소, 합동양조장 대표 등으로 재력이 풍부한 통대의원 출신인 국민당 박지원 후보는 돈을 마구 뿌린다는 구설수에 선관위와 다른 당의 감시가 심한데 어떻게 돈을 쓰겠느냐고 항변하고 있지만 "선거분위기를 혼탁하게 만드는 장본인"이라는 지탄을 받았다.

청년시절의 농촌활동조직과 구신민당 조직을 기반으로 흔들림 없는 당세를 과시하며 선명야당 경쟁으로 추격전을 전개한 민권당 홍경선 후보의 득표력은 기대에 미치지 못했다.

'수원토박이'라는 강점과 오랫동안 지역기반을 다져 온 국민당 박지원 후보가 오랫동안 의료봉사활동을 해온 민정당의 이병직, 견제세력의 불씨를 살려달라고 호소한 민한당의 유용근 후보를 따라

잡지 못했다.

□ 득표상황

후보자	정당	연령	주요 경력	득표(%)
이병직	민정당	60	수원간호전문대학장	73,862 (32.2)
유용근	민한당	40	10대의원(지역구)	56,859 (24.8)
박지원	국민당	46	통대의원	52,937 (23.0)
이희상	무소속	35	수원YMCA이사	12,754 (5.5)
홍경선	민권당	53	신민당지구당위원장	9,809 (4.3)
이석영	신정당	59	서울 체신청장	9,453 (4.1)
홍기유	기민당	42	한보조명대표	7,367 (3.2)
송기호	민사당	47	예비역육군대령	6,681 (2.9)

<성남 - 광주> 야권에서 여권으로 변신했지만 3선 의원이라는 지명도를 활용하여 배우출신인 신정당 이대엽 후보와 동반당선된 오세응

이 지역구는 신민당 의원 출신이지만 민정당으로 말을 갈아탄 오세응 후보와 이흥규, 김연수, 신창현, 조경화, 강광호, 안재훈, 정장훈, 김정현, 민호영, 황두영, 윤갑호, 유중백, 최학규, 윤성우, 김광영 후보들을 제압하고 민한당 공천을 받은 삼화섬유와 서문실업 대표인 민한당 이웅배, 액션배우 출신인 통대의원 출신으로 남한

산성라이온스 클럽 회장인 신정당 이대엽 후보가 선두그룹을 형성했다.

민한당 조직책에서 밀려난 성남시 이북5도민 회장, 세계기독교 선교회회장으로 고려섬유 대표인 민사당 안재훈, 경기도 식산국장, 초대 성남시장을 지낸 민권당 황두영, 성남시 재향군인회장인 무소속 조경화 후보들이 재도전했다.

통대의원 출신으로 건축사인 한국기민당 김찬묵, 통대의원 출신으로 약사인 국민당 강희규, 목포 광동교 교장 출신으로 한주건설 대표인 통일민족당 윤주연 후보들도 출전했다.

성남 – 광주는 물론 여주와 이천을 아우른 지난 10대 총선에선 차지철 경호실장의 빈자리를 꿰어찬 공화당 정동성 후보와 신민당 공천에서 낙천되자 "신민당 유기준 후보와 나의 대결은 이철승 노선과 선명노선의 대결"이라고 주장하며 선명성을 부각시킨 무소속 오세응 의원이 동반 당선됐다.

광주의 토박이로서 "학생부군이나 면하게 해달라"고 읍소한 유기준 후보는 통일당 박종진 후보와 동반 낙선의 비운을 맛보았다.

3선의원으로 지명도에서 단연 유리한 민정당 오세응 후보는 무소속으로 당선됐으나 신민당에 복당했다가 민정당으로 말을 갈아탄 변신으로 인한 조직간 마찰을 극복하고 새로운 이미지 부각에 심혈을 기울였다.

이천출신이라는 핸디캡을 5천여 명의 민한당 당원을 확보하여 극복하고 있는 이웅배 후보는 서민실업을 경영한 인연을 찾아 나섰으며 "30년 전통야당 내가 키운다"를 구호로 내세웠다.

통대의원 출신으로의 조직과 영화배우로서 인기를 바탕으로 지역을 누비고 있는 신정당 이대엽 후보는 10년 전에 호적을 성남으로 옮겨 착실하게 조직기반을 다져왔다.

불우맹인 102명을 치료토록 알선하여 38명이 눈을 뜨도록 꾸준한 봉사활동을 해와 서민층의 신뢰도가 높다.

통대의원 출신으로 약사회와 JC클럽을 지지기반으로 뛰고 있는 국민당 강희규, 광주와 이천군수 출신으로 지명도를 활용한 민권당 황두영, 호남향우회 성남시회장인 통일민족당 윤주연 후보들이 추격전을 전개했으나 여의치 아니했다.

3선의원으로서의 지명도와 여권으로 변질을 새로운 이미지 홍보로 극복한 민정당 오세응 후보와 연예인으로서의 인기를 바탕으로 서민들로부터 신뢰를 얻은 신정당 이대엽 후보가 제1야당인 민한당 이웅배 후보를 꺾고 동반당선됐다.

□ 득표상황

후보자	정당	연령	주요 경력	득표(%)
오세응	민정당	47	10대의원(3선)	81,093 (40.7)
이대엽	신정당	45	영화배우	49,801 (25.0)
이웅배	민한당	36	삼화섬유대표	25,223 (12.6)
강희규	국민당	41	통대의원, 약사	12,765 (6.4)
황두영	민권당	53	경기도 식산국장	9,335 (3.9)
김찬묵	기민당	35	통대의원	7,736 (3.9)
조경화	무소속	45	성남재향군인회장	5,346 (2.7)

윤주연	민족당	64	목포광동고교장	4,547 (2.3)
안재훈	민사당	42	이북 5도민회장	3,517 (1.8)

<의정부 – 양주> 경민학원 설립자인 민정당 홍우준, 신민당 민주전선 편집국장을 지낸 민한당 김문원이 동반당선

남양주와 파주를 다른 선거구에 넘겨준 이 지역구는 학교법인 경민학원 설립 및 이사장인 민정당 홍우준, 서울대 정치학과 출신으로 신아일보 정치부장을 거쳐 신민당 민주전선 편집국장을 지낸 민한당 김문원 후보가 쌍벽을 이루고 있는 상황에서 공화당 사무국장 출신으로 통대의원으로 8년 동안 활동안 무소속 유일 후보가 추격전을 전개하고 있다.

안종목, 최정택, 박종식, 박영석, 황인만, 이영준, 김대영, 최성원, 조주형, 서호석, 채향석, 신동균 후보 들을 제압하고 민한당 공천을 받은 김문원 후보는 낮은 지명도를 1천 호의 김령김씨 지지를 기대하면서 "미리 장기집권한다 해놓고 장기집권한 적이 있느냐"며 "유신독재는 여러분이 견제세력을 만들어 주지 않아서 생겼다"고 주장했다.

신민당 지구당 부위원장으로 활약한 민권당 채향석 후보는 의정부 방공단 조직을 활용하면서 "새시대에는 돈 놓고 돈 먹기 식의 노름판 정치를 해서는 안된다"며 돈 안쓰는 후보를 찍어달라고 호소했다.

6대, 7대, 8대 총선에 출마하여 낙선한 사회당 박찬정 후보는 "당선만 된다면 괄시받고 천대받은 근로대중을 위해 목숨을 바치겠지만 또 낙선한다면 쥐약입니다"면서 빨간 약 봉지를 들어보이며 읍소했다.

박찬정 후보는 '찾아야 할 우리의 꿈' '풀어야 할 역사의 한'을 슬로건으로 내걸고 지역구를 누볐지만 꼴찌득표를 벗어나지 못했다.

양재학원을 운영하고 있는 무소속 정운중 후보는 의정부 중·공고 동창회장으로 동문들의 지원을 기대했다.

의정부, 양주, 남양주, 파주로 묶인 지난 10대 총선에선 파주출신이지만 기라성 같은 예비 후보들을 제압하고 공화당 공천을 받은 2선의원 박명근 의원이 양주 출신으로 신민당 공천을 받은 김형광 후보와 동반 당선됐다.

공화당 공천에서 탈락하고 무소속으로 도전하여 당선된 이진용 의원과 한국일보 기자출신인 조정무 후보가 도전했으나 동반당선을 막아낼 수 없었다.

신윤창, 이윤학, 김형주, 홍우준, 이영준, 조병봉, 이강혁, 김형두 후보들이 공화당 공천을 기대했으나 박명근 의원의 옹벽을 넘어서지 못했다.

이번 총선에선 민정당의 막강한 조직과 경민학원 출신 2만 명을 기반으로 사랑방대화에 치중한 민정당 홍우준 후보는 "지난 날 아픈 역사의 전철을 되풀이 하지 않기 위해서는 정치안정이 절대로 필요하다"고 역설하여 승리했다.

공화당지구당 사무국장, 라이온스클럽회장, 통대운영위원을 지낸 폭넓은 인간관계와 지명도 높은 무소속 유일 후보가 의정부에서는 김문원 후보에게 436표 앞섰으나 양주에서 3,047표나 뒤져 2,611 표차로 아쉽게 패배했다.

□ 득표상황

후보자	정당	연령	주요 경력	득표(%)
홍우준	민정당	57	경민학원 이사장	43,617 (38.7)
김문원	민한당	40	신아일보 정치부장	27,925 (24.7)
유 일	무소속	58	통대의원	25,314 (22.4)
채항석	민권당	59	의정부 방공단장	7,235 (6.4)
정운중	무소속	45	양재학원원장	4,504 (4.0)
박찬정	사회당	51	통일한국당 부당수	4,245 (3.8)

<안양 - 시흥 - 옹진> 터줏대감 이재형 민정당 대표의 불출마에 가슴을 쓸어내리고 재선고지를 밟은 공화당 정풍운동 주역인 윤국노

부천을 떼어낸 이 지역구는 안양국민학교 선후배인 민정당 윤국노, 민한당 이석용, 국민당 권수창 후보들이 예측불허의 3파전을 전개하고 있고 경기신문기자 출신으로 광명라이온스클럽 회장인 신정

당 김종면, 의왕읍을 기반으로 오랫동안 야당생활을 내세워 동정표에 호소한 통일민족당 신하철, 6대, 7대, 8대 총선에 입후보한 경험과 좋은 언변으로 붐 조성에 심혈을 쏟은 민사당 박제상, 안양 원예 협동조합장을 지낸 민권당 염재평 후보들이 후발주자로 추격전을 전개하고 있다.

신민당 대변인으로 지명도를 한껏 드높인 신민당 이택돈 의원이 부천과 병합된 10대 총선에선 한국프라스틱 조합장 출신으로 공화당 공천장을 손에 넣은 윤국노 후보와 동반당선됐다.

신민당은 낮에는 야당, 밤에는 여당이라고 공격한 무소속 안동선, "공화당이 잘 돼야 신민당이 잘 된다"는 이철승 대표를 맹공한 통일당 신하철 후보들은 낙선기록만을 쌓아올렸다.

서민생활 보호와 중소기업 육성을 선거구호로 내건 민정당 윤국노 후보는 지난 10대 총선때 가동한 조직을 가동하면서 이 지역의 터줏대감인 이재형 대표의 출마설에 긴장했지만 이재형 대표가 "10년간 지역을 떠났다가 이제와서 다시 이름을 걸 수는 없지 않느냐"고 불출마를 선언하여 거칠 것이 없이 당선을 향해 질주했다.

신원철, 김종두, 박영성, 최기선, 이수영, 박영규 후보들을 따돌리고 민한당 공천을 받은 이석용 후보는 구 신민당 조직과 교회조직을 기반으로 10대 총선때 신민당 이택돈 후보의 득표를 앞지를 자신 있다면서 "국민당 후보의 물량공세는 감당키 어려운 실정"이라며 "정치초년생이 겁도 없고 너무 여유롭다는 평을 받고 있다"고 권수창 후보를 견제했다.

안양유원지 등을 경영한 재력을 바탕으로 한 국민당 권수창 후보는 반공연맹 안양시지부장의 경력을 최대한 활용하면서 "당원단합대회는 정상적인 정당활동"이라면서 "나는 여당도 아닌 야당후보인데 무슨 배짱으로 돈을 쓸 수 있겠느냐"고 항변했다.

JC 중앙회장의 전력을 활용하며 광명리의 시 승격 추진등을 약속하고 광명리 공략에 운명을 건 민정당 윤국노 후보가 10대 총선 때의 조직을 재가동하여 금메달을 확정지었다.

신민당 기간조직을 기본으로 조직을 확대하며 대우그룹 부회장으로 KS마크(경기고, 서울법대)의 학력, 참신성과 강직성을 지닌 신진엘리트 출신임을 내세우고 전주 이씨 문중들의 지지를 기대하며 확실한 기독교 신자로서 교회표 공략에 나선 이석용 후보는 "전두환 대통령이 제5공화국 국정을 운영하는 데는 간신배가 아닌 애국적 감시자인 야당이 필요하다"고 역설했다.

14대째 내려온 토박이로 안양의 3대 재벌 중 하나로 꼽히는 권수창 후보는 통대출신으로 안양 JC회장, 반공연맹지부장, 지방사업에 많이 투자한 음덕을 내세우며 "후보자 중 키가 제일 작지만 작은 고추가 매우므로 여러분이 저를 택하신다면 금년 김장맛이 좋을 것"이라고 주장했지만 아쉽게 동메달에 머물렀다.

총선의 단골출마자인 통일민족당 신하철, 민사당 박제상 후보들은 지지기반이 건실하다는 것은 보여주었으나 당선권과는 멀어져 있음을 실감했다.

□ 득표상황

후보자	정당	연령	주요 경력	득표(%)
윤국노	민정당	44	10대의원(지역구)	81,351 (33.8)
이석용	민한당	42	대우전자 사장	57,444 (23.8)
권수창	국민당	38	통대의원	40,163 (16.7)
신하철	민족당	47	통일당경기도위원장	20,368 (8.5)
박제상	민사당	45	신민당중앙상무위원	19,234 (8.0)
염재평	민권당	56	안양원예조합장	12,636 (5.2)
김종면	신정당	42	경기신문기자	9,758 (4.0)

<부천 – 김포 – 강화> 부천의 토박이로 경기도 교육감을 지낸 신능선, 재선의원의 기반을 활용한 오홍석이 여섯 번째 출전한 안민당 김두섭 후보를 꺾고 동반당선

안양 – 시흥 – 옹진 – 부천에서의 부천과 고양 – 김포 – 강화에서 김포 – 강화를 떼어내 병합한 이 지역구는 부천출신인 민정당 신능순, 민권당 박영규, 김포출신인 민농당 전석규, 신정당 장준영, 국민당 유인협, 안민당 김두섭과 강화 출신 민한당 오홍석 후보들이 출전했다.

선거전은 경기도 교육감, 국정교과서 사장을 지낸 민정당 신능순 후보와 8대, 10대 의원을 지낸 민한당 오홍석 후보가 동반당선을 꿈꾸고 있는 상황에서 5대, 6대, 7대, 8대, 10대에 걸쳐 출전하고 여섯 번째 출전한 안민당 김두섭 후보가 추격전을 전개하고 있다.

국제관광공사 이사인 신정당 장준영, 대림중앙슈퍼마켓 대표인 국민당 유인협, 4H 경기도 위원장을 지낸 민농당 전석규, 8대 총선 때에도 얼굴을 내밀었던 민권당 박영규 후보들도 나름대로 표밭을 갈고 있다.

지난 10대 총선때 부천 - 안양 - 시흥 - 옹진에서는 한국프라스틱 조합장 출신으로 공화당 공천을 받은 윤국노 후보와 신민당 대변인으로 지명도를 한껏 드높인 이택돈 의원이 무소속 안동선, 통일당 신하철 후보들을 꺾고 동반당선됐다.

고양 - 김포 - 강화에서는 9대 총선 때 복수공천을 받고 동반당선된 김재춘 의원을 따돌리고 공화당 공천을 받은 3선의원인 김유탁 의원이 9대 총선에서 낙선하고 6년간 와신 상담하며 지역구를 누빈 신민당 오홍석 후보와 동반당선의 기쁨을 누렸다.

중앙정보부장 출신으로 재선의원이었지만 공화당 공천에서 낙천되자 무소속으로 출전한 김재춘, 신민당 김포 - 강화지구당 위원장을 지낸 통일당 김두섭, 고양군 농협조합장을 지낸 어 한, 한국의사연합회 부회장 출신인 남궁택 후보들도 도전했으나 역부족이었다.

이번 총선에서는 부천의 토박이로 경기도 교육감을 지낸 지명도를 바탕으로 민정당 조직을 확대한 신능순 후보가 8대 의원으로 10대 총선 때 1등으로 당선된 민한당 오홍석 후보와 동반당선됐다.

오홍석 후보는 지난 총선 때 다져진 조직을 점검하고 감리교 권사로서 지역 내 300여 개의 교회를 순방하여 얻은 교회표를 묶어 동반당선의 기쁨을 누렸다.

다섯번 낙선에 대한 동정표를 기댄 안민당 김두섭, '강화전적지 개발'을 슬로건으로 내건 신정당 장준영, 공화당의 조직재건을 목표로 설정한 국민당 유인협, 4H 조직을 기간으로 조직확대를 노린 민농당 전석규, 8대 총선 때 차점낙선한 한을 풀고자 분투한 민권당 박영규 후보들의 추격은 추격에 머물렀다.

김포에서는 안민당 김두섭 후보가 민한당 오홍석 후보에게 11,438표(25.3%) 앞섰으나 오 후보의 고향인 강화에서 3,269표(7.6%), 야당성이 강한 부천에서 15,823표(17.7%) 뒤져 7,654표 차로 연거푸 분루를 삼켜야만 했다.

신정당 장준영, 민농당의 전석규 후보들이 출전을 포기하여 김포의 단결을 호소했다면 김두섭 후보의 설욕이 가능했다는 분석은 틀림이 없었다.

□ 득표상황

후보자	정당	연령	주요 경력	득표(%)
신능순	민정당	64	경기도교육감	66,358 (37.6)
오홍석	민한당	53	10대의원(2선)	40,611 (21.8)
김두섭	안민당	41	총선입후보 5회	32,957 (18.7)
장준영	신정당	48	국제관광공사이사	13,442 (7.6)
유인협	국민당	42	대림 슈퍼마켓사장	10,335 (5.9)
전석규	민농당	43	4H 경기위원장	6,549 (3.7)
박영규	민권당	41	8대 총선입후보	5,994 (3.4)

<남양주 – 양평> 민권당이 신흥균, 이병대 후보를 복수공천을 하지 아니했더라면, 사촌지간인 민한당 신동균, 민권당 신흥균의 단일화가 이뤄졌다면 승패는 오리무중이었을 것을

양주군에서 분군된 남양주와 포천 – 연천 – 가평에서 분리된 양평이 병합되어 신설된 이 지역구엔 비상군법회의 재판장으로 김재규 피고인 등에게 사형을 선고했던 예비역 육군중장 출신으로 중앙정보부 차장을 지낸 민정당 김영선 후보가 민정당 조직과 정권의 실세라는 강점을 내세워 선두를 달리고 있다.

은메달을 놓고 고려대 강사출신으로 야당생활 30년 만에 처음으로 공천을 받고 출전한 민한당 신동균, 신동균 후보와 4촌지간이며 공군사관학교 출신으로 경기도 의원을 지낸 심석학원 재단이사장인 민권당 신흥균, 무임소장관 보좌관 출신으로 경기도 재향군인회장을 지낸 국민당 조병봉, 한국반공연맹 전임교수인 이병대 후보가 민권당 복수공천을 받고 각축전을 전개했다.

통일사회당 정치위원과 노동국장으로 활약한 민사당 홍종완 후보는 혁신계 지향의 표밭을 점검하고 있다.

지난 10대 총선때 의정부 – 양주 – 파주에서는 파주출신으로 기라성같은 예비후보들을 제치고 공화당 공천을 받은 박명근 후보와 양주출신으로 9대 총선 때에는 낙선했던 김형광 후보가 신민당원들의 지지에 힘입어 동반당선됐다.

포천 – 양평 – 가평 – 연천에서는 10·2 항명파동으로 내무부장관에서 물러난 오치성 후보가 김용채 현역의원을 꺾고 공화당 공천을 받은 여세를 몰아 전국 최고의 득표율로 당선됐고 양평 출신인 신민당 천명기 후보가 오치성 후보의 3분의 1되는 득표를 하고도 동반 당선되어 3선의원 반열에 올랐다.

이번 총선에서 은메달 놓고 치열한 경쟁을 벌인 각축전은 국민당 조병봉 후보가 경기도의원 출신으로 경기도 재향군인회장을 지낸 경력을 바탕으로 재향군인회와 한양 조씨 종친회를 파고들어 동반 당선의 기쁨을 누렸다.

조병봉 후보는 지난 6년 간 두 번에 걸쳐 통일주체국민회의 국회의원 예비후보에 등재되어 국회문을 두드렸으나 실패한 한(限)을 설욕할 수 있었다.

경기도의원 출신으로 심석학원 재단이사장으로 세 번이나 낙선한 민권당 신흥균, 고려대 강사 7년, 야당생활 30년을 보낸 민한당 신동균의 후보단일화가 이룩됐더라면, 양평출신으로 민족문제 연구소장인 이병대와 민권당의 복수공천이 아닌 단수공천이 이뤄졌더라면 이 지역의 승패는 엇갈렸을 것이다.

군별대결이 예상되는 가운데 민정당 김영선, 민권당 신흥균, 국민당 조병봉, 민한당 신동균 후보는 남양주 출신이고 민사당 홍종완, 민권당 이병대 후보는 양평출신이다. 남양주와 양평의 지역대결은 민권당 이병대 후보가 양평에서는 국민당 조병봉 후보에게 1,825표 앞섰으나 남양주에서 3,449표 득표에 그쳐 5위로 밀려 당선권에서 멀어졌다.

민정당 김영선 후보는 남양주에서 52.8%인 43,747표를 쓸어담고 양평에서도 64.4%인 28,716표를 득표하여 압승을 거두었다.

□ 득표상황

후보자	정당	연령	주요 경력	득표(%)
김영선	민정당	50	중앙정보부 차장	72,463 (57.4)
조병봉	국민당	50	경기재향군인회장	19,785 (15.7)
신동균	민한당	55	고려대 강사	11,188 (8.9)
신흥균	민권당	54	경기도 의원	10,303 (8.2)
이병대	민권당	38	반공연맹 교수	9,313 (7.4)
홍종완	민사당	43	통일사회당 노동국장	3,085 (2.4)

<여주 – 이천 – 용인> 10대 국회에선 공화당 정풍운동을 전개했지만 민정당으로 전향한 정동성 후보가 2전 3기한 조종익 후보와 동반당선

성남 – 광주 – 여주 – 이천에서 여주 – 이천과 평택 – 용인 – 안성에서 용인을 떼어내 병합하여 신설한 이 지역구는 여주 출신인 민정당 정동성 후보와 용인 출신인 민한당 조종익 후보가 높은 지명도를 활용하여 선두를 질주한 가운데 국토통일원 교수인 민사당 이찬구, 한국주택공영 대표인 무소속 윤성만, 이천농협장을 지낸 무소속 이재영, 서울지법 판사출신인 변호사 금병훈 후보들이 야멸차게 추격전을 전개하고 있다.

지난 10대 총선때 성남 – 광주 – 여주 – 이천에서는 차지철 청와대 경호실장의 빈자리를 꿰어찬 공화당 정동성 후보와 공천에서 낙천되자 "신민당 유기준 후보와 나의 대결은 이철승 노선과 선명노선의 대결"이라고 주장하며 선명성을 부각시킨 무소속 오세응 의원이 광주의 토박이로서 학생부군이나 면하게 해달라고 읍소한 유기준 후보를 따돌리고 동반당선됐다.

평택 – 용인 – 안성에서는 용인 출신으로 4선의원인 공화당 서상린 의원과 평택 출신으로 재선인 유치송 의원이 문교부교육과정심의위원을 지낸 무소속 정진환, 신민당 용인 – 안성 지구당위원장을 지낸 무소속 조종익 후보들을 꺾고 사이좋게 동반당선됐다.

10대 국회에서 정풍파 소장의원으로 때묻지 않은 정치인이라고 강조하다가 신군부세력의 민정당에 의탁한 정동성 후보는 "역대 정치 책임자들이 총소리에 놀라 물러갔지만 전두환 대통령은 7년 임기를 마치고 후진에게 물려줄 것을 약속했다"고 변신을 변명했다.

8대에는 신민당 공천으로 10대에는 무소속으로 출전하여 낙선한 민한당 조종익 후보는 '20년의 한을 풀자'는 구호를 내걸고 야당세력 규합에 나서며 "민한당 공천에서 떨어진 사람이 정치이념도 없이 무소속으로 출마했다"고 무소속 후보들을 맹비난했다.

국토통일원 교수를 지낸 민사당 이찬구 후보는 예비군, 새마을지도자, 민방위대원 2만 명에 대한 안보교육 강의를 최대의 강점으로 표밭을 누비고, 이천농협장을 지낸 무소속 이재영 후보는 농업협동조합 일로 농촌주민과 친밀해져 농민을 대상으로 표낚기에 여념이 없다.

용인에서 변호사를 개업해 주민들의 억울한 사건을 변론해준 음덕을 주무기로 삼고 있는 무소속 금병훈 후보는 민한당의 조직책으로 선정됐다가 민정당과 신정당의 창당발기인 명단에 들어있었다는 사유로 조직책이 교체된 아픔을 딛고 1963년 이래 용인에서는 국회의원을 당선시킨 적이 없다고 절규하며 표밭을 갈고있다.

여주 출신인 정동성 후보는 여주에서는 55.4%인 27,016표를 쓸어 담고 이천과 용인에서도 1위를 석권하여 금메달을 차지했다.

무소속 이재영 후보가 이천에서는 12,558표(25.4%)를 득표하여 민한당 조종익 후보에게 6,955표 앞서 2위를 했지만 여주에서 2,619표, 용인에서 무려 13,511표나 뒤져 조종익 후보를 따라잡을 수 없었다.

용인에서 무소속 금병훈 후보를 3,453표 앞선 것이 밑거름이 되어 민한당 조종익 후보가 은메달을 차지하여 2전3기를 이뤄냈다.

□ 득표상황

후보자	정당	연령	주요 경력	득표(%)
정동성	민정당	41	10대의원(지역구)	58,322 (38.1)
조종익	민한당	45	8대 총선 입후보	26,408 (17.3)
금병훈	무소속	42	서울지법판사	18,000 (11.8)
이찬구	민사당	39	국토통일원교수	17,912 (11.7)
이재영	무소속	43	이천농협장	17,233 (11.3)
윤성만	무소속	41	주택공영사장	15,034 (9.8)

<평택 – 안성> 유정회 국회의원 출신으로 참신한 엘리트 정치인을 부각시킨 이자헌, 신민당 최고위원이었지만 정치쇄신위원회 검문을 통과한 유치송 후보가 동반당선

용인을 여주 – 이천에 떼어준 이 지역구는 서울신문 편집국장 출신으로 유정회 국회의원을 지낸 민정당 이자헌, 6대, 9대, 10대 의원으로 신민당 최고위원을 지냈으나 정치쇄신위원회 검문을 통과하여 민한당 총재에 선출된 유치송, 단국대교수 출신으로 안성의 단결을 강조한 신정당 정진환 후보가 3파전을 전개하고 있다.

공화당 조직과 함평 이씨 문중을 기반으로 '일하는 정당의 일군을 국회로 보내 달라'고 호소한 민정당 이자헌 후보는 "제5공화국이 출범한지 며칠이나 지났다고 벌써부터 견제니 비판이니 떠드는지 알 수 없다"고 야당후보들에게 역공을 펼쳤다.

'평택이 낳은 정치거목 압승토록 밀어주자'는 구호를 내걸고 개인 덕망을 바탕으로 차분하게 득표와 연결시키고 있는 민한당 유치송 후보는 "지난번 대통령선거에서는 비록 패배했지만 7년 후에는 이 고장에서도 대통령이 나왔다는 이야기가 나오도록 도와달라"고 정치거물임을 과시했다.

'묵은 정치 씻고 새 정치는 우리가' 라는 구호를 내걸고 '나머지 한 석은 나에게 표를 달라'고 호소한 신정당 정진환 후보는 "정부가 중농정책을 잘못 써 온 탓으로 이농현상이 늘어 장가 보내주면 표 찍겠다는 청년들이 많다"고 주장했다.

용인과 통합된 10대 총선에선 용인출신으로 4선인 공화당 서상린

의원과 평택 출신으로 재선인 유치송 의원이 사이좋게 동반당선됐다.

문교부 교육과정 심의위원을 지낸 정진환, 신민당 안성지구당 위원장을 지낸 조종익, 국민운동 공보부장을 지낸 한민수 후보들이 안성, 용인, 평택의 고향표 결집을 노리며 무소속으로 도전해 보았으나 도전 그 자체에 의미를 부여할 수밖에 없었다.

이번 총선에서는 서울대 정외과 출신으로 서울신문 편집국장을 지낸 참신한 엘리트 정치인을 부각시킨 이자헌 후보는 "안성농전을 4년제 종합대학으로 승격시키겠다"는 공약을 내걸고 당선을 일궈냈고 '이 지역이 낳은 위대한 정치인'을 부각시킨 민한당 유치송 후보도 동반당선됐다.

안성에서는 '묵은 정치 씻어내자'는 신정당 정진환 후보가 민한당 유치송 후보에게 12,975표(22.2%) 앞섰으나 평택에서 38,036표(36.0%) 뒤져 25,061표 차로 유치송 후보에게 금뱃지를 헌납했다.

□ 득표상황

후보자	정당	연령	주요 경력	득표(%)
이자헌	민정당	45	10대의원(유정회)	63,574 (39.1)
유치송	민한당	56	10대의원(3선)	61,954 (38.2)
정진환	신정당	43	단국대 교수	36,893 (22.7)

<파주 – 고양> 파주 출신인 협진양행 대표인 민정당 이용호, 문산여중·고 재단이사장인 민한당 이영준 후보들이 고양지역을 초토화시키고 동반당선

지난 총선에는 의정부 – 양주 – 파주에서 파주를 고양 – 김포 – 강화에서 고양을 떼어내 단일 선거구가 된 이번 총선에는 협진양행 대표인 민정당 이용호, 문산여중·고 재단이사장인 민한당 이영준, 서울대법대 출신 변호사인 신정당 황인만, 시도수산 대표인 국민당 이택석, 고양농촌지도소장을 지낸 민사당 이찬의, 신민당 지구당위원장을 지낸 민권당 이교성 후보들이 출전했다.

유권자 9만 5천여 명인 파주에서는 이용호, 이영준, 황인만 후보들이 출전했고 유권자 8만 5천여 명인 고양에서는 이택석, 이찬의, 이교성 후보들이 출전하여 3대 3 균형을 이뤘다.

지난 10대 총선때 의정부 – 양주 – 파주에서는 파주 출신인 박명근 후보가 기라성 같은 예비 후보들을 제압하고 공화당 공천을 받고 출전하여 양주출신인 신민당 김형광 후보와 무소속 이진용 현역의원을 꺾고 동반당선됐고, 고양 – 김포 – 강화에서는 고양출신인 김유탁 의원이 공화당 공천을 받고 출전하여 9대 총선때 공화당 복수공천을 받고 동반당선된 무소속 김재춘 의원을 따돌리고 강화출신인 신민당 오홍석 후보와 동반당선됐다.

그러나 파주출신인 박명근 의원이나 고양출신인 김유탁 의원이 정치쇄신위원회의 검문에 걸려 이번 총선에는 출전하지 못했다.

이번 총선에선 풍부한 자금과 막강한 조직을 자랑한 민정당 이용호 후보는 국민당 김윤재위원장을 포섭하여 입당시키는 저력을 보이며 적지인 고양의 표밭을 누볐다.

지난 총선에도 공천의 문을 두드렸던 민한당 이영준 후보는 "인간 이영준을 보지 말고 제1야당인 민한당에 표를 달라"면서 "원내 견제세력이 확보돼야 장기집권을 방지할 수 있다"고 주장했다.

'고양 출신 인물찾기 운동'을 전개한 국민당 이택석 후보는 13대째 살아온 토박이임을 강조하며 일산국민학교 동창들을 중심으로 조직확산에 심혈을 기울였다.

고양에서는 국민당 이택석 후보가 15,243(23.9%)표를 득표하여 민한당 이영준 후보에게 2,682표 앞섰으나 파주에서 4,829표(6.1%) 득표에 그쳐 18,444표나 뒤져 15,662표차로 무릎을 꿇었다.

군별 대항전이 펼쳐질 것으로 예상된 선거전에서 파주 출신인 이용호, 이영준, 황인만 등 3후보는 파주에서 88.0%인 69,592표를 쓸어담고 고양에서도 60.5%인 38,614표를 득표하여 고양지역을 초토화시켰다.

□ 득표상황

후보자	정당	연령	주요 경력	득표(%)
이용호	민정당	47	협진양행대표	57,858 (62.1)
이영준	민한당	47	문산종고재단이사장	35,834 (25.3)
이택석	국민당	45	시도수산대표	20,172 (14.2)
황인만	신정당	54	판사, 검사, 변호사	14,514 (10.2)

| 이찬의 | 민사당 | 47 | 고양농촌지도소장 | 8,670 (6.1) |
| 이교성 | 민권당 | 41 | 지구당위원장 | 4,431 (3.1) |

<포천 – 연천 – 가평> 접적지역이라는 특수성을 활용한 민정당 이한동 후보와 가평표를 결집시킨 홍성표 후보가 동반당선

양평을 여주 – 이천에 떼어 준 이 지역구는 서울지법 판사와 서울지검 부장검사 출신인 민정당 이한동, 한국전력 동래영업소장 직무대리 출신인 민한당 홍성표, 통대의원 출신인 무소속 이진철, 서울시립대 교수인 민권당 박광철, 반공연맹 연천지부 강사인 무소속 이중익, 반공연맹 가평군 외서면 지도위원장인 한국기민당 윤태혁 후보들이 출전했다.

양평이 병합된 지난 10대 총선때에는 공화당은 김용채 현역의원을 공천에서 배제하고 10·2 항명파동으로 내무부장관에서 물러난 오치성 전 의원을 내세웠다.

3년 이상 미국에 체제하는 기간에도 부인이 지역구의 경조사에 빠짐없이 성의를 표시하며 조직을 관리해 온 오 후보는 양평에서 8대 총선때 이백일 현역의원을 꺾고 등원하여 9대 총선때는 공화당 김용채 후보와 무투표 동반당선됐던 신민당 천명기 의원과 동반당선했다.

천명기 후보는 오치성 후보의 3분의 1 되는 득표를 하고도 동반당선되어 3선의원 반열에 올랐다.

오치성 의원이 부정축재혐의로 정계에서 축출되어 무주공산인 이 지역구에 경찰국장 출신으로 통대사무차장을 지낸 안갑준 후보가 순흥 안씨 문중표를 겨냥하여 하마평에 오르내렸으나 민정당은 서울지검 부장검사인 이한동 후보를 내세워 '공명속의 압승' 이라는 캐치프레이즈를 내걸고 지역의 새로운 주인으로 떠오르도록 했다.

민한당은 최중원, 백응태, 유재운, 이용구, 백광철, 조일부, 전상열, 조홍규, 김영국, 홍성표, 왕영천, 유인설, 유인광, 정규진, 이해승, 김치선 후보들 가운데 홍익표 의원의 6촌동생인 홍성표 후보를 공천했다.

민한당 홍성표 후보는 기독교계를 파고든 한국기민당 윤태혁 후보의 잠식이 우려되지만 가평표의 결집을 기대하며 야당성향표와 남양 홍씨 문중표밭을 집중 공략했다.

민정당 이한동 후보와 포천 국민학교 동기동창인 민권당 박광철 후보는 교수라는 인물론을 내세우며 포천향심회장으로 각 면 4H 클럽에 송아지를 기증하는 농촌사업을 벌인 것을 기반으로 표밭 점검을 하고 있고, 무소속 이진철 후보는 통대 대의원 당선의 지지기반을 확산시키는데 열을 올리고 있다.

고려대 법대 출신인 이중익 후보는 연천의 유일한 대표주자임을 내세우며 국토통일원, 반공연맹에서 전임강사로 활동한 경력으로 맺어진 인연들을 찾아 나섰다.

민정당 이한동 후보가 전 지역을 석권한 가운데 연천에서는 무소속 이중익 후보가 9,466표(32.9%)를 득표하여 1위를, 포천에서는 무소속 이진철 후보가 9,990표(17.8%)를 득표하여 2위를, 가평에서는 민한당 홍성표 후보가 7,219표(24.7%)를 득표하여 2위를 하여 군별대항전이 펼쳐졌다.

무소속 이진철 후보가 연천과 가평에서 문중표를 파고들어 6,547표를 득표했지만 민한당 홍성표 후보는 포천과 연천에서 민한당원들의 활동으로 10,506표를 득표하여 이진철 후보를 1,188표 차로 꺾고 국회입성에 성공했다.

□ 득표상황

후보자	정당	연령	주요 경력	득표(%)
이한동	민정당	46	서울지검부장검사	48,877 (43.3)
홍성표	민한당	45	한전 동래 영업소장	17,725 (15.7)
이진철	무소속	44	통대의원	16,537 (14.7)
박광철	민권당	46	서울시립대교수	12,133 (10.8)
이중익	무소속	38	반공연맹 강사	11,605 (10.3)
윤태혁	기민당	41	당 정책위의장	5,902 (5.2)

제2장 영원한 권력의 젖줄인 영남권

1. 민정당 후보 29명 빠짐없이 모두 당선
2. 영남권 29개 선거구 불꽃 튀는 격전의 현장으로

1. 민정당 후보 29명 빠짐없이 모두 당선

(1) 영남권 29개 지역구에서 민정당 후보 24명이 1위 당선

영남권은 부산이 6개, 경북이 13개, 경남이 10개 지역구를 가지고 있어 전국 92개 지역구의 31.5%를 차지하고 있다.

지난 10대 총선에 비하면 부산이 1개구, 경북이 2개구, 경남이 1개구 등 4개구가 증설됐다.

부산은 동 - 서구가 분리되어 서구는 독립 선거구가, 동구는 중 - 영도구에 병합됐다. 신설된 해운대는 남구에 통합됐고 부산진 - 북구가 분구되어 독립선거구가 돼 1개 선거구가 증설됐다.

경북은 대구의 중 - 서 - 북구와 동 - 남구가 수성구가 신설되면서 중 - 서, 동 - 북, 남 - 수성구로 분구되면서 1개구가 증설됐다.

또한 포항 - 영일 - 울릉 - 청도에서 청도와 경산 - 달성 - 고령에서 경산을 떼어내 합병하여 1개구를 증설했다. 그리고 구미 - 칠곡 - 선산 - 성주 - 군위에서 성주를 달성 - 고령에 병합시켰다.

경남은 마산 - 진해 - 창원이 창원으로 경남도청이 이전되면서 마산과 진해 - 창원 - 의창으로 분구되어 1개구가 증설됐다.

이번 총선에서 민정당은 29명을 공천하여 29명 전원을 당선시켜

영남권은 영원한 권력의 젖줄임을 드러냈다.

제1야당인 민한당은 29명을 공천하여 11명이 당선되고 18명이 낙선하여 그 자리를 국민당이 8명, 민권당이 2명, 민사당 1명, 민농당 1명, 무소속 6명이 메웠다. 특히 경남에서는 10개의 지역구에서 김해 – 양산의 신원식 후보만 당선되는 참패를 맛보았다.

국민당은 이만섭(대구 서 – 중), 이성수(포항 – 영일 – 울릉), 김영생(안동 – 의성), 박재욱(경산 – 영천), 김기수(문경 – 예천), 조병규(진주 – 진양 – 삼천포 – 사천), 김종하(진해 – 창원 – 의창), 조일제(의령 – 함안 – 합천) 후보들이 당선됐고, 민권당은 김정수(부산진), 임채홍(산청 – 함양 – 거창) 후보들이, 민사당 백찬기(마산), 민농당 이규정(울산 – 울주) 후보들이 당선됐다.

무소속의 김순규(경주 – 월성 – 청도), 박정수(김천 – 금릉 – 상주), 이용택(달성 – 고령 – 성주), 조형부(충무 – 통영 – 고성 – 거제), 노태극(밀양 – 창녕), 이수종(남해 – 하동) 후보들이 당선됐다.

영남권 29개의 지역구 중 민정당이 1위를 확보하지 못한 곳은 부산 서구(곽정출), 대구 서 – 중(한병채), 김천 – 금릉 – 상주(정휘동), 달성 – 고령 – 성주(김종기), 울산 – 울주(고원준) 등 5개 지역구에 불과하고 24개 지역구에서 1위 당선을 이뤄냈다.

이러한 결과는 영남권은 공화당 시절에는 박정희 대통령이 공천한 공화당 후보들을 맹목적으로 지지했고, 이번 총선에서도 전두환 대통령이 공천한 민정당 후보들을 줄기차게 지지하고 있음을 보여주었다.

(2) 10대 현역의원들의 귀환율은 25%인 10명뿐

지난 10대 총선 때 영남권의 50석은 공화당 21석, 신민당 21석, 무소속 8석으로 공화, 신민당이 균형을 이뤘다.

10대 의원 50명의 지역구 의원 중 34명은 정치쇄신의 쇠사슬에 묶였으나 32%인 16명은 칼날을 피해 재기할 수 있는 기회를 제공받았다.

박찬종(부산 서구) 의원은 중도에서 포기하고 하대돈(밀양 - 창녕) 의원은 조직책으로 선정됐다가 교체됐고 노인환(거창 - 함양 - 산청) 의원은 등록 직전 포기했다.

13명의 의원들 중 5명은 민정당으로, 4명은 민한당으로, 3명은 국민당으로, 1명은 무소속으로 출전했다.

국민당으로 출전한 양찬우(부산 동래), 김재홍(부산 남구), 민한당으로 출전한 조규창(포항 - 영일 - 울릉) 의원들이 낙선했다.

11대 국회에 귀환한 의원은 민정당의 한병채(대구 서 - 중), 박권흠(경주 - 월성 - 청도), 정휘동(김천 - 금릉 - 상주), 김종기(달성 - 고령 - 성주), 채문식(문경 - 예천), 민한당의 김승목(부산 남구), 신상우(부산 북구), 김현규(구미 - 선산 - 군위 - 칠곡), 국민당의 이만섭(대구 서 - 중), 무소속의 박정수(김천 - 금릉 - 상주) 등 10명뿐이다.

통대의원 출신 중 왕상은, 안건일(부산 중 - 동 - 영도), 김진재(부산 동래), 백찬기(마산), 조형부(충무 - 통영 - 고성 - 거제), 신원식(김해 – 양산) 후보 등은 당선됐으나 한석봉(국민당), 이상권(신정당), 김정우(민한당), 하기성(민권당), 강호성(무소속), 최상환(무소속), 김해석(무소속), 김종섭(국민당), 이석범(국민당), 고찬수(신정당), 김석곤(신정당), 정성영(민권당), 김석규(사회당) 후보 등은 낙선했다.

2. 영남권 29개 지역구 불꽃 튀는 격전의 현장으로

부산직할시

<중 – 영도 – 동> 4명의 통대의원들이 상위권을 형성하며 각축전을 전개한 이 지역구는 협성해운 회장인 민정당 왕상은, 경희어망 회장인 민한당 안건일 후보가 동반당선

부산 중 – 영도 선거구에 지난 총선 때는 서 – 동구가 병합됐으나 서구의 사하지역이 개발되면서 인구가 급증하여 서구를 독립선거구로 남겨두고 동구를 병합시킨 이 지역구에는 11명의 후보들이 난립하여 난타전을 전개하고 있다.

이 지역구에는 정치와는 무관하다고 역설했던 통대의원 4명이 출전하여 상위권을 석권하고 있다. 협성해운 회장인 민정당 왕상은, 경희어망 회장인 민한당 안건일, 학교법인 세화학원이사장인 국민당 한석봉, 동명당 한약방 대표인 신정당 이상권 후보들이 그들이다.

통대의원 출신 외에도 예비군 보도지 디펜스 발행인인 사회당 정말동, 서울법대 출신으로 전국 금융노조 기획실장인 통일민족당 홍동식, 신민당 지구당 부위원장 출신인 민권당 방오영, 경진공업 사원인 민사당 정주영, 대중당 창당발기인이었던 원일민립당 김성호 후보들이 정당공천을 받고 출전했고 부산법대 총학생회장 출신인 김정길, 현대건설 관리주임인 서정의 후보들이 무소속으로 출전했다.

지난 10대 총선때 중-영도에서 공화당은 신기석 현역의원, 김종규 전 부산시상, 우병택 남도개발 대표 등을 따돌리고 문화공보부 기획관리실장에서 부산 KBS 국장으로 자진 좌천하여 출전의 칼을 갈아 온 한남석 후보를 내세웠다.

공화당 사무총장 출신이지만 3선개헌 반대 주장을 굽히지 않은 예춘호 후보가 반체제 인사로서 "내가 반국가, 반민족행위를 한 것이 아님을 심판받기 위해 오기로 나섰다"고 출사표를 던져 신념의 사나이라는 여론으로 선풍을 일으키며 선두를 달렸다.

9대 총선 때 신민당 복수공천을 받고도 영도구민들의 전폭적인 지원으로 금메달을 확보한 김상진 의원이 "6년 동안 골프채 한 번 안 잡고 지역주민의 뒷바라지를 해 왔다"고 호소하여 '참신한 새 얼굴' '때묻지 않은 인물'을 내세우며 부산에서 태어나 부산에서

자랐고 부산을 위해 일하겠다는 한남석 후보를 어렵지 않게 따돌렸다.

부산법대 학생회장 출신으로 국회의원 비서관을 지낸 김정길 후보가 부산시의원 출신인 김자일, 부산대 총학생회장 출신인 이영희 후보들을 따돌리고 도토리 키재기를 벌인 후발주자 경쟁에서 승리하고 4위를 차지했다.

서 – 동구에서는 신민당 김영삼 의원이 자리잡고 있는 이 지역구에 신민당은 유호필 서구청장 카드를 버리고 김영삼 의원의 경남중 후배인 박찬종 후보를 공천하여 무투표 당선을 기대했다.

그러나 7번 국회의원에 도전하여 7번 낙선을 한 통일당 이상철 후보와 부산시 의원을 지낸 무소속 정철오 후보가 등록하여 무투표 당선만을 저지했었다.

이번 총선에선 협성해운이란 국내 굴지의 재력가인 민정당 왕상은 후보가 2만 명이 넘는 당원을 확보하고 부두노조 소속의 선원가족들의 절대적인 지지와 원만한 대인관계로 얻은 지역사회의 지명도로 선두권을 달리고 있고, '통대의원과 정치는 무관하다'고 역설한 민한당 안건일 후보는 '수산인을 국회로 보내자'는 여론을 등에 업고 김일택, 권철현, 이일억, 신범용 후보들을 제치고 제1야당인 민한당 공천을 받은 여세를 몰아 왕상은 후보와 쌍벽을 이뤘다.

통대의원 선거 때 기반이 되었던 노인학교, 골목 유치원, 세화여상 등 공들인 교육기관을 통해 저인망 작전을 전개하고 있는 국민당 한석봉 후보가 "야당이라고 자칭하는 후보들이 집권당은 공격 않고 국민당만 북처럼 친다"고 불평했다.

이 지역구는 통대 출신들의 각축장으로 왕상은(중구), 안건일(영도), 한석봉(동구) 후보들이 선두그룹을 형성할 거란 상황에서 풍부한 자금을 활용하여 조직확장에 총력을 펼치고 있어 재력전의 형상을 띠고 있다.

김영삼 전 총재의 고향 출신인 무소속 김정길 후보가 지난 총선 때의 출마경험과 거제출향민들의 표를 결집시켜 다크호스로 등장했고 통대의원 출신인 이상권 후보도 3천 회가 넘는 주례서기로 시민들과의 유대를 공고히 하고 있으며 소비자 보호운동의 맹렬여성인 정말동 후보도 여성층을 겨냥한 표밭갈이에 나섰다.

선거결과는 동구에서 출생하고 중구에 거주하며 영도에서 영업활동을 한 민정당 왕상은 후보와 전통적인 야당세인 영도표 개발에 주력한 민한당 안건일 후보가 동반 당선됐다.

세화여상 가족들을 거점으로 재력을 동원하여 저인망 작전을 펼친 국민당 한석봉 후보와 부산대 총학생회장 출신으로 학생 운동권을 주축으로 전 지역구를 휩쓸고 다닌 무소속 김정길 후보의 선전이 돋보였다.

□ 득표상황

후보자	정당	연령	주요 경력	득표(%)
왕상은	민정당	61	통대의원	68,953 (29.1)
안건일	민한당	40	통대의원	51,559 (21.8)
한석봉	국민당	34	통대의원	46,859 (19.8)
김정길	무소속	35	부산대총학생회장	43,554 (18.4)

이상권	신정당	54	통대의원	5,428 (2.3)
정말동(여)	사회당	52	김택기획부사장	5,126 (2.2)
방오영	민권당	45	신민당지구당위원장	3,841 (1.6)
홍동식	민족당	36	금융노조 기획실장	3,827 (1.6)
서정의	무소속	30	현대건설 주임	3,582 (1.5)
김성호	원일당	42	대중당 창당발기인	2,623 (1.1)
정주영	민사당	47	경진공업사원	1,921 (0.8)

<서구> 김영삼 총재의 후광과 동아대 동문들의 전폭적인 지지를 받은 민한당 서석재 후보가 민정당 곽정출 후보를 꺾고 금메달을 차지

지난 총선 때는 동구와 병합됐으나 이번 총선에서는 독립선거구가 된 이 지역구는 김영삼 신민당 총재가 5대 총선 이래 아성을 구축한 지역으로 김 총재의 영향력이 지배하는 곳이다.

민정당은 경남고를 거쳐 서울법대 출신인 정치신인으로 삼성물산을 거쳐 미디어전자 대표인 곽정출 후보를 내세웠고, 민한당은 신민당 조직부장 출신으로 김영삼 총재의 비서 출신인 서석재 후보를 출전시켰다.

김영삼 총재와 동반당선된 10대 국회에서 정풍 운동을 전개하여 공화당 김종필 총재를 곤욕스럽게 한 박찬종 의원이 뒤늦게 출마를 선언하고 과거의 조직 복원에 돌입했으나 무소속으로 당선 가능성이 희박하다는 결론을 얻었는지 중도에 후보직을 사퇴했다.

KBS 부산방송국 보도실장인 이기우 후보가 신정당으로, 김영삼 총재 비서로 활약했던 변이윤 후보가 민권당으로, 감천동에 있는 태극도의 도전으로 청구합성수지 대표인 조영래 후보가 무소속으로 도전하여 후발주자 3파전을 전개했다.

서구와 동구가 병합된 지난 10대 총선에선 야당의 거목인 김영삼 의원이 자리잡고 있는 이 지역구에 공화당은 유호필 서구청장 카드를 버리고 김 의원의 경남중 후배인 박찬종 후보를 공천하여 무투표 당선을 기대했다.

그러나 7번 국회의원에 도전하여 7번 낙선을 자랑하고 있는 통일당 이상철 후보와 부산시의원을 지낸 무소속 정철오 후보가 도전장을 내밀어 무투표 당선만을 저지했을 뿐이다.

세간의 관심에서 멀어진 이 지역구의 이번 총선에서의 선거전은 민한당 서석재 후보가 신민당 조직부장 출신의 전문성을 십분 발휘하고 김영삼 총재의 후광과 동아대 동문들의 전폭적인 지지로 경남중·고 동문들의 자발적인 지원과 공화당의 조직을 물려받아 조직을 더욱 확대한 민정당 곽정출 후보를 1만 1천여 표차로 따돌리고 금메달을 차지했다.

민권당 변이윤, 신정당 이기우, 무소속 조영래 후보는 도토리 키재기식 경쟁을 벌여 9%대의 올망졸망한 득표율을 올렸다.

□ 득표상황

후보자	정당	연령	주요 경력	득표(%)
서석재	민한당	46	김영삼총재비서관	74,447 (39.1)
곽정출	민정당	43	미디어대표	63,463 (33.3)
변이윤	민권당	38	김영삼총재비서	17,984 (9.4)
이기우	신정당	46	KBS 부산보도실장	17,432 (9.1)
조영래	무소속	46	태극도 도전	17,259 (9.1)
박찬종	무소속	41	10대의원(2선)	사퇴

<부산진> 선거전을 부산대와 동아대의 대결, 의약업계와 건설업계의 대결양상으로 끌고가 민한당 김정우 후보를 꺾고 승리한 부산약사회장 출신인 민권당 김정수

지난 총선 때에는 북구와 병합된 선거구였으나 이번 총선에서는 북구와 분구되어 각각 단일선거구가 된 이 지역구에 민정당은 부산시교육감을 지낸 구용현 후보를 내세웠고, 민한당은 한우주택 대표로서 주택건설협회 부산시지부장인 김정우 후보를 내세웠다.

지난 총선 때 출전했던 부산시 약사회장인 김정수 후보가 민권당으로, 계성중 동창회장인 강경식 후보가 민사당으로 출전하여 예측불허의 4파전이 전개됐다.

부산상고에서 교편을 잡았다가 부산시 교육감까지 오른 민정당 구용현 후보는 교육, 사회단체의 전폭적인 지원을 기대하며 막강한 민정당의 조직을 확대하여 표밭갈이에 나섰다.

이소락, 한만수, 박주도, 손용규, 성삼용, 정갑덕 후보들을 제치고 민한당 공천을 받은 김정우 후보는 통대의원 선거 때의 조직과 경험을 살려 야당성향표의 결집에 심혈을 기울였다.

부산대 출신인 민권당 김정수 후보는 동아대 출신인 민한당 김정우 후보와 선명논쟁을 벌이며 지난 총선에서 득표한 4만 9천여 표를 재점검하며 야당성향표를 분산시키는데 총력을 기울였다.

고려대 정경대 출신인 민사당 강경식 후보는 지난 총선에서의 경험을 살려 중소상인 등 소시민층을 파고들며 조직확산에 들어갔다.

북구와 통합된 지난 10대 총선에선 9대 총선 때 동반당선된 공화당 김임식 의원과 신민당 정해영 의원이 어깨동무 당선을 기대했다.

동의학원 이사장으로 3선의원인 김임식, 6선의원으로 부총재인 정해영 의원에게 도전하는 것은 무모한 일이라고 생각됐다.

그러나 부산시 약사회장 출신인 김정수, 개성중 동창회회장 출신인 강경식 후보들이 도전하여 나름대로 선전했으나 역부족이었다.

10만 표가 넘는 두 후보에게 4만 9천여 표를 득표한 김정수, 2만 4천여 표를 득표한 강경식 후보의 득표력은 초라하게만 보여졌다.

한치 앞을 내다볼 수 없는 4파전을 전개한 이번 총선의 선거전은 민정당의 조직을 활용하여 부산상고 동문들의 전폭적인 지원을 받아 교육계를 파고 든 구용현 후보와 의약계와 건설업계의 경쟁과 동아대와 부산대의 이분적인 경쟁을 벌린 민권당 김정수 후보가 민한당 김정우 후보를 최하위로 밀어 내고 값진 당선을 일궈냈다.

민사당 강경식 후보도 군소혁신정당 공천후보로서 지난 총선에서의 득표력을 배가시키는 기염을 토해냈다.

□ 득표상황

후보자	정당	연령	주요 경력	득표(%)
구용현	민정당	56	부산시교육감	69,025 (30.6)
김정수	민권당	43	부산시 약사회장	58,745 (26.1)
강경식	민사당	40	개성중 동창회장	50,796 (22.6)
김정우	민한당	39	한우주택 대표	46,697 (20.7)

<동래> 정희채 의원을 대신한 동일고무 벨트 회장인 김진재 후보가 이기택 신민당 부총재의 참모장인 박관용 후보와 동반당선

경남도지사, 내무부장관, 4선의원이 정치쇄신위원회를 통과하여 버티고 있는 이 지역구에 민정당은 통대의원 출신으로 동일고무벨트 대표인 김진재 후보를, 민한당은 양찬우 의원과 쌍벽을 이뤘던 이기택 신민당 사무총장의 비서관으로 활약했던 박관용 후보를 내세웠다.

박관용 후보는 서상기, 최상환, 박종석, 주성태, 김기중, 심상선, 이경호, 이종숙 후보들과의 경쟁을 뚫고 조직책에 선정됐다.

동래의 터줏대감으로 4선의원인 양찬우 후보가 국민당으로, 통대의원 출신으로 일신산업 대표인 하기성 후보가 무소속으로 출전하여 예측불허의 4파전을 전개했다.

이들 외에도 대한예수교장로회 부산교회 장로로 천일식품 대표인 김헌근 후보가 민농당으로, 금호정유 대표인 최국주 후보가 민권당으로, 동래공업전수학교 교장인 문용한 후보가 안민당으로, 혜성사 대표로 부산시 민방위교육 정신교육 담당강사인 전한도 후보는 민사당으로, 통대의원 출신으로 동성주택 대표인 강호성 후보가 무소속으로 출전하여 통대의원 출신인 재력가 3명이 재력경쟁을 하게 됐다.

지난 10대 총선에는 9대 총선 때 동반 당선됐던 공화당 양찬우 의원과 신민당 이기택 의원이 각 당의 공천을 받아 동반당선을 향해 질주했다.

3선의원으로 내무부 장관을 지낸 양찬우, 재선의원이지만 사무총장으로 활약한 이기택 의원의 동반당선을 의심한 사람은 없었으며 도전 자체가 무의미할 것으로 보여졌다.

동래중 교사 출신으로 9대 총선에 출전하여 낙선한 이건일 후보가 국회의원 비서회 부회장으로 재무장하여 10대 총선에도 출전하여 7만 1천여 표를 득표하는 저력을 보여줬지만 1만 5천여 표차로 연패했다.

이번 총선을 앞두고 민정당은 당초 정희채 유정회의원을 조직책으로 선정했으나 국민당 양찬우 후보와의 경쟁을 이겨낼 수 없다는 판단으로 부랴부랴 김진재 후보로 교체했다. 김진재 후보는 통대의원 선거의 경험을 살려 정치생명을 건 마지막 일전을 벼르고 있다.

동래중 출신인 김진재 후보는 청년회의소, 보이스카우트, 동일장학회 등의 배경을 딛고 3천여 명에 달하는 동래고 동문들의 적극적인 지지를 기대하고 있다.

민한당의 박관용 후보는 이기택 부총재의 참모장으로 16년간 이 지역의 신민당 조직부장을 한 경험을 살려 조직을 다지고 있으며 민주당 시절 부산진구 위원장을 지낸 부친 박희준의 후광도 업고 있다.

4선 의원으로 거물정객인 국민당 양찬우 후보는 10대 총선 때 득표한 8만여 표를 지키기 위해 총력을 경주하고 있다.

통대의원 선거의 경험과 막강한 재력의 경쟁을 보인 별들의 전쟁에서 민정당 김진재 후보가 민정당 조직과 우월한 재력을 동원하여 승리자가 됐고, 동래고 동문들의 전폭적인 지원과 야당성향표를 결집시킨 민한당의 박관용 후보가 동반당선됐다.

거물정객인 양찬우 후보는 오랫동안 군림해 온 반작용으로 무소속 하기성 후보에게도 밀린 4위로 내려앉아 정계은퇴 수순을 밟게 됐고, 선명야당론을 전개한 민권당 최국주 후보의 득표력은 보잘 것 없었다.

□ 득표상황

후보자	정당	연령	주요 경력	득표(%)
김진재	민정당	38	통대의원	81,911 (32.8)
박관용	민한당	42	이기택의원 비서관	71,863 (28.8)
하기성	무소속	41	통대의원	44,234 (17.7)
양찬우	국민당	55	10대의원 (4선)	44,117 (17.6)
강호성	무소속	38	통대의원	25,408 (10.2)
전한도	민사당	40	민방위교육강사	9,998 (4.0)
문용한	안민당	43	동래공업전수학교장	6,015 (2.4)
최국주	민권당	38	금호정유대표	5,794 (2.3)
김헌근	민농당	45	부산교회 장로	4,435 (1.8)

<남 – 해운대> 신민당 의원으로 부산에서 유일하게 살아남았다가 민한당 공천을 받고 출전하여 10대 총선 때 동반당선한 국민당 김재홍 의원을 꺾고 의정단상에 귀환한 김승목

해운대구가 신설됐으나 남구와 병합된 이 지역구는 부산에서 유일하게 10대 총선에서 당선됐던 공화당 김재홍, 신민당 김승목 의원들이 귀환하여 재격돌을 펼치며 동반당선을 기대했다.

민정당은 15년간 공화당 당료생활을 한 김재홍 카드를 버리고 국민학교에서 대학까지 13개의 학교를 거느린 남성학원재단의 이사장으로 부산산업대학장인 이흥수 후보를 공천했다.

이에 김재홍 의원은 국민당으로, 신민당 의원으로 부산에서 유일하게 정치쇄신법으로부터 살아남은 김승목 의원은 민한당으로 출전했다.

세무사, 부산여대 강사로 지난 총선에도 출전했던 이영근 후보는 신정당으로, 남성여중 교사였던 김종필 후보는 민사당으로, 경남도 의원을 지낸 최시명 후보는 민권당으로, 통대의원 출신인 최상환 후보는 무소속으로 출전하여 일곱 마리의 용들의 전쟁이 됐다.

신설된 10대 총선에서 공화당은 부산시 연락실장으로 활약한 김재홍 후보를 내세웠고, 신민당은 9대 총선 때 서 – 동구 지역구에서 김영삼 후보와 복수공천되어 낙선한 김승목 8대의원을 공천했다.

이에 혜화학원 이사장으로 초대 참의원과 7대 의원을 지낸 정상구 후보가 통일당 공천으로, 공화당 당기위원장 출신으로 6, 7대 의원을 지낸 최두고 후보가 무소속으로 출사표를 던져 4파전이 전개했다.

신민당과 선명논쟁을 벌인 정상구 후보가 공화당의 조직 동원에 1천여 표차로 김재홍 후보에게 무릎을 꿇고 국회 재등원을 다음 기회로 미뤘다.

이번 총선에선 2천 5백여 명의 민정당원을 활용하고 있는 이흥수 후보는 2천여 교직원과 학부형, 영천 이씨 종친회, 동래고 동문, 기독교계통의 지지를 받아 단숨에 선두권을 점령했다.

민한당 김승목 후보는 8대에는 유신체제 출범으로, 10대에는 신군부의 권력찬탈로 임기를 못 채운 단명의 국회의원의 한을 풀어 달라며 동정표와 야권성향표 공략에 매달렸다.

양찬우 의원의 공화당 조직을 원형대로 인수한 국민당 김재홍 후보는 오랜 공화당 당료 생활로 맺은 인연을 점조직화 하여 단명의원의 한을 풀어 달라는 읍소작전과 점조직을 본격 가동하며 '깨끗한 정치인' '의리의 사나이'등의 이미지를 집중 부각시켜나갔다.

신정당 이영근 후보는 세무사로서 상인층의 표밭을 점검하며 설욕전을 벼르고 있으며, 6대와 7대 총선에 출마하여 차점 낙선하고 10대 총선 때도 지구당 부위원장으로 활약한 민권당 최시명 후보도 선명논쟁을 벌이며 야권성향표의 결집에 나섰다.

그러나 통대의원 출신으로 나름대로 표밭을 가꾸어 온 무소속 최상환 후보의 득표력은 기대치를 밑돌았다.

□ 득표상황

후보자	정당	연령	주요 경력	득표(%)
이흥수	민정당	53	부산산업대학장	92,143 (32.9)
김승목	민한당	51	10대의원 (2선)	80,794 (28.9)
김재홍	국민당	48	10대의원 (지역구)	31,534 (11.3)
이영근	신정당	41	부산여대 강사	29,278 (10.5)
최시명	민권당	48	경남도의원	22,496 (8.0)
최상환	무소속	39	통대의원	16,227 (5.8)
김종필	민사당	44	남성여중 교사	7,261 (2.6)

<북구> 출마설이 나돌던 이재태 후보가 석연치 아니한 사유로 불출마하고 민권당 김명중 후보의 등록무효로 무투표 당선의 영광을 안게 된 장성만과 신상우

지난 총선 때에는 부산진구와 병합되어 김정수, 강경식 후보들을 떨어뜨리고 공화당 김임식, 신민당 정해영 의원을 동반당선 시켰으나 이번 총선에는 분구되어 독립선거구가 됐다.

민정당은 경남공업전문대학장으로 미국 신시내티 신학대학원을 수료한 장성만 후보를 내세웠고, 민한당은 10대 총선 때는 양산 – 김해에 신민당 공천으로 출전하여 공화당 김택수 후보와 동반 당선됐다가 정치쇄신법을 뛰어 넘어 민한당 창당의 주역으로 사무총장을 맡은 신상우 후보를 전구(轉區)하여 공천했다.

이에 이 지역의 토박이로 풍부한 자금력을 구비한 통대의원 출신인 이재태 후보의 출마설이 나돌았으나 석연치 아니한 사유로 불출마했고, 포항종합제철 주택관리소장인 김명중 후보가 민권당 공천으로 출전하여 3파전이 전개됐으나 선거 중반에 등록무효되어 장성만, 신상우 후보들이 무투표 당선이라는 행운열차에 탑승했다.

사퇴한 김명중 후보는 "선거에서 이길 자신이 없어 입후보를 사퇴하는 것"이라며 "누구의 압력을 받거나 돈을 받은 사실은 전혀 없다"고 해명하면서도 "괴롭다" "경솔했던 것 같다"며 줄담배를 피워댔다.

□ 득표상황

후보자	정당	연령	주요 경력	득표(%)
장성만	민정당	48	경남공전학장	무투표
신상우	민한당	43	10대의원(3선)	무투표
김명중	민권당	56	주택관리소장	등록무효

경상북도

<대구 서 – 중> 경북의 정치 1번지에서 고려대와 연세대의 세 번째 고연전 대결에서 변신한 한병채 후보를 꺾어버린 국민당 이만섭

대구에 수성구가 신설되면서 10대 총선 때는 중 – 서 – 북, 동 – 남으로 분구됐던 선거구가 이번 총선에는 중 – 서, 동 – 북, 남 – 수성으로 대폭 개편됐다.

중 – 서구에는 민정당 한병채 후보와 국민당 이만섭 후보가 8대와 10대 총선에 이어 세 번째 맞대결을 펼쳐 세간의 이목을 집중시켰다.

8대에는 신민당 한병채 후보가 공화당 이만섭 후보를 2만 7천표 대 2만 표로, 10대 총선에는 12만 8천표 대 6만 6천표로 연파했다.

야당의 맹장으로 칼을 휘두르던 한병채 후보는 이제 새 시대의 기수로 변신하여 '참다운 민주 및 정의사회 구현'을 외치고 있고, 공화당 창당멤버였던 이만섭 후보는 독기 어린 설전을 벌이며 박정희 대통령과 대구 시민에 대한 '의리'를 절규하고 있다.

두 맹장의 그늘에 휩싸인 민한당은 서명교, 김상수, 이종섭, 나학진, 최팔교, 권영식, 서윤수, 임갑수 후보들을 놓고 깊은 고민에 빠졌다가 오랫동안 지구당부위원장으로 활약한 서명교 후보를 내세웠다.

신민당 경북도당부위원장으로 활약했던 현한조 후보가 민권당으로, 중앙일보 기자 출신으로 공화당 중앙당 조직간사로 활약했던 박상훈 후보는 민사당 공천으로 출전했다.

새길시장 대표로서 신민당 경북도지부 대변인으로 활약했던 나학진 후보와 통일당 정치위원회 부의장을 지낸 이종섭 후보가 무소속으로 등록하여 7파전이 전개됐다.

중구 - 서구 - 북구가 통합된 지난 10대 총선에선 공화당 이만섭 정책위의장은 박찬 현역의원과 준결승전을, 신민당 조일환 4선의원은 재선의원인 한병채 현역의원과 준결승전을 승리로 장식하고 결승전에서 동반 당선을 기대했다.

신민당 공천에서 탈락한 한병채 의원은 "이철승 대표의 장난으로 이루어진 신민당 공천을 대구시민은 결코 승복하지 않을 것"이라며 출전을 감행하여 서문시장의 대화재 때 조속한 복구를 위해 힘쓴 이미지로 대구의 여론을 휘어잡아 8년이란 긴 정치방학을 끝내고 화려한 부활을 노리는 이만섭 후보를 제치고 괴력의 1위를 질주했다.

8대 총선 때 중구에서 한병채 의원에게 패배한 이만섭 후보는 '애석하다 이만섭', '대구를 위한 일꾼'이라는 이미지 부각으로 4선의원으로 국회 복귀를 노리는 조일환 후보를 1만 1천여 표차로 꺾고 국회에 복귀했다.

따라서 신민당의 잔존세력이 서명교, 나학진, 현한조, 이종섭 후보로 지리멸렬된 상황에서 지난 10대 총선과 같이 한병채, 이만섭 후보의 동반 당선을 의심하는 사람은 아무도 없었다.

경북의 정치 1번지에서 고려대와 연세대 정외과 출신이 세번째 대회전은 한병채 후보의 정치적 변신에 대한 평가가 주목을 받게 됐다.

민정당 한병채 후보는 "공화당도 신민당도 모두 없어진 백지상태에서 내가 살 집을 내 손으로 지었다"고 전신(轉身)의 변을 늘어놓으며 "야당에서 여당으로 간 것은 결코 변절이 아니며 집권당에 뛰어들어 여당 속의 야당이 되기 위한 용기 있는 행동"이라고 주장했지만 12만 8천여 명의 지지자들이 6만 7천여 명으로 줄어들었다.

소신과 의리를 강조한 국민당 이만섭 후보는 10대 총선에서의 굴욕을 6천여 표차로 설욕하고 금메달을 차지했다.

민한당 서명교 후보는 "전통야당의 예비고사인 공천에도 떨어진 자가 민한당을 비난하니 말이나 되는 소린가"라고 이종섭, 나학진 후보들에게 비난을 퍼부었지만 '야당론'을 전개한 무소속 이종섭 후보에게도 뒤져 제1야당의 체통을 구겼다.

□ 득표상황

후보자	정당	연령	주요 경력	득표(%)
이만섭	국민당	59	10대의원 (3선)	74,176 (31.0)
한병채	민정당	47	10대의원 (3선)	67,822 (28.3)
이종섭	무소속	50	통일당정책부의장	38,292 (16.0)
서명교	민한당	44	신민당중앙상무위원	36,508 (15.3)
나학진	무소속	48	신민당경북대변인	11,712 (4.9)
현한조	민권당	57	신민당경북위원장	6,984 (2.9)
박상훈	민사당	43	중앙일보 기자	3,851 (1.6)

<대구 동 - 북> 지역성과 공화당 전력의 약점을 경북여고, 안동 장씨인 부인의 내조로 극복하고 등원에 성공한 민한당 목요상

지난 10대 총선때 동 - 남구의 동구와 중 - 서 - 북구의 북구로 신설된 이 지역구는 정치 신인들의 등용문이 됐다.

10대 총선 때 동 - 남구에서는 공화당 이효상, 신민당 신도환 후보들이 이치호, 문양, 신진수 후보들을 꺾고 동반당선됐고, 중 - 서 - 북구에서는 신민당 조일환 후보를 제압하고 무소속 한병채, 공화당 이만섭 후보들이 동반당선 됐었다.

이번 총선에서는 조선일보 편집국장을 지낸 민정당 김용태, 대구지법 부장판사 출신으로 8대 총선때 동구에서 신민당 공천으로 공화당 이원만 현역의원을 꺾고 당선됐던 민권당 김정두, 서울고법 판사출신으로 윤영한, 정원만 후보들을 꺾고 민한당 공천을 받은 목요상 후보들이 단초롭게 3파전을 전개했다.

계성중·고를 나온 연고를 강조한 민정당 김용태 후보는 대구직할시 승격, 대구 국제공항 개설, KBS TV 제2방송국 유치 등 굵직굵직한 지역개발 공약을 내걸고서 민정당 경북도지부장 직분을 십분 이용하여 대구직할시 승격문제 해결의 1등 공신이며 새시대 기수 홍보에 승부를 걸었다.

정치적 꿈을 간직하고 오랫동안 사회봉사 활동과 지역구 관리를 해 온 민한당 목요상 후보는 경기도 양주 출신이라는 지역성과 공화당 청년협의회 회장을 지낸 경력이 취약점으로 작용하고 있지만 첫 법관 임지가 대구이며 김지하의 오적시(五賊詩) 판결 후 1973년부터 변호사 생활을 해오며 30여개 봉사단체에 참여했고 인동장씨에 경북여고를 나온 부인이 안방을 파고들며 측면지원 하고 있는 것이 최대의 강점이다.

공화당 이원만 현역의원을 꺾은 추억을 간직하고 있는 민권당 김정두 후보는 박 대통령 시해범인 김재규 변호인으로 잘 알려진 정치변호사이지만 늦은 출발로 조직을 정비하지 못한 약점을 끝내 극복하지 못했다.

공화당 전력을 가진 민한당 목요상 후보와 선명논쟁을 벌였지만 상대적인 고령과 옛날의 조직을 복원하는데는 시간이 너무나 촉박하여 서울법대 선후배의 동반당선을 바라볼 수밖에 없었다.

□ 득표상황

후보자	정당	연령	주요 경력	득표(%)
김용태	민정당	44	조선일보 편집국장	91,132 (42.6)
목요상	민한당	45	서울고법 판사	74,755 (34.9)
김정두	민권당	62	8대의원, 판사	48,193 (22.5)

<대구 수성 - 남> 지난 총선때 동반당선된 이효상, 신도환 후보들이 정치쇄신에 묶인 틈새를 비집고 지난 총선에서는 3위와 4위를 한 이치호, 신진수 후보들이 동반당선

수성구가 신설되면서 남구와 병합된 이 지역구는 지난 10대 총선때 무소속으로 출전하여 선전한 민정당 이치호 후보와 민한당 신진수 후보가 두번째 격돌을 벌인 이색지구이다.

통대의원 출신으로 재건국민운동 경북도간사를 지낸 김해석 후보가 국민당으로, 국제경제연구원 연구관인 권만성 후보가 민권당으로, 대한교과서 업무부장 출신인 박상옥과 오랫동안 변호사로 지역기반을 구축한 이상희 후보가 무소속으로 출전하여 6파전이 전개됐다.

지난 10대 총선에선 이번에 다시 나온 것은 박정희 대통령이 더 일하자고 하는 것을 경상도 의리의 사나이로써 뿌리칠 수 없었기 때문이라는 공화당 이효상 후보와 자유당시절 의원과 반공단장으로 4·19 혁명이후 반혁명 분자로 재판에 회부됐으나 9대 총선때 신민당 전국구 의원으로 변신하여 거물정객임을 내세운 신민당 신도환 의원이 동반당선됐다.

수원지법 판사출신인 이치호, 8대 총선때 이효상 국회의장을 무너뜨린 신진욱 후보의 동생인 신진수, 법관과 변호사 생활로 30년간 살아온 문양 후보들이 무소속으로 등록하여 선전이 돋보였다.

이번 총선에선 대륜고와 경북대 총학생회장 출신으로 행정·사법 양과에 합격하여 서울지법 판사로 재직했던 민정당 이치호 후보는 10대 총선때 득표한 10만표 지키기에 심혈을 기울였다.

선거인단 선거에서 민한당 후보 11명을 전원 당선시킨 저력을 선보인 신진수 후보는 교육학 박사로 학자출신이라는 이미지를 부각시키며 신일전문대 학부모와 학생들의 지지에 기대를 걸고있다.

지역에 깊은 뿌리를 내리고 있는 국민당 김해석 후보는 재건국민운동때부터 지역사회사업과 관련을 맺어 왔고 통대의원 선거에서의 연승의 저력을 과시하고자 했다.

오랫동안 이곳에서 법률구조 활동을 펼친 변호사생활을 해오며 닦은 기반과 처가의 지원도 기대한 무소속 이상희 후보와 서울대 정치학과 출신으로 정치신인이라는 깨끗한 이미지와 조직력이 강점인 박삼옥 후보들이 다크호스로 급부상했으나, 지난 총선에서 3, 4위로 석패한 이치호, 신진수 후보들이 정치쇄신법의 굴레에서 벗어나지 못한 이효상, 신도환 후보들의 뒤를 이어 동반당선됐다.

□ 득표상황

후보자	정당	연령	주요 경력	득표(%)
이치호	민정당	41	서울지법 판사	70,394 (36.0)
신진수	민한당	42	신일전문대학장	54,232 (27.7)
김해석	국민당	41	통대의원	30,870 (15.8)
이상회	무소속	46	변호사	24,650 (12.6)
박삼옥	무소속	37	대한교과서 업무부장	8,222 (4.2)
권만섭	민권당	32	중동문제연구소 연구관	7,226 (3.7)

<포항 - 영일 - 울릉> 제자인 이진우, 비서인 이대우 후보들의 음성적인 도움으로 이삭줍기에 성공하여 국회에 재입성한 국민당 이성수

지난 10대 총선 때에는 영천과 병합됐다가 영천을 다른 선거구에 떼어 주고 포항 - 영일 출신들의 안방이 된 이 지역구는 서울고검 검사출신으로 입법의원에 발탁된 이진우 후보가 민정당 공천을 받고 포항실업전문대학의 4년제 승격을 공약으로 내걸고 포철의 법률고문으로 활약과 포철 임원으로 있는 동생의 도움으로 포철 공단에 조직을 확대하여 당선권을 넘나들었다.

영천 출신이지만 지난 10대 총선 때 동반당선된 조규창 후보가 지역에 뿌리가 깊은 오연근, 조병환, 서종렬, 최수환, 최윤동 후보들을 꺾고 민한당 공천을 꿰어차고 또 다시 동반당선을 기대했다.

한국규석공업 대표로 공화당 전국구로 7대 의원을 지낸 이성수 후보가 국민당으로, 이성수 의원시절 의원의 비서관을 지낸 이대우 후보가 안민당으로, 한성실업 대표인 김문도 후보가 민권당으로, 한성화학 대표인 윤해수 후보가 민사당으로, 미술전시회관 대표인 권동수 후보가 신정당으로 출전하여 7파전을 전개했다.

영천과 병합된 지난 10대 총선에선 영일을 기반으로 한 재선의원 공화당 정무식 의원이 재미 상공회의소 부회장 출신인 신민당 조규창, 육군 제2훈련소 부소장 출신으로 영천에 기반을 가진 무소속 권오태 후보에게 일격을 맞고 힘없이 무너졌다.

9대 총선때에는 포항시장 출신인 문달식 후보와 복수공천을 받아 낙선했던 조규창 후보는 6년간 와신상담하며 지역구 구석구석을 누빈 결과 권오태 후보와 동반당선의 기쁨을 누렸다.

4·19 부상동지회 회장인 통일당 안병달, 고려대 총학생회장 출신인 김병수 후보도 얼굴을 내밀었다.

이번 총선에선 3선개헌 파동으로 눈밖에 나 공천에서 밀렸다고 푸념한 국민당 이성수 후보는 체제 내의 야당으로 단단히 한 몫을 할 것이라고 다짐하자 "언제 야당이었느냐"는 핀잔에 "정권을 놓치면 야당 아니냐"고 응수했다.

포항공단 직원들의 절대적인 지지에 힘입어 포항시는 물론 영일과 울릉을 석권한 민정당 이진우 후보가 압승을 거뒀다.

제자인 이진우, 비서인 이대우 후보들의 음성적인 도움으로 이삭줍기에 성과를 올린 국민당 이성수 후보가 값진 은메달을 주어들고 동반당선의 기쁨을 맛보았다.

포항공단 직원들의 야당성향표를 기대하며 고향인 영천을 버리고 10대 총선때의 득표를 떠올렸던 민한당 조규창 후보는 무명의 신정당 권동수 후보에게도 밀린 4위로 추락했으며 10대 현역의원 중 민한당 공천으로 출전하여 낙선한 유일한 후보가 됐다.

신정당 권동수 후보는 "현재의 정치에는 여야가 없고 거짓말만 늘어놓은 때묻은 후보들뿐"이라고 절규하여 값진 동메달을 목에 걸었다.

포항에서는 민한당 조규창 후보가 9,815표(11.0%)로 3위를 했고, 월성에서는 신정당 권동수 후보가 11,471표(12.7%)로 3위를 했을 뿐 당선권과는 거리가 있었다.

□ 득표상황

후보자	정당	연령	주요 경력	득표(%)
이진우	민정당	47	입법의원, 변호사	86,890 (46.5)
이성수	국민당	53	7대의원	35,929 (19.2)
권동수	신정당	40	미술전시회관 대표	20,275 (10.8)
조규창	민한당	55	10대의원(지역구)	16,856 (9.5)
윤해수	민사당	29	한성화학 대표	15,092 (8.1)
이대우	안민당	46	국회의원비서관	7,732 (4.1)
김문도	민권당	52	한성실업대표	4,283 (2.3)

<경주 – 월성 – 청도> 국민당의 조직책을 반납하고 지지한 김일윤의 도움으로 민한당 윤진우 후보를 꺾고 국회 등원에 성공한 김순규

천년고도인 경주를 중심으로 월성과 청도를 병합한 이 지역구는 신민당 김영삼 총재의 핵심참모이며 대변인으로 활약했던 박권흠 후보가 민정당으로 변신하여 출전하고서 "나의 공격대상인 공화당도, 장기집권도 없어졌으니 변절이란 말은 말도 안된다"고 변명부터 늘어놓았다.

남치호, 최영진, 양만식, 윤진우, 최현욱, 이상두, 이 휴, 김종달, 황윤국, 박춘금, 최문섭, 박재곤 후보들을 제압하고 민한당 공천을 받은 윤진우 후보는 40년간 이 지역에서 병원을 운영해 온 부친의 후광과 파평윤씨 문중표를 겨냥하고 있다.

무소속으로 9대 총선때 당선됐으나 지난 총선에서는 낙선한 국민당 이영표 후보는 "얼마 남지 않은 여생 마지막으로 봉사할 수 있는 기회를 달라"고 호소했다.

경남대 경영대학원장인 무소속 김순규 후보는 정치학을 가르친 교수로서 "한 사람은 조직, 한 사람은 재력, 한 사람은 동정으로 표를 얻으려 하고 있다"고 상대후보들을 비난했다.

서울 상대출신으로 이천 대표이사인 민권당 양만석 후보는 웅변 실력을 자랑하고 있고, 국회의원 비서관을 지낸 민농당 박판현 후보는 청도의 지역정서에 호소했다.

민정당의 조직을 활용하여 변신을 극복한 민정당 박권흠 후보가 경북도청의 경주이전을 공약하며 표몰이에 나서자, 민한당 윤진우 후보는 은근히 실현가능성이 없음을 시사하는 등 신경전을 벌였다.

쌍용 엔지니어링 전무, 성원건설 회장인 윤진우 후보는 서울시 도시계획국장 시절 영동과 여의도 개발을 담당했던 경험을 살려 경주시를 국제 관광도시로 개발을 공약하고 경주중·고를 졸업한 5형제의 측면지원을 기대했다.

월성군에서 한 사람의 의원배출을 호소하며 자신이 경영한 공장의 종업원가족들의 지원을 기대하며 성균관 고문 활동 경력으로 유림들의 지원에 고무된 이영표 후보는 "국민당이 준여당이라는 말을 하는 사람이 있는데 입법회의 출신이 한 사람도 없는 사실만으로 국민당이 야당 중의 야당이다"라고 주장했다.

지난 10대 총선에선 청도출신 박숙현 의원이 경주출신인 김순규, 김일윤, 김종해, 황한수, 임진출 후보들을 제치고 당선증과 다름없는 공천장을 받아들고 선두권을 달려갔다.

경향신문 정치부 차장 출신으로 김영삼 전 총재의 비서를 지낸 신민당 박권흠 후보가 경주의 야당성향표를 결집시켜 박숙현 의원과 동반당선을 이뤄냈다.

장택상 전 의원 비서실장 출신으로 극작가인 최 풍, 9대 의원으로 활동한 이영표, 경희대 총여학생회장을 지낸 임진출, 한의원 원장인 백수근, 윤보선 전 대통령 비서였던 김덕수 후보들도 당선권을 넘나들었다.

이번 총선에선 지난 총선에서 출전을 포기한 동병상련의 아픔을 간직한 김순규 후보는 국민당 조직책을 반납한 김일윤 후보의 전폭적인 지원과 조직기반을 이어받고 월성 김씨 문중들의 결집에 힘입어 당선권을 넘나들어 민한당 윤진우 후보를 4천여 표차로 꺾고 국회 등원에 성공했다.

경주에서 17,271표(27.3%)를 득표하고 월성에서 21,319표(26.6%)를 득표하여 1위를 한 무소속 김순규 후보와 청도에서 16,926표(41.3%)를 석권한 민정당 박권흠 후보가 동반당선의 기쁨을 누렸다.

경주에서는 민한당 윤진우, 월성에서는 민정당 박권흠, 청도에서는 민농당 박판현 후보들이 은메달을 차지했다.

□ 득표상황

후보자	정당	연령	주요 경력	득표(%)
박권흠	민정당	49	10대의원(지역구)	52,318 (28.6)
김순규	무소속	43	경남대 교수	40,747 (22.2)
윤진우	민한당	52	성원건설 사장	35,820 (19.6)
이영표	국민당	64	9대 의원(지역구)	28,550 (15.6)
박판현	민농당	42	국회의원 비서관	19,112 (10.4)
양만식	민권당	37	이천대표	6,570 (3.6)

<김천 – 금릉 – 상주> 전국에서 유일하게 10대 총선 때 동반당선되어 정치쇄신의 검문을 무사통과하고서 이번 총선에서도 동반당선

유권자 105,438명인 김천– 금릉과 유권자 111,969명의 상주가 지역대결을 펼치고 있는 이 지역구는 김천– 금릉에서는 민한당 한봉수, 민권당 정정문, 무소속 김종섭, 무소속 박정수 후보가 출전했고 상주에서는 민정당 정휘동, 무소속 이재옥, 무소속 김인 후보들이 출전했다.

지난 10대 총선에선 공화당의장으로 5선의원으로 공화당 공천을 받은 백남억, 대한축구협회장 출신으로 현역의원인 무소속 김윤하 의원이 동반낙선한 이변이 일어났다.

이변의 주인공은 무임소장관 보좌관 출신으로 한국정치행정 연구원 이사장인 김천 출신 무소속 박정수 후보와 일본 교토 거류민단 부단장으로 상주새마을 교육원장인 무소속 정휘동 후보이다.

백남억 의원은 지금까지 지역구를 너무 소홀히 관리했다는 점을 솔직히 시인했고 "모처럼 키운 나무에 열매가 열리게 해 달라"고 호소한 김윤하 의원의 재선의 꿈도 산산히 부서졌다.

야당의 삶을 북돋아 달라고 호소한 신민당 이기한, 이재옥 토플의 저자인 무소속 이재옥, 고교 교감이었던 통일당 임재영 후보들의 득표력은 미약했다.

이번 총선에서도 재일교포 출신으로 퍼시픽 호텔 대표인 민정당 정휘동 후보는 자신이 경영하는 상주새마을 연수원 출신을 중심으로 3천명으로 조직된 '청록회'를 기간으로 민정당의 조직을 개편했으며, 지난해 우량 볍씨 인대공볍씨를 보급하여 극심한 냉해피해 속에서 상주를 건진 공로로 '농민의 진정한 지도자'라는 이미지를 부각시키고 있다.

조필호, 권두오, 최명길, 이재옥, 임팔만, 김동영, 민영일 후보들을 꺾고 민한당 공천을 받은 대한교통 이사장인 한봉수 후보는 "5·16 이후 야당의원을 내지 못한 야당 불모지 김천의 불명예를 씻자"며 상당한 자금을 갖고 동분서주했다.

지난 총선 때 무소속으로 입후보하여 당선되는 행운을 잡은 박정수 후보는 이번 총선에도 민정당 공천을 정휘동 후보에게 빼앗겼지만 사조직인 '송설회'를 기간으로 김천고 동문들의 지원, 기독교인들의 자발적인 도움, 유정회의원 이었던 부인 이범준의 측면지원에 승리를 낙관하고 있다.

지난 10대 총선에서 석패한 고려대 겸임교수인 이재옥 후보는 명저인 '이재옥 토플'의 저자로서의 명성을 살려 조직확대에 박차를 가하고 있고, 경북도지사와 8대 의원을 지내고 코야대표이사인 김인 후보도 도지사시절 상주발전에 기여한 공적을 되풀이 읊고 있다.

통대의원 출신으로 수산물공판장 대표인 무소속 김종섭, 한서실업 총무 출신으로 김천상사 대표인 민권당 정정문 후보들도 출전했으나 득표력은 미약했다.

'만년 여당 지역탈피'를 슬로건으로 "이번만은 야당의원을 한 사람

뽑아보자"는 민한당 한봉수 후보의 호소와 지난 총선에서의 석패에 대한 아쉬움을 달려보겠다는 무소속 이재옥, 김인 후보들의 동정론도 전국에서 유일하게 무소속 후보로 10대 총선에 동반당선되고 정치쇄신의 검문을 동반하여 통과한 행운아들을 꺾을 수는 없었다.

김천에서 20,684표(50.1%)를, 금릉에서는 22,100표(42.9%)를 쓸어담은 무소속 박정수 후보와 상주에서 29,158표(33.9%)로 1위를 한 민정당 정휘동 후보가 동반당선의 기쁨을 맛보았다.

김천에서는 민한당 한봉수, 금릉에서는 민정당 정휘동, 상주에서는 무소속 이재옥 후보가 2위 주자로 발돋움했다.

□ 득표상황

후보자	정당	연령	주요 경력	득표(%)
박정수	무소속	49	10대의원(지역구)	49,922 (28.2)
정휘동	민정당	55	10대의원(지역구)	46,093 (26.1)
이재옥	무소속	41	고려대교수	25,122 (14.2)
한봉수	민한당	41	대한교통 이사장	22,043 (12.5)
김 인	무소속	57	8대의원, 경북지사	21,096 (11.9)
김종섭	무소속	50	통대의원	6,654 (3.8)
정정문	민권당	44	한서실업 이사	5,880 (3.3)

<안동시 - 안동군 - 의성> 인물론을 내세운 민한당 정상조, 재력을 바탕으로 문중을 파고든 국민당 김영생 후보들의 의성 대표 주자의 경쟁은 김영생 후보의 승리로 귀결

유권자 128,932명의 안동시 – 군과 유권자 86,259명의 의성이 통합된 이 지역구는 안동에서는 민정당 권정달, 신정당 김시효, 무소속 이희대 후보 등 3명이, 의성에서는 민한당 정상조, 사회당 김성곤, 한국기민당 박용직, 국민당 김영생, 민권당 김형기 후보 등 5명이 출전하여 각 지역의 대표주자를 뽑는 선거전이 됐다.

민정당 사무총장인 권정달 후보는 새정치의 주역이며 중앙정계 거목이라는 이미지를 부각시켜 지역개발에 대한 선거구민의 기대를 받았다. 더구나 권정달 후보는 안동권씨이자 안동고 출신이라는 강점을 지닌 데다 1만 4천여 명의 청년당원을 거느리며 난공불락의 요새를 구축했다.

민한당 정상조 후보는 경북사대부고, 서울대 법대, 행정고시 출신으로 학력 좋고 똑똑한 인물이라는 세평을 듣고 있으며 경제기획원 총무과장과 FAO 한협 사무국장을 경험했다.

정상조 후보는 "자유당 10년 통치 끝에 이승만 박사가 하와이에서 객사한 것이나 공화당 18년 집권 끝에 박정희 대통령이 끔찍한 사건을 당하게 된 것도 여당이 일사천리와 만장일치를 좋아했기 때문"이라며 "달리는 엔진도 제동장치가 없으면 문명의 이기가 아니라 흉기"라며야당의 견제기능을 강조했다.

태영광업 대표로서 대한탄광협동조합 이사장인 국민당 김영생 후보는 탄광업으로 이룬 부를 바탕으로 정통야당의 승계자라며 의성 김씨 문중표밭을 파고들었다.

의협신문 편집국장인 무소속 이희대 후보는 이퇴계의 후손을 자처하며 진성 이씨 문중표의 지지를 기대했다.

청송 부남고 교사였던 사회당 김성곤, 경희실업중학교 설립자인 한국기민당 박용진, 삼강물산 대표인 민권당 김형기, 동양공고 교사출신으로 서진기업 대표인 신정당 김시효 후보들도 나름대로의 표밭을 갈고 닦았다.

지난 10대 총선때는 9대 총선때 동반당선됐던 의성 출신인 공화당 김상년 의원과 안동 출신 신민당 박해충 의원이 또다시 동반당선의 기쁨을 안았다.

6대의원인 권오훈 후보는 안동시 – 군에서는 1위를 차지했지만 무소속 후보의 한계로 의성에서 성적이 저조하여, 5대와 6대 의원이었던 오상직 후보도 의성에서는 2위를 했지만 안동시 – 군에서 부진하여 당선권을 넘나들 수 없었다.

이번 총선에서는 "집안일가 2백가구만 되면 다 출마했다"는 세평 속에 안동에서의 대표주자인 권정달 후보의 동반자를 의성에서 선출하는 것으로 선거전은 막을 내릴 것으로 전망됐다.

인물론을 내걸은 정상조 후보의 야권성향표 흡수력과 풍부한 재력을 바탕으로 안계중·고 동문들의 결집이 승패의 갈림길이 되어 국민당 김영생 후보의 승리로 귀결됐다.

민정당 권정달 후보가 전 지역구를 휩쓸어 버린 가운데 영천에서 국민당 김영생 후보가 17,513표(25.3%)를 득표하여 은메달, 민한당 정상조 후보가 12,339표 (17.9%)를 득표하여 동메달을 차지한 것이 그대로 전 선거구 순위로 확정됐다.

안동에서 김영생 후보는 8,055표를, 정상조 후보는 7,251표를 득표했을 뿐이다.

□ 득표상황

후보자	정당	연령	주요 경력	득표(%)
권정달	민정당	44	민정당 사무총장	110,094 (58.4)
김영생	국민당	48	태영광업대표	25,568 (13.6)
정상조	민한당	43	경제기획원 총무과장	19,590 (10.4)
이희대	무소속	46	의협신문 편집국장	12,395 (6.6)
김형기	민권당	42	삼강물산 대표	6,159 (3.3)
김시효	신정당	51	동양공고 교사	6,092 (3.2)
박용진	기민당	39	경의중 교장	4,335 (2.3)
김성곤	사회당	45	청송부남고 교사	4,195 (2.2)

<구미 – 군위 – 칠곡 – 선산> 박정희 대통령의 유업을 잇겠다는 민정당 박재홍, 3전4기 집념의 정치인으로 야당 성향표를 결집시킨 민한당 김현규 후보가 동반당선

박정희 전 대통령의 고향인 이 지역구에 민정당은 박정희 전 대통령의 장조카로 동양철관과 이천전기의 대표인 박재홍 후보를 내세웠고, 3전4기의 신화를 창조하며 10대 총선때 당선된 후 정치쇄신의 검문을 통과한 김현규 후보가 민한당조직위원장의 중책을 맡고 동반당선을 굳혀갔다.

경림농축과 거창사 대표인 신정당 김태식, 서울시경국장, 내무부 치안국장, 유정회의원 등 화려한 경력을 지내고 꾸준히 지역구를 관리해 온 국민당 장동식 후보가 동반당선을 저지하기 위해 출격했다.

구미 - 칠곡 - 군위 - 성주 - 선산으로 묶였던 지난 10대 총선에선 이정무, 김윤환, 장동식, 김정수 후보들을 제치고 공화당 재공천을 받은 신현확 의원이 우호적인 지역정서로 당선을 예약했다.

3선을 기대한 신민당 김창환 의원이 야당투사로서의 이미지를 부각시키면서 야당 붐 조성에 안간힘을 쏟았으나, 신민당 공천경쟁을 벌였던 무소속 김현규, 유성환 후보들의 협공에 시달렸다.

김창환 의원의 사생활, 지역구 활동의 부실 등을 폭로하면서 세 번 출마하여 차점 낙선한 경력을 들어 눈물로 호소한 무소속 김현규 후보가 고향인 군위에서 62%인 16,998표를 쓸어담고 선산에서도 부동의 1위를 하여 성주에서 1위를 차지한 김창환 의원을 꺾고 은메달 당선을 가져갔다.

서울시약 대표인 장덕환, 경북도의원을 지낸 유성환 후보들도 출전했으나 1천 5백표 득표의 내외에 머물렀다.

이번 총선에서 민정당 박재홍 후보는 조직확장과 정력적인 활동을 펼치며 "박 대통령의 유업을 계승하여 지역개발을 달성하겠다"면서 경북도청의 구미유치와 위성도시 개발을 공약으로 내걸었다.

박재홍 후보는 "국회의원이 탐나서 나온 것이 아니라 그 어른 가시고 나니 구미가 너무 가련해 내가 나왔다"면서 "바다를 끼지 않은 곳에 이렇게 최대의 공업단지를 그분이 아니면 누가 만들 수 있었겠느냐"고 박 대통령의 후광을 기대했다.

서울대 정치학과 출신인 민한당 김현규 후보는 "한쪽 수레바퀴는 크고 한쪽 수레바퀴가 작으면 수레는 결코 굴러가지 않는다"면서 견제론과 야당육성론으로 표밭을 누볐다.

신정당 김태식 후보는 "잘못하는 정당에 물 먹이라는 말이 있듯이 국민을 우습게 여기는 사람을 물 먹이자"고 양당 후보들의 동반당선 저지를 호소했다.

1천 6백 가구 인동 장씨의 씨족배경을 가지고 도경국장과 치안국장을 지낸 경력을 내세우며 퇴역경관들의 개인적인 성원에 기대를 건 국민당 장동식 후보는 장택상 이후의 인물이라며 사조직인 '금지계회'를 근간으로 조직확대를 기도했다.

"박 대통령이 못다 이룩한 위업을 계승하겠다"는 민정당 박재홍 후보와 3전4기의 집념의 사나이로 야당성향표 견인력을 보인 민한당 김현규 후보가 동반당선됐다.

민정당 박재홍 후보는 구미에서 33,346표(65.7%), 칠곡에서 19,787표(38.4%), 선산에서 23,390표(64.5%)를 득표하여 1위를 차지했고, 민한당 김현규 후보는 고향인 군위에서 13,680표(51.7%)를 득표하고 1위를 차지하여 동반당선의 행운을 차지했다.

칠곡에서 19,587표(38.0%)를 득표한 국민당 장동식 후보는 군위에서 2,180표를 얻었으나 칠곡에서 김현규 후보에게 10,596표를 내어주어 당선권에서 멀어졌다.

□ 득표상황

후보자	정당	연령	주요 경력	득표(%)
박재홍	민정당	40	동양철관 대표	86,204 (52.6)
김현규	민한당	44	10대의원(지역구)	44,722 (7.3)
장동식	국민당	57	9대의원(유정회)	29,797 (18.2)
김태식	신정당	41	거창사 대표	3,033 (1.9)

<영주 - 영양 - 영풍 - 봉화> 민한당 조직책에 선정된 여세를 몰아 선거전을 서울대 정치학과와 서울대 경제학과의 대결로 몰아가 234표차로 승리한 홍사덕

영주읍이 시로 승격되고 영풍군이 신설되어 4개 시군으로 재편된 이 지역구는 육사 13기로 포항제철 이사인 민정당 오한구, 중앙일보기자 출신으로 한국기자협회 부회장인 민한당 홍사덕 후보가 봉화와 영주 - 영풍의 대표주자가 되어 동반당선을 기대했다.

그러나 대우실업 이사인 무소속 이철희, 대통령 경제수석을 지낸 무소속 신동식, 공화당 중앙위원 출신으로 5·16 민족상 사무총장인 국민당 황윤경 후보들이 강력하게 저지에 나섰다.

영양산업 대표로서 조림사업으로 철탑산업훈장을 받은 신정당 문학술, 전국교육대생 연합회장 출신인 민사당 김창언, 선우회 대표인 한국기민당 김영목, 국회의원 비서관을 지낸 민권당 김태원, 한국수출산업공단 총무이사였던 민농당 황재천 후보들이 출전하여 10명의 후보들이 난립됐다.

지난 10대 총선때 공화당은 권성기 현역의원을 배제하고 김계원 주중대사를 공천할 것으로 알려졌으나 석연치 아니한 사유로 3선 의원으로 공화당 대변인으로 활약했으나 9대 공천에서 낙천되어 정치적 낭인생활에 흠뻑젖은 김창근 후보를 낙점했다.

권성기 의원으로부터 순조롭게 조직을 인수한 김창근 후보는 자유당 조직부장 출신이지만 신민당 공천을 받은 박용만 의원과 의기투합하여 "이제는 하나마나한 싸움이 아니냐"며 조용하고 깨끗한 선거를 치르기로 담합하여 최소비용으로 동반당선을 이뤄냈다.

경북도의원 출신인 정태중 후보가 봉화군 유권자들의 심금을 울렸으나 영주, 영양에서 지명도가 낮아 역부족이었다.

이번 총선에서는 이철희, 김하식, 김형국, 김영목, 김태원 후보들을 제치고 민한당 공천을 받은 홍사덕 후보는 '세탁소집 아들'로 자신을 소개하며 서민층에 친근감을 표시하며 무주공산인 영양군표 잡기에 나섰다.

민한당 조직책에서 탈락한 무소속 이철희 후보는 봉화출신이지만 주소지를 영주로 옮겨 홍사덕 후보와 서울 문리대와 서울 상대 대결을 펼쳤다.

공화당 중앙위원 출신인 국민당 황윤경 후보는 공화당의 음덕을 입은 지방자치단체장들의 음성적인 지원을 기대했다.

정권의 실세임을 홍보하며 경북고 동문들의 지지를 이끌어 낸 민정당 오한구 후보가 봉화 출신임에도 영주시에 근거를 둔 변신으로 전 지역구를 석권했다.

민한당 조직책에서 밀려난 이철희, 김영목, 김태원의 출전으로 곤욕을 치른 민한당 홍사덕 후보가 영양에서 신민당원들의 지원으로 어렵게 승리할 수 있었다.

민정당 오한구 후보는 영주에서 10,749표(26.8%), 영풍에서 9,780(24.8%), 영양에서 10,259표(44.2%), 봉화에서 18,742표(44.8%)를 득표하여 부동의 1위를 차지하여 전 선거구를 휩쓸었다.

민한당 홍사덕 후보는 무소속 이철희 후보와의 접전에서 영주에서 684표, 영양에서 1,161표 앞선 것이 봉화에서 1,233표, 영풍에서 378표 뒤진 것을 극복하고도 234표차로 아찔한 승리를 챙기는 행운아가 됐다.

□ 득표상황

후보자	정당	연령	주요 경력	득표(%)
오한구	민정당	46	포항제철 이사	49,530 (34.5)
홍사덕	민한당	38	기자협회 부회장	21,199 (14.8)
이철희	무소속	41	대우실업 이사	20,965 (14.6)
신동식	무소속	48	대통령 경제수석	14,453 (10.1)

황윤경	기민당	44	5·16 민족상 사무총장	11,277 (7.9)
문학술	신정당	56	영양산업 대표	8,157 (5.7)
김창언	민사당	29	교육대학생 회장	6,033 (4.2)
김영목	기민당	39	선우회 회장	5,727 (4.0)
김태원	민권당	48	국회의원 비서관	3,387 (2.4)
황재천	민농당	49	수출산업공단 이사	2,693 (1.8)

<달성 - 고령 - 성주> 민정당 김종기, 민한당 최운지, 무소속 이용택 후보의 예측불허 3파전은 달성에서 3위로 밀려 난 최운지 후보가 연패의 늪 속으로

경산을 떼어주고 성주를 병합시킨 이 지역구는 10대 총선때 신민당 공천을 받아 당선된 김종기 후보는 민정당으로 변신하여 출전했고, 신민당 공천에서 낙천한 최운지 후보는 이낙헌, 서국신, 배영수, 임을택, 최규태 예비후보들을 꺾고 민한당 공천으로 출전하여 재대결을 펼쳐 세간의 이목을 집중키셨다.

추풍회 조직부장 출신으로 범신산업 대표인 민사당 배의석, 9대 총선에도 입후보했던 서울법대 강사인 안민당 배재연, 대구일보 정치부장 출신으로 한국기자협회 경북지부장인 신정당 이길용, 중앙정보부 국장출신으로 대한지적공사 사장을 지낸 무소속 이용택 후보들이 출전하여 한판승부를 펼쳤다.

달성 - 고령 - 경산으로 묶인 지난 10대 총선에서 5대 총선때에는 서울 성동에서 민주당 후보로 출전하여 당선됐으나 5·16 혁명 이후에는 공화당으로 변절하여 승승장구하다가 8대 총선때 낙선했으나 김성곤 의원의 의원직 상실로 실시된 보궐선거에 지역구를 옮겨 출전하여 아성을 구축한 박준규 의원을 공화당이 재공천하여 철옹성을 구축하도록 했다.

신민당은 동아정경 부사장을 지낸 김종기 후보를 내세웠고 7대와 9대 의원을 지낸 박주현 의원과 대구지검 수사관을 지낸 이재연 후보가 무소속으로 등록하여 은메달을 놓고 경쟁을 벌였다.

세 후보가 경산 표밭을 공략했지만 김종기 후보가 제1야당 후보임을 내세워 고령에서 1위를 한 발판을 삼아 달성에서 선전한 여세로 경산에서는 이재연 후보에게 뒤졌지만 전 지역구에서 부진한 인천경찰서장 출신인 박주현 현역의원으로부터 금뱃지를 인계받았다.

지난 10대 총선 때 고향인 고령의 몰표로 신민당 공천을 받아 당선된 김종기 후보는 민정당으로 변신하여 대구직할시 승격에 따른 위성산업 단지조성 등 풍성한 지역개발 공약을 내걸고 표밭을 질주했다.

"10대 국회에서 가장 양심적인 국회의원이어서 발탁된 것이지 내가 변절한 것이 아니다"고 변명한 김종기 후보는 "낙동강 잉어가 뛰니 안방에 목침이 뛴다더니 부정축재자, 밀수관련자, 민정당 공천경쟁을 벌이던 자들이 떠들어 댄다"고 다른 후보들을 비난했다.

관세청차장, 재무부 관세국장, 한양대 교수, 국제전기 사장 등 다양한 경력과 재력을 겸비한 민한당 최운지 후보는 운지장학회를 설립하여 그동안 적공을 들인 보답을 기대하며 신민당 조직인 달신회(達新會)의 지원과 경주 최씨, 해주 최씨, 원주 최씨 등 4천가구의 최씨 종친회의 지원도 기대했다.

민사당 배의석 후보는 "과거 우리의 정치를 밀가루 민주주의, 고무신 민주주의라고 할 정도였는데 지금은 수건민주주의가 될 우려가 있다"고 후보들의 재력동원을 경계했다.

국민당 창당준비위원이었으나 무소속으로 출전한 이용택 후보는 달성재향군인회장으로 조직과 친목단체 녹우회를 활용하여 성주이씨 문중과 2천여 명에 이르는 대구농림 동문들의 지원을 기대하고 있다.

안민당 배재연 후보는 성주배씨 문중 3천 5백 가구의 지원과 성주농고 동문과 제자들의 호응을 기대하고 있다. 17년간 이곳에서 언론인 생활을 한 신정당 이길용 후보도 언론인 중심의 표밭갈이에 나섰다.

민정당의 조직과 경북대 동문, 김해김씨 문중의 지지를 받고 있는 김종기, 화려한 경력과 풍부한 재력을 겸비하고 범최씨 문중의 지지를 받은 최운지, 중앙정보부 시절의 인맥과 재향군인회와 대구농림 동문, 성주이씨 종친들의 지지를 받은 이용택 후보의 3파전은 예측불허였다.

유권자 9만 5천여 명인 달성에서 승패가 엇갈려 달성에서 압승한 무소속 이용택 후보와 고령과 성주에서 선전한 민정당 김종기 후보가 동반당선됐다.

달성에서 31,049표(39.0%)를 득표하여 1위를 한 무소속 이용택 후보와 고령에서 9,180표(36.0%), 성주에서 12,256표(32.4%)를 득표하여 1위를 한 민정당 김종기 후보가 사이좋게 동반당선됐다.

민한당 최운지 후보는 고령에서 8,520표(33.4%)를 득표하여 2위를 했을 뿐 달성과 성주에서 3위로 밀려난 것이 패배로 직결됐다.

□ 득표상황

후보자	정당	연령	주요 경력	득표(%)
이용택	무소속	50	대한지적공사사장	43,217 (30.6)
김종기	민정당	40	10대의원(지역구)	41,495 (29.3)
최운지	민한당	53	관세청차장	34,476 (24.4)
이길용	신정당	44	대구일보 정치부장	8,956 (6.3)
배재연	안민당	48	서울대강사	8,927 (6.3)
배의석	민사당	51	추풍회조직부장	4,411 (3.1)

<영덕 - 청송 - 울진> 유권자가 상대적으로 많은 울진의 민정당 김중권, 영덕의 민한당 김찬우 후보들이 상대적으로 인구가 적은 청송의 국민당 남상걸 후보를 꺾고 동반당선

10대 총선때 동반당선된 공화당 문태준, 신민당 황병우 의원이 정치쇄신의 굴레에서 벗어나지 못하여 이 지역구는 정치신인들의 등용문 역할을 하게됐다.

민정당은 대구지법 영덕지청장, 서울고법판사 출신인 김중권 후보를 내세웠고, 민한당은 최두환, 손병우, 김영수, 김동현, 송인명, 유무룡, 신현종, 황지성, 주상삼, 이태운, 박인종, 최혜성, 윤동수, 정태용, 박종철, 박종욱, 박재하 후보들을 놓고 고심하다가 제일병원 원장으로 영덕의사회장을 맡은 적이 있는 김찬우 후보를 결정했다.

울진출신으로 지구당위원장으로 활약한 민사당 장소택, 삼성강제 대표인 민권당 신우룡, 전영상사 대표인 사회당 전창수, 남성대표로 남성장학회를 운영하고 있는 국민당 남상걸 후보가 등록하여 영덕의 김찬우, 청송의 남상걸, 울진의 김중권 후보들의 군별 대항전이 펼쳐졌다.

지난 10대 총선때에는 9대 총선때 동반당선됐던 오준석 의원을 떨쳐내고 공화당 공천을 받은 문태준 의원이 4선의원을 예약한 가운데 청송 출신으로 3번이나 낙선한 황병우 후보가 신민당 공천을 받고 동정여론을 불러일으켜 군수기지사령관, 제3군단장, 철도청장을 역임한 이동화, 공화당 청년국장 출신으로 울진군 대표주자임을 내세운 최순열, 공화당 운용국장 출신으로 포항제철 새마을 사업부장을 지낸 주상삼 후보들을 어렵게 제치고 국회등원에 성공했다.

황병우 후보는 청송에서 42%인 12,951표를 쓸어담고 영덕에서도 야당성향표를 자극하여 25%인 11,753표를 득표하여 울진에서의 부진을 딛고 동반당선의 기쁨을 누릴 수 있었다.

이번 총선에선 영덕지청장으로 근무할 때부터 지역기반을 다져온 민정당 김중권 후보는 평해를 중심으로 울진의 남부지역을 석권하면서 정치신인으로서 이미지 부각에 심혈을 기울였고, 경북의대 출신으로 10여년 동안 병원을 운영하고 있는 민한당 김찬우 후보는 영덕중 동문과 김령 김씨 문중이 큰 힘이 되고 있다.

유정회 의원이었던 남재한 후보의 사퇴로 뒤늦게 뛰어든 국민당 남상걸 후보는 청송지역의 결집을 호소하고 있다.

유권자 숫자에서는 울진이 51,397명, 영덕이 51,180명, 청송이 35,061명으로 청송이 불리한 것은 사실이지만 타군의 동문들과 문중의 분포와 재력에 따라 승패가 엇갈릴 것으로 평가됐다.

영덕에서는 민한당 김찬우 후보가 21,558표(44.5%)를 득표하여, 청송에서는 국민당 남상걸 후보가 13,962표(47.6%)로, 울진에서는 민정당 김중권 후보가 24,081표(56.2%)를 득표하여 각각 1위를 차지하여 군(郡)의 대표선수임을 자랑했다.

그러나 김중권 후보는 영덕과 청송에서 25,063표로 1위를 차지하여 금메달을 확정지었다.

남상걸 후보는 영덕과 울진에서 9,325표를 득표하여 청송과 울진에서 8,590표를 득표한 김찬우 후보를 눌렀으나 청송의 유권자가 영덕의 유권자보다 16,119명이 모자라 통한의 분루를 삼켜야만 했다.

□ 득표상황

후보자	정당	연령	주요 경력	득표(%)
김중권	민정당	41	서울고법 판사	49,144 (41.1)
김찬우	민한당	48	영덕의사회회장	30,148 (25.2)

남상걸	국민당	34	남성산업대표	23,287 (19.5)
장소택	민사당	56	대중당지구당위원장	9,475 (7.9)
신무룡	민권당	45	삼성제강 대표	5,860 (4.9)
전창수	사회당	44	전영상사 대표	1,714 (1.4)

<경산 – 영천> 8명의 군웅들이 선전한 선거전은 민정당의 조직을 활용한 염길정, 경신교육재단의 풍부한 재력을 동원한 박재욱 후보가 권중돈 5선의원을 꺾고 동반당선

포항 – 영일 – 울릉 – 경산에서 경산과 영천 – 달성 – 고령에서 영천을 떼어내 신설된 이 지역구는 경산과 영천의 지역대결은 불가피했다.

지난 10대 총선때 포항 – 영일 – 울릉 – 경산에서는 영천 출신인 재미상공회의소 부회장인 신민당 조규창, 육군제2훈련소 부소장인 권오태 후보가 포항 – 영일출신인 정무식 현역의원을 꺾고 동반당선됐다.

달성 – 고령 – 경산에서는 달성출신인 김성곤 의원의 의원직 상실에 따른 보궐선거에서 당선된 공화당 박준규 후보와 고령출신인 동아정경 부사장인 민한당 김종기 후보가 경산출신인 이재연, 박주현 후보들을 꺾고 동반당선됐다.

이번 총선에서 민정당은 경산출신인 국보위 전문위원을 지낸 염길정 후보를 내세웠고, 민한당은 영천출신인 종로개발 대표인 최윤동 후보를 내세워 쌍벽을 이루도록 했다.

염길정 후보는 국보위시절부터 활약한 개혁주도세력 이미지를 부각시키며 지역발전에 공헌할 참신한 인물임을 강조했다.

최윤동 후보는 항일운동가의 후손임을 거론하며 계성고 동문과 1천 3백가구 최씨 문중의 지지를 기대했다.

국방부장관, 5선의원, 입법회의 의원인 권중돈 후보가 민권당으로, 8대 총선때 공화당 공천으로 당선됐던 정진화 후보가 신정당 공천으로, 지난 총선에도 출전하여 석패한 삼릉건설 대표인 이재연 후보가 무소속으로 출전하여 패기와 관록의 대결장이 됐다.

경신고등학교 교장으로 경신교육재단 이사장인 국민당 박재욱, 국회의원 비서관으로 활약한 한국기민당 박종운, 신용협동조합 이사장인 사회당 최홍기 후보들도 뛰어들어 8명의 후보들이 난립했다.

선거전은 민정당의 조직을 활용한 염길정, 풍부한 재력을 바탕으로 경신교육 재단을 활용하여 순천 박씨, 밀양 박씨 문중을 파고든 박재욱, 정통야당의 뿌리찾기 운동을 전개하며 최씨 문중들의 결집을 도모한 최윤동, 지난 총선에서의 석패를 아쉬워하며 사조직을 총동원한 이재연, 영천의 터줏대감인 권오태 전 의원의 지원과 안동권씨 문중을 결집시킨 권중돈, 오천정씨 1천 2백호의 지원을 기대한 정진화, 신협에 몸담아오면서 서민들과 깊이 접촉해 온 최홍기 후보들의 대결은 민정당의 조직과 박재욱의 재력의 승리로 귀결됐다.

민정당 염길정 후보가 경산에서 27,396표(29.5%), 영천에서 23,910

표(33.5%)를 득표하여 1위를 차지하여 부동의 금메달을 차지했다.

경산에서 22,888표(24.6%)를 득표하여 2위를 차지한 국민당 박재욱 후보가 영천에서 16,714표(23.4%)를 득표하여 2위를 차지한 민한당 최윤동 후보를 여유 있게 따돌리고 은메달을 차지했다.

경산에서는 민사당 이재연 후보가 20,448표(22.0%)를 득표하여, 영천에서는 민권당 권중돈 후보가 14,100표(20.0%)를 득표하여 3위를 차지했을 뿐이다.

□ 득표상황

후보자	정당	연령	주요 경력	득표(%)
염길정	민정당	42	입법회의 전문위원	51,306 (32.0)
박재욱	국민당	43	경신상고교장	30,270 (18.9)
최윤동	민한당	55	종로개발 대표	22,523 (14.0)
이재연	민사당	47	삼융건설 회장	21,917 (13.7)
권중돈	민권당	68	국회의원(5선)	19,909 (12.4)
정진화	신정당	53	8대국회의원	8,598 (5.4)
최홍기	사회당	56	국회의원 비서관	3,210 (2.0)
박종운	기민당	44	국회의원 비서관	2,669 (1.6)

<문경 - 예천> 예천의 대표주자 선정의 선거전에서 제1야당의 공천을 받았으나 지역에서 오랫동안 꿈을 키워온 토착후보에게는 역부족

경북동북부 끝자락인 이 지역구는 신민당의 3선 의원이었지만 국가보위입법회의 부의장으로 발탁되더니 민정당으로 전향한 채문식 후보의 아성이다.

채문식 후보는 '정치안정이 곧 민생의 안정' '1인 장기집권은 민주의 적'이라는 슬로건을 걸고 문경표밭을 독식하며 당선을 향해 질주했다.

김석홍, 오재경, 홍병원, 정인호, 김문석 후보들이 민한당 조직책을 신청하여 신군부의 입김이 서렸다는 소문을 뒤로한 채 김문석 후보를 선정했으나 석연치 아니한 이유로 김문석 후보가 전국구 안정권에 배치되고 국회전문위원인 정인호 후보로 교체했다.

고려대 출신으로 농촌문제 연구회장인 민권당 황병호, 재향군인회 예천지부장과 예천군 농협장인 국민당 김기수, 한국세무경제 발행인겸 편집인인 신정당 윤재룡, 조선일보 기자출신인 사회당 주영우 후보들이 출전하여 이구동성으로 "채문식의 당선은 틀림없으니 나를 좀 밀어달라"고 호소했다.

지난 10대 총선때 공화당은 황재홍 현역의원을 낙천시키고 서울대 교수로 유정회 의원으로 활약한 구범모 의원을 공천했고, 신민당은 현역의원인 채문식 의원을 재공천하여 예천과 문경의 대표주자로 동반당선을 기대했다.

국방부 인력차관보와 국가안전보장회의 상임위원을 지낸 현석주, 신민당 예천지구당 위원장 출신으로 예천 라이온스클럽 회장인 반형식, 대풍상사 대표인 황병호 후보들이 출전하여 예천표를 잠식하여 구범모 의원이 은메달 당선의 도우미 역할을 했다.

이번 총선은 문경의 채문식 후보에 대항하여 예천의 대표주자를 선출하는 선거전에서 민한당 정인호, 국민당 김기수, 민권당 황병호, 신정당 윤재룡 후보들의 혈투가 전개됐다.

늦은 조직책 교체와 자금부족으로 고전하고 있는 정인호 후보는 동래 정씨 문중 9백가구의 지원과 야당성향표 결집을 기대했다.

김해김씨 3천가구 문중의 지원을 기대하고 있는 김기수 후보는 재향군인회, 불교신도회, 향군장학회 등에 관계했던 잇점을 살려 그동안 꿈을 키워온 것이 승리의 발판이 됐다.

정부미 도정공장을 경영하여 부를 축적했고 농협장으로 맺은 인맥이 표로 직결됐다.

신민당 부위원장으로 활약한 황병호 후보는 황재홍 전 의원의 지원을 기대하며 야당성을 부각시키고 정통야당의 뿌리찾기 운동을 벌였다.

신정당 윤재룡 후보는 20년간 정당생활에서 얻은 사조직을 가동하며 파평 윤씨 2천가구의 결집을 시도했으나 소기의 성과를 거두지는 못했다.

제1야당의 공천을 받은 정인호 후보는 지역에 뿌리를 내리고 꿈을 키워 온 김기수 후보의 적수가 되지 못했다.

□ 득표상황

후보자	정당	연령	주요 경력	득표(%)

채문식	민정당	56	10대의원(3선)	56,857 (45.7)
김기수	국민당	45	예천농협장	32,359 (26.0)
정인호	민한당	60	국회 전문위원	19,403 (15.6)
황병호	민권당	40	농촌문제연구회장	8,242 (6.6)
윤재룡	신정당	56	한국개발경영회장	4,940 (4.0)
주영우	사회당	39	조선일보기자	2,635 (2.1)

경상남도

<마산> 지난 총선에서 석패한 동정여론과 민정당의 조직을 활용한 조정제, 마산부두노조원들의 전폭적인 지지를 받은 민사당 백찬기 후보들이 동반당선

진해 – 창원이 분구되어 독립선거구가 된 이 지역구에 민정당은 마산상고를 거친 서울법대 출신으로 사법, 행정 양과에 합격하여 군법무관 생활을 한 조정제 후보를 내세웠다.

조정제 후보는 지난 10대 총선때 무소속으로 출전하여 함안 조씨 문중들의 전폭적인 지원에도 3위로 낙선했다.

민한당은 윤대삼, 강병관, 강청웅, 김순태, 곽문곤, 최수룡, 박근식, 이수권, 이종택, 이경택, 최 혁, 박장식, 김호일 후보들을 놓고 저울질하다가 공무원연수원 교수 출신으로 남성모직 대표인 박민현 후보를 낙점했다.

박민현 후보는 마산고를 거쳐 서울대 정치학과를 졸업했으며 남성모직을 배경으로 한 사조직과 밀양 박씨 종친회를 파고들고 있다.

통대의원 출신인 국민당 이석범 후보도 경남 약사회회장과 경남대 동창회장으로 약사회원과 경남대 동문들의 지원을 기대하고 있다.

한국노동조합 경남협의회장인 민사당 백찬기 후보는 통대의원 출신으로 마산부두노조에 관계해온 경력으로 공단지역인 신마산을 중심으로 표밭을 일구고 다녔다.

경남매일신문 기자인 무소속 강삼재 후보는 경희대총학생회장 경력을 내세우며 전국 최연소 후보로 패기를 트레이드마크로 내세웠다.

마산 – 진해 – 창원으로 묶였던 지난 10대 총선에선 청와대 경호실장으로 위풍당당하다가 문세광의 8·15광복절 경축식전에서의 저격사건으로 물러난 공화당 박종규 후보와 김영삼 전 총재를 꾸준하게 따라다닌 직계로서의 후광으로 신민당 재공천을 받은 황낙주 의원이 동반당선을 기대했다.

떡장수 어머니 사법, 행정 양과에 합격한 수재라는 이미자와 함안 조씨 문중표를 기대한 조정제 후보와 부산법대 학생회장 출신으로 공화당 조직부장을 지낸 김성석 후보가 공화당 낙천에 반발하여 도전했으나 '피스톨 박'이라는 지명도와 동생인 박재규 이사장의 도움을 받은 박종규, 마산의 야당성과 진해에서의 학교 경영 등으로 지역기반이 든든한 황낙주 의원을 따라잡기에는 역부족이었다.

이번 총선에서는 지난 총선에서 낙선한데 따른 동정여론과 민정당의 조직을 동원한 조정제 후보가 압승을 거두었고, 마산부두 노조원들의 전폭적인 지원과 공단지역인 신마산지역을 석권한 민사당 백찬기 후보가 동반당선됐다.

제1야당 공천을 받은 박민흠, 패기만을 앞세운 강삼재 후보들의 선전이 돋보였다.

□ 득표상황

후보자	정당	연령	주요 경력	득표(%)
조정제	민정당	45	육군법무관, 변호사	41,795 (27.6)
백찬기	민사당	48	한국노조경남회장	34,061 (22.5)
박민흠	민한당	45	공무원연수원교수	29,973 (19.8)
강삼재	무소속	28	경희대총학생회장	29,357 (19.4)
이석범	국민당	50	경남약사회장	16,178 (10.7)

<울산 - 울주> 지난 총선에서 낙선한 동정여론과 뛰어난 웅변술로 선풍적인 인기를 모은 이규정, 부친의 후광과 민정의 조직을 활용한 고원준 후보가 동반당선

우리나라 제1의 공업도시로 성장한 이 지역구에 민정당은 조흥은행장을 지낸 부친 고태진의 후광을 업고 울산 JC회장, 울산상공회

의소 부회장을 섭렵한 고원준 후보를 내세웠다.

민한당은 수협중앙회 직원으로 신민당 중앙상무위원을 지낸 심완구 후보를 공천했다. 심완구 후보는 최형우 전 의원의 인맥을 더듬어 야당표 흡수에 승부를 걸고 있다.

민한당 조직책에서 밀려난 신정당 고찬수 후보는 통대의원 선거의 경험과 조직을 되살려 조직확산에 심혈을 기울였다.

등록전날 공천이 결정된 국민당 강봉학 후보는 학원법인 새길학원 이사장으로 자신이 운영하는 학원조직과 재력으로 추격전을 전개했다.

심완구 후보와 중학교 동기동창인 민권당 권기술 후보는 전국농업기술자협회 감사로서 농촌운동에 깊숙이 관여하여 농어민과 안동권씨 문중들의 지지를 기대했다.

금융노조 제일생명 부위원장인 민사당 김길종 후보도 울산공단의 노조원을 대상으로 조직확산에 노력했다.

반공학생연합회 전국위원장인 민농당 이규정 후보는 10대 총선에 출전하여 낙선한 동정표와 뛰어난 웅변술로 표밭을 훑었다.

지난 10대 총선에서 공화당은 이후락 전 중앙정보부장과 인척관계인 김원규 현역의원을 공천에서 탈락시키고 국무총리실 기획조정관을 지낸 서영수 후보를 내세웠고, 신민당은 8대와 9대 의원을 지낸 최형우 의원을 공천했다.

이후락 전 중앙정보장이 무소속으로 출전하여 "나를 당선시켜야 평양에 다녀온 체면이 서지 않겠는가. 오늘의 울산이 되기까지 씨를 뿌렸으니 열매를 맺도록 하는 것이 향토에 대한 의무"라고 호소하여 대승을 거두었다.

"대통령께 충성을 맹세한 사람이 공천도 받지 않고 출마했다"며 이후락 후보를 맹공한 서영수 후보는 여권의 이전투구를 구경하며 경주 최씨 문중과 기독교신자들을 파고든 최형우 의원의 적수가 되지 못했다.

예측불허의 난타전을 전개한 이 지역구의 이번 총선의 선거전은 이후락 전 의원에 대한 향수가 동정여론과 웅변술이 선풍을 일으켜 무명의 이규정 후보를 스타로 성장시켰고, 부친의 후광과 민정당의 조직을 동원한 고원준 후보가 턱걸이 당선을 일궈냈다.

최형우 전 의원의 후광을 기대한 야권은 민한당의 심완구, 민권당의 권기술의 이전투구로 표가 분산되어 함께 분루를 삼켜야만 했다.

☐ 득표상황

후보자	정당	연령	주요 경력	득표(%)
이규정	민농당	39	반공학생 연합회장	73,553 (31.4)
고원준	민정당	37	울산상공회부회장	62,180 (26.5)
심완구	민한당	42	수협중앙회 근무	43,219 (18.5)
권기술	민권당	42	농업기술자 협회감사	29,044 (12.4)
김길종	민사당	32	금융노조지부장	11,335 (4.8)
고찬수	신정당	36	통대의원	9,083 (3.9)
강봉학	국민당	46	새길학원 이사장	5,843 (2.5)

<진주 – 삼천포 – 진양 – 사천> 서울대총학생회장 출신으로 야권에서 활동했지만 입법의원으로 발탁된 안병규, 경남도지사와 유정회의원으로 지명도가 높은 조병규 후보들이 동반당선

총선때마다 진주와 삼천포의 지역대결이 펼쳐지는 이 지역구는 지난 총선에서 당선된 구태회, 이상민 의원들이 정치쇄신의 사슬에 묶여 지난 총선에서 낙선한 후보들의 세상으로 돌변했다.

이번 총선에는 지난 총선에서 무소속으로 출전하여 낙선했지만 국보위 문공위원으로 활약하다가 입법회의 의원에 발탁된 안병규 후보가 민정당 공천을 받고 화려하게 등장하여 2만여 명의 민정당원을 독려하며 국보위와 입법회의 참여는 이념적인 공통점 때문이라고 해명했다.

공천경합설이 나돌던 하순봉 후보마저 민정당 전국구에 발탁되어 안병규 후보의 당선에는 거칠 것이 없었다.

민한당 공천을 향해 정수만, 정종식, 박영식, 김동렬, 강갑중, 허병호, 정승환 후보들이 뛰어들자 민한당은 경남도의원을 지낸 허병호 후보를 낙점했다.

사천 군서기에서 출발하여 경기도지사와 경남도지사를 지내고 유정회 의원으로 활동했던 조병규 후보는 국민당 공천을 받고 출전하여 높은 지명도를 갖고 진주농고 선·후배와 30년 공직생활 때 맺은 인맥을 찾아 급부상하여 당선권을 맴돌았다.

"진주가 두 병규의 싸움터란 말은 조작된 여론에 불과하다"는 허병호 후보는 "한번만 하고 그만 둔다"고 공약했다.

진주고와 진주농대를 나와 줄곧 고향에서 농촌운동가로 활약한 민농당 강춘성 후보는 유력후보 중 유일한 진주고 출신이자 인물 없는 경상대 출신임을 강조하여 진주 강씨 문중표를 집중 공략했다.

대동공업에서 16년간 근무한 안민당 이경도, 대통령 3선 개헌반대 서울대 투쟁위원장인 무소속 김재천 후보도 선거전에 합류했다.

지난 10대 총선에서 공화당은 최세경 현역의원, 이위태 강남냉동 대표, 이흥수 전주지청 검사, 안병규 부산일보 기자들을 제치고 5선의원으로 무임소 장관을 지낸 구태회 의원을 공천했고, 신민당도 5선의원으로 교통부장관을 지낸 정헌주 의원을 공천하여 동반 당선을 기대했다.

 진주 – 진양, 삼천포 – 사천을 양분은 두 의원의 아성을 무너뜨리기엔 무소속 안병규, 이위태, 이상민 후보들의 조직력들은 미약했다.

김영삼 비서출신인 이상민 후보는 "이번에도 거물을 뽑는다고 공화당과 신민당 후보에게 표를 준다면 이제는 거물(巨物)이 아니라 여러분의 피를 빨아먹는 거머리를 뽑는 결과가 된다"고 포효하여 게으른 거물이지만 진양 정씨 1만가구에 의존한 정헌주 의원을 밀쳐내고 은메달을 확보했다.

"고향이 그리워도 9대 국회 때는 못 오는 신세의 유정회 의원이었다"는 구태회 의원은 최세경 의원의 적극적인 지원과 럭키그룹과 대동공업 1만 7천가구의 지지로 금메달을 확보할 수 있었다.

이번 총선에서는 4·19 의거때 서울대 총학생회장 출신으로 부산일보 기자로 민정당에 참여한 안병규 후보가 금메달을 차지했고, 경남도지사와 유정회의원의 높은 지명도와 사천 출신이라는 잇점을 간직한 국민당 조병규 후보가 은메달을 차지했다.

경상대 최초의 국회의원을 염원했던 강춘성, 제1야당의 공천을 받고 야당의 명맥을 강조한 허병호, 상지대 강사로 인물론을 부각시킨 김재천 후보들이 진주농고의 3병규(강병규, 조병규, 안병규)의 부상을 저지하지 못했다.

□ 득표상황

후보자	정당	연령	주요 경력	득표(%)
안병규	민정당	43	부산일보기자	62,748 (32.1)
조병규	국민당	57	10대의원(유정회)	53,496 (27.3)
강춘성	민농당	43	영농기술자 경남회장	33,180 (17.0)
허병호	민한당	60	경남도의원	19,744 (10.1)
김재천	무소속	34	상지대 강사	19,382 (9.9)
이경도	안민당	33	대동공업 직원	6,995 (3.6)

<창원 - 진해 - 의창> 새시대 주도적 인물이며 지역발전을 실현할 인물임을 부각한 민정당 배명국, 유정회의원으로 정치쇄신법을 돌파한 국민당 김종하 후보가 동반당선

마산과 통합되었다가 이번 총선에서 분구된 이 지역구에는 육사 출신으로 장복건설 대표인 배명국 후보가 민정당 공천을 받고 '배 약국집 아들'이라는 친근감을 비추면서 새시대의 주도적 인물이며 지역발전을 실현할 능력의 보유자임을 부각시키며 진해시민의 숙원이었던 마산 - 진해 터널 착공식을 갖고 "창원공단의 번영에 정치생명을 걸었다"고 공약했다.

해군대령 출신인 민한당 이수권 후보는 창원공단 입주업체의 사장으로서 지명도를 바탕으로 득표전을 전개하였다.

이수권 후보는 부친이 창원토박이로 이 지역에서 덕망있는 변호사로 알려진 후광을 업고 마산 - 진해 터널공사에 대해 "마진 터널공사 등 숙원사업 해결은 정부가 하는 것이지 국회의원이 하는 것이 아니다"면서 전통적인 야당세와 야당 조직을 점검하며 해군 가족들에게 지지를 호소했다.

이 지역 출신 의원 가운데 유일하게 정치풍토쇄신법을 돌파한 의원으로 동정표를 기대하고 있는 국민당 김종하 후보는 언론계 경력과 의원 경력 그리고 김해 김씨 문중표, 변호사인 부친의 인연도 기대하고 있으며 이들 3인 후보 모두 진해중 동문들이다.

통대의원 출신인 신정당 김석곤 후보도 통대의원 선거때의 조직을 재점검하고 야당성 논쟁을 벌이며 표밭갈이를 했다.

진해에서 오랫동안 보석상을 하고 있는 민권당 이종택 후보는 60년대 국회의원 비서였던 경력과 방송통신대 교우들의 지원도 기대했다.

마산 - 진해 - 창원으로 묶였던 지난 10대 총선에선 청와대 경호실장으로 근무하다가 문세광의 육영수 여사 저격사건으로 물러난 박종규 후보가 공화당 공천을 받고 김영삼 총재의 직계로 활약한 신민당 황낙주 후보와 동반당선됐다.

육사(배명국), 해사(이수권), 서울대(김종하) 출신들이 3파전을 전개한 이번 총선에선 민정당의 조직을 활용하며 지역개발에 대한 기대를 지역민들에게 심어준 배명국 후보와 유정회 의원으로 활약했지만 정치쇄신법을 돌파하고 오랫동안 변호사로 활약한 부친의 후광과 김해 김씨 문중표를 바탕으로 기름진 표밭을 일군 국민당 김종하 후보가 동반당선됐다.

진해에서 17,875표(34.2%), 의창에서 18,403표(42.5%)를 득표하여 1위를 차지한 민정당 배명국 후보와 창원에서 20,159표(35.3%)를 득표하여 1위를 한 국민당 김종하 후보가 동반당선됐다.

민한당 이수권 후보는 진해에서 17,176표(32.8%)를 득표하여 배명국 후보와 쌍벽을 이뤘지만 창원과 의창에서 부진하여 김종하 후보의 적수가 되지 못했다.

□ 득표상황

후보자	정당	연령	주요 경력	득표(%)
배명국	민정당	56	장복건설대표	55,185 (36.5)
김종하	국민당	56	10대의원(유정회)	43,659 (28.9)
이수권	민한당	52	해군대령	34,867 (23.0)
이종택	민권당	43	국회의원 비서관	10,774 (7.1)
김석곤	신정당	44	통대의원	6,858 (4.5)

<충무 - 통영 - 거제 - 고성> 거제표를 결집시켜 삼익피아노를 각급 학교에 기증한 민정당 이효익 후보와 동반당선된 국민당 조형부

한려수도의 화려한 경관을 자랑하고 있는 이 지역구는 전통적으로 충무 - 통영, 고성, 거제의 지역대결이 격렬했다.

이번 총선에서도 충무 - 통영에서는 민권당 김관욱, 무소속 정원진 후보가, 고성에서는 국민당 장영택, 민정당 이효익 후보가, 거제에서는 민한당 서창도, 신정당 김상수, 무소속 신효규, 무소속 조형부 후보들이 출전했다.

지난 10대 총선에는 고성 출신으로 8, 9대 의원인 공화당 최재구 의원과 김기섭 전 의원의 아들이며 충무제일학원장으로 신민당 공천을 받은 김동욱 후보가 동반 당선의 행운을 잡았다.

김영삼 총재 비서실장인 김봉조 후보가 낙천에 반발하여 무소속으로 출전하여 거제의 몰표를 기대했으나 53%인 32,190표 득표에 머물렀고 경희대 총학생회장인 이갑영 후보의 선전이 돋보였으나 충무와 통영에서의 선전과 고성의 신민당원의 활약으로 고정표를 끌어모인 김동욱 후보에게 역부족을 실감했다.

이번 총선에서는 삼익악기 대표로 서울대총동창회 부회장인 민정당 이효익 후보는 재력과 고성 지역의 최대 대성인 함안 이씨를 기반으로 표밭을 갈고 있으며 각급 학교에 삼익피아노를 기증하는 등 공을 들인 것과 강력한 민정당 조직이 당선을 위한 밑거름이다.

민한당이 허찬종, 이주택, 김관욱, 제정훈, 신순기, 정원진, 윤병주, 장건일, 김기재, 최상모, 김종태, 김대영, 김윤기, 최낙성, 김중원, 이상료, 김영백 후보들을 제치고 거제 연초중 동창회장이며 교동상사 대표인 서창도 후보를 공천하자 김관욱, 정원진 후보들이 반발하여 출전했다.

재일본 거제군민회 총무로 부산여대 교수인 김상수 후보가 신정당으로, 재무부장관 비서관을 지낸 장영택 후보가 국민당으로, 김동욱 전 의원의 동생인 김관욱 후보가 민권당으로, 대동상운과 한국해양관광 대표인 신효규 후보가 무소속으로, 중앙정보부 경남지부 수사과장 출신으로 통대의원을 지낸 조형부 후보도 무소속으로, 충무상호신용금고 대표인 정원진 후보도 무소속으로 출전했다.

전통적으로 집권여당 후보에게 우호적인 충무 – 통영에서는 민정당 이효익 후보가 19,527표를 득표하여 압승을 거두었고 민권당 김관욱 후보가 13,066표, 무소속 정원진 후보가 12,258표를 득표하여 고향표 지키기에 나섰다.

고성에서도 고성 출신인 이효익, 공화당 뿌리를 찾아나선 국민당 장영택 후보가 39,272표를 쓸어담아 고성의 85.3%를 득표했다.

거제에서는 무소속 조형부 후보가 16,183표, 신정당 김상수 후보가 9,181표를 득표했음에도 제1야당의 후보이며 10대 총선에도 출마했던 서창도 후보는 3,822표 득표에 머물러 당선권에서 멀어졌다.

충무에서 9,783표(24.9%)를, 통영에서 9,744표(34.3%)를, 고성에서 22,007표(47.9%)를 득표하여 1위를 한 민정당 이효익 후보와 거제에서 16,183표(33.5%)를 득표하여 1위를 한 무소속 조형부 후보가 동반당선됐다.

충무에서는 민권당 김관욱 후보가 9,350표(23.8%)를, 통영에서는 무소속 정원진 후보가 5,450표(19.2%)를, 고성에서는 국민당 장영택 후보가 17,205표(37.4%)를 득표하여 2위를 하여 당선권을 넘나들었으나 다른 시·군에서 부진하여 낙선의 불운을 곱씹었다.

□ 득표상황

후보자	정당	연령	주요 경력	득표(%)
이효익	민정당	59	삼익악기사장	51,607 (33.4)
조형부	무소속	53	통대의원	29,069 (18.8)
장영택	국민당	49	재무부장관 비서관	24,878 (16.1)
정원진	무소속	58	상호금고 이사장	15,357 (9.9)
김관욱	민권당	40	합동양조장 감사	14,972 (9.7)
김상수	신정당	39	부산여대 교수	12,449 (8.1)
서창도	민한당	38	대구교동상사 대표	6,286 (4.1)
신효규	무소속	39	한국해양관광 대표	5,712 (3.7)

<의령 - 함안 - 합천> 서울고법 부장판사를 지낸 민정당 유상호 후보가 함안 조씨 문중표를 두고 이전투구를 벌여 승리한 국민당 조일제 후보와 동반당선

유권자 6만 7천여 명의 합천, 5만 1천여 명인 함안, 3만 6천여 명인 의령이 통합된 이 지역구는 합천 출신인 민정당 유상호, 민권당 공정무 후보와 함안 출신으로 숙질 간인 국민당 조일제, 무소속 조홍래 후보, 그리고 의령 출신인 민한당 이태식 후보들이 한판승부를 펼쳤다.

10대 총선에서 공화당은 이상철 의원의 작고로 무주공산인 지역구에 전달수, 김삼상, 김창욱, 변종봉, 이봉출, 권수기 후보들을 제치고 공화당 총무국장 출신인 김상석 후보를 내세웠고, 신민당은 9대 총선 때 무투표 당선된 3선 의원인 이상신 의원을 공천했다.

의령의 김상석 후보와 합천의 이상신 의원에게 대항하기 위해 함안 출신으로 7대 의원을 지낸 김창욱 후보가 야멸차게 도전하여 함안에서는 1위를 했지만, 공화당 합천지구당 위원장 출신인 권해옥 후보에게도 뒤진 4위로 밀렸다.

의령에서 53%인 19,435표를 쓸어 담은 김상석 후보와 합천에서도 권해옥 후보에게 뒤졌지만 함안 – 의령의 신민당원들의 적극적인 지원으로 이상신 의원이 동반당선의 행운을 잡았다.

이번 총선에서 민정당은 함안 이씨를 기반으로 한 이상료 위원장이 사퇴함에 따라 서울고법 부장판사를 지낸 유상호 후보를 공천했고 민한당은 김재현, 조점래, 정문현 후보들을 제치고 중앙합섬 대표인 이태식 후보를 공천했다.

주일공사를 거쳐 유정회 의원을 지낸 국민당 조일제 후보와 8대 총선 때에는 신민당 공천으로 공화당 현역의원을 꺾고 당선됐으나 9대 총선 때에는 합천의 이상신 의원에게 밀려 낙천됐으나 10대 총선때에는 유정회 의원에 발탁된 조홍래 후보가 무소속으로 도전했다.

10대 총선 때 신민당 공천경쟁에서 패배한 흥일유조 대표인 공정무 후보가 민권당으로 출전하여 사조직을 가동하며 진군나팔을 불었다.

민한당 이태식 후보는 유일한 의령 출신으로 3, 4대 의원을 지낸 부친 이영희의 후광을 기대하며 합천 이씨와 재령 이씨 문중의 지지를 기대했다.

함안 조씨 문중표를 두고 이전투구를 벌인 조일제, 조홍래 후보의 결전은 함안 조씨 총연합회장을 지낸 조일제 후보가 함안에서 15,735표를 득표하여 12,543표를 득표한 조홍래 후보를 꺾은 여세로 국회 재등원에 성공했다.

의령에서 12,510표(34.3%)를 득표하고, 합천에서 41,039표(69.5%)를 쓸어 담은 민정당 유상호 후보와 함안에서 15,735표(38.3%)를 득표하여 1위를 한 국민당 조일제 후보가 동반 당선됐다.

함안에서 12,543표(30.5%)를 득표한 무소속 조홍래, 의령에서 11,319표(31.0%)를 득표한 민한당 이태식, 합천에서 5,202표(8.8%)를 득표한 민권당 공정무 후보가 2위를 차지했지만 고향에서 득표수에 따라 3, 4, 5위의 순위를 결정했다.

☐ 득표상황

후보자	정당	연령	주요 경력	득표(%)

유상호	민정당	56	서울고법 부장판사	62,349 (46.2)
조일제	국민당	52	10대의원 (유정회)	24,851 (18.4)
조홍래	무소속	41	10대의원 (2선)	22,178 (16.5)
이태식	민한당	45	중앙합섬 대표	18,238 (13.5)
공정무	민권당	39	흥일유조회장	7,255 (5.4)

<밀양 – 창녕> 부산시 내무국장 출신인 신화식 후보가 창녕 농협장 출신인 노태극 후보에게 창녕에서 4,750표 차로 무너져 낙선

유권자 94,424명의 밀양과 유권자 70,158명의 창녕이 지금껏 군대 항전을 펼쳐온 이 지역구에서 민정당은 창녕 출신인 하대돈 후보를 갑자기 밀양 출신인 신상식 후보로 교체하여 모두를 의아하게 했다.

조양상선 전무였던 신상식 후보는 부산고, 서울대 출신이라는 학력과 진실한 인품을 부각시키며 과감한 조직보강과 집권당 프리미엄을 활용하고 있다.

민한당은 표학준, 이우홍, 이이두, 이상달, 손태곤, 신재기, 최성웅, 성병덕, 서성진, 안영환, 손성곤, 이승진 후보들을 놓고 저울질하다가 마산경찰서장, 부산시 내무국장 출신으로 지난 총선에도 출전했던 신화식 후보를 공천했다.

서울대 정치학 석사로 청와대 공보비서실에서 근무하다 경향신문 논설위원으로 활약한 박희선 후보가 국민당으로, 삼성물산에 근무했던 이장우 후보가 신정당으로, 밀양읍에서 병원을 운영하며 통대의원으로 활약한 정성영 후보가 민권당으로, 창녕 재향군인회장으로 창녕농협장을 지냈으며 대광농축산 농장을 경영하는 무소속 노태극 후보들이 출전했다.

지난 10대 총선 때에는 성낙현 의원의 여중생 성추행 사건으로 낙마하여 무주공산이 된 이 지역구에 공화당은 국무총리 비서관을 지낸 창녕 출신 하대돈 후보를 내세웠고, 신민당은 8대 총선 때 공정식 현역의원을 꺾고 의정단상에 오른 밀양 출신 박 일 의원을 내세워 창녕 – 밀양 군대항전을 펼치도록 했다.

해병대사령관, 7대 의원을 지낸 공정식, 9대 총선 때 출전하여 3위로 아쉽게 낙선한 신재기, 마산 경찰서장과 부산 서구청장을 지낸 신화식 후보들이 도전했으나 양당 공천 후보들의 옹벽을 넘어서지 못했다.

이번 총선에서 하대돈 후보의 퇴진으로 뒤늦게 조직을 인수한 민정당 신상식 후보는 형제들이 관계, 법조계에서 활약하여 큰 힘이 되고 있으며 처가는 대성인 밀양 박씨로 밀양 박씨 문중의 지원도 기대했다.

화려한 경력을 자랑한 민한당 신화식 후보는 지난 총선에서 석패한 동정여론과 영산 신씨들의 단합된 지원을 기대했다.

창녕에서 성씨, 하씨, 노씨의 합동지원을 기대한 무소속 노태극 후보는 이 지역에서 오랫동안 농장을 경영하며 농민교육 등 사심 없는 봉사가 큰 힘이 되고 있으며 노씨 가문에서 이번만은 문중에서 국회의원을 내자는 단결된 힘을 과시하고 있다.

이 지역구의 승패는 밀양과 창녕의 대표주자 선정으로 밀양에서는 신상식, 박희선 후보의 쟁패전이, 창녕에서는 신화식, 노태극 후보의 혈투가 전개됐다.

창녕에서 영산 신씨 지원을 받은 신화식 후보는 19,961표 득표에 머물렀지만 반 영산 신씨 카르텔을 형성한 성, 하, 노씨의 지원을 받은 노태극 후보는 24,711표를 득표한 것이 승패의 갈림길이었다.

밀양에서 52,451표(618%)를 득표한 민정당 신상식 후보와 창녕에서 24,711표(44.5%)를 득표한 무소속 노태극 후보가 고향 군민들의 성원에 힘입어 동반당선 됐다.

국민당 박희선 후보는 밀양에서 14,190표(16.7%)를, 민한당 신화식 후보는 창녕에서 19,961표(36.0%)를 득표하여 각각 2위를 차지했지만 역부족이었다.

신화식 후보는 밀양에서는 민한당원들의 활약으로 노태극 후보를 4,628표 앞섰으나 고향인 창녕에서 4,750표 뒤져 122표 차로 아쉽게 국회 입성에 실패했다.

☐ 득표상황

후보자	정당	연령	주요 경력	득표(%)
신상식	민정당	44	조양상선 전무	59,257 (21.0)
노태극	무소속	42	창녕농협장	27,659 (19.9)
신화식	한국당	52	마산경찰서장	27,537 (19.8)

박희선	국민당	44	경향신문 논설위원	16,620 (11.9)
이장우	신정당	29	신정당 부대변인	5,309 (3.8)
정성영	민권당	47	통대의원	2,783 (2.0)

<김해 - 양산> 한일합섬 김한수 회장의 사위인 민정당 이재우, 신상우 사무총장으로부터 양산지역의 조직을 오롯이 인수받은 민한당 신원식 후보들이 동반당선

유권자 96,248명의 김해와 유권자 83,968명의 양산이 병합된 이 지역구는 한일합섬 김한수 회장의 사위이며 거물정객 김택수의 조카사위인 민정당 이재우 후보가 양산 출신이며 김해의 사위로 당선에 필요한 조건을 구비했다.

양산을 기반으로 재향군인회 양산군회장인 신정당 김동주, 새마을 영농기술자 중앙회 이사인 민농당 정석균, 통대의원 출신으로 민방위정신교육 강사인 사회당 김석규 후보들이 뛰고 있고 김해를 기반으로 김해중 동창회장으로 남광식품 대표인 민한당 신원식, 8대와 9대 공화당 의원을 지낸 국민당 김영병, 김창환 의원 비서관을 지낸 민권당 김상원 후보들이 뛰고 있다.

지난 10대 총선에서 공화당은 김영병 현역의원을 탈락시키고 3선 개헌때 공화당 원내총무로 활약하다 9대 총선 때 낙천하여 대한체육회장으로 전향한 김택수 후보를 공천했다. 신민당도 신상우 재선의원을 공천하여 어느 누구도 동반당선을 의심하지 않았다.

통일당 조직국장, 당무국장을 역임한 김창식, 부산시 승공회회장인 김동주, 국민도의선양회 중앙본부장인 민병진, 김해농고 교사 출신인 윤복영, 국가최고회의 의장실에 근무했던 이금조 후보들이 난립하여 동반당선의 저지에 나섰다.

그러나 공화당 김택수 후보가 김해의 인물이라는 명성과 한일합섬 김한수 회장의 동생이란 재력으로 김해에서 62%인 45,853표를 쓸어 담아 압승을 거두었고, 일찍부터 공천 부담없이 표밭개간에 나선 신상우 의원이 양산표 결집에 안간힘을 쏟은 김동주 후보를 가볍게 제치고 은메달을 차지했다.

이번 총선에서 민정당 이재우 후보는 일본 조도전대 출신이라는 학력과 한일합섬 계열의 부국증권 대표라는 직함으로 민정당의 당원과 3만의 한일합섬 직원을 묶어 승세를 굳혀갔다.

신상우 민한당 총장으로부터 양산의 조직을 인수받은 민한당 신원식 후보는 김해중 동문 중심으로 야당의 조직 재건에 착수했다.

재선의 경험을 가진 국민당 김영병 후보는 "양산의 이재우는 정치 신인이니 김해에서는 경험 있는 나를 뽑아 달라"고 호소했다.

지난 총선에서 낙선한 신정당 김동주 후보는 뛰어난 웅변술을 자랑하며 동정표 줍기에 나섰고, 재야세력의 투사였던 민권당 김상원 후보는 진짜 야당 후보라고 주장했다.

통대의원으로 JC 부산 – 경남회장을 지낸 기반을 가지고 김해고 육성회장인 신원식 후보가 김해표의 이삭줍기에, 재향군인회 양산분회장인 김동주 후보가 양산표 이삭줍기에 나섰다.

민정당 이재우 후보가 김해와 양산에서 모두 1위를 차지한 상황에서 민한당 신원식 후보가 김해에서 22,138표 (27.9%)를 득표하여, 신정당 김동주 후보가 양산에서 20,080표 (30.5%)를 득표하여 2위를 차지했지만 고향인 김해에서 득표수에서 2,058표 앞선 신원식 후보가 귀중한 은메달을 확보했다.

□ 득표상황

후보자	정당	연령	주요 경력	득표(%)
이재우	민정당	41	부국증권 대표	49,629 (34.5)
신원식	민한당	44	김해중 동창회장	28,667 (19.9)
김동주	신정당	36	재향군인회 분회장	26,644 (18.5)
김영병	국민당	52	국회의원 (2선)	19,941 (13.9)
정석균	민농당	47	한국농민회 상임위원	10,139 (7.1)
김석규	사회당	46	통대의원	5,285 (3.7)
김상원	민권당	39	국회의원 비서관	3,454 (2.4)

<하동 - 남해> 지난 총선에서는 남해 출신인 신동관, 최치환 후보를 당선시켰지만 이번 총선에서는 남해, 하동 출신이 동반당선

유권자 54,215명인 남해와 유권자 53,650명인 하동의 대항전은 어제 오늘의 일이 아니다.

지난 10대 총선에선 9대 총선 때 동반 당선됐던 공화당 신동관 의원과 신민당 문부식 의원이 공천을 받고서 동반당선을 기대했다.

그러나 남해에서는 재향경우회 회장 출신으로 3선의원인 최치환 후보가 남해를 근거로, 하동 새마을 지도자회 회장 출신인 이수종, 4·19 의거 부상자회 회장 출신인 강상수, 신민당 교무부장 출신인 최종태 후보들이 하동을 기반으로 출전하여 군대항전을 펼쳤다.

청와대 경호실 차장을 지낸 신동관 의원과 옛날의 화려했던 영지의 회복을 노린 최치환 후보가 남해에서 92%인 44,156표를 득표하고 하동에서도 12,939표(26%)를 득표하여 남해 출신들이 의원 모두를 독점했다.

공화당원들의 조직적인 활동과 최치환 후보의 풍부한 재력이 작용한 측면도 있었다.

이번 총선에서도 육사 8기로 대한주택공사 이사인 민정당 박익주, 왕산금속 대표인 신정당 고정남 후보만 남해 출신이고 삼양섬유 대표인 민한당 오동환, 최치환 의원 비서인 민권당 최종림, 대한웅변협회 선전부장인 민사당 김금석, 하동시장 번영회장인 무소속 이수종 후보들은 하동 출신이다.

강상언, 이정도, 김금석, 배문태, 한춘기, 차정구, 김희현, 고정남, 김형채 후보들의 예선전을 거쳐 뒤늦게 오동환 후보가 결정됐다.

민정당 박익주 후보는 밀양 박씨 문중을 파고들면서 10년 간 남해 농협장을 지낸 부친의 후광도 기대했다.

민한당 오동환 후보는 서울대 정치학과 출신으로 유권자들의 기대를 모았으나 오랜 객지생활로 주민들과의 친밀성 부족이 있었지만 선거를 사흘 앞두고 중도에 등록무효로 사퇴했다.

그리하여 하동의 대표주자는 지난 총선에도 출전하여 아쉽게 패배한 이수종 후보가 선정되어 엄기표 의원의 비서관 출신으로 박익주 후보와 남해중 동문으로 지체부자유인 하동후원회장을 지낸 신정당 고정남 후보와의 경쟁으로 치달렸다.

고정남 후보는 남해에서 16,705표를 하동에서 3만여 표를 득표한 이수종 후보의 적수가 되지 못했다.

하동에서 31,861표(61.7%)를 득표한 무소속 이수종 후보와 남해에서 27,781표(59.2%)를 득표한 민정당 박익주 후보가 동반당선의 기쁨을 누렸다.

하동에서는 박익주 후보에게 8,306표를 투표한 반면, 남해에서는 이수종 후보에게 633표를 투표하여 금메달은 박익주 후보의 몫이 됐다.

□ 득표상황

후보자	정당	연령	주요 경력	득표(%)
박익주	민정당	49	예비역 육군준장	36,087 (37.7)
이수종	무소속	43	동아대 강사	32,494 (33.9)
고정남	신정당	41	왕산금속 대표	19,309 (20.2)
최종림	민권당	38	국회의원 비서	5,287 (5.5)
김금석	민사당	44	웅변협회 선전부장	2,598 (2.7)
오동환	민한당	41	삼양섬유 대표	등록무효

<거창 – 산청 – 함양> 10대 의원으로 정치쇄신의 쇠사슬을 벗어난 국민당 노인환 후보의 등록포기로 금배지를 주워들은 민권당 임채홍

유권자 5만 5천여 명인 거창, 유권자 4만 5천여 명인 함양, 유권자 4만여 명의 산청이 통합된 이 지역구는 군대항전 성격이 어느 지역보다 강한 지역이다.

이번 총선에 거창에서는 중앙일보 기자 출신인 민농당 신태성, 공화당 중앙상무위원을 지낸 민사당 김상원, 모동기업 대표인 무소속 강종희 후보가 출전했고, 함양에서는 유일하게 국토통일원 상임연구위원인 민권당 임채홍 후보가 출전했다.

산청에서는 육사 11기로 보안사령부 정보처장을 지낸 민정당 권익현, 신민당 선전국장을 지낸 민한당 정영모, 경남대 교수와 한국식물연구원장을 지낸 무소속 이삼섭 후보가 출전했다.

민한당은 임채홍, 정영모, 신태성, 하민식, 유홍종, 전원식, 신용선, 성태진, 이용곤, 도상수, 허대오 후보들의 신청을 받고서 정영모 후보를 선정하자 임채홍 후보는 민권당으로, 신태성 후보는 민농당으로 출전했다.

10대 총선에서 공화당은 정우식 현역의원을 탈락시키고 정우식 의원에게 9대 총선 때 무소속으로 출전하여 낙선한 노인환 후보를 내세웠다.

함양에서는 공화당 노인환, 무소속 임채홍 후보가, 거창에서는 신민당 김동영, 산청에서는 통일당 정영모 후보들이 군 대항전을 펼친 선거전은 노인환 후보가 함양에서 47%인 18,630표를 쓸어 담고 거창, 산청에서 공화당원들의 활약으로 금메달을 차지했고, 김동영 의원은 거창에서 54%인 27,562표를 쓸어 담아 산청 – 함양에서의 부진에도 불구하고 턱걸이 당선을 일궈 냈다.

정영모 후보는 산청에서 43%인 14,743표를, 임채홍 후보는 함양에서 11,961표를 득표했으나 다른 군에서 부진하여 당선권에서 밀려났다.

이번 총선에서는 대구공고, 육사 동기인 민정당 권익현 후보를 지원하기 위해 지역구에 내려온 전두환 대통령은 "대통령은 지지해 놓고 국회의원 선거에서 대통령을 견제하기 위해 다른 사람을 뽑아야 한다는 주장은 모순되고 이율배반적인 판단"이라면서 정치안정을 위해 원내 안정세력 확보를 강조했다.

민정당 권익현 후보는 개혁주도세력으로 새시대의 거물이라는 이미지를 부각시키며 공화당 조직을 그대로 인수하고서 지리산 개발 등 굵직굵직한 공약을 내걸고 지역 구석구석을 누볐다.

권익현 후보와 출신군이 겹친 민한당 정영모 후보는 야당생활 20년에 얽힌 안면과 조직을 활용하여 득표전을 벌이고 있으며 3번 낙선한데 따른 동정표도 기대하고 있다.

달변가로 알려진 민권당 임채홍 후보는 10대 총선에는 공화당 공천을 신청했으나 낙천되자 무소속으로 출전했다가 이번 총선에는 민한당 공천을 신청했으나 낙천되자 민권당으로 말을 갈아타고 출전했다.

지난 10대 총선에서 공화당 공천을 받고 당선됐던 함양 출신인 노인환 후보가 국민당 공천을 받고 출전을 선언했으나 등록 1보 직전에 출마를 포기하여 임채홍 후보에게 함박웃음을 안겨줬다.

민사당 김상원 후보는 민사당 신도성 고문을 초청하여 대규모의 당원단합대회를 개최하여 기세를 올리고서 처가인 거창 신씨 문중과 거창 농고 동문뿐 아니라 김해 김씨 문중표까지 훑고 다녔다.

그러나 석재를 수출하여 상당한 부를 축적한 무소속 강종희 후보의 거창표 잠식과 민농당 신태성 후보의 거창 신씨 문중표 잠식으로 10대 의원이었지만 정치쇄신의 굴레를 벗어난 국민당 노인환 후보의 중도 포기라는 복덩이를 주워들은 민권당 임채홍 후보의 적수가 되지 못했다.

산청에서 18,344표(52.0%)를 득표한 민정당 권익현 후보와, 함양에서 16,801표(42.7%)를 쓸어 담은 민권당 임채홍 후보가 동반 당선됐다.

유권자가 가장 많은 거창에서 14,556표(27.4%)를 득표한 민사당 김상원 후보는 산청에서 1,972표(5.6%), 함양에서 3,596표(9.1%)를 득표하여 거창과 산청에서 6,302표를 득표한 임채홍 후보에게 밀려 3위로 낙선했다.

권익현 후보와 산청표를 나눠 가진 민한당 정영모 후보는 분전했으나 4위로 당선권에서 밀려났다.

□ 득표상황

후보자	정당	연령	주요 경력	득표(%)
권익현	민정당	57	무임소장관보좌관	41,038 (34.0)
임채홍	민권당	44	국토통일원연구위원	23,103 (19.1)
김상원	민사당	47	공화당 중앙위원	20,124 (16.7)
정영모	민한당	51	신민당 선전국장	18,918 (15.7)
강종희	무소속	45	효성여중이사	14,781 (12.2)
신태성	민농당	40	중앙일보기자	5,824 (4.8)
이삼섭	무소속	33	경남대 교수	2,802 (2.3)

제3장 권력의 외곽을 맴도는 비영남권

1. 민정당 후보들이 상대적으로 고전한 비영남권

2. 비영남권 37%개 지역구 불꽃 튀는 격전의 현장으로

1. 민정당 후보들이 상대적으로 고전한 비영남권

(1) 민정당은 37명의 후보를 공천하여 2명이 낙마

비영남권은 강원이 6개, 충청권이 12개, 호남권이 18개, 제주가 1개 지역구를 가지고 있어 전국 92개 지역구의 40.2%를 차지하고 있다.

지난 10대 총선에 비하면 강원이 1개 구, 충청권이 1개 구, 호남권이 2개 구 증설하여 영남권과 같이 4개구가 증설됐다.

강원도 명주군 북평읍과 삼척군 묵호읍을 통합하여 동해시가 신설되어 지난 총선 때의 강릉 - 명주 - 삼척에서 동해 - 삼척 선거구가 신설되고 강릉 - 명주에는 양양을 병합시켜 선거구를 유지했다.

속초 - 고성 - 인제는 양양을 떼어 주고 춘천 - 화천 - 양구 - 춘성에서 양구를 할양 받아 지역구를 유지했다.

단일구였던 대전이 동구와 중구로 분구되어 1개 구가 증설됐다.

전북에서는 군산 - 이리 - 옥구 - 익산이 군산 - 옥구, 이리 - 익산으로 분구되어 1개 구가 증설됐다.

그리고 정읍 - 김제, 고창 - 부안을 선거구 인구의 균형을 위해 김제 - 부안, 정읍 - 고창으로 조정했다.

단일구였던 광주도 동 – 북구와 서구로 분구되어 1개구가 증설됐다.

이번 총선에서 민정당은 37명을 공천하여 해남 – 진도의 임영득, 제주의 변정일 후보들이 낙마하여 35명의 후보들이 당선됐다.

낙선한 두 후보는 공교롭게도 지난 10대 총선 때 공화당 공천에서 낙천하자 무소속으로 출전하여 공화당 후보들을 꺾고 당선되자 공화당에 입당하여 정풍운동의 주역으로 활동하다가 정치쇄신의 검문을 통과하여 민정당의 일원이 되어 변절 시비에 휘말렸다.

제1야당인 민한당은 37명을 공천하여 12명이 낙선하고 25명이 당선되어 귀환했다.

국민당은 8명, 안민당이 1명, 신정당이 1명, 무소속 후보 4명이 당선됐다.

국민당은 신철균(춘천 – 춘성 – 철원 – 화천), 이봉모(강릉 – 명주 – 양양), 윤석민(청주 – 청원), 이동진(옥천 – 보은 – 영동), 김완태(괴산 – 진천 – 음성), 임덕규(공주 – 논산), 이종성(청양 – 홍성 – 예산), 이성일(해남 – 진도) 후보들이 당선됐고 안민당은 신순범(여수 – 여천 – 광양), 신정당은 이원형(영광 – 함평 – 장성) 후보들이 당선됐다.

무소속은 황명수(천안 – 아산 – 천원), 김길준(군산 – 옥구), 강보성과 현경대(제주 – 북제주 – 남제주) 후보들이 값진 승리를 일궈냈다.

비영남권 37개 지역구에서 민정당 후보들은 32개 지역구에서는 1

위 당선을 했지만 최창규(청양 – 홍성 – 예산), 김재호(여수 – 여천 – 광양), 유경현(순천 – 승주 – 구례) 후보들은 2위 당선을 했고 임영득, 변정일 후보들은 3위로 낙선했다.

(2) 10대 현역의원들의 귀환율은 15%인 10명뿐

지난 10대 총선 때 비영남권의 66석은 공화당 30석, 신민당 23석, 통일당 2석, 무소속 11석으로 나뉘었다.

10대 의원 66명 중 46명은 정치쇄신에 묶여 출마가 불가능했으나 30%인 20명은 검문을 통과하여 재기할 수 있는 기회를 얻었다.

김종철 국민당 총재는 지역구 후보 등록 직전에 지역구를 동생인 김종식 후보에게 넘겨주고 전국구 1번에 등록했으나 선거 기간 중 사퇴하여 등원을 포기했다.

그러나 지난 10대 총선 때는 서울 성북에서 당선됐던 정내혁 후보가 귀향하여 민정당 공천을 받고 화순 – 담양 – 곡성에서 당선됐다.

검문을 통과한 의원들은 민정당 공천으로 6명이, 민한당 공천으로 9명이, 국민당 공천으로 5명이, 무소속으로 1명이 등록했다.

민정당으로 출전한 임영득(해남 – 진도), 변정일(제주), 민한당으로 출전한 김준섭(춘천 – 춘성 – 철원 – 화천), 이진연(영광 – 함평 – 장성), 국민당으로 출전한 김용호(원주 – 홍천 – 원성), 이종근(충주 – 제천 – 중원 – 제원 – 단양), 이호종(정읍 – 고창), 한갑수(나주 – 광산), 무소속으로 출전한 임 호(대전 동구) 후보들이 낙선했다.

그리하여 민정당의 정석모, 최영철, 유경현 후보와 민한당의 유한열, 조중연, 한영수, 김원기, 임종기, 허경만, 고재청 후보들만 귀환하여 귀환율은 10%에 불과했다.

통대의원 출신 중 김용대(원주 – 원성 – 홍천), 윤석민(청주 – 청원), 김완태(괴산 – 진천 – 음성), 고판남(군산 – 옥구), 이형배(남원 – 임실 – 순창), 박윤종(광주 동 – 북), 지정도(광주 서구), 민병초와 이성일(해남 – 진도) 후보들은 당선됐다.

그러나 안영배(신정당), 변종석(민농당), 김우현(민권당), 안영기(무소속), 하영환(무소속), 유웅재(민사당), 송두영(무소속), 전병규(무소속), 고병태(민족당), 유인명(무소속), 김봉욱(국민당), 김옥천(민권당), 손경석(무소속), 서정민(국민당), 주인철(국민당), 김정길(사회당), 윤형호(국민당), 홍신표(무소속) 후보들은 낙선했다.

2. 비영남권 37개 지역구 불꽃 튀는 격전의 현장으로

강원도

<춘천 – 춘성 – 철원 – 화천> 강원도 교육감과 춘천시장을 지낸 홍종욱, 신철균 후보가 3선 의원인 김준섭 후보를 꺾고 동반당선

호반의 도시 춘천과 접적지역인 철원, 화천이 병합된 이 지역구는 춘천교육대학장과 강원도 교육감을 지낸 홍종욱 후보가 당선증과 다름없는 민정당 공천을 받아내자 10대 의원이었지만 정치쇄신의 점검을 통과한 신민당 출신인 김준섭 후보는 민한당으로, 공화당 출신인 신철균 후보는 국민당으로 출전하여 예측불허의 3파전을 전개했다.

국방부에서 부이사관으로 근무하다가 철원 노인대학장인 민사당 김휘원, 국제실업 대표인 신정당 이수복 후보도 함께 뛰고 있다.

양구를 병합한 10대 총선에선 공화당 공천을 어렵게 따낸 손승덕 의원이 5대와 8대 의원이었지만 9대 총선 때에는 3위로 낙선한 신민당 김준섭 후보와 동반당선 됐다.

지난 총선 때에는 춘천 – 춘성 지역의 몰표로 4선의원에 등극한 홍창섭 의원이 노익장을 과시하며 무소속으로 도전했고, 공화당 원내총무를 지낸 4선 의원인 김재순 후보도 무소속으로 도전하여 '돌아온 장고' '흘러간 멜로디'라는 상반된 여론 속에서 지역 주민에게 거물 갈증에 부채질을 했지만 무모한 도전이었다는 사실만을 입증했다.

이번 총선에서 지구당위원장 교체로 뒤늦게 공천장을 받은 민정당 홍종욱 후보는 1만 6천여 명의 방대한 조직을 거느리고 남양 홍씨 문중을 찾아 들며 "경춘고속도 건설은 이제 공약의 차원을 넘어 실천에 옮길 단계"라고 강조했다.

"당선되면 국회 문공위원장이 돼서 강원대학교에 의과대학을 신설하겠다"고 공약한 홍종욱 후보는 공화당 조직의 80%인 1만 3천여명을 흡수하여 조직을 확대하고 '새시대 새인물'을 슬로건으로 토박이와 교육자 생활을 했다는 강점을 되살리고 있다.

"뿌리 깊은 나무는 폭풍이 불어쳐도 뽑히지 않는다"며 정통야당임을 강조한 민한당 김준섭 후보는 '성실하고 의리 있는 인간성' '30년 동안 변절하지 않은 야당인으로서의 지조'를 내세우며 실향민, 기독교인, 정통야당성향표를 집중공략했다.

김준섭 후보는 "강원도가 매번 여당을 뽑아서 발전을 못했다"면서 30년 야당의 지조와 인간적 성실성을 내세웠다.

홍천 출신이지만 춘천시장, 강원도 내무국장시절 '춘천을 한국의 비엔나로 가꾸자'는 구호아래 지금의 호반도시를 만든 업적을 내세운 국민당 신철균 후보는 10대에는 공화당 공천을 빼앗기고 유정회 의원 생활로 동정표에도 기대를 걸고 있다.

그동안 정치낭인으로서 어려움을 겪었던 신철균 후보는 "춘천을 세계적인 관광과 문화의 도시로 만들어 한국의 비엔나로 불리어지도록 하겠다"고 공약했다.

춘천농고 출신 동문들의 지원과 둥굴둥굴한 인간미를 표로 연결하며 손승덕 전 의원의 지원을 받은 홍종욱 후보가 압승을 거두었고, 춘천시장을 지낸 지명도와 춘천사범 동창들의 전폭적인 지지를 받은 신철균 후보가 김준섭 후보를 꺾고 동반 당선됐다.

민한당 김준섭 후보는 실향민들이 많은 철원과 화천에서는 국민당 신철균 후보보다 5,564표 앞서 2위 턱걸이를 기대했으나 신 후보에게 춘천에서는 9,751표, 춘성에서는 2,280표 뒤져 6,475표나 뒤져 4선의원의 꿈이 산산히 부서졌다.

□ 득표상황

후보자	정당	연령	주요 경력	득표(%)
홍종욱	민정당	55	강원도교육감	64,139 (42.4)
신철균	국민당	54	10대의원(유정회)	40,637 (26.8)
김준섭	민한당	58	10대의원(3선)	34,162 (22.6)
이수복	신정당	50	국제실업사장	8,230 (5.44)
김휘원	민사당	40	철원노인대학장	4,206 (2.8)

<원주 - 홍천 - 횡성 - 원성> 집권여당을 쫓은 친여성향의 김용대, 김병열, 김용호, 함종한 후보들이 92% 득표율을 과시

꿩이 종을 쳤다는 치악산을 끼고 있는 이 지역구는 공화당 김용호, 신민당 박영록 의원이 주인이었지만 박영록 의원은 정치적 영어의 몸이 되고 김용호 의원만 귀환한 상황에서 민정당은 통대의원으로 대한상이군경회장인 김용대 후보를 내세웠다.

이에 4선 의원으로 공화당 원내총무로 활약했던 김용호 후보가 국민당으로, 공화당 공천을 기대했으나 낙천되자 무소속으로 지난 총선에 출전했던 강원도교육감 출신인 김병열 후보가 야당의 길을 걸어왔던 무수한 사람들을 제치고 제1야당인 민한당 공천을 받고 출전하여 3각편대를 형성했다.

민한당 조직책에서 밀려난 이택선, 신원철, 정형모, 이호선, 이용욱, 정봉철, 정해용, 박승우, 박 경, 조동호, 장석원 후보들은 꿈을 접었지만 상지대 교수인 함종한 후보는 무소속으로, 민정당(民政黨) 지구당위원장을 지낸 엄재선 후보는 민사당으로, 신민당원으로 활동했던 김천희 후보는 민권당으로 출전했다.

지난 10대 총선에서 김병열, 현홍균, 안명한 도전자들을 물리치고 공화당 공천에 성공한 김용호 의원이 강원도 지사를 지낸 명성을 발판 삼아 원주 – 원성을 휩쓴 신민당 박영록 의원에게 금메달 내어주고 은메달로 각각 4선 의원에 등극했다.

강원도 교육감 출신으로 공화당 공천에서 낙천하자 무소속으로 도전한 김병열 후보가 3위를 차지했고, 경기매일신문 회장을 지낸 통일당 정현우, 경주경찰서장을 지낸 무소속 김학규, 통일당 중앙상무위원을 지낸 무소속 이종원 후보들이 도토리 키재기식 하위경쟁을 벌였다.

이번 총선에선 방위산업체를 갖고 있는 통대의원 출신인 민정당 김용대 후보는 1만 4천 명의 당원을 독려하며 '원내안정세력 없이는 개혁의지도 공염불'이라는 슬로건을 내걸고 "야당의 물고 늘어지거나 중상모략을 일삼는 정치풍토가 안타깝다"고 다른 후보들을 반격했다.

10대 총선 때 무소속으로 출전하여 3위를 한 민한당 김병렬 후보는 원주중, 원주농고, 원주여중, 원주여고, 횡성농고 교장을 지낸 경력으로 졸업생들이 가장 강력한 지지기반이 되고 있다.

강원도 교육감을 지낸 김병열 후보는 "우리 정치사는 부정하면 정권을 내 놓아야 하고 장기 집권하면 비참한 최후를 맞는다는 교훈을 남겨 주었다"고 정부, 여당을 공격했다.

사무국장, 수행비서관까지 민정당으로 넘어간 4선의원 국민당 김용호 후보는 사조직을 점조직으로 활용하며 "지역사회에 마지막 봉사할 수 있는 기회를 달라"고 호소했다.

김용호 후보는 "가는 곳마다 막걸리 파티와 상품이 푸짐한 윷놀이, 밀가루와 설탕부대의 난무 등 타락선거 분위기는 없어져야 한다"며 금권선거를 규탄했다.

"18년 동안 공화당이 잘못한 일에 대해 겸허한 자세로 반성하고 있다"는 김용호 후보는 "이번 국회의원 선거는 어느 정도의 공명성이 보장되느냐가 중요한 관건"이라며 공명선거가 이뤄진다면 해볼만 하다고 평가했다.

원주토박이로서 고향사람 뽑자는 지역감정을 불러 일으키고 선명야당 논쟁을 자극하고 있는 무소속 함종한 후보는 '원주출신은 함종한 뿐' 이라고 절규했다.

민사당 엄재선 후보는 "순대국이 펄펄 끓고 막걸리가 판치는 판국에 공명선거가 될 수 있느냐"고 금권선거를 비난했고, 민권당 김천희 후보는 "주민들이 표를 찍을 순수야당 인사가 없기 때문에 할 수 없이 출마했다"며 과거 공화당원이었던 김병열 후보를 겨냥했으나 득표력은 미약했다.

지역적 기반이 있는 횡성에서 62.5%인 21,338표를 득표하는 등 민정당 김용대 후보가 전 지역구를 휩쓸었고, 민한당 김병열 후보가 지난 총선에서 패배했던 국민당 김용호 후보를 꺾고 설욕전을 승리로 장식했다.

□ 득표상황

후보자	정당	연령	주요 경력	득표(%)
김용대	민정당	48	통대의원	83,473 (47.0)
김병열	민한당	59	강원도교육감	37,496 (21.1)
김용호	국민당	60	10대의원(4선)	22,323 (12.6)
함종한	무소속	38	상지대교수	20,066 (11.3)
엄재선	민사당	46	민정당지구당위원장	9,417 (5.3)
김천희	민권당	41	지구당위원장	4,703 (2.7)

<동해 – 삼척> 20년 외지생활을 하여 고전이 예상됐으나 여당후보가 낙선한 전례가 없다는 지역정서에 힘입어 대승을 거둔 민정당 김정남

지난 총선 때에는 강릉 – 명주 – 삼척으로 묶였던 지역구가 명주군 북평읍과 삼척군 묵호읍이 통합되어 동해시가 신설되면서 동해

- 삼척 선거구가 신설되고 강릉 – 명주는 양양을 병합시켜 선거구를 유지했다.

지난 10대 총선 때 강릉 – 명주 – 삼척에서는 6선의원인 거물정객 김진만 의원이 공화당 공천에서 탈락하고 경남도지사, 석탄공사 총재를 역임한 김효영 후보가 공천을 받자, 김진만 의원이 "돈이 많다는 것이 결코 부끄러운 일이 아니며 돈을 벌어야 이 고장을 발전시킬 수 있다"면서 출전하여 강릉지원 판사 출신으로 신민당 공천을 신청했으나 낙천되자 무소속으로 도전한 이관형, 현역 의원이었지만 신민당 공천에서 낙천되자 무소속으로 도전한 김명윤 후보들을 꺾고 공화당 김효영 후보와 동반당선됐다. 동반당선된 김효영, 김진만 후보들의 연고지는 강릉 – 명주가 아니라 삼척이었다.

이번 총선에서 민정당은 삼척 김씨라는 것 이외에는 알려진 것이 별로 없는 김정남 후보를 내세웠고 지난 총선 때 3위로 낙선한 이관형 후보가 민한당 공천을 받고 출전하여 동반당선을 기대했다.

이에 변호사 출신으로 7대의원을 지냈으나 8대 총선 때 공화당에서 낙천되자 무소속으로 출전하여 낙선한 김우영 후보가 국민당으로, 포명통운 대표인 김명하 후보가 민권당 후보로 출전하여 동반당선 저지에 나섰다.

20년 외지생활을 하다 공천을 받아 귀향한 민정당 김정남 후보는 지명도가 낮으나 입지전적인 인물임을 부각하며 민정당의 조직을 확대하여 나갔고, 민한당 이관형 후보는 1천 2백표로 낙선 한 설움을 동정표로 묵호에서의 몰표를 기대했다. 이관형 후보는 광산촌사건을 무료로 변론해 준 지명도가 큰 힘이 되고 있다.

국민당 김우영 후보는 2천 7백 가구의 삼척 김씨 문중을 파고들며 7대 의원으로서 지명도와 교직 및 변호사 등으로 지역활동을 꾸준히 해 온 점을 바탕으로 표밭갈이에 열중했다.

민권당 김명하 후보도 삼척공고 동문, 삼척 김씨 문중을 파고들었다.

민정당 김정남 후보의 고전이 예상됐으나 여당후보가 떨어져 본적이 없다는 지역정서에 힘입어 43%의 득표율로 금메달을 차지했다.

동해에서는 민한당 이관형 후보가 민정당 김정남 후보에게 11,760표(24.3%) 앞섰으나 삼척에서 김 후보에게 24,032표(23.3%) 뒤져 금메달을 넘겨주고 은메달을 목에 걸었다.

□ 득표상황

후보자	정당	연령	주요 경력	득표(%)
김정남	민정당	40	지구당위원장	64,954 (43.3)
이관형	민한당	42	강릉지법 판사	52,682 (35.1)
김우영	국민당	60	7대의원(춘천)	26,350 (17.6)
김명하	민권당	41	포명통운 대표	6,012 (4.0)

<강릉 - 양양 - 명주> 집권여당이면 무조건 찍고 보자는 지역정서를 타고 55%가 넘는 득표율로 압승한 민정당 이범준

삼척을 독립선거구로 넘겨주고 속초에서 양양을 할양 받은 이 지역구는 예비역 육군중장으로 해운항만청장을 지낸 민정당 이범준, 태진운수 대표인 민한당 최선규, 대한해운공사 대표인 국민당 이봉모 후보가 3파전 혈투를 전개했다.

민한당 최선규 후보는 삼척이 통합된 상황에서 이정웅, 이관형, 김진해, 최광순, 박관희, 조갑환, 김홍규, 최성철, 김진하, 김명하, 김윤경, 김기현, 김재철 후보들을 제치고 공천을 받아냈다.

지난 10대 총선에선 공화당이 유정회 출신으로 6선의원인 거물정객 김진만 의원을 제치고 경남도지사, 석탄공사 총재를 지낸 김효영 지역구 의원을 공천하자 김진만 의원이 무소속으로 도전하여 파란을 일으켰다.

강릉지원 판사를 지낸 무소속 이관형 후보, 한양대 강사 출신인 함영주 후보, 경북 울진 출신이지만 5대의원으로 지난 9대 총선 때 김효영 후보와 동반 당선됐던 신민당 김명윤 의원들이 도전해 보았으나 "돈이 많다는 것이 결코 부끄러운 일이 아니며 돈을 벌어야 이 고장발전을 시킬 수 있다"는 김진만 의원을 따라잡을 수가 없었다.

이번 총선에서는 강원도책이며 3성장군 출신인 민정당 이범준 후보는 당원 3만명을 확보하여 청렴한 인간성을 부각시키며 처가가 강릉임을 강조하고 있다.

1만 호가 넘는 강릉 최씨 문중과 8천여 명의 강릉농고 동문을 기반으로 하고 있는 민한당 최선규 후보는 5만표를 목표로 하고 있다.

5천 가구의 평창 이씨, 강릉상고 동문, 한양대 동문을 기반으로 하고 있는 국민당 이봉모 후보의 대결은 군인, 정치인, 자연인의 대결로 회자되고 있다.

특히 최선규, 이봉모의 대결은 강릉농고와 강릉상고의 대결이며 이봉모 후보는 민한당과 선명경쟁을 벌이며 "국민당 사무국장을 매수해갔다" "행정조직을 이용하고 대학생까지 싹쓸이 해갔다" "넥타이를 맨 사람은 모두 민정당원"이라는 흑색선전으로 선두권을 유지했다.

민주당 시절 청년회장으로 활동한 최선규 후보는 "20년의 숙원을 풀겠다"고 분투했으나 대학교수, 공학박사, 해운공사사장, 대한야구협회장으로 "중앙에 가서 일할 수 있는 인물을 뽑아 달라"는 이봉모 후보의 벽을 넘지 못했다.

여당이면 무조건 찍고 보는 지역정서를 지역연고가 얕은 민정당 이범준 후보가 압승을 거두었고, 강릉농고와 강릉상고의 대결에서 승리한 이봉모 후보가 은메달을 차지했다.

□ 득표상황

후보자	정당	연령	주요 경력	득표(%)
이범준	민정당	52	해운항만청장	62,759 (55.0)
이봉모	국민당	51	대한해운대표	32,036 (28.1)
최선규	민한당	50	태진운수사장	19,271 (16.9)

<속초 – 양구 – 인제 – 고성> 고향인 인제군 유권자들의 지원과 속초의 야당세를 자극하여 지난 총선에서의 패배를 설욕한 허경구

강릉에 양양을 넘겨주고 춘천에서 양구를 할양 받은 이 지역구는 재무부기획관리실장을 거쳐 한일은행장을 한 정재철 후보가 민정당 공천을 받고 독주체제를 갖췄고 지난 총선에 신민당 공천으로 출전하여 고배를 마신 허경구 후보가 민한당 공천을 받고 설욕을 벼르고 있다.

5대 의원을 지낸 김응조 후보가 민권당으로, 중앙정보부 강원도지부장을 지낸 김준교 후보가 국민당으로, 기독교학생회장을 지낸 김응삼 후보가 민사당으로 출전하여 동반당선을 저지하고 나섰다.

양구가 아닌 양양을 포용했던 지난 10대 총선 때 육군참모총장 출신으로 국무총리를 지낸 공화당 정일권 의원의 독주가 예상되는 가운데 고려대 조교수로 신민당 공천을 받은 허경구, 경북과 강원도지사를 지낸 무소속 박경원, 5대 의원으로 유정회 의원을 지낸 무소속 함종윤 후보가 은메달을 놓고 혈투를 전개했으나 양양에서 몰표를 받은 함종윤 후보가 진땀승을 거두고 3선의원이 됐다.

예비역 장성 출신인 박경원 후보가 공화당 정일권 의원과의 지지층이 중첩되어 석패했고 영동여상 교사인 이찬수 후보도 무소속으로 도전했다.

이번 총선에선 고성 출신인 민정당 정재철 후보는 1만 2천여 명의 당원을 확보하고 부락단위별 당원단합대회를 개최하면서 "통반장을 통한 입당권유나 부락단위당 10만원씩 금품을 살포했다는 공격은 흑색선전"이라고 일축했다.

지난 총선 때 1천 3백표 차로 낙선한 허경구 후보는 패배에 대한 설욕의 각오 아래 야세가 강한 속초시를 집중공략하면서 '정치학 박사로 장래가 촉망되는 젊은 정치인'이라는 슬로건으로 승세를 굳혀 갔다.

함북 출신인 민권당 김응조 후보는 전체 유권자의 50%가 실향민 인 지역사정을 대상으로 당세 확장 중이다. 고희의 김응조 후보는 3성장군으로 6·25 전공을 내세워 고성표밭을 누비고 다녔다.

안순덕, 최명환, 김두열, 엄자경, 고광호 후보들을 제압하고 민한당 공천을 받은 허경구 후보는 속초의 야당세를 자극하고 고향인 인제의 30%에 근접한 전폭적인 지원에 힘입어 가까스로 은메달을 차지했다.

□ 득표상황

후보자	정당	연령	주요 경력	득표(%)
정재철	민정당	53	한일은행장	54,767 (57.2)
허경구	민한당	38	고려대 조교수	19,597 (20.5)
김응조	민권당	71	5대 의원(고성)	8,888 (9.3)
김응삼	민사당	45	기독교 학생회장	7,684 (8.0)
김준교	국민당	55	중정강원지부장	4,808 (5.0)

<영월 – 평창 – 정선> 민정당 심명보 후보가 전 지역을 휩쓴 가운데 평창, 정선에서 앞선 민한당 고영구 후보가 영월에서 앞선 민권당 신민선 후보를 꺾고 2천여표 차로 당선

유권자 6만 7천여 명인 정선, 유권자 4만 9천여 명인 영월, 유권자 4만여 명인 평창이 통합된 이 지역구에 민정당은 영월 출신으로 한국일보 편집국장을 지낸 심명보 후보를 공천했고, 민한당은 평창 출신으로 서울지법 부장판사 출신인 고영구 후보를 내세웠다.

고영구 후보는 신인우, 김경태, 김철홍, 김낙범, 박영훈, 원성희, 홍성일, 곽영상, 정병기, 엄영석, 최동규, 한완수, 김국승, 김기평 후보들을 제치고 공천을 받아 냈다.

정선고교 교사 출신으로 국회 전문위원을 지낸 국민당 전승표, 신민당 조직부장 출신인 민권당 신민선, 전국광산노조 조직국장 출신인 민사당 한완수 후보가 민정당, 민한당 후보들의 동반당선 저지에 나섰다.

영월 주천농고 동창회장인 원일민립당 박영훈, 통대의원 출신으로 문곡학원 이사장인 신정당 안영배, 농업기술자 강원도부회장인 무소속 함영기 후보들도 출전했다.

10대 총선에서는 9대 총선 때 이우현 의원과 복수공천 됐으나 당선을 일궈냈던 장승태 의원이 체신부장관을 지낸 3선의원이란 중량감으로 독주체제를 갖추었다.

9대 총선에서 신민당 엄영달 후보는 8대 총선 때 영월 – 정선에서 낙선했지만 신인우, 원성희, 정봉철 후보들을 제치고 공천을 받고서 금메달을 차지했다.

10대 총선에선 공화당 단수공천을 받은 장승태 의원이 엄영달 의원과의 재결투에서 승리하여 금메달을 차지하며 4선의원이 됐다.

이번 총선에선 장승태, 엄영달 의원이 정치쇄신의 검문을 통과하지 못한 상황에서 민정당 공천을 받은 심명보 후보는 장승태 전 의원의 지지를 업고 공화당 조직을 오롯이 인수하고 산간오지를 당원 방문 형식으로 누비고 다닌 열성으로 선두권에 진입했다.

민한당 고영구 후보는 부장판사를 지낸 경력을 내세우며 평창에서 국민학교, 영월에서 중, 고등학교를 다녔고 외가가 정선이라는 이점을 안고 사북, 고한, 상동, 함백 등 광산촌의 야세를 자극하며 정선국교, 평창국교, 영월중 동창조직을 활용하여 입지전적 인물임을 부각시켜 나갔다.

민권당 신민선 후보는 영월 신씨 1천여 가구 문중과 영월공고 동문들의 지지를 기대하며 타고난 연설 솜씨를 자랑했다.

국민당 전승표 후보는 정선 전씨 문중표와 정선 농고 동문조직을 활용하면서 처가인 영월 엄씨 문중표에도 기대를 걸고 있다.

민사당 한완수 후보는 탄광노조지부장을 지낸 경력을 바탕으로 탄광지역을 누비고 다녔고, 무소속 함영기 후보는 농민신문 보급을 통해 지지기반을 확보했고, 신정당 안영배 후보는 통대의원 선거 때의 조직과 경험을 되살렸다.

민정당 심명보 후보가 전 지역구를 휩쓴 가운데 민한당 고영구 후보와 민권당 신민선 후보가 엎치락 뒷치락하며 은메달과 동메달을 차지했다.

민권당 신민선 후보는 영월에서는 민한당 고영구 후보에게 1,374표 앞섰으나 민한당 조직원들이 활약한 평창에서는 386표, 탄광촌이 밀집한 정선에서는 3,636표 뒤져 2,648표 차로 금배지를 넘겨줬다.

정선에서는 국민당 전승표 후보가 9,932표(17.3%)를 득표하여 고영구, 신민선 후보들을 제치고 2위에 올랐다.

□ 득표상황

후보자	정당	연령	주요 경력	득표(%)
심명보	민정당	46	한국일보 편집국장	48,780 (35.6)
고영구	민한당	41	서울지법 부장판사	21,582 (15.7)
신민선	민권당	41	민권당 조직부장	18,934 (13.8)
전승표	국민당	48	정선고교교장	16,977 (12.4)
한완수	민사당	40	광산노조 조직국장	12,649 (9.3)
함영기	무소속	32	영월검도협회장	7,239 (5.3)
안영배	신정당	39	통대의원	5,820 (4.2)
박영훈	원일당	44	주천농고 동창회장	5,118 (3.7)

| 충청북도 |

<청주 - 청원> 파평 윤씨 1천 8백 가구를 디딤돌 삼아 재력의 김우현, 관록의 신경식 후보들을 꺾어버린 국민당 윤석민

9명의 주자가 난립한 이 지역구는 당초 민정당은 육진성 후보를 조직책으로 선정했으나 충북도지사, 노동청장을 지내고 농수산부장관인 정종택 후보로 교체했다.

민한당은 김진영, 김영모 후보들의 바람을 저버리고 대한일보 기자 출신으로 정일권 국회의장 비서실장을 지낸 신경식 후보를 공천했다.

서주우유와 대한선주 대표인 국민당 윤석민, 전남 광주, 충북 영동 경찰서장을 지내고 초정약수 대표로서 청주상공회의소 회장을 맡고 있는 민권당 김우현 후보가 등록하여 당선권을 넘나들었다.

통대의원 출신으로 반공연맹 청주 - 청원 지부장인 민농당 변종석 후보가 다크호스로 등장했고 청주시의원을 지낸 신정당 박학래, 청주기계공고 교사였던 사회당 장기평, 국제관광공사에서 잔뼈가 굵은 민사당 이종문, 경동약국 대표인 무소속 이경동 후보들도 출전했다.

지난 10대 총선에는 신민당 청원지구당 위원장 출신인 통일당 김현수 후보가 육군참모총장 출신으로 3선 현역인 공화당 민기식 의원과 국회부의장을 역임한 4선 현역인 신민당 이민우 의원이 동반

당선될 것이라는 예상을 뛰어넘어 동정표를 끌어 모아 금메달 당선의 영광을 차지했다.

이민우 의원이 청주에서는 민기식 의원에게 207표 뒤졌지만 청원에서 1,774표 앞서 손바닥에 땀을 흠뻑 적시고 5선의원 반열에 올라섰다. 청주시의원 출신인 무소속 박학래 후보는 불법선거 운동 혐의로 구속됐으나 1만 6천여 표를 득표하며 선전했다.

이번 총선에선 3년 8개월 동안 충북도지사를 지내며 4H도백이란 별명이 붙을 정도로 부지런히 맺은 광범위한 인연을 찾아 나선 민정당 정종택 후보는 "전국에서 유일한 현직 각료 겸 총선 후보라는 점에서 더욱 모범적인 선의의 경쟁을 벌이겠다"고 다짐했다. 정종택 후보는 "국회를 조화롭게 이끌어 갈 막중한 책임이 주어지거나 내각에서 계속 겸직 장관으로 그 능력을 발휘할 것"이라고 주장했다.

국민당 윤석민 후보는 자신의 기업이 받은 3억불 수출탑 트로피를 들고 나와 "이 고장과 조국을 위해 더 열심히 일할 수 있는 기회를 달라"고 호소했다.

<청주의 홍길동>으로 불리고 있는 민한당 신경식 후보는 청주의 야세에 기대를 걸고 주경야독으로 쌓아 올린 입지전적인 경력을 홍보하면서 "신성한 국민주권과 국회의원 배지를 돈으로 살 수 있다는 생각을 뿌리 뽑자"고 금권선거를 비난했다.

<평생 청주인>을 강조한 민권당 김우현 후보는 성균관부관장과 청주상의 회장을 9년 연임한 경력을 살려 조직을 확대하고 있다.

민권당 김우현 후보는 청주향교 전교(典校)를 지내 "유림회 등 노

인층의 지지가 많다"고 흐뭇해했다.

민농당 변종석 후보는 청주농고, 청주대 동문들의 지지를 기대하며 통대의원 경력을 활용하고 있다.

공동의 난적으로 등장한 정종택 후보는 1만여 명의 당조직, 청주고 동문, 도백시절 맺어 놓은 연줄을 갖고 선두권을 점령하여 윤석민, 신경식 후보는 청주고 후배로 선후배간의 전쟁이 불가피했다.

만만치 않은 재력으로 청주상고와 고려대 동문들의 지원을 기대하며 청원군 내의 친가와 외가의 문중 5백 세대를 찾아 나선 김우현 후보는 통대의원, 유도회 조직, 광산 김씨 문중 6백여 세대를 기반으로 초정약수를 경영하여 재력도 든든한 편이다.

도백으로서의 선정을 홍보하고 노동청장, 농수산부 장관을 지낸 충북의 얼굴로 홍보하고 지명도의 프리미엄을 가진 정종택 후보가 청주와 청원을 석권했다.

파평 윤씨 1천 8백 가구, 청주상고 1만 5천여 명의 지원을 받은 윤석민 후보가 재력이 풍부한 김우현, 야당성을 찾아 나선 신경식 후보를 격파하고 은메달을 확보했다.

□ 득표상황

후보자	정당	연령	주요 경력	득표(%)
정종택	민정당	46	농수산부 장관	67,108 (33.6)
윤석민	국민당	42	대한선주 대표	47,428 (23.7)

김우현	민권당	59	청주상공회의소장	27,075 (13.5)
신경식	민한당	42	국회의장비서실장	26,760 (13.4)
변종석	민농당	47	통대의원	17,044 (8.5)
이종문	민사당	43	경희대강사	5,745 (2.9)
박학래	신정당	50	청주시의원	3,989 (2.0)
이경동	무소속	34	경동약국대표	2,584 (1.3)
장기평	사회당	53	청주기계공고교사	2,131 (1.1)

<충주 – 제천 – 중원 – 제원 – 단양> 광산 김씨 8백 가구를 바탕으로 '새사람 새정치'를 내세우고 충주와 제천의 야당성향표를 결집시켜 은메달 당선을 일궈낸 민한당 김영준

울고 넘는 박달재를 사이에 두고 유권자 11만 8천여 명인 충주 – 중원, 유권자 12만 5천여 명인 제천 – 제원 – 단양으로 서로 월경을 감시하며 9대 총선 때 동반당선됐던 민정당 이해원, 국민당 이종근 후보가 재격돌하여 세간의 이목을 집중시키고 있다.

유정회 원내총무로 활약한 이해원 후보는 3선의 관록, 제천에 베이스캠프를 치고 구 공화당 조직을 탈환하여 1만 8천여 명의 당조직을 완비했다.

이종근 후보는 충주 출신으로 4선관록의 후광을 업고 그동안 이 지역에 쏟아 넣은 갖가지 정성으로 맺어진 연줄을 찾아 동분서주했다.

이 틈바구니를 이청천, 최재환, 최운혁, 최원봉, 안영기, 박경숙, 장창훈, 홍병각, 박종만 후보들을 제치고 민한당 공천을 받은 김영준 후보가 청주지검 검사 재직시절 지역민에 대한 봉사실적을 바탕에 깔고 야당세력 확보에 나섰다.

한국컴퓨터 부사장인 민권당 박종만, 중앙당정책위 부의장에 선임된 민농당 안재연, 통대의원을 지낸 한의사인 무소속 안영기, 통대의원을 지낸 지역정치인인 하영환 후보들이 뛰어들었다.

지난 10대 총선에서 8대 총선 때 자웅을 겨뤘던 공화당 이종근 의원과 신민당 이택희 후보가 재격돌을 펼쳐 동반당선의 기쁨을 누렸다.

윤보선 대통령 비서실장을 지낸 4,5대 의원인 조종호, 서울지검 검사 출신인 임경규 후보가 무소속으로 도전해 보았으나 5만여 표차로 당선권에서 멀어졌다. 음성출신으로 무극중 재단이사장인 허탁 후보가 통일당 공천을 받아 출전했으나 6천여 표 득표에 머물렀다.

이번 총선에선 단양의 터줏대감인 조종호 후보가 민정당 공천을 받고 서울 동작구로 옮겨 간 단양은 무주공산이 되어 이해원 후보와 안영기 후보의 놀이터가 됐다.

광산 김씨 8백 가구를 바탕으로 '새사람 새정치'를 구호로 내건 민한당 김영준 후보가 충주와 제천의 야당성향표를 결집시키고 제원군에서 1위를 한 저력으로 은메달을 확보했다.

충주 – 중원에서는 국민당 이종근 후보가 민한당 김영준 후보에게 6,866표 앞서 아성임을 보여줬으나 박탈재 넘어 제천 – 제원 – 단양에서는 9대 총선 복수공천 때 신사협정에 따른 월경금지 약속의 잔재로 인해 "정부 · 여당의 모든 것을 경험해 본 야당인이기 때문에 진짜 야당을 할 수 있다고 호소해 봤지만 김영준 후보에게 무려 16,597표나 뒤져 금뱃지를 넘겨줄 수밖에 없었다.

□ 득표상황

후보자	정당	연령	주요 경력	득표(%)
이해원	민정당	50	10대의원 (3선)	61,721 (29.6)
김영준	민한당	39	청주지검검사	49,255 (23.6)
이종근	국민당	57	10대의원 (4선)	41,321 (19.8)
안영기	무소속	44	통대의원	31,882 (15.3)
박종만	민권당	41	한국컴퓨터부사장	9,525 (4.5)
안재연	민농당	47	정치인	7,712 (3.7)
하영환	무소속	43	통대의원	7,298 (3.5)

<영동 – 보은 – 옥천> 지난 총선에선 옥천에서 독점했지만 이번 총선에선 영동의 결집으로 옥천의 박유재, 영동의 이동진이 동반 당선

유권자 52,444명의 영동, 50,166명의 옥천, 46,944명의 보은이 통합된 이 지역구는 전국에서 군별 대항 의식이 강한 지역으로 알려져

있다.

육영수 여사의 친오빠인 육인수, 신민당의 이용희 의원이 정치쇄신의 굴레에 갖혀 있는 상황에서는 정치신인이거나 정치쇄신의 검문을 통과하는 전 의원들의 놀이터가 됐다.

민정당은 옥천 출신으로 오리표싱크 대표인 박유재 후보를 공천했고 민한당은 오은석, 신태호, 전년규, 이재인, 정선영, 서봉성, 이지영, 어준선, 안정준, 윤종수, 손륜규, 양판기, 조만제 후보들이 조직책을 신청하여 정구영 공화당 초대총재의 아들인 정선영 후보를 낙점했다.

국민당은 영동 출신으로 6대 의원을 지내고 정우개발 부회장, 한국건업 부회장으로 활약한 이동진 후보를 내세워 3파전을 전개하도록 했다.

보은 4H 연합회장인 민농당 김태형, 대경특수제지 대표인 신정당 신태호 후보와 경찰대 교수인 민권당 이건태 후보가 보은의 대표주자가 되기 위해 출전했고 청산고시학원장인 김영만 후보가 사회당으로, 대한항공 조종사인 장환진 후보도 무소속으로 등록했다.

지난 10대 총선에선 육영수 여사의 오빠인 육인수 의원이 공화당 공천을 받고서 4선 의원이란 지명도와 공화당 당원들의 조직으로 선두권을 달리고 있는 상황에서 신민당은 옥천 출신인 이용희 의원과 영동 출신인 최 극 후보를 복수 공천했다.

"지난 6년간을 허비하지 않았습니다"라는 구호를 내건 이용희 의원이 한국원양협회 상무를 지낸 무소속 이광호 후보와 민주회복국민회의 영동대표인 통일당 이재인 후보의 영동군표 잠식에 힘있어

수성에 성공하고 재선 의원이 되어 '옥천군 보은면 영동리'라는 풍자어가 회자됐다.

이번 총선에선 민정당 박유재 후보는 옥천 출신이지만 영동에 1만 7천여 명의 민정당원을 확보하고 영동고 동창회장 직함을 활용하여 영동표밭을 누벼 부동의 1위를 확보했다.

서울법대 출신인 민한당 정선영 후보도 이용희 전 의원의 조직을 흡수하고 제1야당 후보임을 내세우고 있으나 옥천에서 박유재 후보와 겹쳐 표를 반분해야 하는 부담을 안고 있다.

국민당 충북도지부장을 맡고 있는 이동진 후보는 한동안 영동에서 선량을 내놓지 못했다는 지역적 울분의 대변자임을 자임하면서 영동군표의 결집을 도모했다.

무주공산인 보은이 갈갈이 찢어진 상황에서 옥천표를 결집시킨 정선영 후보와 영동표의 단합을 호소한 이동진 후보의 승패는 영동의 승리로 귀결됐다.

영동에서 24,549표(47.8%)를 휩쓸어 버린 이동진 후보가 옥천에서 10,989표(25.1%)를 득표하여 2위를 한 민한당 정선영 후보를 1만 5천여 표차라는 여유를 갖고 국회 재입성에 성공했다.

무주공산인 보은에서도 이동진 후보는 정선영 후보에게 1,070표 앞서 승리를 굳혔다.

□ 득표상황

후보자	정당	연령	주요 경력	득표(%)
박유재	민정당	47	오리표씽크 대표	57,509 (43.6)
이동진	국민당	49	6대의원	34,924 (26.5)
정선영	민한당	41	태국대사관 상무관	19,117 (14.9)
김태형	민농당	38	보은 4H 연합회장	7,953 (6.0)
신태호	신정당	36	대경특수제지 대표	5,853 (4.4)
김영만	사회당	29	청산고시학원장	2,786 (2.1)
이건태	민권당	57	경찰대교수	2,239 (1.7)
장환진	무소속	50	공군중령	1,623 (1.2)

<괴산 – 진천 – 음성> 정치신인들의 혼전장에서 안갑준, 김년태 후보의 괴산 허탁, 김완태 후보의 음성의 군대표 쟁탈전에서 승리한 민정당 안갑준, 국민당 김완태 후보들이 동반당선

유권자 6만 5천여 명인 괴산, 5만 4천여 명인 음성, 3만 7천여 명인 진천이 병합된 이 지역구는 대부분 괴산 출신과 음성 출신이 동반당선됐다.

지난 10대 총선에선 육군소장으로 예편하여 철도청장, 충북도지사를 지낸 오용운 후보가 김원태 현역의원을 밀쳐내고 공화당 공천을 받고서 3대에는 자유당 출신이지만 5대에는 민주당, 6대에는 민정당으로 변신하여 승승장구한 5선의원으로 신민당 최고위원인 이충환 의원과 동반당선됐다.

이 지역구에서 인구가 가장 많은 괴산 출신으로 3, 5, 6, 7대 의원을 지낸 안동준 후보가 괴산의 대표 주자로 순흥 안씨 문중을 비롯한 사조직을 구축하여 추격전을 전개했으나 추격으로 끝나버렸다.

이번 총선에는 통일주체국민회의 사무차장 출신으로 10대 유정회 의원을 지낸 안갑준 후보가 민정당 공천을 받고 순흥 안씨 문중표를 안고 9천여 명의 당조직을 가동하여 선두권으로 진입했다.

민한당은 김형순, 조성주, 정찬세, 허 탁, 홍태선, 김봉삼, 정석헌, 최재호 후보들 가운데 음성 생극중을 중심으로 한 삼우재단 이사장인 허 탁 후보를 선택했다. 허 탁 후보는 충주 탁약주 제조협회장으로 10대 총선에선 충주 – 제천 – 중원 – 단양에 통일당으로 출전하기도 했다.

통대운영위원 출신으로 한일학원 이사장인 김완태 후보는 국민당 공천을 받고 풍부한 재력을 동원하여 통대의원 선거 때의 조직을 재가동했다.

고교 교사였던 민권당 김형순 후보는 민한당 공천에서 낙천되자 민권당으로 옮겨 선명야당을 내세워 야성표 흡수에 전력투구했다.

국제불교도협의회 이사인 원일민립당 김래동 후보와 공인회계사로 원양개발공사 이사인 무소속 김년태 후보들은 사조직에 의존한 선거전략을 펼쳤다.

선거전이 민정당 안갑준, 무소속 김년태 후보의 괴산대표주자 선정, 민한당 허 탁, 국민당 김완태 후보의 음성 쟁패전에서 승패가 엇갈렸다.

괴산에서 완승한 안갑준, 음성에서 대승을 거둔 김완태 후보가 동반 당선됐다.

괴산에서는 민정당 안갑준, 무소속 김년태, 진천에서는 민정당 안갑준, 국민당 김완태, 음성에는 국민당 김완태, 민정당 안갑준 후보들이 자웅을 겨룬 선거전은 민정당 안갑준 후보와 국민당 김완태 후보의 완승으로 마감됐다.

국민당 김완태 후보는 괴산에서는 무소속 김년태 후보에게 8,175표 뒤졌으나 진천에서 2,672표, 음성에서 19,519표 앞서 여유롭게 당선될 수 있었다. 김완태 후보는 음성에서 21,365표(47.4%)를 득표하는 저력을 보여줬다.

□ 득표상황

후보자	정당	연령	주요 경력	득표(%)
안갑준	민정당	54	10대의원 (유정회)	43,994 (54.8)
김완태	국민당	50	통대의원	37,845 (28.0)
김년태	무소속	42	원양개발 이사	23,829 (17.6)
허 탁	민한당	45	삼우재단 이사장	18,943 (14.0)
김래동	원일당	33	불교도협의회 이사	5,523 (4.0)
김형순	민권당	39	고교교사	4,940 (3.6)

충청남도

<대전 동구> 대전상고 동문들의 지지를 규합하고 공인회계사로서 맺어왔던 연줄을 재점검하여 승리한 민한당 박완규

이번 총선에서 동구와 중구로 분구된 대전은 단일구였던 지난 10대 총선에서는 9대 총선 때 무소속으로 당선됐으나 재검표에서 통일당 박병배 후보에게 24표 차로 의사당에서 축출됐던 임 호 후보가 무소속으로 도전하여 이북 출신 유권자들을 중심으로 한 동정 여론으로 돌풍을 일으켜 압승을 거두었다.

민간인 출신으로 5·16 혁명에 가담한 김용태 의원이 공화당 원내총무로서의 중량감과 4선 하는 동안 닦아 놓았던 조직을 활용하여 지난 총선 때 재검표로 5선 의원에 등극한 박병배 의원과 신민당 공천을 받은 신동준 후보를 가까스로 따돌리고 은메달을 확보했다.

이번 총선에서 민정당은 동구에는 경제기획원장관 비서관 출신으로 대전일보 사장인 남재두 후보를, 중구에는 문교부장관 비서관 출신으로 대통령 경호실 행정처장을 지낸 이재환 후보를 내세웠다.

민한당은 윤영근, 윤성한, 박정규, 박완규, 우영민, 김홍만, 한상필, 송석찬, 최광철, 김유근, 장동수, 김종민, 한영교, 허 옥, 유인범, 강석명, 최정수, 이무부, 이희관 후보들이 조직책을 신청하자 동구에는 공인회계사로 활약하고 있는 박완규 후보를 공천했고, 중구에는 대전고, 대전공고 교사 출신으로 대성학원장으로 명성을 갖고 있는 유인범 후보를 공천했다.

이에 신민당 정치훈련원 교무부장을 지내고 8대 총선에도 입후보했던 송재호 후보가 민권당으로, 한국상업개발상호금고 이사장으로 충남축구협회장인 황규상 후보가 국민당으로, 대교무역 대표인 송인상 후보가 한국기민당으로, 자유당시절 중앙당 총무부장으로 활약했고 8대와 10대 의원이었지만 정치쇄신 검문을 통과한 임 호 후보가 무소속으로 출전했다.

무소속 임 호 후보는 10·26 시해사건 이후 한때 정치적 방황을 했던 점이 못내 아쉬움으로 다가왔지만 유권자가 자연스럽게 찾아오도록 하는 전략을 구사했다. 그러나 임 호 후보는 대전 인구의 20%가량을 점하고 있는 이북 출신에 기대를 걸고 있다.

경북 안동 출신이란 핸디캡을 안고 있는 민정당 남재두 후보는 대전일보 사장 재임 4년 동안 쌓아온 교분을 활용하면서 "맨발로 뛰는 각오로 유권자들 속에 파고들어 새 시대와 새 얼굴의 이미지를 심어보겠읍니다" 라고 각오를 밝혔다.

남재두 후보는 7천 명의 민정당 기간조직을 바탕으로 토박이가 아니라는 수군거림을 비켜가고 있으며, 대전지검 부장검사인 부친 남정섭의 후광을 기대하며 "사는 곳이 고향이 아니겠느냐"고 주장했다.

한밭중과 대전상고의 첫 출마자로서의 이미지 굳히기에 안간힘을 쏟고 있는 민한당 박완규 후보는 대전상고 동문조직, 공인회계사로 맺어 온 사조직을 활용했다.

박완규 후보는 <야당은 하나 일꾼도 하나> 라는 캐치프레이즈를 내걸고 야세바람을 일으키려고 풀무질을 하고 있다. 공인회계사 16년의 경력, 세정전문가로 "세금의 적정사용여부를 철저히 파헤쳐 국민부담을 경감시키겠다"고 기염을 토했다.

교회장로로 덕망을 자랑한 국민당 황규상 후보는 충남축구협회회장, 신용금고 이사장을 역임하면서 다져 온 연륜 깊은 사조직을 활용하면서 "민주주의 국가에서 제1당이 3분의 2의 비례대표를 가져간다는 것은 상식적으로 납득이 가지 않은 처사"라고 공격했다.

1만여 명의 기간 당조직의 확산에 최대 역점을 두고 개발이 늦은 동구 지역 발전을 위해 민정당을 지지할 필요가 있다는 점을 역설한 남재두 후보와 대전상고 동문들의 지지를 규합하고 공인회계사로서 맺어 왔던 연줄을 재점검한 박완규 후보가 동반 당선됐다.

충남축구협회장, 신용금고이사장을 지내면서 넓혀 온 조직, 교회활동으로 맺어 온 기독교 신자들의 지지를 기대한 황규상 후보가 8천여 표차로 아쉽게 동메달에 머물렀다.

□ 득표상황

후보자	정당	연령	주요 경력	득표(%)
남재두	민정당	41	대전일보사장	38,874 (36.6)
박완규	민한당	39	공인회계사	25,680 (24.1)
황규상	국민당	37	상호신용금고이사장	17,351 (16.3)
임 호	무소속	50	10대의원(2선)	13,228 (12.4)
송재호	민권당	40	유치송의원보좌역	7,318 (6.9)
송인상	기민당	45	대교무역대표	3,904 (3.7)

<대전 중구> 1만여 명의 당조직, 대전고 동문지원을 받은 민정당 이재환, 대전공고 동문과 대성학원 출신들의 도움을 받은 민한당 유인범 후보가 동반당선

정치신인들인 민정당 이재환, 민한당 유인범 후보들의 공천이 확정되자 정치신인들이 우후죽순처럼 등록하여 9명의 후보들이 난립됐다.

수도여고와 영등포여고 교사였던 한상필 후보가 안민당으로, 대전시 의원을 지내고 반공연맹 대전지부장을 지낸 강석하 후보가 국민당으로, 동국대 총학생회장 출신인 김홍만 후보가 신정당으로, 서울 선린상고 교사였던 조남상 후보가 민권당으로, 통대의원 출신으로 노총 충남부회장으로 활약했던 유웅재 후보가 민사당으로 출전했다.

또한 백제문화진흥회장, 시우회(時友會) 충남지부장인 정길준 후보와 통대의원 출신인 송두영 후보는 무소속으로 출전했다.

고려대 4·19 의거 주도층의 한 사람으로 대학교수를 거쳐 문교부, 총리실, 청와대에 몸담았던 모범공무원 출신인 민정당 이재환 후보는 정치신인으로 지명도 높이기에 전력투구 중이다.

4·19 주역, 대전고 동문으로 한학자 명성을 갖고 중앙시장에서 건어물상을 한 부친의 음덕까지 지원을 받고 있는 이재환 후보는 '위민정치의 기수'를 내걸었다.

서울대 정치학과 출신으로 대전고, 대성학원을 통한 제자들의 지원을 기대하며 야당 붐 조성에 총력전을 전개하고 있는 민한당 유인범 후보는 전통야도의 재건을 슬로건으로 내걸고 대전공고 동문, 학원연합회를 우군으로 확보했다. 유인범 후보는 "진짜야당에 표를 찍어 일당 독재를 막아내자"고 호소했다.

공화당 부위원장, 약・탁주조합장, 반공연맹지부장, 의용소방대장을 지내며 20년 간 대전시의원을 역임하면서 1천 쌍이 넘는 주례 인연을 바탕으로 토박이 출신임을 내세우고 있는 국민당 강석하 후보는 "현행 선거법은 민정당과 민한당을 위한 짝짜꿍 선거법의 인상이 짙다"고 주장했다.

서민의 기수임을 자처한 신정당 김홍만 후보는 "정부가 기르고 육성하는 야당은 야당이 아니다"라고 선명논쟁을 불러일으켰고, 안민당 한상필 후보는 "사재를 털어 야간 대학을 건립하겠다"고 공약했다.

1만여 명의 당조직, 대전고와 고려대 동문들의 지원을 바탕으로 4・19 세대임을 앞세워 중앙시장에서 20년 간 건어물 도매상을 해온 부친의 상인조합 조직까지 활용한 이재환 후보가 압승을 거두었다.

대전공고 동문, 15년 동안 이 지역에서 교편 생활, 사제 인연을 득표로 연결하려고 안간힘을 쏟은 유인범 후보도 대성학원을 운영하여 재력도 든든한 것이 밑거름이 되어 동반 당선됐다

대전시의원, 반공연맹지부장, 의용소방대장 등 다채로운 경력을 바탕으로 토박이임을 내세우며, 수천 쌍의 주례인연도 기대한 강석하 후보와 통대의원으로 대전고 동문 기반을 활용한 무소속 송두

영 후보의 선전이 돋보였다.

□ 득표상황

후보자	정당	연령	주요 경력	득표(%)
이재환	민정당	43	문교부장관 비서관	44,732 (31.3)
유인범	민권당	49	대전공고 교사	32,020 (22.4)
강석하	국민당	57	대전시의원	21,610 (15.1)
송두영	무소속	41	통대의원	20,092 (14.1)
김홍만	신정당	38	동국대 총학생회장	10,588 (7.4)
유웅재	민사당	43	통대의원	6,523 (4.7)
한상필(여)	안민당	54	수도여고 교사	4,764 (3.3)
조남상	민권당	56	선린상고 교사	2,799 (2.0)
정길준	무소속	46	백제문화 진흥회장	2,418 (1.7)

<천안 – 아산 – 천원> 김종철 국민당 총재의 지역구 포기로 천안 – 천원을 석권한 민정당 정선호, 아산에서 몰표를 받은 무소속 황명수 후보들이 동반당선

지난 10대 총선에서 동반 당선된 공화당 김종철, 신민당 정재원, 피선거권이 상실된 황명수 전 의원 가운데 정재원 의원은 묶고 김종철, 황명수는 풀어주는 정치쇄신위원회의 잣대도 알 길이 없지만 민한당이 정책지구로 지정하며 민한당 후보를 공천하지 아니

한 배려를 받은 국민당 김종철 총재가 돌연 실제인 김종식 후보에게 지역구를 넘겨주고 전국구 1번을 차지하는 정치적 배신이 도마 위에 올라 세간의 이목을 집중받은 이 지역구는 10명의 주자들이 난립하여 혼전을 불러왔다.

이번 총선에서 민정당은 미국 뉴욕주립대 공학박사로 한국과학기술연구실장을 지낸 정선호 후보를 내세웠고 민한당은 조병현, 박인재, 이창균, 이원창, 민유동, 황명수, 박응구, 윤철수, 하제홍, 박동인, 성락호, 우부길, 홍인표, 이진구, 윤용택, 이종한, 이상혁, 정호영, 김종원 후보 가운데 황명수 9대 의원을 조직책으로 선정했다가 무공천 지역을 선언하자 황명수 후보가 탈당하고 무소속으로 출전한 상황에서 국민당 김종철 총재가 전국구로 선회하자 부랴부랴 '돌쇠'라는 인물평을 듣는 박동인 후보를 공천했다.

정치학 박사로 국회의장 비서관을 지낸 강처원 후보가 신정당으로, 공화당 중앙위원 출신으로 한국전통문화사상 연구소장인 김재홍 후보가 민권당으로 출전했다.

통대의원 출신으로 천안문화원 원장인 전병규, 총무처 차관과 충남도지사를 역임한 민유동, 한의사인 문병기, 통대의원으로 JC 연수원 교수인 유인명 후보들이 신민당 총무국장 출신으로 9대 의원을 지낸 황명수 후보와 함께 무소속으로 등록했다.

4선의원으로서의 지명도와 재력면에서 압도적인 공화당 김종철 의원의 금메달이 확실한 지난 10대 총선에선 황명수 의원의 피선거권 상실로 엉겁결에 신민당 공천을 받은 정재원 후보가 조직의 장악력이 없고 지명도도 낮고 재력에서도 열세였지만 야당성향의 유권자들을 결집시켜 8대 신민당 전국구의원이었으나 무소속으로 출전한 강필선, 통일당 이진구, 황명수 의원 비서관 출신인 이원창, 충남도의원 출신인 황규영, 5대 민의원을 지낸 성기선 후보들을 가볍게 제압하고 국회등원에 성공했다.

김종철 총재의 돌연한 지역구 포기에 활기를 찾은 민정당 정선호 후보는 1만 4천여 명 당조직을 추수리고 아산만 개발, 관광권 형성 등을 공약으로 내걸고 천안 – 천원 지역을 휘돌았다.

뒤늦게 참전한 민한당 박동인 후보는 "이곳을 정책지구라고 정략적으로 이용하는 바람에 제물이 됐다"면서 "정통보수야당을 지지하는 민주역량을 발휘해 달라"고 호소했다.

토론토 대학 정치학 박사를 내세우고 있는 신정당 강치원 후보는 '정치는 정치학 박사에게'라는 슬로건을 내걸고 "우리에게 대통령을 뽑을 사람을 뽑을 권리밖에 없느냐"며 "우리 상황에서 대통령 간선제는 돈과 시간의 낭비"라고 주장했다.

미국 캘리포니아 유학생과 한인회장으로 활약했던 국민당 김종식 후보는 "형님인 김종철 총재의 잘잘못에 대한 비판을 잘 알고 있다"면서 "형님이 한 것 중 좋은 것은 계승하고 잘못된 것은 개선해 나가겠다"고 약속했다.

통대의원의 기반을 갖고 있는 무소속 전병규 후보는 "정당 공천장은 서울가서 정치 깨나 하는 사람의 가방을 들어주거나 승용차 문을 닫아 주어야 얻는 법"이라며 정당공천 후보들을 비난했다.

충남도지사를 지낸 무소속 민유동 후보는 "도지사 시절에 다 못한 일을 이루기 위해 나섰다"고 출마배경을 설명했다.

"이 지역에서 그동안 봉사해 온 사람들이 외면당하는 정당정치가 어떻게 정의로운 사회의 정치가 되겠느냐"고 절규한 무소속 유인명 후보는 "민정당 창당 때 당비가 21억 원이나 걷혔다니 놀랍다. 이것이 정의로운 사회인가"라고 반문했다.

아산 지역의 소외감을 기폭제로 삼아 몰표바람을 일으키고 있는 무소속 황명수 후보는 "요즈음 정부, 여당의 들러리 같은 인상을 주는 정당은 많지만 야당구실을 하는 정당은 없다"고 정당공천 후보들과 선명논쟁을 벌였다.

정책지구의 번복파동으로 춘추전국시대를 방불케 한 이 지역구는 천안에서는 민정당 정선호 후보가 16,388표(28.4%), 천원에서는 15,285표(29.2%)를 득표하여 1위를 차지한 반면 아산에서는 무소속 황명수 후보가 27,465표 (37.9%)를 득표하여 1위를 차지하여 동반당선의 기쁨을 누렸다.

새마을 교주라는 별명에 걸맞게 농민층의 표밭을 일군 무소속 유인명 후보가 동메달을 차지하고, 김종철 총재의 후광을 업은 국민당 김종식, 제1야당의 공천을 받은 박동인 후보들의 득표력은 한계를 보였다.

☐ 득표상황

후보자	정당	연령	주요 경력	득표(%)
정선호	민정당	43	대한전선상무	45,396 (27.7)
황명수	무소속	53	9대의원(아산)	42,605 (26.0)
유인명	무소속	43	통대의원, 낙농업	19,216 (11.7)

김종식	국민당	46	미국지방한인회장	16,998 (10.4)
박동인	민한당	42	신민당중앙상무위원	16,518 (18.1)
전병규	무소속	44	통대의원	12,154 (7.4)
강치원	신정당	42	국회의장 비서관	8,690 (5.3)
김재홍	민권당	53	공화당 중앙위원	8,241 (5.0)
민유동	무소속	57	문공부 기획관리실장	5,798 (3.5)
문병기	무소속	46	한의사협회 이사	4,827 (2.9)

<대덕 – 금산 – 연기> 대덕과 연기를 석권한 민정당 천영성 후보와 금산에서 몰표를 받은 민한당 유한열 후보가 사이 좋게 동반당선

유진산 전 신민당 총재의 아들인 민한당 유한열 후보가 버티고 있는 이 지역구에 민정당은 예비역 공군소장으로 충남도지부장인 천영성 후보를 내세웠다.

이에 유진산 총재 비서관을 지낸 박천식 후보가 민권당으로, 대한한의사협회 이사인 박은영 후보가 신정당으로 등록하여 천영성, 유한열 후보의 동반당선을 저지하고 나섰다.

지난 10대 총선에선 공화당은 경향신문 사장 출신으로 현역인 김제원 의원을 밀쳐 내고 중앙정보부 충남지부장 출신인 이준섭 후보를 낙점했고 신민당은 유진산 총재의 아들인 유한열 후보를 공천하여 부친의 지역구를 계승하도록 배려했다.

공화당 조직과 유진산 총재의 작고에 따른 동정여론을 등에 업은 이준섭, 유한열 후보가 초정약수와 대전 주정 대표로서 지역 봉사로 지역민들의 신망을 얻은 무소속 최경수 후보를 따돌리고 동반 당선의 기쁨을 누렸다.

유정회의원 출신으로 국민당 출전이 예상됐던 이준섭 후보의 출전 포기로 발걸음이 가벼워진 민정당 천영성 후보는 "공중전만큼 뜻대로 안되는 것이 선거전"이라며 1만 3천여 명의 당원 조직, 예비역 공군장교모임인 보라매 조직, 대전고 동문, 청년회의소의 조직을 확대하고 있다.

10대 의원으로 입법회의 의원에 발탁된 민한당 유한열 후보는 유진산 총재의 후광과 야당의 붐 조성으로 당선을 의심하지 아니했다.

전투비행단장과 공군본부 작전참모부장을 지낸 천영성 후보는 대덕 출신이라는 이점을 살려 대덕은 물론 이준섭 후보의 출전포기로 연기까지 휩쓸었고 부친의 후광을 업은 유한열 후보는 박천식, 박은영 후보들의 잠식에도 불구하고 금산지역을 석권했다.

금산에서는 민한당 유한열 후보가 민정당 천영성 후보에게 9,056표(19.1%) 앞섰으나 대덕에서는 12,943표(18.1%), 연기에서는 950표(2.1%) 뒤져, 금메달을 천영성 후보에게 넘겨주고 은메달에 만족해야만 했다.

□ 득표상황

후보자	정당	연령	주요 경력	득표(%)
천영성	민정당	51	전투비행단장	70,472 (43.5)
유한열	민한당	43	10대의원(지역구)	65,635 (40.1)
박천식	민권당	38	신민당총재비서	13,802 (8.5)
박은영	신정당	49	한의사협회이사	11,993 (7.4)

<논산 - 공주> 논산의 대표주자 싸움에서 민권당 김태형, 민한당 육순응 후보들을 꺾고서 승리한 국민당 임덕규

유권자 119,907명의 논산과 90,971명의 공주가 통합된 이 지역구는 공주 출신으로 10대 의원인 정석모 후보가 정치쇄신의 검문을 통과하여 민정당 공천을 받고서 전국최고 득표율을 목표로 1만 5천여 명의 당조직을 가동시키고 있다.

민한당은 강창봉, 육순응, 노준선, 박영식, 백승대, 이희원, 김형중, 김재경, 김중화, 신철웅, 이상신 후보 가운데 연합철강 감사실장과 동서증권 조사부장을 역임한 논산 출신인 육순응 후보를 내세웠다.

동국대 교수로 동아일보 논설위원인 임덕규 후보가 국민당으로, 논산 교육장 출신으로 변호사인 김태형 후보가 민권당으로, 부적 단위농협장인 김영운 후보가 신정당으로 출전하여 논산의 대표주자가 되고자 동분서주했다.

공주 출신인 전주대 교수인 이성구 후보는 한국기민당으로 출전하여 6파전이 전개됐으며 공주와 논산의 후보들은 2명 대 4명이다.

지난 10대 총선에서 공화당은 이병주 현역의원을 낙천시키고 치안국장과 충남도지사를 역임한 정석모 후보로 교체했다.

신민당도 박 찬 현역의원을 공천에서 탈락시키고 김형중 후보를 내세웠으나 공천을 반납하여 을지문화사 대표인 윤완중 후보로 교체했다.

공화당의 조직과 충남지사 시절의 인연을 찾아 나선 정석모 후보가 선두권을 달린 가운데 "어설픈 품위론이 공천 탈락의 이유가 되는지 유권자의 심판을 받기 위해 나왔다"는 박 찬 의원이 현역의원의 강점을 살려 강세를 이어 갔다.

이에 "공주군 논산면 시대를 면하자"며 지역감정에 편승한 신민당 윤완중, 공군 작전본부장을 지낸 통일당 백승대, 서강대 강사인 무소속 임덕규 후보들이 맹추격전을 전개했으나 공천탈락에 대한 동정여론 심기에 나선 박 찬 의원을 따라잡을 수 없어 공주 출신 두 후보의 당선을 가져왔다.

충남도지사, 10대 의원, 입법회의 의원을 지낸 민정당 정석모 후보가 고향인 공주에서 58.4%인 40,416표를 쓸어 담고 논산에서도 34,136표를 득표하여 부동의 1위를 차지했다.

이번 총선에선 논산에서 2위 경쟁을 벌인 민한당 육순응 후보는 5대 의원을 지낸 부친 육완국의 후광과 대전고, 서울 상대 동문들의 지지를 기대했고 국민당 임덕규 후보는 논산 대건 중·고 동문 6천여 명을 최대의 지원세력으로 삼아 나주 임씨 5백 가구와 기독교 신자 표밭을 누볐다.

민권당 김태형 후보도 논산 교육장 경력을 기본으로 지난 20여 년간 이 지역에서 교직생활, 변호사 생활로 쌓아 온 지역민 봉사활동이 표로 직결되기를 기대했다.

이들의 논산 쟁패전은 정석모 후보의 뒤를 이어 임덕규 후보가 21,760표, 김태형 후보가 14,552표, 육순응 후보가 13,206표를 득표하여 순위가 결정됐다.

민정당 정석모 후보가 공주는 물론 논산까지 석권한 가운데 국민당 임덕규 후보가 공주에서는 민권당 김태형 후보에게 1,062표 뒤졌으나 논산에서 21,760표를 득표하여 김 후보에게 7,208표 앞서 은메달을 차지할 수 있었다.

논산에서 광산 김씨 문중표밭을 다진 김영운 후보가 공주 출신인 전주대 교수인 이성구 후보에게 앞섰다.

□ 득표상황

후보자	정당	연령	주요 경력	득표(%)
정석모	민정당	52	10대의원 (지역구)	74,552 (45.7)
임덕규	국민당	44	동국대교수	28,731 (17.6)
김태형	민권당	63	논산교육장	22,585 (13.8)
육순응	민한당	42	연합철강경리부장	18,504 (11.3)
김영운	신정당	43	부적농협장	10,714 (6.5)
이성구	기민당	32	전주대교수	8,153 (5.0)

<부여 – 서천 – 보령> 3개 군의 대항전에서 유권자가 가장 적은 서천의 민정당 이상익, 민한당 조중연 후보들이 동반 당선

김종필 공화당 총재의 아성인 이 지역구에 민정당은 서천 출신으로 8대 의원, 주일공사, 10대 유정회 의원을 지낸 이상익 후보를 공천했고, 민한당은 서천 출신으로 10대 의원이었지만 정치쇄신 검문을 통과한 조중연 후보를 내세웠다.

이에 유권자가 가장 많은 부여에서는 경희대 총학생회장 출신으로 국제친선회 이사장인 국민당 임연상, 지난 총선에도 출전했던 민권당 김홍조, 청암체육사와 조양스포츠 대표인 민사당 김덕현 후보가 출전했고, 보령에서는 중앙대 총학생회장 출신인 무소속 윤상배 후보가 유일하게 출전했다.

유권자 수에 있어서는 부여가 88,822명으로 가장 많고, 보령이 83,058명이고, 서천이 70,499명으로 가장 적다.

지난 10대 총선에서 공화당은 김종익 현역의원을 은퇴시키고 중앙정보부장, 당의장, 국무총리를 역임한 김종필 후보를 내세워 철옹성을 수성하도록 했다. 김옥선 의원의 사퇴로 무주공산인 신민당은 12명의 후보들이 도토리 키재기식 경쟁을 벌였다.

전 국방부 차관인 김종갑, 8대 의원인 이상익, 전 대전시장인 이순규는 물론 신형석, 이원범, 이긍규, 나필열, 노승우, 백남치, 김홍조, 신준희 후보들을 꺾고 신민당 공천을 받은 조중연 후보는 1천여 세대의 풍양 조씨 기반에다 그동안 배부한 달력에 의한 지명도를 바탕으로 역주하여 난형난제인 무소속 후보들을 제치고 서천에서

22%를 득표하는 등 부여와 보령에서 신민당원들의 활약으로 턱걸이 당선을 일궈냈다.

이번 총선에서 김종필 총재의 아성인 이 지역구의 승패는 공화당 조직의 향배가 판가름 날 것으로 예상된 가운데 민정당 이상익 후보는 1만 5천여 명의 공조직을 기반으로 8대와 10대 의원을 지낸 정치경력을 바탕으로 신구조직을 가동하며 접목시켜 나갔다.

민한당 조중연 후보는 10대 총선 때 당선됐다는 기득권을 최대한 활용하여 전통야세표의 고수에 승부를 걸고서 공주고 동문, 풍양 조씨 문중 1천여 가구의 결집을 도모했다.

부여의 자존심을 거론하며 부여표 결집에 나선 명지대 강사 출신인 국민당 임연상 후보는 패기를 앞세워 청년층 유권자들 규합에 나섰고, 민권당 김홍조 후보는 10대 총선 때의 조직을 재점검하면서 야성회복을 부르짖으며 야권성향표 흡수에 전력 투구했으나 부여 유권자의 45%인 32,851명이 서천 출신인 이상익, 조중연 후보에게 투표했다.

유일한 보령 출신인 무소속 윤상배 후보가 보령 유권자들의 결집을 호소했으나 기대치만큼 성과를 거두지는 못했다.

부여에서는 국민당 임연상 후보가 민정당 이상익, 민한당 조중연 후보들을 제압하고 23,050표(31.5%)로 1위를, 보령에서는 무소속 윤상배 후보가 민정당 이상익, 민한당 조중연 후보들을 꺾고 24,946표(40.7%)를 득표하여 1위를 차지했지만 서천에서 이상익 후보는 21,020표(39.7%)를 득표하여 1위를, 조중연 후보는 19,504표(37.0%) 득표하여 2위를, 임연상 후보는 6,836표(12.9%)를 득표하여 3위를, 윤상배 후보는 1,970표(3.7%)를 득표하여 4위를 차지한 것이 전체 순위로 굳어졌다.

□ 득표상황

후보자	정당	연령	주요 경력	득표(%)
이상익	민정당	52	10대의원(2선)	54,328 (29.3)
조중연	민한당	44	10대의원(지역구)	46,844 (25.3)
임연상	국민당	35	경희대총학생회장	34,524 (18.6)
윤상배	무소속	32	중앙대 학생회장	30,112 (16.3)
김홍조	민권당	41	10대총선 입후보	13,611 (7.3)
김덕현	민사당	51	청암체육사 사장	5,790 (3.1)

<홍성 - 청양 - 예산> 충남방적 회장인 국민당 이종성 후보가 충절의 고장에서 민한당 공천후보를 꺾고 면암 최익현 선생의 증손인 민정당 최창규 후보와 동반당선

이 지역구의 터줏대감인 공화당 장영순, 신민당 한건수 의원 모두 정치쇄신에 묶여 정치신인들의 놀이터가 된 이 지역구에 민정당은 항일독립운동가인 최익현 선생의 증손으로 서울대 교수인 최창규 후보를 내세웠다.

민한당은 한건수 의원의 퇴장에 따라 한석도, 한동찬, 채원식, 장

석화, 채형석, 김철운, 강만희, 조수휘, 이쾌세, 이광현, 정호기, 정달선 후보들이 조직책을 신청하자 한국종합적산엔지리어링 대표로 한국물가협회 이사장인 김철운 후보를 낙점했다.

내무부 총무과장 출신으로 충남방적 회장인 이종성 후보가 국민당으로, 흙의 문화사 부사장으로 페트라 선교회 감사인 곽인수 후보가 신정당으로, 경일산업과 세신화학 전무인 조수휘 후보가 한국기민당으로, 재미한국문인협회 총국장인 김동분 후보가 민권당으로, 공화당 중앙운영위원인 고기영 후보가 무소속으로 출전했다.

지난 10대 총선에서 양당 수석부총무로 신사협정을 체결한 검찰총장, 법무부 장관 출신으로 3선의원인 장영순, 홍익대 사무처장 출신으로 역시 3선 의원인 한건수 의원의 동반 당선을 의심하는 사람들은 없었다.

지구당위원장으로 활약한 통일당 김성식, 국학대 교수인 윤규상 후보들이 도전해 보았으나 당선권과는 1만 5천여 표 이상의 간극이 있었다.

이번 총선에선 서울대 교수로 정치신인인 민정당 최창규 후보는 항일투사였던 면암 최익현 증손이라는 후광을 업고 청양을 발진기지로 충절의 고장을 강조하며 4천 6백여 명의 당조직을 활용했다.

민한당 김철운 후보는 야권고정표에 한건수 전 의원의 조카이자 비서였던 민권당 한동찬 후보의 공천 포기로 유리한 형세라고 판단하고 표밭 확장에 박차를 가했다.

국민당 이종성 후보는 그동안 이 지역에 쌓아 온 공을 토대로 4·19 이후 민선 충남도지사를 지낸 부친 이기세의 후광까지 업고 대전고 동창회장이란 학연을 바탕으로 표밭갈이에 나섰다.

이종성 후보는 종업원 3천 명의 공장과 부설학교를 골간으로 한 사조직의 위력이 승패를 결정지었다. 이종성 후보는 최창규 후보의 대전고, 서울대 선배이기도 하다.

민한당 공천장을 건네받고 야당성향표 결집을 도모한 김철운 후보는 한국기민당 조수휘, 무소속 고기영 후보와 함께 지역민들과의 밀착도가 낮아 당선권에서 멀어졌다.

한국일보, 경향신문에 근무했던 민권당 김동분 후보도 여성의 한계를 극복하지 못했다.

청양에서는 민정당 최창규 후보가 국민당 이종성 후보에게 4,590표 (14.2%) 앞섰지만, 홍성에서는 914표(1.4%), 예산에서는 12,748표(20.0%) 뒤져 금메달을 이종성 후보에게 넘겨줬다.

□ 득표상황

후보자	정당	연령	주요 경력	득표(%)
이종성	국민당	56	충남방적회장	65,676 (41.3)
최창규	민정당	43	한국청년유도회장	56,604 (35.6)
김철운	민한당	46	한국물가협회이사장	12,623 (7.8)
김동분(여)	민권당	42	한국일보 근무	7,977 (5.0)
고기영	무소속	46	공화당 중앙운영위원	5,732 (3.6)
조수휘	기민당	38	경일산업전무	5,435 (3.4)
곽인수	신정당	32	페트라선교회 강사	5,067 (3.2)

<서산 – 당진> 서산과 당진의 군대항전에서 서산을 대표한 민한당 한영수, 당진을 대표한 민정당 김현욱 후보가 동반 당선

이 지역구는 운산천이란 조그마한 개천이 경계를 이루고 있지만 선거때만 되면 두 지역간의 벽이 유난히 높은 애향적 배타성이 강한 지역이다.

이번 총선에서 민정당은 국제정치학 박사로 단국대 교수인 당진 출신 김현욱 후보를 내세웠고 민한당은 재선의원이지만 정치쇄신법의 통과를 벗어나 입법회의 의원까지 꿰찬 서산출신 한영수 후보를 내세웠다.

민정당의 위세에 눌려 당진에서는 아무도 출전하지 아니했지만 서산에서는 8대의원 출신으로 재경서산군민회장, 대한식품위생협회 중앙회장인 박승규 후보가 국민당으로, JC 연수원 교수 출신으로 서산청년단체협의회장인 박태권 후보가 원일민립당으로, 경기고 1학년 때 서울대 법대에 합격하고 19세에 사법·행정 양과에 합격하여 천재로 평가받은 장기욱 후보가 무소속으로 출전했다.

지난 10대 총선에선 휘문출판사 대표인 이명휘, 9대 총선 때 공화당 후보자였던 박완교, 충남도경국장을 지낸 차의영, 서대문 JC회장인 박태권, 농협중앙회장을 지낸 김윤환, 전직 의원인 김두현, 박승규, 이상희 후보들의 도전을 뿌리치고 중앙화학 사장인 심현직 후보가 공화당 공천장을 받아냈다.

재경 서산군민회장, 유도회 서산연합회장인 심현직 후보는 공화당원들의 전폭적인 지지로 참신한 이미지를 내세우며 신민당 대변인임을 강조한 신민당 한영수 의원과 동반당선됐다.

신민당 복수공천을 받고 당진군 유권자들의 단결을 호소한 유제연 의원이 3위를 차지했고 공화당 공천에 반발한 이명휘, 박완교, 김현욱 후보들의 추격전도 맹렬했다.

이번 총선에선 유일한 당진출신인 민정당 김현욱 후보는 제헌의원 김용재 부친의 후광을 업고 지난 총선 때 무소속으로 출마하여 낙선의 설움까지 갖고 있지만 화려한 경력과 그동안의 선거경험으로 당선권을 육박했다.

단국대에서 국제정치학 강의를 한 적이 있는 김현욱 후보는 서산출신 후보들로부터 당진상고 동문, 김해 김씨의 기반으로 "사실상 당선된 행운아이니 표를 나눠 달라"는 부탁까지 받고 있다.

신민당 대변인으로 활약한 민한당 한영수 후보는 입법회의 의원 출신이란 날개까지 달고 당선권을 넘나들었다.

"8대 의원때 단명에도 불구하고 오지개발, 학교신설에 공을 세웠다"는 국민당 박승규 후보는 10년 간의 정치방학을 끝내고 옛 조직의 부활에 전력을 쏟았다.

대전지검 검사시절부터 지역민들에 대한 무료변론 등으로 착실히 적공을 쌓은 무소속 장기욱 후보는 8백 가구의 인동 장씨 문중표를 기반으로 재력도 수준급으로 알려졌다.

장기욱 후보는 "외국은 70%가 율사인데 우리 국회는 율사가 10% 밖에 안된다"면서 "과거 야당은 밤에는 여당, 낮에는 야당을 했다"며 농민 출신으로 참신성을 강조했다.

서산농고 40년 사상 첫 출마자인 원일민립당 박태권 후보는 "젊은 나무에 물을 주자"는 구호를 내걸고 "나를 제외한 다른 후보들은 모두 잎이나 뿌리가 썩은 나무"라고 비난했다.

10대 총선 때 무소속으로 출전한 김현욱 후보가 유일한 당진 출신임을 내세우며 사조직까지 동원하여 당선증을 받아 놓고 서산 출신 대표를 기다리는 양상으로 선거전이 치달렸다.

서산에서 한영수 후보는 43,354표를 득표하여 26,912표 득표에 그친 장기욱 후보를 여유 있게 따돌릴 수 있었다.

서산에서는 민정당 김현욱 후보는 민한당 한영수 후보에게 24,405표(21.6%) 뒤졌지만, 고향인 당진에서 51,018표 (74.7%)를 독식하여 한영수 후보를 18,591표 차로 여유 있게 따돌리고 금메달을 차지했다.

 무소속 장기욱 후보는 고향인 서산에서는 26,912표 (23.8%)를 득표하여 2위까지 올라갔지만 당진에서 4,496표 득표에 그쳐 당선권에서 멀어졌다.

□ 득표상황

후보자	정당	연령	주요 경력	득표(%)
김현욱	민정당	42	단국대교수	69,967 (39.1)
한영수	민한당	46	10대의원 (2선)	51,376 (28.7)
장기욱	무소속	37	서울대 외래교수	31,408 (17.5)
박승규	국민당	58	8대의원(서산)	15,078 (8.4)
박태권	원일당	34	청년연수원 교수	11,359 (6.3)

전라북도

<전주 - 완주> 청와대대변인을 적극 활용한 민정당 임방현, 이철승 신민당 대표의 후광을 업은 민한당 김태식 후보가 동반당선

이철승 신민당 대표의 아성인 이 지역구에 민정당은 한국일보 논설위원 출신으로 청와대 대변인인 임방현 후보를 내세웠고, 민한

당은 이철승 대표 비서실장을 지낸 김태식 후보를 내세워 자웅을 겨루도록 했다.

정읍, 완주, 고창군수를 지내고 7대 총선에는 공화당 공천으로 당선됐던 유범수 후보가 국민당으로, 산천초목 대표로 대변인을 맡고 있는 최전권 후보가 민권당으로, 중앙당 인권옹호위원장을 맡고 있는 임광순 후보가 사회당으로 등록했고, 전북체육회와 결핵협회 전북사무국장인 이춘영, 문화방송 미주지역사장과 JC 중앙회장을 지낸 신동욱 후보가 무소속으로 출전했다.

지난 10대 총선에선 신민당 이철승 의원이 전주에서 56%인 73,465표를 쓸어 담아 제1야당 대표의 체면을 유지했고, 삼화출판사 사장 출신으로 재선의원인 유기정 후보가 동반당선의 행운을 잡아 3선의원이 됐다.

동반당선을 저지하기 위해 나선 유충성, 임광순, 양윤모, 조형익 후보들이 종중기반과 동문기반의 중첩 등으로 부진을 면치 못했기 때문이었다.

이번 총선에서 청와대 특보와 대변인을 지낸 민정당 임방현 후보는 오랫동안 고향을 떠나 있었다는 핸디캡은 있지만 청빈하고도 실력 있는 인물, 일할 수 있는 인물임을 내세우고 전주발전의 기수를 자처하며 조직을 확대하고 있으며 '전북의 인재양성'을 모토로 내세웠다.

유충성, 이동윤, 서준용, 이산호, 장문영 후보들을 꺾고 민한당 공천을 받은 김태식 후보는 10대 이철승 후보의 10만 표를 연결시키기 위해 온갖 힘을 쏟고 있으며 공천경합을 벌인 신민당 당료들이 움직이질 않아 고전을 하고 있다.

그러나 김태식 후보는 '돈 없다 김태식, 길러주자 김태식'이란 구호를 내걸고 표밭갈이에 나섰다.

'다리군수(多利郡守)'라는 별칭을 가진 국민당 유범수 후보는 기본 지지표 고수와 저변층 확보에 심혈을 기울였다.

유범수 후보는 "유신만이 살 길이라고 외치면서 방방곡곡을 돌아다닌 사람으로서 세상이 바뀌었으면 몇 달 쯤은 머리깎고 수양을 해야할 것"이라고 다른 후보들을 비난했다. 유 후보는 9대 총선때 2만 3천표의 득표기반인 전주 유씨의 종중표밭을 누비고 다녔다.

10대 총선때 1만 2천표 기존표 고수에 나선 사회당 임광순 후보는 백철씨 사퇴로 혁신계 단일후보가 되어 전주북중 동문들의 지원을 기대했다.

임광순 후보는 "이번만은 감옥이 아니라 국회로 보내 준다면 나는 청와대 대변인이 아니라 주인이 되겠다"고 호언했다.

정치초년생으로 중앙당 대변인에 오른 최전권 후보는 산천초목농장을 경영하며 풍수지리를 한 경력을 활용하고 있다.

전주토박이로 결핵협회 사무국장인 이춘영 후보도 나름대로 표밭을 갈고 있다.

전주고 동문들의 대결이라는 이색전을 펼친 이 지역구는 민정당 공천의 위력을 지닌 임방현 후보와 이철승 대표의 후광을 업은 김태식 후보가 동반당선됐다.

민정당 임방현 후보가 전주와 완주를 석권한 가운데 민한당 김태식 후보는 완주에서 국민당 유범수 후보에게 4,047표(6.4%) 뒤졌지만, 야당세의 보루인 전주에서 11,981표(8.1%) 앞서 여유 있게 은메달을 확보할 수 있었다.

□ 득표상황

후보자	정당	연령	주요 경력	득표(%)
임방현	민정당	50	청와대 공보수석	71,715 (34.1)
김태식	민한당	41	신민당대표 비서실장	40,173 (19.1)
유범수	국민당	53	7대의원(완주), 군수	32,239 (15.3)
이춘영	무소속	52	전북체육회 사무국장	20,196 (9.6)
임광순	사회당	42	당 인권옹호위원장	19,663 (9.3)
최전권	민권당	41	민권당 대변인	15,275 (7.2)
신동욱	무소속	44	청년회의소회장	11,337 (5.4)

<군산 - 옥구> 호남재벌인 민정당 고판남 후보의 독주 속에 군산상고와 군산고의 학맥대결에서 667표차로 승리한 군산상고의 김길준

단일구 였으나 이번 총선에서 군산 - 옥구, 이리 - 익산으로 분구된 이 지역구는 통일주체국민회의 운영위원 출신으로 한국합판,

세대제지, 한국염업, 영진주철의 사주로서 군산상공회의소 회장인 고판남 후보가 민정당으로 출전했고, 김학태, 채영석, 이규대 후보들을 꺾고 민한당 공천을 받은 장경순 국회부의장 비서실장을 지낸 채규희 후보가 동반당선을 기대했다.

통대의원 출신으로 군산중앙상고 교장을 지낸 고병태 후보가 통일민족당으로, 화성사료와 한일연탄 대표인 김봉욱 후보가 국민당으로, 국토통일원 연구위원인 김금석 후보가 신정당으로, 무임소장관 비서를 지낸 이강만 후보가 민사당으로, 지난 총선에도 출전했던 전북 농지개량조합장을 지낸 채영석 후보가 민권당으로 출전했다.

군산 - 옥구, 이리 - 익산이 통합된 지난 10대 총선에선 9대 총선 때 동반 당선됐던 전북일보 사장 출신인 공화당 채영철, 3선 중진 의원인 신민당 김현기 의원이 동반당선을 기대했다.

이에 '내고장 군산 - 옥구'를 외치며 8대 의원으로 중앙대교수인 강근호, 전북 농지개량조합장 출신으로 평강 채씨 문중표를 기대한 채영석 후보가 분전했으나 군산 - 옥구 유권자들의 응집력 부족으로 또다시 이리 - 익산 출신 후보들의 동반당선을 바라볼 수밖에 없었다.

이번 총선에서 민정당 고판남 후보는 한국합판 등의 종업원, 육영사업으로 인한 수혜자, 고씨문중의 지지를 기대했다.

고판남 후보는 금강하구언공사를 기필코 성사시키겠다고 공약하고 그동안 지속해 왔던 장학사업을 확대하고 동네 머슴에서 나라 머슴이 될 수 있도록 지지해 달라고 호소했다.

민한당 채규희 후보는 "민한당만이 파수꾼이 될 수 있다"고 호소했으나 같은 평강 채씨로 지난 총선에서 4위로 낙선한 채영석 후보의 출전으로 공멸의 길을 걸었다.

군산고 출신인 김봉욱 후보는 서울법대 출신이면서 김해김씨 문중표를 중심으로 통대의원의 조직과 1천 회의 주례로 인한 인맥을 표로 연결지으며 연탄과 탁주 판매망과 마을금고회원들도 표로 연결지었다.

군산상고 출신으로 사법고시에 합격하여 판사, 변호사를 지낸 무소속 김길준 후보는 야구로 알려진 군산상고가 조직의 근간이 되고 있다.

국회의원 비서관을 지낸 이강만, 군산고 출신인 김금석 후보들이 야세, 문중, 재력, 조직 등 득표변수가 복잡하게 뒤엉킬 것으로 전망됐다.

호남재벌인 고판남, 군산 출신 지역의 대성인 채씨 문중의 향배, 2천여 가구의 고씨문중, 소유기업체 종업원 수천 명의 투표성향이 뒤엉킨 이 지역구는 민정당 고판남 후보의 승세가 굳혀지고 채씨 문중의 자중지란으로 자멸한 가운데 군산상고의 김길준, 군산고의 김봉욱 후보의 학맥대결이 펼쳐졌다.

민정당 고판남 후보가 군산과 옥구를 석권한 가운데 무소속 김길준 후보는 국민당 김봉욱 후보에게 옥구에서는 3,474표(7.0%) 뒤졌지만, 군산에서 김 후보에게 4,141표 (5.6%) 앞서 667표 차라는 간발의 차로 국회 입성에 성공했다.

□ 득표상황

후보자	정당	연령	주요 경력	득표(%)
고판남	민정당	68	통대의원	42,149 (40.1)
김길준	무소속	47	전주지법판사	20,391 (19.4)
김봉욱	국민당	51	한일연탄대표	19,724 (19.3)
고병태	민족당	49	통대의원	17,145 (16.3)
채규희	민한당	56	국회부의장 비서실장	9,684 (9.2)
채영석	민권당	46	국회 전문위원	8,794 (8.4)
이강만	민사당	31	무임소장관 비서관	2,455 (2.3)
김금석	신정당	41	국제학술원 조사부장	1,876 (1.8)

<이리 – 익산> 소선규 의원 비서관과 김현기 의원 비서관의 혈투를 찻잔 속의 태풍으로 밀어 넣고 동반 당선된 문병량과 박병일

군산 – 이리 – 옥구 – 익산 선거구에서 이번 총선에 분구된 이 지역구는 채영철, 김현기 의원의 정치 쇄신과 사망으로 퇴장하여 신인들의 정치등용문의 역할을 하게 됐다.

민정당은 보배소주 대표로서 이리상공회의소 회장인 문병량 후보를 내세웠고, 민한당은 이한복, 고자복, 윤택중, 김용전 후보들을 제치고 행정 · 사법 양과에 합격하여 감사원 부감사관과 검사 생활을 거친 박병일 후보를 조직책으로 선정하여 양강체제를 갖추도록 했다.

소선규의원 비서관을 지낸 김득수 후보가 민권당으로, 시사통신사 편집부국장을 지낸 이 헌 후보가 국민당으로, 김현기 의원 비서관을 지낸 민사당 이기순 후보들이 출전하여 동반당선의 저지에 나섰다.

군산 – 옥구와 묶였던 지난 10대 총선에서는 전북일보 사장 출신인 공화당 채영철, 3선 중진 의원으로 성장한 신민당 김현기 의원이 '내 고장 군산 – 옥구'를 외치며 추격전을 전개한 8대 의원이었던 강근호, 전북농지개량조합장을 지낸 채영석 후보 등을 꺾고 이리 – 익산 출신들이 동반 당선됐다.

이번 총선에서 민정당 문병량 후보는 지역사회에서의 지명도와 재력을 바탕으로 구여권 중심의 조직을 확대하여 당선권에 진입했다.

민한당 박병일 후보는 자신의 입지전적인 성장내력을 홍보하며 선거전을 이끌고 있으나 조직책 선정과정에서의 잡음이 잇달았다.

그러나 박병일 후보는 이리공고 동문회와 범박씨 종친회를 파고들어 득표기반을 확보해 나갔다.

소선규 의원 비서관을 지낸 김득수, 김현기 의원 비서관인 이기순 후보의 혈투는 찻잔 속의 태풍에 머물렀고, "지역발전을 위해 여당 한 명은 뽑아야 한다"는 여론을 업고 민정당의 문병량 후보가 금메달을 차지했다. 이리에서는 민한당 박병일 후보가 민정당 문병량 후보를 504표가 앞섰지만 익산에서는 533표 뒤져 29표 차로 메달의 색깔을 결정 짓고 동반당선의 기쁨을 누렸다.

□ 득표상황

후보자	정당	연령	주요 경력	득표(%)
문병랑	민정당	47	보배소주 대표	48,948 (38.9)
박병일	민한당	47	검사, 변호사	48.919 (38.9)
김득수	민권당	42	소선규의원 비서관	15,040 (12.0)
이 헌	국민당	47	시사통신 편집부국장	7,021 (5.6)
이기순	민사당	49	김현기의원 비서관	5,768 (4.6)

<진안 - 무주 - 장수> 전북도지사, 교통부장관 출신인 황인성 후보의 독주 속에 혈투를 전개한 은메달 경쟁에서 승리한 민한당 오상현

전북의 최대 오지로 무진장으로 알려진 이 지역구는 육사 4기로 전북도지사와 교통부장관을 지낸 황인성 후보가 민정당 공천을 받고서 무주를 기반으로 진안, 장수의 공략에 나선 상황에서 지난 총선에도 출전했던 민한당 오상현, 민권당 이상옥 후보들이 은메달을 놓고 혈투를 전개하고 있다.

지난 10대 총선에서 대한교과서 사장 출신인 공화당 김광수 의원과 의정활동이 돋보인 신민당 최성석 의원의 동반당선을 누구도 의심하지 않았다. 중앙정보부 정치담당관이었던 오상현, 전북관내 8개 경찰서장을 지낸 김봉관, 국교교사 출신인 김덕규, 전북대 동창회 이사인 이상옥, 재경전북학우회장인 이상옥, 성동경찰서장을 지낸 허재송 후보들이 추격전을 전개했으나 역부족이었다.

9대 총선 때 무주를 기반으로 한 무소속 김광수 후보가 4선 의원으로 당선을 의심치 아니했으나 김봉관 후보의 출전으로 진안표가 분산되어 공화당 전휴상 4선의원을 여유 있게 무너뜨렸다.

이번 총선에서 전북도지사로 지명도를 높인 민정당 황인성 후보가 지역구 구석구석에 민정당원을 확보하여 금메달을 예약한 상황에서 허위남, 권영주, 홍덕표, 김덕규 후보들을 제치고 공화당 공천을 신청한 전력에도 불구하고 민한당 공천을 받은 오상현 후보는 중앙정보부에서 부이사관(3급)까지 승진했지만 부친이 야당 생활을 한 가통을 내세우며 10대 총선 때 3위로 석패한 동정여론을 일으키며 고향인 진안을 중심으로 표밭갈이를 하고 있다.

32세의 젊은 나이에 종중표와 기독교계의 표밭을 가꾸고 있는 민권당 이상옥 후보는 김광수, 최성석 전 의원 인사들의 향배가 승패를 좌우한다는 생각으로 이들을 집요하게 접근했다.

황인성 후보의 금메달은 확정된 상황에서 같은 진안 출신으로 지난 총선에서도 같이 출전하여 같이 낙선한 오상현 후보와 이상옥 후보의 혈투는 1천여 표차로 결정됐다.

민정당 황인성 후보가 진안, 무주, 장수를 휩쓴 가운데 진안에서는 민권당 이상옥 후보가 민한당 오상현 후보에게 664표 (1.8%) 앞섰지만 무주에서 오 후보에게 1,042표 (4.0%), 장수에서도 919표 (3.6%) 뒤져 아쉽게 국회 입성을 다음으로 미루어야 했다.

□ 득표상황

후보자	정당	연령	주요 경력	득표(%)
황인성	민정당	55	교통부장관	49,690 (56.6)
오상현	민한당	41	대우개발이사	19,690 (22.4)
이상옥	민권당	31	현대영어사 상무	18,393 (21.0)

<남원 – 임실 – 순창> 임실의 최용안, 양태연, 순창의 김홍필 후보들이 남원 출신들의 동반당선을 저지하고자 했으나 남원 출신인 민정당 양창식, 민한당 이형배 후보들이 동반당선

10대 의원인 설인수, 손주항 의원들이 퇴장한 가운데 민정당은 육사 10기인 예비역 육군준장으로 서울대 학훈단장을 거쳐 이리직업훈련원장인 양창식 후보를 내세웠고 민한당은 이형배, 김종순, 김동천, 백용주, 송영선, 강인원 후보들을 놓고 저울질하다가 한독무역 대표로 재경남원향우회장을 지낸 이형배 후보를 낙점했다.

유권자 80,838명인 남원, 46,091명의 임실, 39,544명의 순창이 병합된 지역구에서 김의택 총재 보좌역인 김홍필 후보가 순창 지역의 몰표를 기대하며 민권당으로, 한국왕유산업 대표인 최용안, 승공지도회 전북회장인 양태연 후보가 임실군 유권자들의 단결을 기대하며 국민당과 신정당으로 출전했다. 그리하여 남원의 양창식, 이형배, 임실의 최용안, 양태연, 순창의 김홍필 후보의 경쟁구도가 형성됐다.

지난 10대 총선에서 공화당은 현역 의원이란 잇점을 살리지 못하고 낙선한 이정우 후보의 카드를 버리고 행정고시 출신으로 전북교육감을 지낸 설인수 후보를 내세웠다.

광주전매지청장 출신인 신민당 양해준 의원과 전북도의원 출신인 무소속 손주항 의원의 쟁패전은 남원과 임실의 자존심 대결로 비화하여 유권자가 월등하게 많으나 응집력이 부족한 남원 출신 양해준 의원이 패배하고 순창 출신 설인수, 임실 출신 손주항 의원의 동반 당선을 바라만 보았다.

이번 총선에서 예비역 육군준장으로 대간첩대책본부 차장을 지낸 양창식 후보는 민정당 조직을 최대한 활용하면서 남원 양씨 종친들을 찾아다녔다.

3천 8백여 가구의 전주 최씨 문중을 기간조직으로 활용하고 있는 국민당 최용안 후보는 산림조합장을 지내면서 익혀 온 지면관계를 활용하고 있고, 재력을 구비한 민한당 이형배 후보는 통대의원 선거 때의 조직과 경험을 되살리고 있다.

유일한 순창 출신인 민권당 김홍필 후보는 순창의 단결만을 부르짖고 있고 서울대 약대 출신인 양태연 후보의 출전은 최용안 후보의 뒷덜미만 잡아챈 형세였다.

남원에서는 민정당 양창식, 민한당 이형배, 임실에서는 신정당 양태연, 국민당 최용안, 순창에서는 민권당 김홍필, 민정당 양창식 후보들이 각축전을 전개한 이 지역구는 남원과 임실에서 선전한 양창식 후보가 부동의 1위를 차지했다.

순창에서 민권당 김홍필 후보는 18,061표(56.6%)를 득표하여 부동의 1위를 차지했지만 남원과 임실에서 6,103표에 그쳐 남원에서 19,318표(26.7%)를 득표하여 2위에 머물렀지만 임실과 순창에서 7,092표를 득표한 민한당 이형배 후보에게 2,246표가 뒤져 아쉽게 금배지를 놓쳐 버렸다.

순창의 유권자가 39,544명으로 남원의 80,838명의 절반 수준인 것이 결정적인 패인이었다.

□ 득표상황

후보자	정당	연령	주요 경력	득표(%)
양창식	민정당	51	대간첩본부 차장	59,170 (42.4)
이형배	민한당	42	재경남원향우회장	26,410 (18.9)
김홍필	민권당	44	민권당 총재보좌역	24,164 (17.3)
최용안	국민당	40	한국왕유산업대표	18,565 (13.3)
양태연	신정당	45	승공지도자지회장	11,165 (8.0)

<정읍 - 고창> 이번 총선에서 새롭게 형성된 지역구에서 고창과 정읍의 맹주가 되어 동반당선된 민정당 진의종, 민한당 김원기

이번 총선에서 유권자 11만 7천여 명인 정읍과 유권자 7만 6천여 명인 고창이 통합된 이 지역구는 군별대항전이 불가피한 상황에서 정읍에서는 민한당 김원기, 신정당 신정재, 원일민립당 이경태 후

보가, 고창에서는 민정당 진의종, 민사당 조병후, 국민당 이호종, 무소속 노동채 후보가 출전하여 군 대표 선발전에 들어갔다.

10대 의원 김원기 후보는 민한당 대변인으로 활동하고 있고, 신정재 후보는 광일기업 대표이고 이경태 후보는 대한청소년신문 논설위원이다.

진의종 후보는 8대와 9대에는 신민당 의원이었으나 보사부장관을 거쳐 민정당으로 탈색했고, 조병후 후보는 대령으로 예편하여 전북신문 논설위원으로 활동하고 있고, 이호종 후보는 공화당 10대 의원이었고, 노동채 후보는 새교육신문사장이었다. 따라서 지난 10대 총선에 김원기, 진의종, 이호종 후보들이 참여했었다.

정읍과 김제로 묶였던 지난 10대 총선에선 국회부의장을 지낸 3선의원으로 김제 출신인 공화당 장경순 의원과 동아일보 조사부장 출신으로 혜성처럼 나타난 정읍 출신 신민당 김원기 후보가 동반당선의 기쁨을 누렸다.

예상을 뒤엎고 9대 총선 때 금메달을 목에 건 무소속 김탁하 의원과 신민당 공천에 불복한 체신부 차관 출신인 김형수, 장경순 의원 비서관 출신인 최낙도, 서울남부산업 대표인 이원배, 호남고 동창회 이사인 이의관 등이 도전했으나 동반당선을 막아낼 수는 없었다.

10대 총선에서 고창과 부안에서는 공화당은 이병옥 3선 의원을 제치고 은성산업 대표인 이호종 후보를 내세워 신민당 진의종 의원과 한판승부를 펼치도록 했다.

전국곡물협회장인 무소속 박용기 후보가 밀양 박씨 문중과 부안

군민의 심금을 울려 진의종 의원을 밀쳐 내고 공화당 이호종 후보와 동반당선됐다.

이번 총선에선 신민당 출신이지만 민정당 공천을 받은 진의종 후보는 변절자론으로 후보 간에 시비에 휘말리자 "과거에는 야당에 몸담고 있어 지역사업을 못했으나 이제 여당으로 옮겼으니 여생을 지역발전에 헌신하겠다"고 지역개발론으로 비껴가고자 했다.

진의종 후보는 "평생 처음으로 보람과 긍지를 갖고 전북을 대표하는 여당의 중진으로서 마음껏 일해보고자 다시 나왔다"고 변절시비를 덮고자 거듭 밝혔다.

김원기 후보가 민한당에 버티고 있는데도 성정기, 노동채, 이재환, 허요석, 김종수, 김정기 후보들이 도전해 보았으나 김원기 후보의 옹벽을 넘어서기에는 역부족이었고, 김원기 후보는 중앙당 대변인이라는 직함을 가지고 날개를 더욱 펼쳤다.

은성산업 대표로 10대 의원이었던 국민당 이호종 후보는 풍부한 재력을 활용하여 옛날의 조직을 되살릴 수 있었으나 정읍 지역은 아무래도 생소했다.

무소속 노동채 후보도 상당한 재력을 가지고 고창에서는 이호종 후보와 은메달 경쟁을 펼칠 수 있었으나 정읍 공략에는 실패했고, 예비역 육군대령인 민사당 조병후 후보는 문중기반과 지역사업 배경을 갖고 표밭을 누볐으나 역부족이었다.

재선의원으로서의 지명도와 보사부장관을 지낸 관록, 막강한 조직을 활용한 민정당 진의종 후보가 정읍에서는 민한당 김원기 후보에게 밀렸지만 고창에서 46%인 2만 8천여 표를 득표하여 부동의

1위를 차지했다.

민한당 김원기 후보는 정읍에서 37,840표(39.2%)를 득표한 것이 발판이 되어 고창에서 3,949표(6.4%) 득표로 민정당 진의종, 국민당 이호종, 무소속 노동채, 민사당 조병후 후보에 뒤진 5위에 머물렀지만 값진 은메달을 확보할 수 있었다.

□ 득표상황

후보자	정당	연령	주요 경력	득표(%)
진의종	민정당	59	국회의원(2선)	61,443 (39.3)
김원기	민한당	44	10대의원(지역구)	41,789 (26.7)
이호종	국민당	51	10대의원(지역구)	20,316 (13.0)
노동채	무소속	47	새교육신문사장	16,280 (10.4)
조병후	민사당	59	육군대령	9,473 (6.1)
신정재	신민당	39	광일기업대표	3,699 (2.4)
이경태	원일당	31	청소년신문 논설위원	3,374 (2.1)

<김제 – 부안> 이번 총선에서 새롭게 형성된 지역구에서 김제와 부안의 지역표를 휩쓸어 동반당선된 민정당 조상래와 민한당 김진배

유권자 110,331 명인 김제와 유권자 72,518 명인 부안이 새롭게

병합된 이 지역구는 김제 출신인 민권당 최낙도, 민정당 조상래, 민농당 이창열, 무소속 유흥철 후보가 출전했고, 부안 출신인 국민당 이존일, 민한당 김진배, 민사당 허요석 후보들이 출전했다.

최낙도 후보는 장경순 의원 비서 출신으로 서해방송 보도국장으로 활약하고 있고, 조상래 후보는 통대의원 출신으로 반공연맹 김제지부장을 지냈고, 유흥철 후보는 대형 종축장을 운영하고 있다.

이존일 후보는 35사단장과 전북도지사를 역임했고, 김진배 후보는 동아일보 기자 출신이고, 허요석 후보는 시인으로 국민당 부안지구당 위원장으로 활약했다.

지난 10대 총선에서 정읍과 김제에선 국회 부의장을 지낸 3선의원인 김제 출신 장경순 후보와 동아일보 조사부장을 지낸 정읍 출신 신민당 김원기 후보가 김탁하 9대 의원, 체신부차관 출신인 김형수, 장경순 의원 비서관을 지낸 최낙도 후보들을 꺾고 동반당선됐다.

고창과 부안에서는 공화당은 이병옥 3선의원을 제치고 은성산업 대표인 이호종 후보를 내세워 신민당 진의종 의원과 고창에서 혈투를 전개하도록 했다.

전북 곡물협회회장 출신으로 밀양 박씨 문중과 부안군 유권자들의 심금을 울리며 풍부한 재력을 활용한 무소속 박용기 후보가 이병옥 의원의 적극적인 협조로 공화당 조직을 오롯이 인수한 이호종 후보와 동반당선됐다.

김상흠 위원장과의 공천 경쟁에서의 앙금을 씻어내지 못한 진의종 의원은 463표 차로 석패의 분루를 삼켜야만 했다.

이번 총선에선 전북지사와 전북일보 사장을 지낸 지명도를 활용하고 있는 이존일 후보는 군출신이라는 약점을 극복하지 못하여 지지표 확산에 한계를 노출했고, 공화당 장경순 의원 비서였던 전력이 약점이 되고 있는 최낙도 후보는 지난 총선 때 다져진 조직과 김제고 동문, 최씨 문중표를 집중공략 했다.

새마을청소년 후원회장으로 공덕을 쌓은 민농당 이창열 후보는 통대의원 선거때의 조직을 되살리고 농촌운동을 펼친 인연이 있으나 민정당 조상래 후보와 같은 면 같은 마을이란 중첩성으로 당선권에서 멀어졌다.

군대항전이 펼쳐진 선거전에서 민정당 조상래 후보는 김제에서 32%인 29,589표를 득표하고 부안에서도 민정당원들의 활약으로 김진배 후보에 뒤이어 1만 3천여 표를 득표하여 금메달을 확정지었다.

통대의원 출신인 민정당 조상래 후보는 1만 1천여 명의 당원들을 독려하며 과묵하고 성실한 젊은 사업가의 이미지를 구축하며 남성고 동문조직을 활용하여 당선권에 진입했다.

'다 된거나 진배없다. 밀어주자 새인물'을 슬로건으로 내건 민한당 김진배 후보는 부안농고 동문들의 지원을 기대하며 공명선거를 위한 혈전을 펼치겠다고 선언했다.

김진배 후보는 "돈 몇 푼에 주권을 팔지 말고 누가 진정으로 이 나라의 민주주의를 위해 싸울 사람인가를 똑똑히 판단해 달라"고 호소했다.

군대항전이 펼쳐진 이 지역구에서 민권당 최낙도 후보는 김제에서 28,549표(31.0%)를 득표했지만 부안에서 3,994표(7.0%)에 그쳐 부안에서 25,310표(44.5%)를 득표하고 김제에서 8,006표(8.7%)를 득표한 민한당 김진배 후보에게 773표가 뒤져 아쉽게 금뱃지를 놓쳐 버렸다.

부안의 최씨 문중표보다 김제의 민한당원의 지지 열기가 보다 높은 것이 이 지역구 은메달 승패의 관건이 됐다.

□ 득표상황

후보자	정당	연령	주요 경력	득표(%)
조상래	민정당	44	통대의원	42,672 (28.9)
김진배	민한당	46	동아일보기자	33,316 (22.6)
최낙도	민권당	43	서해방송보도국장	32,543 (22.1)
이창열	민농당	50	통대의원	19,132 (13.0)
이존일	국민당	56	전북도지사	11,212 (7.6)
유흥철	무소속	54	전북농촌진흥위원	5,103 (3.4)
허요석	민사당	33	문인협회회원	3,591 (2.4)

전라남도

<광주 동 - 북> 12명의 정치신인들이 혼전을 펼친 선거전에서 "한 사람은 지역발전, 한 사람은 정권교체"로 동반당선된 심정우와 임재정

단일구였던 광주가 동 - 북구, 서구로 분구되고 10대 의원인 이필선, 김녹영 의원들마저 퇴장하자 우후죽순처럼 12명의 정치신인 후보들이 난립했다.

대한건설 대표인 민권당 김옥천, 전남매일신문 사장이었던 민정당 심상우, 전남매일 신문 부주필이었던 민한당 임재정, 독립유공자 유족회 전남도회장인 민사당 양덕승, 당부총재에 선임된 원일민립당 이관형, 신민당 중앙위원이었던 신정당 정재필, 국민당 선전국장으로 활약한 국민당 조영석, 신민당 전남도부위원장으로 활약한 통일민족당 유동연, 통대의원으로 대륙개발 대표인 무소속 손경석 후보들이 출전했다.

그리고 조선대 총학생회장 출신인 양회창, 조선대 조교수인 김현옥, 예비역 육군소장으로 광주사태 당시 31사단장을 지낸 정웅 후보들이 무소속으로 출전했다. 정웅 후보는 선거도중 석연치 아니한 사유로 후보직을 사퇴했다.

지난 10대 총선에선 동구와 서구로 분구되었지만 단일 선거구였다. 5대 의원이었던 신민당 이필선 의원이 제1야당 후보임을 내세워 의외의 승리를 거뒀고, 선명논쟁을 벌였으나 현역의원 이점을 살리지 못하고 소수야당의 불리함으로 김녹영 의원이 은메달에 머물렀다.

공화당 대변인으로 활약했지만 반여정서로 인하여 박철의원은 김녹영 의원에게 1만 8천여 표 뒤져 3위로 고배를 마셨다.

마을금고 광주지부장인 무소속 장휴동 후보의 선전이 돋보였다.

이번 총선에서는 <대립보다는 화합을, 방관보다는 참여를> 이란 표어를 내걸고 동분서주하고 있는 민정당 심상우 후보는 광주일고 동문들을 찾아나서며 "한 사람은 건설의 역군을, 또 한 사람은 평화적 정권 교체를 위한 파수꾼을 뽑자"고 호소했다.

또한 심상우 후보는 전남매일신문사장으로 비교적 폭넓은 지연과 여당기간조직을 활용하면서 "우리 몫을 준다할 때 받자" "한 사람은 지역발전을 위해 뽑고 한 사람은 평화적 정권 교체의 파수꾼으로 뽑자"고 호소했다.

윤민식, 김찬곤, 양동희, 이강재, 김재균, 유주영, 유동연 후보들을 꺾고 민한당 공천을 받은 임재정 후보는 야당성 부각에 심혈을 기울이며 '의리의 사나이 임꺽정'을 구호로 내세우고 있다.

임재정 후보는 "유니폼을 입었다고 모두 운동선수가 아닌 것처럼 야당모자를 썼다고 다 야당인은 아니다"고 강조하면서 "광주시민의 자존심을 건드리는 일은 절대 하지 않겠다"고 선언했다.

"달면 먹고 쓰면 뱉는 남자들이야말로 정치할 자격이 없다"면서 의리를 강조한 국민당 조영석 후보는 광주시민의 긍지가 정당한 평가를 받아야한다 면서 광주고 동문들의 지원을 기대했다.

통대의원 출신인 민권당 김옥천 후보는 "양심과 지조를 지키는 철저한 야당인이 되겠다"면서 지지를 호소했다.

정치신인들의 일색으로 예측불허의 혼전을 펼친 선거전은 "한 사람은 지역발전, 한 사람은 정권교체"를 호소한 민정당 심정우, 민한당 임재정 후보가 동반당선됐다.

통대의원으로 로타리 클럽회원, 광산 김씨 문중을 파고들면서 "철저한 야당인이 되겠다"는 민권당 김옥천 후보가 동메달을 차지했고, 30년간 야당생활을 강조한 신정당 정재필 후보가 메달권에서 벗어나 아쉬움을 달래야만 했다.

□ 득표상황

후보자	정당	연령	주요 경력	득표(%)
심상우	민정당	42	전남매일신문사장	36,489 (22.9)
임재정	민한당	49	전남매일 부주필	28,079 (17.6)
김옥천	민권당	40	대한건설 대표	26,009 (16.3)
정재필	신정당	47	신민당중앙위원	16,875 (10.6)
손경석	무소속	58	통대의원	13,208 (8.3)
양덕승	민사당	50	당 중앙위부의장	10,512 (6.6)
양회창	무소속	36	조선대총학생회장	9,803 (6.1)
조영석	국민당	36	국민당 선전국장	9,071 (5.7)
유동연	민족당	50	정당인	3,594 (2.2)
이관형	원일당	29	원일당 부총재	2,824 (1.8)
김현옥	무소속	36	조선대조교수	2,447 (1.5)
정 웅	무소속	52	31사단장	사퇴

<광주 서구> 높은 지명도와 막강한 조직을 구비했지만 광주사태의 응어리로 금메달을 민한당 지정도 후보에게 넘겨준 민정당 박윤종

광주 동 – 북구와 마찬가지로 정치신인들의 격전장인 이 지역구는 통대의원 출신들의 경연장으로 돌변했다.

광주시장과 전남도기획실장을 역임하고 입법회의 의원으로 발탁된 행운을 딛고 민정당 공천을 받은 박윤종, 대한곡물협회 전남도회장 출신으로 풍부한 재력을 바탕으로 민한당 공천을 받은 지정도, 서광주 로타리클럽회장 출신으로 신정당 공천을 받은 서정민 후보들 모두 통대의원 출신이다.

전남매일신문 편집국장 출신으로 지산유원지 대표인 노응상 후보는 민사당으로, 전남도 약사회장을 지낸 최인영 후보는 민권당으로 출전했다.

광주가 단일구였던 지난 10대 총선에서는 민정당의 대변인으로 활약한 박 철 의원을 떨어뜨리고 5대 민의원이었지만 18년만에 정계에 복귀한 신민당 이필선, 선명논쟁을 벌이며 김대중 전 대선후보를 거론한 통일당 김녹영 의원이 동반당선됐다.

이번 총선에서는 그간 원만한 대인관계를 바탕으로 조직확대에 정성을 쏟고 있는 민정당 박윤종 후보는 지명도가 주무기이지만 "역시 광주 시민의 불만과 대정부 소외감이 파고들기 어려운 난관"이라고 실토했다.

박윤종 후보는 "광주를 진정으로 위하는 길은 지난 일에 집착을 갖고 불평만을 하는 것 보다는 앞으로의 발전을 향해 발돋움하는 자세가 필요하다"면서 "화려한 말보다는 한가지 말을 실천하는 일꾼을 뽑아 서민들과 동고동락케 하자"고 호소했다.

"광주 없는 야당은 없다"는 구호를 내걸은 민한당 지정도 후보는

4·19 당시 광주시의회의장 출신으로의 지명도와 만만치 않는 재력을 동원하여 통대의원 시절의 조직을 되살리고 지씨 문중을 파고 들었다.

공화당 부위원장으로 활약했던 민권당 최인영 후보는 10대 선거 때 에도 신민당 공천에서 탈락했다.

최인영 후보는 10여 년 동안 지역구에 나름대로 쏟은 정성에 기대를 걸고 약사회원들의 전폭적인 지원을 기대했다.

통대의원 선거 때 서구에서 6천 표를 얻은 신정당 서정민 후보는 양동 일대의 상가조직을 배경으로 서민층의 표를 집중적으로 공략했다.

통일사회당원으로 활약했던 민사당 노응상 후보는 "광주 유권자만은 사람을 똑똑히 구별하여 신념이 확고한 자를 보내자"고 호소하며 전남 기계공고 동문들의 지지를 호소했다.

정치신인들이지만 통대의원들의 쟁패장인 이 선거구에서는 지명도와 조직에서는 민정당 박윤종 후보가 월등했지만 광주 사태에 대한 응어리가 지각공천으로 조직을 정비하지 못한 민한당 지정도 후보에게 6천여 표 이상 밀렸다.

□ 득표상황

후보자	정당	연령	주요 경력	득표(%)

지정도	민한당	55	곡물협회 전남지회장	35,552 (33.0)
박윤종	민정당	61	광주시장, 입법의원	28,912 (26.8)
최인영	민권당	48	전남 약사회장	23,834 (22.1)
서정민	신정당	44	광주로타리 클럽회장	12,793 (11.9)
노응상	민사당	53	전남매일 출판국장	6,642 (6.2)

<목포 – 무안 – 신안> 민정당 최영철 후보가 목포와 신안을 휩쓸고 민한당 임종기 후보가 무안을 지켜내어 동반하여 당선

김대중 전 신민당 대선후보의 고향인 이 지역구에 민정당은 동아일보 정치부장을 거쳐 9대와 10대 의원이었던 최영철 후보를 공천했고, 민한당도 8대와 10대 의원을 역임한 임종기 후보를 공천하여 10대 총선에 이어 또다시 동반당선을 기대했다.

유니온 여행사 전무, 신한산업 대표인 국민당 장두석, 목포시의원 출신으로 공화당지구당 사무국장을 지낸 서신배 후보가 무소속으로 출전하여 동반당선을 위협했다.

광복체인 대표인 유종국 후보는 사회당으로, 동양신약 대표인 유경현 후보는 민권당으로, 호남고무 노조지부장인 진완식 후보는 민사당으로, 진한건설 대표인 박종원 후보는 신정당으로, 대한웅변협회장인 김병근 후보는 무소속으로 출전하여 9파전이 전개됐으나 10대 의원인 민정당 · 민한당 후보의 동반당선을 어느 후보가 저지할 수 있느냐가 관건이었다.

지난 10대 총선에서 공화당은 해병대사령관 출신인 강기천 지역구 의원을 공천에서 낙천시키고 유정회 의원으로 활약한 최영철 의원을 공천했다. 공천을 받은 최 의원은 부친인 목포지구당 사무국장 출신인 최향춘의 사조직, 최씨 종친 6천 가구, 완도향우회, 목포고 동문들의 지원으로 금메달을 차지했다.

김대중 납치사건과 관련한 입씨름과 이전투구를 전개한 신민당 임종기 후보가 고향인 무안에서 2만여 표를 쓸어 담아 턱걸이 당선을 이뤄 냈다.

김대중 납치사건에 대한 구구한 해명에도 불구하고 통일당 김경인 후보는 텃밭인 신안에서 4선 의원인 무소속 유옥우 후보에게도 뒤져 금뱃지를 놓쳐 버렸다.

이번 총선에서도 민정당 최영철 후보는 "나를 변절자라고 하지만 여당에서 여당으로 옮긴 것이 무슨 변절이냐" 고 항변하면서 막강한 집권여당의 조직과 높은 지명도로 아성을 더욱 견고히 구축했다.

유옥우 전 의원의 지원으로 신안에 진지를 구축한 국민당 장두석 후보는 신안 출신이며 참신한 이미지를 부각시키고, 민권당 유경현 후보는 민권당만이 선명야당임을 부르짖으며 목포의 야세에 기대를 걸고 있다.

민사당 진완식 후보는 화학노조의 근로자층을 겨냥하고 있다.

사회당 유종국 후보는 "신안 앞바다 해저보물을 광주에 뺏긴 것은 목포출신 국회의원들이 시원치 않기 때문"이라고 현역의원들을 공격했다. 그러나 현역의원들의 동반 당선을 막아 내기에는 역부족이었다.

민정당 최영철 후보는 높은 지명도와 막강한 조직으로 목포와 신안을 휩쓸었고, 민한당 임종기 후보도 야세가 강한 목포와 고향인 무안에서 몰표를 받아 승세를 굳혔다.

무안에서 17,394표(38.7%)를 득표하여 부동의 1위를 차지한 민한당 임종기 후보가 신안에서 12,334표(24.7%)를 득표하여 선전한 무소속 서신배 후보를 큰 표차로 따돌리고 국회에 재입성했다.

□ 득표상황

후보자	정당	연령	주요 경력	득표(%)
최영철	민정당	45	10대의원(2선)	60,280 (33.6)
임종기	민한당	54	10대의원 (2선)	47,541 (26.5)
서신배	무소속	49	목포시의원	30,810 (17.2)
장두석	국민당	41	신한산업 대표	13,874 (7.7)
김병근	무소속	39	대한웅변협회장	8,682 (4.8)
유경현	민권당	42	동양신약 대표	5,940 (3.3)
진완식	민사당	37	호남고무노조지부장	5,698 (3.2)
박종원	신정당	38	진한건설 대표	3,607 (2.0)
유종국	사회당	30	광복체인 대표	2,906 (1.6)

<여수 - 광양 - 여천> 두 번이나 낙선한데 따른 동정여론과 타고난 연설솜씨로 전통적으로 강한 야세를 살리지 못한 심의석 후보

들을 꺾고 국회에 등원한 안민당 신순범 후보

유권자 16만 5천여 명인 여수 – 여천에 유권자 4만 2천여 명인 광양이 병합된 이 지역구에 지난 10대 총선에서는 광양 출신인 이도선, 박병효 후보들이 동반당선됐다.

그러나 10대 의원들이 퇴장한 이번 총선에서 신정당 김형주 후보만 광양 출신일 뿐 8명의 후보들이 모두 여수 – 여천 출신들로 메워졌다.

민정당은 여수시장을 지낸 김재호 후보를 내세웠고 민한당은 이홍배, 이현재, 김충조, 신순범 후보들의 조직책 신청을 도외시하고 서울법대 출신으로 행정고시에 합격했으나 해동화재보험 대표에 오른 심의석 후보를 내세웠다.

통대의원 출신으로 반공연맹 여수 – 여천지부장인 주인철 후보가 국민당으로, 중앙정보부 보안담당관 출신으로 한국웅변학술 연구회장인 김형주 후보가 신정당으로, 대영설비 대표로 대한웅변중앙회 이사장인 최병재 후보가 민사당으로, 신민당 여천지구당 위원장을 지낸 김용일 후보가 민권당으로, 전국청년단체대표자 협의회 부회장인 신순범 후보가 안민당으로, 중소기업의 대표인 김인수 후보가 한국기민당으로 출전했다.

여순산업 신보사 대표인 김충조 후보는 무소속으로 입후보했다.

지난 10대 총선에선 김상영 지역구 의원을 제치고 공화당 공천을 받은 유정회 원내부총무인 이도선 의원이 광양 출신임에도 불구하고 공조직을 활용하여 압승을 거두었고, 제1야당 후보임을 내세운 신민당 박병효 후보도 광양 출신임에도 여수의 야당 지지세에 힘입어 현대언어학술연구회장으로 9대 총선에도 출전하여 동메달로 석패한 무소속 신순범을 후보를 4천여 표차로 제압하고 은메달을 차지하여 국회 재입성에 성공했다.

공군사관학교 정치학교수인 무소속 김광영, 신민당 여천지구당 위원장이었던 통일당 김용일 후보들의 선전도 돋보였다.

이번 총선에서 <정직, 성실한 서민정치인>을 강조한 민정당 김재호 후보는 여수시장, 여천군수를 지낸 관록을 가지고 김해 김씨 종친회, 순천고, 서울대 법대 출신들의 지지를 기대하며 부인 정숙자는 여자 목사로 기독교인들의 표도 기대하고 기간당원 1만여 명에게 가족 3표 지키기 운동을 전개하고 있다.

공천이 늦는 바람에 뒤늦게 선거전에 뛰어든 민한당 심의석 후보는 김재호 후보의 순천고, 서울대 법대 6년 후배로서 유세장마다 위험수위를 오르내리는 발언으로 야세를 불러 일으키는 전략을 구사하고 있다.

심의석 후보는 "신명을 바쳐 평화적 정권교체의 파수꾼이 되겠다" "인격을 보지 말고 신념을 봐야 한다" 면서 1천 8백 호의 심씨 문중을 파고들었다.

"때묻지 않고 참신하며 학력, 경력에 손색이 없는 자를 뽑자"면서 경찰서장 출신으로 패류양식장, 제제소 등을 경영하고 있는 국민당 주인철 후보는 여수수산고 동문, 통대의 기반을 활용하고 있으며 지난 몇 년간 지역사회에 공을 들여 온데다 당 조직을 최대한 활용하고 있다.

9대, 10대 총선 때 3위로 낙선하고도 타고난 연설솜씨로 유세장을 휘어잡고 있는 안민당 신순범 후보는 "이승만 박사도 두 잔만 마셨으면 경무대에서 끌려 나오지 않았을 것이고 박정희 대통령도 두 잔으로 만족하지 않고 유신이라는 안주상까지 하나 더 차리고 통대의원들을 시켜 장구치고 춤추게 하더니 결국 비극을 당했다"고 풍자했다.

신정당 김형주 후보는 "남북통일을 위해서는 안보를 아는 사람을 국회로 보내야 한다"면서 매산고 동문과 광양표 결집을 기대하고 있다.

여수수산고 동문들의 지지를 기대한 무소속 김충조, 골수야당 생활을 해왔다는 민권당 김용일 후보들도 선전했다.

"돈 없으나 키워주자"란 표어로 동정표와 타고난 연설 솜씨를 자랑한 신순범 후보가 여수 – 여천을 휩쓸었고 여수시장으로서 관록을 자랑한 김재호 후보가 민정당원들의 활약으로 선전했다.

주인철 후보는 통대의원의 기반을 되살렸으나, 심의석 후보는 강한 야세의 전통을 가진 지역적 특수성을 살리지 못하고 지역에 뿌리내리는데 실패했다.

여수에서 22,614표(32.2%), 여천에서 17,910표 (28.0%)를 득표하여 1위를 차지한 안민당 신순범 후보가 금메달을, 광양에서 14,394표 (40.7%)를 득표하여 1위를 차지한 민정당 김재호 후보가 은메달을 차지했다.

무소속 김충조 후보는 여수에 13,865표(19.7%)를 득표하여, 신정당 김형주 후보는 광양에서 10,186표(28.8%)를 득표하여, 여천에서 국민당 주인철 후보는 14,892표(23.7%)를 득표하여 각각 2위를 차지했다.

□ 득표상황

후보자	정당	연령	주요 경력	득표(%)
신순범	안민당	48	안민당 부총재	42,923 (25.6)
김재호	민정당	50	여수시장	35,299 (21.1)
주인철	국민당	57	통대의원	25,588 (15.3)
김충조	무소속	38	여순산업신보사장	19,313 (11.5)
심의석	민한당	43	해동화재보험대표	17,586 (10.5)
김형주	신정당	40	중정안보담당관	13,640 (8.1)
김용일	민권당	46	신민당지구당위원장	8,247 (4.9)
최병재	민사당	33	대영설비대표	2,762 (1.6)
김인수	기민당	42	당 중앙위부의장	2,299 (1.4)

<순천 - 구례 - 승주> 국민당 조규순 후보의 설욕이 예상됐으나 조연하 의원 비서관이었던 민권당 박강근 후보의 선전이 걸림돌이 되어 이번 총선에서도 3위로 좌절의 쓴 맛을

지난 10대 총선 때 맞붙어 1, 2, 3위를 했던 후보들이 공교롭게도

정치쇄신법을 모두 통과하여 재대결을 펼친 이색지구이다.

지난 10대 총선에선 30대의 젊음과 패기를 앞세우고 공화당과 신민당의 공천을 받은 유경현, 허경만 의원들이 동반당선의 기쁨을 누렸다.

지난 총선에 이어 공화당 공천에서 낙천한 무소속 조규순 후보는 "내 인생에 이번이 마지막 기회"라며 안간힘을 쏟으며 옥천 조씨 문중표를 다졌으나 구례에서 상대적인 부진으로 당선권에서 멀어졌고, 의정활동이 돋보이지 못한 무소속 강길만 의원은 고향인 승주에서도 냉담한 반응으로 현역의원의 위용을 찾아볼 수 없었다.

국민학교에 이순신 동상건립에 정열을 쏟은 무소속 위찬호 후보는 선전했으나 9대 총선때 신민당 공천으로 출전했던 통일당 박용구 후보의 성적은 초라했다.

이번 총선에선 공화당에서 민정당으로 옮긴 유경현, 신민당에서 민한당으로 당명이 바뀐 허경만, 무소속에서 국민당으로 말을 갈아탄 조규순 후보 외에도 신민당 중앙상무위원을 지낸 민권당 박강근, 유일한 구례 출신으로 한약사인 민사당 이의달 후보들이 등록했다.

"임기의 반도 못 채우고 끝난 의정 생활이 아쉽다"는 민정당 유경현 후보는 '인물이 우선이냐, 뿌리가 우선이냐' '인재를 뽑아 지역발전, 인물 키워 국가발전'이라는 구호를 내걸고 "힘과 마음과 꿈을 갖고 똑똑하고 깨끗하며 따뜻한 일꾼이 되겠다"고 지지를 호소했다.

"여당의 독주를 막아야 한다"는 슬로건을 내걸은 민한당 허경만 후보는 변론등의 활동을 통해 조직을 규합해 왔다.

허경만 후보는 '대중의 변호인' '대중의 대변인'을 자처하면서 가락 종친회 7천여 호의 지원과 순천고 동문들의 결집을 기대했다.

순천상공회의소 회장으로 지역기반을 구축한 국민당 조규순 후보는 옥천 조씨 문중을 기반으로 9대와 10대 때 3위로 낙선한 데 대한 동정표를 기대하고 있다.

'뿌리 깊은 나무'임을 자처하고 있는 조규순 후보는 "마지막 소원이니 한 번만 밀어 달라"고 읍소작전도 펼쳤다.

건국대 학생회장 출신으로 조연하 의원의 비서였던 민권당 박강근 후보는 "어제 전두환 대통령이 선물을 주고 갔다면 그것은 특정 후보가 사랑스러워서 준 것이 아니라 나머지 후보들이 똑똑해서 주었을 것"이라고 주장했다.

참다운 야당의 이미지로 유일한 구례 출신임을 강조한 민사당 이의달 후보도 나름대로 표밭을 가꾸었다.

이번 총선에서는 조규순 후보의 설욕이 가능할 것으로 예상됐으나 옥천 조씨인 조연하 의원의 비서였던 민권당 박강근 후보가 걸림돌이 되어 국회 등원의 꿈은 사라졌다.

순천에서는 민한당 허경만, 국민당 조규순, 민정당 유경현 후보 순서였고 승주에서는 국민당 조규순, 민정당 유경현, 민한당 허경만 후보순으로 국민당 조규순 후보가 31,165표, 민한당 허경만 후보가 29,124표로 민정당 유경현 후보가 27,483표로 유 후보의 낙선이 예상됐다.

그러나 구례에서는 유경현 후보가 9,482표로 5,276표에 그친 조규순 후보를 4,206표 앞서 524표 차로 진땀승을 거둘 수 있었다.

□ 득표상황

후보자	정당	연령	주요 경력	득표(%)
허경만	민한당	43	10대의원(지역구)	37,075 (29.5)
유경현	민정당	41	10대 의원(지역구)	36,965 (29.4)
조규순	국민당	64	순천상공회의소장	36,441 (28.9)
박강근	민권당	38	신민당 중앙상무위원	11,172 (8.9)
이의달	민사당	46	통일당 지구당위원장	4,181 (3.3)

<나주 – 광산> 전직의원들이 여야가 뒤바뀐 상황에서 광산의 유권자의 56.5%가 나주 출신들에게 투표하여 나주 출신 후보들이 독식

김윤덕 의원은 퇴장하고 한갑수 의원은 생환한 이번 총선에 민정당은 서울고법 판사 출신으로 8대 총선 때 신민당 후보로 당선됐으나 정치적 방황을 거듭한 나석호 후보를 공천했고 민한당은 박병용, 김면중, 이정빈, 김강곤 후보들을 제치고 성균관대총동창회장 출신으로 황등산업 대표인 이재근 후보를 내세웠다.

10대 총선 때 무소속으로 당선된 한갑수 후보가 국민당으로 출전했고, 한국 BBS운동 성북지부장 출신으로 방산지공 대표인 이용만 후보가 민사당으로, 신민당 정책위원 출신으로 반도건설 대표인 김면중 후보는 민권당으로, 통대의원인 김 정 후보는 사회당으로 출전했다.

유권자 100,996 명인 나주에서는 4명의 후보가 출전했고, 유권자 67,912 명인 광선에서는 민사당 이용만, 민권당 김면중 후보만 출전했다.

지난 10대 총선에선 9대 총선 때 동반당선된 공화당 임인채, 신민당 김윤덕 의원의 동반당선이 예상됐으나 공화당 전남도 사무국장 출신인 임인채 의원이 고향인 나주에서도 김윤덕, 김장곤, 한갑수 후보들에게 밀린 4위로 부진하여 낙선했다.

그러나 김윤덕 의원은 제1야당 후보임을 내세워 신안 출신이지만 나주에서 21,377표(25%)를 득표하여 당선됐다.

행정고시 출신으로 인물론을 내세운 무소속 한갑수 후보는 나주에서는 김윤덕, 김장곤 후보에게 뒤진 3위를, 광산에서도 조홍규, 김윤덕 후보에 뒤진 3위를 했지만 유일한 광산 출신으로 광산에서 22,357표를 쓸어 담았지만 나주에서 5,031표에 머문 무소속 조홍규 후보에게 169표 차로 행운의 여신의 미소를 받으며 국회입성의 행운아가 됐다.

이번 총선에선 '새술은 새부대에' 라는 구호를 내걸고 표밭을 누비고 있는 민정당 나석호 후보는 "나를 활용하여 이 지역을 발전시키라"라고 호소했다.

8대 신민당 의원이었던 나석호 후보는 "옷걸이는 좋은데 입은 옷

이"라는 여론을 잠재우기 위해 동분서주하면서 금성 나씨 문중의 지지기반을 골격으로 삼고 있다.

공화당의원 비서를 지낸 민한당 이재근 후보는 자신이 운영하는 금성학원을 기반으로 조직을 확대하면서 사조직 고수에도 심혈을 기울이고 있다. 이재근 후보는 야권성향표, 함평 이씨와 젊은 층등을 겨냥하고 있다.

무소속으로 당선됐다가 공화당으로 들어갔다가 이번에는 국민당으로 말을 갈아탄 한갑수 후보는 농림부 농정국장, 수산청 어정국장 출신으로 그동한 치밀한 조직관리와 함께 청주 한씨 씨족기반을 중심으로 활동하고 있다.

'나주군 광산면을 면하자'는 슬로건을 내건 민권당 김면중 후보는 4·19 혁명동지회 초대회장으로 민권당이 선명야당임을 홍보하고 있다.

김면중 후보는 광산 김씨의 대성을 배경으로 광산표의 결집을 기대하고 있으나 민사당 이용만 후보의 광산표 잠식이 우려되고 있다.

선거판도에 영향을 미칠 수 있는 복병으로 알려지고 있는 사회당 김정길 후보는 토박이 일꾼을 내세우고 표밭갈이를 하고 있다.

나주에서 민정당 나석호, 민한당 이재근, 국민당 한갑수 후보들이 혈투를 전개하고 통대의원 출신인 사회당 김정길 후보까지 가세하면 광산에서도 당선시킬 수 있는 유권자의 숫자는 충분함에도 광산 군민들의 응집력 부족으로 지난 총선에서 석패한 김면중 후보는 이번 총선에서도 분루를 삼켜야만 했다.

광산의 유권자의 56.5%인 30,604명이 나주 출신 4 후보에게 투표했기 때문이다.

민권당 김면중 후보는 광산에서 19,307표(35.7%)를 쓸어 담았으나 나주에서 6,048표(7.1%)에 그쳐, 나주에서 23,248표(27.1%)를 득표하고 광산에서 11,688표(21.6%)를 득표한 민정당 나석호 후보에게 금배지를 헌납했다.

□ 득표상황

후보자	정당	연령	주요 경력	득표(%)
나석호	민정당	46	8대 의원, 변호사	34,873 (25.3)
이재근	민한당	43	황등산업사장	33,188 (24.1)
한갑수	국민당	46	10대의원(지역구)	28,094 (20.4)
김면중	민권당	43	신민당 정책위원	25,365 (18.4)
김정길	사회당	40	통대의원	11,233 (8.2)
이용만	민사당	42	방산지공사회장	5,032 (3.6)

<담양 - 곡성 - 화순> 입법의원 2명과 통대의원의 1명의 쟁패전에서 정래혁, 고재청 입법의원들이 승리를 거두고 동반당선

유권자 59,547명의 화순, 유권자 54,432명인 담양, 유권자 41,061명인 곡성이 통합된 이 지역구에 화순의 국민당 윤형호, 담양의

민한당 고재청, 곡성의 민정당 정래혁 후보들이 출전하여 지역 대결을 펼치고 있다.

지난 10대 총선 때에는 9대 총선 때 동반 당선된 화순 출신인 문형태, 담양 출신인 고재청 의원이 공화당과 신민당의 공천을 받고 재출격하여 압도적인 승리를 엮어 냈다.

9대 총선 때에도 곡성에서 선전한 심상준 후보도 재출격했지만 곡성 유권자들로부터 외면을 받았고 전남도의원 출신으로 옥과 중·고교 교장을 지냈던 무소속 조용기 후보가 곡성의 대표주자가 되어 선전했고 삼광식품 대표인 통일당 양동희 후보는 문형태 의원과 화순 표밭에서 경쟁을 벌였다.

이번 총선에선 지난 10대 총선 때에는 서울 성북에서 당선됐던 국방부장관 출신인 민정당 정래혁 후보는 환향하여 고향에서 심판을 받게 되자 "기필코 압도적인 당선을 해야 체면이 서겠다"고 말했다.

입법회의 부의장으로 활약한 정래혁 후보는 "나는 조그마한 정치인에 만족하지 않고 큰 정치가가 되기를 마음먹고 있는 사람"이라며 "전남도민들이 많이 참여해서 얻어내야 할 몫을 톡톡히 받아내자"고 호소했다.

신민당 재선의원이지만 입법의회 의원으로 살아 돌아온 민한당 고재청 후보는 다소 소홀히 했던 조직을 손질하며 전력투구하면서 "국회에 들어가면 원내총무로 활약하겠으며 4년 내에 기필코 당수가 되겠다"고 선언했다.

통대의원을 지낸 토박이 출신인 국민당 윤형호 후보는 향토에 묻혀 살면서 얻은 지면(知面) 관계를 바탕으로 표밭을 갈고 닦으며 "이 선거구에는 입법의원 2명과 진짜야당 1명이 나왔다"고 호언했다.

담양에서는 민한당 고재청 후보가 24,327표(52.8%)를 득표하여, 곡성에서는 민정당 정래혁 후보가 31,369표(83.0%)를 득표하여, 화순에서는 국민당 윤형호 후보가 24,374표(50.4%)를 득표하여 각각 1위를 차지했지만 고향 군민들의 응집력의 차이로 세 후보의 우열이 가려져 정래혁, 고재청 후보가 국회 재입성에 성공하고 윤형호 후보가 낙선의 불운을 곱씹었다.

지금껏 화순 – 담양에서 의원을 배출했다가 이번 총선에서는 담양 – 곡성에서 의원을 배출하게 됐다.

□ 득표상황

후보자	정당	연령	주요 경력	득표(%)
정래혁	민정당	55	10대 의원(2선)	63,033 (48.4)
고재청	민한당	52	10대의원 (2선)	36,163 (27.8)
윤형호	국민당	41	통대의원	31,029 (23.8)

<보성 – 고흥> 고흥 지역 민한당원들의 활발한 득표활동으로 이대순 민정당 후보와 동반당선을 이뤄 낸 민한당 유준상

유권자 10만 8천여 명인 고흥과 유권자 7만여명인 보성이 군대항전을 펼쳐 왔던 이 지역구에 이번 총선에서는 기라성 같은 정계거물들이 사라지고 정치신인들의 쟁패장이 됐다.

민정당은 문교부 기획관리실장, 전남도 교육감을 역임한 송대순 후보를 공천했고, 민한당은 박진석, 윤복현, 송기연, 유박준, 신민식, 조정식, 김형남, 송기대 후보들의 신청을 받았으나 4·19 당시 고려대 총학생회장 직무대리로 활약한 유준상 후보를 낙점했다.

청와대 정무비서관, 7대 의원을 지낸 신정당 양달승, 8대 총선 때에도 입후보했던 민권당 송기대, 육군부관학교장 출신으로 우진건설 대표인 사회당 김형운, 강화 순복음교회와 개봉 방주교회 목사인 한국기민당 이영재, 대한예수교장로회 고흥노회장인 국민당 홍신표 후보들이 등록했다.

지난 10대 총선에선 고흥 출신으로 건설부 장관을 지낸 공화당 신형식 의원과 대한중석지부장 출신으로 4선의원인 보성의 대표주자인 신민당 이중재 의원이 9대 총선에 이어 동반당선을 의심하는 사람은 아무도 없었다.

그러나 광주지법 판사 출신인 무소속 김 수 후보가 선거법 위반으로 인한 구속으로 동정여론을 일으키고 조영황 변호사를 선거사무장으로 발탁하여 고흥에서 17,725표 차로 이중재 의원을 따돌리고 보성에서도 2,456표 차로 따라붙어 값진 승리를 엮어낼 수 있었다.

이번 총선에서 민정당 이대순 후보는 전남도 교육감으로서의 지명도와 집권여당인 조직을 가동하며 '대중 속의 진정한 대변자'라는 슬로건을 내걸고 고흥과 보성을 넘나들며 승세를 굳혀갔다.

고려대 출신으로 사업기반을 구축한 민한당 유준상 후보는 '정통 야당의 젊은 가수'를 자처하며 이중재 전 의원의 조직을 인수하여 야권성향표 흡수에 전력을 투구했다.

6년 간의 청와대 정무비서관을 지내고 7대의원에 당선됐으나 일부 지역(벌교) 재투표로 의원직을 상실한 신정당 양달승 후보는 오랜 정치 공백기를 털고 벌교읍을 중심으로 재기의 날개를 펼치고 있고, 통대의원 출신으로 교회장로인 국민당 홍신표 후보는 선명야당을 내세우며 막바지 총공세를 펼쳤다.

그러나 집권여당의 조직력을 앞세운 이대순, 제1야당의 견제세력 구축을 호소한 유준상 후보의 동반당선을 막아낼 수는 없었다. 승패는 고흥 지역 민한당원들의 활발한 득표운동이 승패의 갈림길이었다.

민정당 이대순 후보가 고흥은 물론 보성까지 석권한 상황에서 민한당 유준상 후보가 보성에서 19,973표(32.3%)를 득표하여 2위를, 국민당 홍신표 후보가 고흥에서 18,775표(19.1%)를 득표하여 2위를 차지했지만 득표율 차이에서 승패가 엇갈려 유준상 후보가 당선의 기쁨을 맛보았다.

□ 득표상황

후보자	정당	연령	주요 경력	득표(%)
이대순	민정당	47	전남도 교육감	60,558 (41.3)
유준상	민한당	38	고려대학생회장	30,925 (21.1)
홍신표	국민당	51	백화당약국대표	22,247 (15.2)

김형운	사회당	53	육군부관학교장	12,561 (8.6)
송기대	민권당	37	제8대 총선입후보	9,898 (6.7)
양달승	신정당	53	대통령 정무비서관	7,357 (5.0)
이영재	기민당	37	강화순복음교회 목사	3,184 (2.1)

<장흥 – 강진 – 영암 – 완도> 유일한 영암 출신 후보라는 이점을 살려 영암의 지역정서에 힘입어 국회 등원에 성공한 민한당 유재희

4개군으로 형성된 이 지역구는 어느 군 후보가 민정당 공천을 받느냐에 따라 투표성향이 엇갈려 왔던 전례로 이번 총선의 승패도 유력 정당의 공천이 곧 당선으로 직결될 것으로 전망됐다.

지난 10대 총선에선 공화당 사무총장으로 4선의원인 길전식 의원이 고향인 장흥을 기축으로 공화당원들의 활약으로 금메달을 확보한 상황에서 강진의 신민당 황호동, 완도의 무소속 이선동, 영암의 무소속 윤재명 후보가 은메달 경쟁을 벌였다.

7대와 8대 의원으로 강진 – 영암의 옛조직을 부활시키고 파평 윤씨 문중을 결집시켜 신민당 완도위원장 출신으로 완도에서 22,350표(42%)를 쓸어담은 이선동, 지역구 관리부실이 발목을 잡은 황호동 의원을 물리치고 7년 만에 국회에 재입성하는 기쁨을 누렸다.

이번 총선에선 육사 11기로 국방부 조달물자국장을 지내고 육군소장으로 예편한 강진 출신 김식 후보가 민정당 공천을 받고 '강직하고 착실한 새일꾼'을 구호로 내걸고 전 지역 골고루 민정당 조직을 편성하여 확대했다.

민한당은 박일재, 유재희, 김창식, 고영구, 이영권, 김선형, 박두형, 박종석, 조경석, 김한수 후보들의 조직책 신청을 받고 고심하다가 무역사로 전국웅변협회 이사장인 영암 출신 유재희 후보를 낙점했다.

이에 장흥 출신인 광운공대 교수인 이영권 후보가 반발하여 무소속으로 등록했다.

육사 8기로 육군준장으로 예편하여 삼성종합건설이사를 지낸 백정기 후보가 국민당 공천으로 출전하여 30년 군생활을 통해 여러 가지 인연을 득표로 연결시키기 위해 안간힘을 쏟았다.

시사통신 정치부 기자였던 원일민립당 이정채 후보가 지난 10대 총선의 출마경험을 살려 표밭을 갈고 있고, 성신건재 대표인 민권당 김윤봉 후보가 김해 김씨 종친과 기독교 계통의 표밭을 뛰어다녔다.

유권자가 6만 6천여 명으로 가장 많은 완도에서는 대영학원장인 신정당 송춘호 후보가 재경완도군향우회 부회장 직함으로 완도표몰이에 나섰으나 지켜내기에는 역부족처럼 보였다.

7명의 후보들이 혈투를 전개한 선거전에서 민정당의 김 식 후보는 장흥과 영암에서는 2, 3위로 밀렸지만 강진과 완도를 석권했고 장흥에서는 국민당 백정기 후보와 무소속 이영권 후보가 표를 양분하여 함께 고배를 마시게 됐다.

유일한 영암 출신인 민한당 유재희 후보가 영암군민들의 지역정서에 힘입어 국회에 등원할 수 있었다.

민정당 김 식 후보는 고향인 강진에서 22,734표(55.4%)를 득표하여 석권하고 강력한 주자가 없는 완도에서도 26,037표(48.1%)를 쓸어 담아 승세를 굳혔고, 국민당 백정기 후보는 고향인 장흥에서 16,879표(32.4%)로 1위를, 민한당 유재희 후보는 고향인 영암에서 20,942표(47.7%)로 1위를 차지하여 은메달 경쟁을 벌였으나 고향 유권자들의 결집도가 높은 유재희 후보에게 승리의 월계관이 씌워졌다.

□ 득표상황

후보자	정당	연령	주요 경력	득표(%)
김 식	민정당	48	국방부 조달물자국장	74,256 (39.4)
유재희	민한당	45	전국웅변협회 이사	34,089 (18.1)
백정기	국민당	51	예비역 육군준장	31,319 (16.6)
이영권	무소속	44	광운공대 교수	25,449 (13.5)
송춘호	신정당	46	서울대영학원장	10,709 (5.7)
김윤봉	민권당	39	성신건재 대표	6,442 (3.4)
이정채	원일당	31	시사통신 기자	6,035 (3.2)

<해남 – 진도> 10대 공화당 의원이었으나 입법의원에 위축되고 민정당 공천까지 받았으나 통대의원 출신들인 민한당 민병초, 국

민당 이성일 후보들에게 무너진 민정당 임영득

지난 10대 총선에선 무소속으로 출전하여 당선되고서 공화당에 입당했다가 입법회의 의원에 발탁된 행운을 얻고서 민정당 공천까지 받은 겹경사를 맞이한 임영득 후보가 당선을 예약한 가운데 통대의원 출신으로 민한당 공천을 받은 민병초, 국민당 공천을 받은 이성일 후보의 협공을 받고 있다.

용천빌딩 대표로서 신흥학원 이사장인 신정당 박준육, 6·3 동지회 상임위원인 민권당 곽봉근 후보들이 진도 유권자들의 결집을 기대하며 출전했고 한미안보연구소장인 민사당 김봉옥, 공화당 지구당사무국장으로 활약했던 민농당 김명표 후보들도 얼굴을 내밀었다.

지난 10대 총선에서는 임충식 의원의 사망으로 공화당 공천을 받은 김봉호 의원과 의사 출신으로 진도군 유권자들의 집중지원으로 국회에 등원한 박귀수 의원 동반당선이 기대됐다.

그러나 공화당 공천에서 낙천한 무소속 임영득 변호사가 행정·사법 양과에 합격하여 농수산부 차관보를 지낸 인물론을 내세워 광주고법 판사 출신으로 신민당 공천을 받은 윤철하 후보와 지산중학 설립자인 무소속 김성자, 박귀수 의원의 종친인 통일당 박문수 후보들의 진도표 잠식에 속수무책인 박귀수 의원을 꺾고 국회 입성에 성공했다.

이번 총선에서도 '해남의 인물'을 강조한 입법의원인 민정당 임영득 후보는 "지역발전을 위해 여당 한 명을 꼭 당선시켜야 한다"고 호소하면서 1만 3천여 명에 이르는 민정당원들에게 1당원 3표 끌어오기 운동을 전개하며 해남 윤씨와의 연합전선도 모색했다.

박양수, 임판호, 김년성, 조근환, 윤주연, 이철홍, 이광현, 이익균, 이일재, 신목균, 조정만, 이안재, 박준육, 우진원, 박사문, 김성자, 김욱엽, 민병초 후보들의 조직책 신청을 놓고 고심한 민한당은 통대의원 출신으로 JC 전남도 부회장인 민병초 후보를 내세웠다.

민병초 후보는 "20년 야당 불모지의 오명을 씻자"면서 상당한 재력을 활용하여 야권성향표 사냥에 나섰다.

통대의원 출신으로 재경 해남향우회장을 지낸 국민당 이성일 후보는 "입법의원 하나 없는 국민당만이 진짜 야당"이라며 재력을 바탕으로 득표활동을 활발하게 전개했다.

신정당 박준육 후보도 풍부한 재력을 바탕으로 진도 유권자들의 단합을 외쳤으나 민권당 곽봉근 후보의 5천여 표 잠식으로 당선권에서 멀어졌다.

민한당 민병초 후보는 해남에서 21,305표(27.3%)를 득표하고, 국민당 이성일 후보도 해남에서 21,252표(27.3%)를 득표한 여세로 진도에서도 3,470표(9.9%), 5,448표(15.5%)를 득표하여 메달의 색깔을 결정 지으며 국회에 동반 입성했다.

집권여당인 민정당 임영득 후보는 현역의원이란 이점도 살리지 못하고 해남에서 18,144표(23.3%)를 득표하여 민병초, 이성일 후보에 뒤진 3위로 내려앉았을 뿐 아니라 진도에서도 집권여당의 공조직을 활용하지 못하고 5,707표(16.3%) 득표에 머물러, 전국에서 낙선한 민정당 두 후보 중 한명의 자리를 차지했다.

진도 출신인 신정당 박준육 후보는 진도에서 13,619표(38.8%)를 득표하여 1위에 올랐지만 해남에서 1,498표(1.9%)로 지극히 부진하여 4위에 턱걸이했다.

☐ 득표상황

후보자	정당	연령	주요 경력	득표(%)
이성일	국민당	52	재경해남향우회장	26,700 (23.9)
민병초	민한당	39	청년회의소 부회장	24,775 (22.2)
임영득	민정당	48	10대의원(지역구)	23,851 (21.4)
박준육	신정당	47	신흥학원 이사장	15,117 (13.5)
김명표	민농당	45	공화당지구당사무국장	8,129 (7.3)
곽봉근	민권당	36	6·3 동지회 상임위원	6,755 (6.1)
김봉옥	민사당	33	한미안보연구소장	6,256 (5.6)

<영광 – 함평 – 장성> 군 대항전에서 박종진, 정헌조 전 의원들의 전폭적인 지원으로 무명의 설움을 딛고 국회등원에 성공한 이원형

유권자 6만 4천여 명인 영광, 5만 2천여 명인 함평, 5만 1천여 명인 장성의 군 대항전이 극성을 부린 이 지역구는 이번 총선에도 군 대항전의 양상은 여전했다.

민정당은 조영규 제헌의원의 아들로 지난 총선에 출전하여 192표 차로 낙선한 조기상 후보를 공천했고, 민한당은 재선의원으로 정책위원회 의장으로 활동하고 있는 이진연 후보를, 국민당은 4선의원으로 부총재에 추대된 윤인식 후보를 내세워 3파전을 전개하도록 했다.

한국웅변협회 서울부회장인 원일민립당 안종필, 덕화여상교장인 민권당 김상복, 통일당 중앙상무위원을 지낸 사회당 김연관, 청주지검 제천지청장을 지낸 신정당 이원형 후보들도 출전했다.

이리하여 영광에서는 민정당 조기상, 신정당 이원형, 사회당 김연관 후보가, 함평에서는 민한당 이진연, 국민당 윤인식, 원일민립당 안종필 후보가, 장성에서는 민권당 김상복 후보가 유일하게 출전했다.

지난 10대 총선에서 공화당은 윤인식 현역의원을 공천에서 탈락시키고 전남도지사와 한국 4H 연맹 부총재를 지낸 김재식 후보를 공천했고, 신민당은 "10월 유신을 적극 지지한다"며 함평 유권자들의 지지로 동반 당선된 이진연 의원을 재공천했다.

장성에서 35,234표(77%)를 쓸어담은 김재식 후보가 압도적 승리를 거뒀고 함평에서 24,598표(58%)를 득표한 이진연 후보도 재당선의 기쁨을 누렸다. 제헌의원인 조영규 의원의 아들인 통일당 조기상 후보는 영광에서 27,959표(51%)를 득표하고도 함평, 장성에서 부진으로 192표 차로 여의도 문턱에서 주저앉았다.

이리하여 유권자가 제일 많은 영광에서는 의원배출에 실패했다.

이번 총선에선 함평에서는 민한당 이진연 후보와 국민당 윤인식 후보가 백병전을 펼치고 영광에서는 민정당 조기상 후보와 이원형 후보가 자웅을 겨루는 상황에서 장성에는 민권당 김상복 후보의 독식에 조기상 후보가 제동을 걸고 나섰다.

김상복 후보는 "이번 선거에서 만약 내가 떨어진다면 장성군민의 수치"라며 "과거처럼 함평군 영광면 장성리가 되지 않도록 장성 출신 단일후보인 나를 밀어 달라"고 호소했고, 조기상 후보는 "이제 지역감정을 해소하고 낙후된 장성을 발전시키자"고 반격했다.

박종진 전 의원으로부터 조직책을 물려 받아 덕망과 활동상을 무기로 표밭을 훑고 있는 신정당 이원형 후보는 조영규 전 의원과 앙숙지간인 정헌조 전 의원이 "구원(舊怨)을 풀자"며 이원형 후보를 전폭적으로 지원하여 영광을 기반으로 전주 이씨 문중을 파고 들어 승세를 굳혀갈 수 있었다.

군 대항전이 펼쳐진 이 지역구에서는 영광에서는 민정당 조기상 후보가 24,321표(41.9%)를 득표하여, 함평에서는 민한당 이진연 후보가 16,931표(41.8%)를 득표하여, 장성에서는 민권당 김상복 후보가 14,639표(35.7%)를 득표하여 각각 1위를 차지했다.

조기상 후보는 집권여당의 프리미엄으로 함평에서도 6,854표(16.9%)를 득표하여 이진연, 윤인식 후보에 이어 3위를, 장성에서도 8,066표(19.7%)를 득표하여 2위를 차지함으로써 금메달을 목에 걸었다.

신정당 이원형 후보는 고향인 영광에서 20,472표(35.3%)를 득표하여 민한당 이진연 후보를 16,072표를 앞서고 무주공산인 장성에서도 6,277표(15.3%)를 득표하여 1,026표 앞섰다.

그리하여 함평에서 이진연 후보에게 뒤진 13,424표를 극복하고도 3,674표의 여유를 갖게 되어 국회 입성의 행운을 차지할 수 있었다.

민한당 이진연 후보는 고향인 함평에서 국민당 윤인식 후보에게 8,110표를 잠식당하고 영광과 장성에서의 부진이 패배로 직결됐다.

□ 득표상황

후보자	정당	연령	주요 경력	득표(%)
조기상	민정당	43	장운고 교장	39,241 (28.6)
이원형	신정당	47	제천지청장	30,256 (22.1)
이진연	민한당	49	10대의원(2선)	26,582 (19.4)
윤인식	국민당	58	10대의원(4선)	17,256 (12.6)
김상복	민권당	50	덕화여상교장	16,718 (12.2)
안종필	원일당	27	웅변협회 서울부회장	3,766 (2.7)
김연관	사회당	38	통일당중앙상무위원	3,315 (2.4)

제주도

<제주 – 북제주 – 남제주> 변절시비에 휘말린 민정당 변정일, 민한당 김택환 후보들을 따돌리고 무소속 후보의 불리함을 딛고 합창으로 만세를 부른 강보성과 현경대

서울지법 판사 출신으로 제주도 법률고문을 한 인연으로 10대 총선에서 무소속으로 당선된 변정일 후보가 공화당에 입당하여 정풍운동을 전개하다가 이번 총선에선 민정당으로 변신하여 표밭을 누비고 다닌 상황에서 변 후보와 같은 오현고, 서울법대 출신으로 서울지검 특수부에 근무했던 현경대, 남제주 고등학교 교장이며 이사장인 강보성 후보가 무소속으로 출전하여 한판승부를 벌였다.

동아일보기자, KBS 해설위원을 지낸 김택환 후보가 민한당으로, 제주여고와 오현고 교사, 제주신문 논설위원, 공화당 중앙훈련원 교수 등 다채로운 경력을 지닌 고문승 후보가 신정당으로, 신민당 제주도당 부위원장이었던 신두완 후보가 민권당으로 출전했다.

김택환 후보는 고수문, 김홍수, 신두완, 강봉찬, 강희찬, 김성범, 강보성, 주문종, 현창식 후보들을 예선전에서 꺾고 민한당 공천장을 받아들었다.

지난 10대 총선에서 공화당은 독직 사건에 연루된 홍병철 의원을 탈락시키고 5선의원으로 유정회 정책위의장으로 활약한 현오봉 의원을 공천했다. 남제주 출신인 현 의원은 6년 동안 관리를 하지 못했던 공백기간 등으로 남제주에서 무소속 변정일 후보에게 밀렸지만 북제주에서의 선전으로 가까스로 의원생활을 이어갈 수 있었다.

한라산 이북인 제주시, 북제주에서는 재선의원인 양정규 의원과 홀트아동복지회장인 부청하, 재일교포로서 모국방문성묘단 인솔단장을 지낸 고한준 후보가 제주 3대성 문중 대결을 펼쳤다.

그리하여 서울지법 판사 출신으로 제주도청 법률고문으로 활약한 무소속 변정일 후보가 가가호호 빠짐없이 연하장을 돌린 정성과 남제주 군민들의 전폭적인 지원으로 "공화당 공천을 받지 못하면 출마하지 않겠다"고 공언한 무소속 양정규 의원을 1천여 표차로 따돌리고 의정단상에 오를 수 있었다.

신민당 출판국장 출신으로 공천을 받은 오정보 후보는 "권세 주변에서 영화를 누린 후보들이 나왔지만 나는 오직 민주회복을 위한 투쟁으로 수난을 겪어 왔다"고 호소했지만 5위에 머물렀다.

이번 총선에서도 민정당 공천을 받은 변정일 후보는 1만 2천명의 당원 조직, 반책까지 확보하고서 당원 1명이 5표만 확보하면 6만 표 라면서 "도민을 위한 정당이라면 제주 도민 50%를 민정당원으로 입당시킨들 무슨 상관이냐"고 주장했다.

그러나 무소속, 공화당, 민정당의 변신은 개인적인 정치역정이 아닌 변절이라는 시비에 휘말렸다.

지난 9대 총선때에도 신민당 공천으로 출전했던 민한당 김택환 후보는 변정일, 현경대 후보들과 오현고, 서울법대 동문들이며 제주 인구 10분의 1인 김해 김씨 문중 2만 3천여 명을 파고들며 범야세 규합에 나섰다.

20년간 야당생활을 했으나 8대와 9대 공천에서 탈락하고도 무소속으로 출전한 강보성 후보는 1만 2천여 명의 진양 강씨 문중을 기간조직으로 활용하고 있으며 산구체인 대표로 재력도 동원하고 있다.

제주신문 논설위원인 신정당 고문승 후보는 달변으로 유세 때 바람을 일으키고 있으며 "민정당이 무슨 여당이냐. 실권 없는 들러리

정당일 뿐이다"라고 비난했다.

민한당 김택환, 신정당 고문승, 민정당 변정일 후보와 함께 서울법대 동문인 무소속 현경대 후보는 현오봉 의원 비서를 지낸 이오생을 영입하여 선거총책을 삼아 남제주 일대와 7천여 명 현씨 문중, 그리고 지식층을 파고들어 승세를 굳혀 갔다.

제주에서 22,468표(30.0%)를 득표하여 1위인 무소속 현경대 후보와 남제주에서 27,500표(37.9%)를 득표하여 1위를 한 무소속 강보성 후보가 무소속 후보의 한계를 극복하고 동반 당선되어 정당공천을 받은 후보들을 아연실색케 했다.

민정당 변정일 후보는 남제주에서는 19,014표(26.2%)로 2위를 했지만 제주에서 15,969표(21.3%)를 득표하고 북제주에서는 12,258표(23.6%)를 득표하여 3위로 밀린 것이 패배 원인이었다.

민한당 김택환 후보는 북제주에서는 13,433표(25.9%)를 득표하여 1위, 제주에서도 16,250표(21.7%)를 득표하여 2위를 하여 당선권에 육박했지만 남제주에서 8,391표(11.6%)로 부진한 것이 당선권에서 1만표 이상 표차로 밀려났다.

□ 득표상황

후보자	정당	연령	주요 경력	득표(%)
강보성	무소속	50	남제주고 교장	48,929 (24.8)
현경대	무소속	42	서울지검검사	48,836 (24.7)
변정일	민정당	38	10대의원(지역구)	47,241 (23.9)

김택환	민한당	44	동아일보기자	38,084 (19.3)
고문승	신정당	42	공화당훈련원교수	9,740 (4.9)
신두완	민권당	52	신민당도당부위원장	4,627 (2.4)

제4장 지도부 입맛에 맞춰 전국구 선정

1. 전국구의 3분의 2를 제1당인 민정당이 차지
2. 정당별 전국구 당선자와 후보자 현황

1. 전국구의 3분의 2를 제1당인 민정당이 차지

(1) 통일주체국민회의 선출 제도를 전국구 제도로 전환

통일주체 국민회의에서 국회의원 정수의 3분의 1을 선출하는 제도를 국회의원 정수의 3분의 1인 92명을 지역구 국회의원의 득표율에 따라 선출하는 전국구 의원 제도로 변경했다.

국회의원 정수의 3분의 1을 대통령의 추천으로 선출하는 종전의 제도를 답습하되 전국구의 3분의 2인 61명을 대통령의 재가를 얻어 등록하는 제도로 전환된 것이다.

이러한 전국구 제도는 1963년 제6대 국회의원 선거에서 최초로 도입된 제도로 당시에는 전국구의 2분의 1을 제1당에 할애했으나 유신헌법에서 이를 폐지했다.

전국구 제도를 부활한 제5공화국 헌법에서는 정국안정이라는 명분으로 제1당에 전국구의 3분의 2를 할애하는 방법을 도입함으로써 집권여당이 영구토록 국회를 장악할 수 있는 제도적 장치를 마련한 것이다.

나머지 3분의 1인 31석을 제2당 이하의 정당들이 배분하는 방식으로 집권여당의 영구집권을 제도화한 독소조항이다.

동반당선제도로 지역구에서 여·야 동수로 당선되고 전국구에서 3분의 2를 할애받으면 제1당은 항상 과반수를 차지하여 국회를 장악할 수 있기 때문이다.

(2) 민정당은 예비후보까지 전국구 후보 75명을 등록

민정당은 전두환 총재의 재가를 얻어 전국구 의원 정후보 61명, 예비후보 14명의 명단을 발표했다. 위와 같은 발표는 민정당은 제1정당이 확실하다는 가정하에서 취한 조치였다.

민정당은 이재형 대표위원, 나길조 대법원 판사, 김종경 검찰총장, 이용훈 법제처장, 김기철 체신부 장관을 최상위 순번에 배치하고 송지영 중앙위의장, 정희택 윤리위원장, 윤석순 사무차장, 박경석 대변인, 김윤환, 이양우, 정희채, 이헌기 정책위 부의장, 오제도와 김현자 중앙집행위원, 지갑종 홍보선전분과위원장, 김영귀 청년분과위원장 등 27명의 당료인사들을 당선권에 배치했다.

박동진 전 외무부장관, 김종호 내무부차관, 박종관 서울시경국장, 정시채 전남부지사, 전병우 전북부지사 등 관료 출신들도 발탁했다.

정원민 해군1차장, 김정호 해군2차장, 유근환 정보사령관, 김용수 교육기지사령관, 박태준 포항제철 회장, 이우재 입법의원, 이춘구 정화위원장, 정순덕 군단참모장, 허청일 육군 대령, 안교덕 정우개

발사장, 최낙철 계성제지사장 등 군 출신들도 포함됐다.

최상업(서강대), 황병준(중앙대), 김춘수(영남대), 김모임(연세대), 이경숙(숙명여대), 김행자(이화여대) 교수들도 발탁됐다.

배성동 정책조정실장, 오제도 중앙위부의장, 이윤자 여성분과위원장, 이민섭 조직부국장, 이영일 청년국장, 신상초 유정회 의원, 나웅배 한국경영연구원장, 김종인 국보위 전문위원, 이상희 동아제약 기술이사, 조남조 중앙일보 정치부장, 하순봉 MBC 정치부차장, 이낙훈 TV연기자 등도 포함됐다.

당선권 61번 이내의 후보자 경력은 정계 출신이 18명으로 가장 많고 지역은 경북 출신이 12명으로 20%를 차지하고 있다.

(3) 과거의 행적을 개의치 않은 민한당의 후보 공천

민한당은 4선의원인 유옥우 후보를 1번에, 당 부총재인 이태구 후보를 2번에, 경북 문경 – 예천의 지역구를 포기한 김문석 후보를 3번에, 당 인권옹호위원장 황산성 변호사를 4번에 배치하여 45명의 후보들을 추천했다.

양재권 한국전기협동조합이사장, 손태곤 태림섬유대표, 신재휴 한국석유협회부회장, 이정빈 의학박사, 김진기 한일효소대표, 이중희 홍진주택 대표, 연제원 삼모회장, 최수환 수인상사대표, 서종열 우성무역 대표, 손정혁 국진건설 대표, 김노식 범화건설 대표, 강원채 모양학원 이사장, 이윤기 성암학원 이사장, 윤기대 기일산업 대표 등 무명의 기업가들을 안정권에 배치하여 선거자금을 마련하기 위해 돈 공천을 하지 않았나하는 의구심을 떨쳐버릴 수 없었다.

민한당은 정규헌 8대 전국구 의원을 비롯하여 이의영 국회 전문위원, 조주형 변호사, 이홍배 4·19동지회 중앙회장, 김형래 민주전선 편집국장, 김덕규 국회 전문위원 등을 하위 순번에 배치했다.

당선안정권 20번 이내에 영남권 출신들이 11명이나 배치된 것은 특이한 상황이다.

(4) 김종철 총재는 지역구를 버리고 전국구 1번에

정책지역으로 선정되어 민한당이 후보를 공천하지 않아 당선이 보장된 지역구에 동생인 김종식 후보를 공천하고 전국구 1번을 꿰어찬 김종철 국민당 총재는 "지역구 포기에 대해 이러쿵 저러쿵 구설수가 있을 줄 알았다"면서 "고심 끝에 스스로 결정한 만큼 떳떳하게 생각한다"고 지역구 포기를 해명했다.

국민당은 2번에는 김영광 사무총장을, 6번엔 김한선 사무차장을, 7번에는 육군 30사단장 출신으로 유정회 의원을 지낸 김유복 후보를 공천했다.

그리고 이필우 동일운수회장, 노차태 영진건설 대표, 조정구 삼부토건회장등 기업인들을 안정권에 배치하여 정치헌금 조달창구로 활용했고, 강기필 국민당 기획조정실장, 신광순 공화당 사무차장 출신으로 3선 의원, 윤여훈 대한적십자사 섭외부장으로 유정회 의원, 박준규 하바드대 교수로 10대 의원, 정병학 공화당 사무차장 출신으로 10대 의원, 조용직 국민당 선전국장, 송업교 국민당 정책개발국장 등을 하위순번에 배치했다.

(5) 전국구 92석의 정당별 배분

전국구는 지역구에서 5석 이상을 획득한 정당에 배분한다는 규정에 따라 지역구에서 5석 이상을 얻은 정당은 민정당, 민한당, 국민당뿐이었다.

민정당은 지역구에서 90석, 민한당은 56석, 국민당은 18석을 획득하며 민정당은 3분의 2인 61석, 나머지 3분의 1인 31석 가운데 민한당은 24석, 국민당은 7석을 배분 받았다.

김종철 국민당 총재의 사퇴에 따라 8번으로 등록한 강기필 후보가 행운의 당선증을 교부받았다.

2. 정당별 전국구 당선자와 후보자 현황

(1) 민주정의당: 당선자 61명

순번	성명	연령	주요 경력
1	이재형	66	당대표, 5선의원, 국회부의장
2	나길조	58	대법원판사, 전주지검장
3	김종경	57	검찰총장, 법무연수원장
4	이용훈	54	법제처장, 법무부 차관
5	김기철	63	체신부 장관, 3선의원, 농림부 차관
6	송지영	64	당 중앙위의장, 문예진흥원장
7	정희택	61	당 윤리위원장, 입법의원
8	박동진	58	외무부 장관, 주 UN대사
9	정원민	53	해군1차장
10	김정호	49	해군2차장
11	윤석순	53	당 사무차장, 안전기획부 국장
12	김종호	45	내무부 차관, 충북도지사
13	최상업	58	서강대 부총장, 서강대 교수
14	황병준	57	중앙대 부총장
15	유근환	52	정보사령관
16	김용수	52	교육기자사령관
17	박태준	53	포항제철회장
18	박경석	54	당 대변인, 동아일보 정치부장

19	이우재	46	육사 13기, 입법의원
20	이춘구	46	육사 14기, 사회정화위원장
21	김현자(여)	53	당 중집의원, YWCA 부회장
22	정순덕	45	육사 16기, 군단참모장
23	배성동	44	당 정책조정실장, 서울대부교수
24	김사룡	64	입법의원, 변호사
25	이건호	63	당 전당대회부의장, 이화여대대학원장
26	신상초	58	입법의원, 3선의원
27	오제도	63	10대의원(종로-중구)
28	김윤환	48	10대 의원(유정회)
29	정희채	53	10대 의원(유정회)
30	김춘수	58	영남대문과대학장
31	박현태	47	당 선전국장, 조선일보부국장
32	이양우	48	10대의원(유정회)
33	박종관	52	서울시경국장, 경찰대학장
34	고귀남	47	10대의원(유정회)
35	나웅배	46	한국경영연구원장
36	김 집	54	병원장, 대한체육회이사
37	지갑종	54	당 선전분과위원장, 한국참전국협회장
38	허청일	39	육사20기, 헌병감실 육군대령
39	이상선	60	함경남도지사, 국회전문위원
40	손춘호	54	병원장, 대학의학협회장
41	정시채	44	전남부지사, 내무부국장
42	안교덕	56	육사 11기, 정우개발사장
43	최낙철	57	육사 12기, 계성제지사장
44	김모임(여)	45	대한간호협회장, 연세대 교수
45	이헌기	42	당 정책위 부의장, 철도노조지도위원

46	이윤자(여)	53	당 여성분과위원장, 주부교실 중앙회장
47	이민섭	42	당 조직부국장, 신문윤리위원
48	이영화(여)	49	한국일보 논설위원
49	김종인	40	국보위전문위원, 서강대교수
50	박원탁	44	외국어대 교수
51	이상희	42	동아제약 기술이사
52	이영일	41	당 청년국장, 통일연수소소장
53	이경숙(여)	38	숙명여대 교수
54	조남조	42	중앙일보 정치부장
55	김행자(여)	37	입법의원, 이화여대 교수
56	이낙훈	44	TV연기자 협회장
57	김영귀	41	당 청년분과위원장, 역도연맹 부회장
58	황 설	41	신원제지 대표, 통대의원
59	하순봉	39	MBC 정치부차장
60	곽정현	48	새마을지도자연수원 교수
61	전병우	49	전북부지사, 전주시장
62	정창화	40	당 훈련국장
63	문용주(여)	48	당 여성국장
64	김유상	43	당 기획실장
65	장경우	38	당 대표 보좌역, 신한주철전무
66	유수환	48	당 경북사무국장
67	김지호	53	당 서울사무국장
68	이성재	44	재향군인회 김제지부장
69	강창희	34	육사 25기, 육군대학 교관
70	이성배	42	당 연수원교수실장
71	이 진	38	당 정책조정실 국장
72	허상령	41	당 총무국장, 용진무역 부사장

73	임균석	43	새마을지도자 중앙회장
74	김병호	33	한성중고 이사장
75	김정균	41	당 선전부국장

(2) 민주한국당: 당선자 24명

순번	성명	연령	주요 경력
1	유옥우	66	4선의원, 민정당정책위의장
2	이태구	59	당 부총재
3	김문석	54	한국전력고문
4	황산성	36	당 인권옹호위원장, 변호사
5	양재권	51	한국전가협동조합장
6	정규헌	52	8대의원(전국구)
7	손태곤	53	태림섬유대표
8	신재휴	44	한국석유협회부회장
9	이정빈	46	의학박사, 병원장
10	김진기	48	한일효소대표
11	이중희	49	홍진주택대표
12	연제원	53	삼모회장
13	최수환	42	수안상사대표
14	서종열	45	우성무역대표
15	손정혁	37	국진건설대표
16	김노식	35	범화건설대표
17	이의영	50	국회 전문위원
18	조주형	40	검사, 변호사
19	강원채	38	모양학원 이사, 출판문화협회이사

20	이윤기	48	성암여중고 설립자
21	윤기대	51	기일산업 대표
22	이홍배	44	4·19동지회 중앙회장
23	김형래	41	민주전선 편집국장
24	김덕규	40	국회 전문위원
25	이용곤	46	5·5 동지회 회장
26	송봉명	40	신민당 중앙상무위원
27	정일상	71	신민당 지구당위원장
28	정 철	61	신민당 지도위부의장
29	박재곤	51	신민당 지구당위원장
30	고영구	56	신민당 상무위부의장
31	임명산	51	신민당 중앙상무위원
32	주득송	60	대한노총 지구연맹 위원장
33	박심서	53	신민당 중앙상무위원
34	이재환	42	신민당 중앙상무위원
35	조병환	35	한국정치학회 회원
36	성낙호	47	아파트이사회 회장
37	조응길(여)	52	신민당 부녀국장
38	오사순(여)	49	신민당 중앙상무위원
39	김재현	40	당 경남부위원장
40	유인선	31	협진섬유 대표
41	최두환	40	동신상교 대표
42	윤선웅	38	우창개발 대표
43	김필기	35	JC 강릉지회장
44	이소락	58	대한상사 대표
45	임갑수(여)	28	노동청 여성상담실장

(3) 한국국민당: 당선자 7명

순번	성명	연령	주요 경력
1	김종철	60	당총재, 5선의원. 사퇴
2	김영광	49	당사무총장, 중정기획국장, 10대 의원
3	이필우	49	동일운수 회장
4	노차태	52	영진호텔 대표, 통대의원
5	조정구	64	삼부토건 회장
6	김한선	42	당 사무차장, 공화당서울연락실장
7	김유복	55	30사단장, 10대의원(유정회)
8	강기필	47	공화당 의장보좌역
9	신광순	50	3선의원, 공화당 사무차장
10	윤여훈	43	10대의원(유정회)
11	박준규	54	하바드대교수, 10대의원(유정회)
12	조현상	53	유도회부위원장, 공화당중앙위 부의장
13	김종학	40	공화당 훈련원 교수
14	정병학	53	공화당 사무차장, 10대의원(유정회)
15	조용직	40	공화당 훈련원교수
16	송업교	39	공화당 의원국장
17	김 유	40	성균관대총학생회장
18	장기선	54	10대 의원(유정회)
19	이규진	57	공화당지구당사무국장
20	이백래	58	공화당 지구당위원장
21	조희선	52	공화당 홍보분과위원장
22	장청치	36	공화당 청년국장
23	신현기	33	사무총장 보좌역
24	김용택	47	KBS 광주방송국장

25	윤천영	40	선진건설대표, 통대의원
26	이재형	37	동진화학 이사
27	배길랑	39	유정회 대변인 보좌역
28	정우삼	38	한국농산물연구소 이사
29	한의수	35	고대정외과 학생회장

(4) 민주농민당

순번	성명	연령	주요 경력
1	신중목	78	당 총재, 농림부 장관, 국회의원
2	성상용	57	농협중앙회 경남지부장
3	송규원	45	통대의원
4	임용순	75	2대의원(삼척)

(5) 신정당

순번	성명	연령	주요 경력
1	김갑수	69	당 총재, 대법원장직무대리
2	김형수	59	체신부차관
3	이강화	54	공군대학 총장
4	김윤종	64	인천지방 해무청장
5	정호문	44	대구원대청과 조합장
6	이우종	56	국책문제연구소장
7	이호만	55	대한준설공사 상임감사
8	이영규	51	대한일보 사회부차장
9	곽병남	49	당 조직부장

10	김홍수	42	서흥정밀 대표
11	김성기	60	신민당 충북도부위원장
12	고재구	30	신아일보 기자
13	문병환	45	대성실업 상무
14	김동만	47	우석대 조교수
15	박경희	54	반공연맹 도봉지부장

(6) 원일민립당

순번	성명	연령	주요 경력
1	박재원	49	신라 5릉보존회 이사장
2	엄정주	60	영월경찰서장, 6대의원
3	이화출	50	해병대준장
4	배한두	45	삼안화학 대표
5	박종태	44	동아시장 이사
6	이재형	38	당 사무차장

(7) 민권당

순번	성명	연령	주요 경력
1	김의택	72	당총재, 4선의원
2	김옥천	72	의사협회 고문
3	김병남	52	마산철관 대표
4	곽태진	63	2, 5대 의원(고령)
5	백태민	58	파고다아케이드 회장
6	김일용	49	민주당 지구당위원장

7	박대성	42	성일흥업 대표
8	문병종	46	유일건설 대표
9	홍범식	42	새마을학교장
10	강영락	59	서울시의원
11	조기항	71	변호사
12	박병주	59	통일당 당기위원장
13	이우신	54	경북병무청장
14	조종한	54	전남도의원
15	유상열	51	한국조립건재 대표
16	한범준	56	신민당 중앙상무위원
17	고자봉	53	신민당 중앙상무위원
18	김상하	54	육사 8기, 육군대령
19	박기수	61	전남도의원
20	김인갑	56	신민당 지도위원
21	김안종	36	천구운수 상무

(8) 사회당

순번	성명	연령	주요 경력
1	장수봉	71	부산일보 부사장
2	노왕자(여)	56	불교 봉사회원
3	배태원	58	국회 전문위원
4	정운동	59	가나안농군학교 부원장
5	이종선	51	당 중앙상임위원
6	권태무	46	동양건설 대표

(9) 한국기민당

순번	성명	연령	주요 경력
1	권대구	40	천주교 사목위원
2	최장덕	41	넉산건설 대표
3	이민국	76	당대표, 장로
4	이승석	55	당 정무위원, 장로
5	안신규	61	당 최고위원
6	김용희	57	당 최고위원, 장로

(10) 안민당

순번	성명	연령	주요 경력
1	용태영	52	당 총재, 변호사회회장
2	김무병	51	회사대표
3	홍재형	71	진화회장

(11) 통일민족당

순번	성명	연령	주요 경력
1	양덕인	71	당 총재, 국회의원
2	나필성	53	경향신문 동경특파원
3	오정환	60	통일당 지구당위원장
4	조재후	38	동산농원 대표
5	최명준	66	천주교 신도회장

(12) 민주사회당

순번	성명	연령	주요 경력
1	박용수	47	대성봉제 대표
2	김국주	56	광복군동지회장
3	홍숙자(여)	57	뉴욕총영사관 부영사
4	황귀성	52	삼주상사 대표
5	이강백	40	대중당 조직국장
6	김병균	66	대한노총 고문
7	김상현	59	조선일보 논설위원
8	성백수	47	화양상선 대표
9	강소인(여)	51	한국노총 부녀부장
10	홍원길	65	청주시장
11	박상덕	41	구로구 약사회임원
12	하태환	53	사회대중당 중앙집행위원
13	이상용	42	상명의료기 대표

<참고자료>

○ 역대 국회의원 선거총람 (중앙선거관리위원회 2016. 11)

○ 13대 총선이야기 ㊤ (선암각. 2018. 11)

○ 해방 후 정치사 100장면 (가람기획 1994. 7)

○ 동아일보 (1978. 5. 1 ~ 1981. 3. 31)

○ 경향신문 (1978. 5. 1 ~ 1981. 3. 31)

○ 조선일보 (1978. 5. 1 ~ 1981. 3. 31)

○ 주요지방 일간지 (1981. 3. 1 ~ 3. 31)

-전북일보   -대전일보   -전남일보

-부산일보   -영남일보   -대구매일